高等学校经典畅销教材

运筹学基础及应用

（第5版）

胡运权　主编

FOUNDATION AND APPLICATIONS OF OPERATIONS RESEARCH

哈尔滨工业大学出版社
HARBIN INSTITUTE OF TECHNOLOGY PRESS

内 容 简 介

本书系统地介绍了运筹学的线性规划、整数规划、目标规划、图与网络分析、动态规划、存贮论、排队论、决策论、对策论各分支的主要理论和方法,内容上力求阐明概念和方法的经济、物理含义,用较多例子介绍各类模型的建立及它们在实际中的应用,在各章后附有习题,并在全书最后汇编了有一定难度的综合练习题,既可用于锻炼提高综合的构模能力,也可用作课堂的案例讨论。

本书可供高等院校经济和管理类专业的本科生、研究生作教材使用,也可作为各类管理干部学院以及厂矿企业、经济管理部门的干部及工程技术人员学习运筹学的自学或参考读物。

图书在版编目(CIP)数据

运筹学基础及应用/胡运权主编. —5 版. —哈尔滨:哈尔滨工业大学出版社,2013.8(2021.5 重印)
ISBN 978-7-5603-0566-0

Ⅰ.①运… Ⅱ.①胡… Ⅲ.①运筹学 Ⅳ.①O22

中国版本图书馆 CIP 数据核字(2013)第 168305 号

责任编辑　尹继荣
封面设计　卞秉利
出版发行　哈尔滨工业大学出版社
社　　址　哈尔滨市南岗区复华四道街 10 号　邮编 150006
传　　真　0451-86414749
网　　址　http://hitpress.hit.edu.cn
印　　刷　哈尔滨市石桥印务有限公司
开　　本　787mm×1092mm　1/16　印张 17.5　字数 400 千字
版　　次　1985 年 8 月第 1 版　2013 年 8 月第 5 版
　　　　　2021 年 5 月第 5 次印刷
书　　号　ISBN 978-7-5603-0566-0
定　　价　35.00 元

(如因印装质量问题影响阅读,我社负责调换)

第五版前言

本书自1985年初版,几经再版,受到了广大读者的欢迎,已先后23次印刷,印数近20万册,被不少高等院校选作教材,1995年曾荣获国家教委优秀教材二等奖。根据一些读者的建议,以及我们在教学中积累的经验,决定对本书再次修订、补充。

同前面各版比较,这一版对前版本中存在的不符合标准的符号及排版错误做了校订,删除了一些过于繁琐的推导,更换了一些例题、习题,同时在书末增加了20多道有一定难度的综合练习题,既可作为锻炼提高构模能力的综合训练,也可用作课堂案例讨论。对策论一章中增补冲突分析一节,删去第三章的第4、5两节,其余各章也都作了部分改动。本书的宗旨仍然是根据管理专业学生的基础、特点,侧重介绍运筹学的基本概念、理论和方法,努力阐明它们的物理和经济意义,并尽可能结合实际,培养对管理问题建立运筹学模型的思路、方法。

本书第一版的作者有胡运权、钱颂迪,由胡运权主编。以胡运权为主,有胡祥培、王秀强、钱国明参加了各版的修订。本次修订仍以胡运权为主,胡祥培、钱国明参加完成。张庆普教授、徐永仁副教授和韩伟一、麦强等对本书的修订提出了不少宝贵的意见和建议,谨在此表示谢意。

由于编者水平有限,掌握的文献资料有限,书中不妥之处在所难免,恳请广大读者批评指正。

编　者

2013年7月

目 录

绪 论 ⋯⋯⋯⋯⋯⋯⋯⋯⋯⋯⋯⋯⋯⋯⋯⋯⋯⋯⋯⋯⋯⋯⋯⋯⋯⋯⋯⋯⋯⋯⋯ (1)

第1章 线性规划及单纯形法 ⋯⋯⋯⋯⋯⋯⋯⋯⋯⋯⋯⋯⋯⋯⋯⋯⋯⋯⋯⋯ (6)
    1.1 一般线性规划问题的数学模型 ⋯⋯⋯⋯⋯⋯⋯⋯⋯⋯⋯⋯⋯⋯⋯⋯ (6)
    1.2 图解法 ⋯⋯⋯⋯⋯⋯⋯⋯⋯⋯⋯⋯⋯⋯⋯⋯⋯⋯⋯⋯⋯⋯⋯⋯⋯ (11)
    1.3 单纯形法原理 ⋯⋯⋯⋯⋯⋯⋯⋯⋯⋯⋯⋯⋯⋯⋯⋯⋯⋯⋯⋯⋯⋯ (13)
    1.4 单纯形法的计算步骤 ⋯⋯⋯⋯⋯⋯⋯⋯⋯⋯⋯⋯⋯⋯⋯⋯⋯⋯⋯ (18)
    1.5 单纯形法的进一步讨论 ⋯⋯⋯⋯⋯⋯⋯⋯⋯⋯⋯⋯⋯⋯⋯⋯⋯⋯ (22)
    1.6 改进单纯形法 ⋯⋯⋯⋯⋯⋯⋯⋯⋯⋯⋯⋯⋯⋯⋯⋯⋯⋯⋯⋯⋯⋯ (29)
    1.7 应用举例 ⋯⋯⋯⋯⋯⋯⋯⋯⋯⋯⋯⋯⋯⋯⋯⋯⋯⋯⋯⋯⋯⋯⋯⋯ (33)
    习题一 ⋯⋯⋯⋯⋯⋯⋯⋯⋯⋯⋯⋯⋯⋯⋯⋯⋯⋯⋯⋯⋯⋯⋯⋯⋯⋯⋯ (37)

第2章 线性规划的对偶理论 ⋯⋯⋯⋯⋯⋯⋯⋯⋯⋯⋯⋯⋯⋯⋯⋯⋯⋯⋯⋯ (41)
    2.1 对偶问题的提出 ⋯⋯⋯⋯⋯⋯⋯⋯⋯⋯⋯⋯⋯⋯⋯⋯⋯⋯⋯⋯⋯ (41)
    2.2 原问题与对偶问题 ⋯⋯⋯⋯⋯⋯⋯⋯⋯⋯⋯⋯⋯⋯⋯⋯⋯⋯⋯⋯ (42)
    2.3 对偶问题的基本性质 ⋯⋯⋯⋯⋯⋯⋯⋯⋯⋯⋯⋯⋯⋯⋯⋯⋯⋯⋯ (45)
    2.4 影子价格 ⋯⋯⋯⋯⋯⋯⋯⋯⋯⋯⋯⋯⋯⋯⋯⋯⋯⋯⋯⋯⋯⋯⋯⋯ (49)
    2.5 对偶单纯形法 ⋯⋯⋯⋯⋯⋯⋯⋯⋯⋯⋯⋯⋯⋯⋯⋯⋯⋯⋯⋯⋯⋯ (50)
    2.6 灵敏度分析 ⋯⋯⋯⋯⋯⋯⋯⋯⋯⋯⋯⋯⋯⋯⋯⋯⋯⋯⋯⋯⋯⋯⋯ (52)
    2.7 参数线性规划 ⋯⋯⋯⋯⋯⋯⋯⋯⋯⋯⋯⋯⋯⋯⋯⋯⋯⋯⋯⋯⋯⋯ (60)
    习题二 ⋯⋯⋯⋯⋯⋯⋯⋯⋯⋯⋯⋯⋯⋯⋯⋯⋯⋯⋯⋯⋯⋯⋯⋯⋯⋯⋯ (64)

第3章 运输问题 ⋯⋯⋯⋯⋯⋯⋯⋯⋯⋯⋯⋯⋯⋯⋯⋯⋯⋯⋯⋯⋯⋯⋯⋯⋯ (68)
    3.1 运输问题的典例和数学模型 ⋯⋯⋯⋯⋯⋯⋯⋯⋯⋯⋯⋯⋯⋯⋯⋯ (68)
    3.2 表上作业法 ⋯⋯⋯⋯⋯⋯⋯⋯⋯⋯⋯⋯⋯⋯⋯⋯⋯⋯⋯⋯⋯⋯⋯ (70)
    3.3 产销不平衡的运输问题及其应用 ⋯⋯⋯⋯⋯⋯⋯⋯⋯⋯⋯⋯⋯⋯ (77)
    习题三 ⋯⋯⋯⋯⋯⋯⋯⋯⋯⋯⋯⋯⋯⋯⋯⋯⋯⋯⋯⋯⋯⋯⋯⋯⋯⋯⋯ (82)

第4章 整数规划与分配问题 ⋯⋯⋯⋯⋯⋯⋯⋯⋯⋯⋯⋯⋯⋯⋯⋯⋯⋯⋯⋯ (85)
    4.1 整数规划的特点及应用 ⋯⋯⋯⋯⋯⋯⋯⋯⋯⋯⋯⋯⋯⋯⋯⋯⋯⋯ (85)
    4.2 分配问题与匈牙利法 ⋯⋯⋯⋯⋯⋯⋯⋯⋯⋯⋯⋯⋯⋯⋯⋯⋯⋯⋯ (87)
    4.3 分枝定界法 ⋯⋯⋯⋯⋯⋯⋯⋯⋯⋯⋯⋯⋯⋯⋯⋯⋯⋯⋯⋯⋯⋯⋯ (92)
    4.4 割平面法 ⋯⋯⋯⋯⋯⋯⋯⋯⋯⋯⋯⋯⋯⋯⋯⋯⋯⋯⋯⋯⋯⋯⋯⋯ (94)

  4.5 解 0-1 规划问题的隐枚举法 …………………………………………… (97)
  习题四 ……………………………………………………………………………… (99)

第 5 章 目标规划 ……………………………………………………………… (103)

  5.1 问题的提出与目标规划的数学模型 …………………………………… (103)
  5.2 目标规划的图解分析法 ………………………………………………… (106)
  5.3 用单纯形法求解目标规划 ……………………………………………… (108)
  5.4 灵敏度分析 ……………………………………………………………… (110)
  5.5 应用举例 ………………………………………………………………… (113)
  习题五 ……………………………………………………………………………… (116)

第 6 章 图与网络分析 …………………………………………………………… (119)

  6.1 图的基本概念与模型 …………………………………………………… (119)
  6.2 树图和图的最小部分树 ………………………………………………… (121)
  6.3 最短路问题 ……………………………………………………………… (124)
  6.4 中国邮路问题 …………………………………………………………… (128)
  6.5 网络的最大流 …………………………………………………………… (129)
  习题六 ……………………………………………………………………………… (136)

第 7 章 计划评审方法和关键路线法 …………………………………………… (141)

  7.1 PERT 网络图 …………………………………………………………… (141)
  7.2 PERT 网络图的计算 …………………………………………………… (144)
  7.3 关键路线和网络计划的优化 …………………………………………… (148)
  7.4 完成作业的期望时间和在规定时间内实现事件的概率 ……………… (150)
  习题七 ……………………………………………………………………………… (152)

第 8 章 动态规划 ……………………………………………………………… (156)

  8.1 多阶段的决策问题 ……………………………………………………… (156)
  8.2 最优化原理与动态规划的数学模型 …………………………………… (157)
  8.3 离散确定性动态规划模型的求解 ……………………………………… (162)
  8.4 离散随机性动态规划模型的求解 ……………………………………… (166)
  8.5 一般数学规划模型的动态规划解法 …………………………………… (168)
  习题八 ……………………………………………………………………………… (171)

第 9 章 存贮论 ………………………………………………………………… (175)

  9.1 引　言 …………………………………………………………………… (175)
  9.2 经济订货批量的存贮模型 ……………………………………………… (176)
  9.3 具有约束条件的存贮模型 ……………………………………………… (181)
  9.4 动态的存贮模型 ………………………………………………………… (182)

9.5 单时期的随机存贮模型 ……………………………………………… (186)
9.6 多时期的随机存贮模型 ……………………………………………… (188)
习题九 ……………………………………………………………………… (191)

第10章 排队论 …………………………………………………………… (194)

10.1 排队服务系统的基本概念 …………………………………………… (194)
10.2 输入与服务时间的分布 ……………………………………………… (197)
10.3 生灭过程 ……………………………………………………………… (201)
10.4 最简单的排队系统的模型 …………………………………………… (203)
10.5 M/G/1 的排队系统 …………………………………………………… (214)
10.6 服务机构串联的排队系统 …………………………………………… (216)
10.7 具有优先服务权的排队模型 ………………………………………… (219)
10.8 排队决策模型 ………………………………………………………… (221)
习题十 ……………………………………………………………………… (223)

第11章 决策分析 ………………………………………………………… (226)

11.1 引言 …………………………………………………………………… (226)
11.2 不确定型的决策分析 ………………………………………………… (227)
11.3 风险情况下的决策 …………………………………………………… (230)
11.4 主观概率 ……………………………………………………………… (232)
11.5 决策树 ………………………………………………………………… (233)
11.6 决策分析中的效用度量 ……………………………………………… (235)
习题十一 …………………………………………………………………… (237)

第12章 对策论 …………………………………………………………… (240)

12.1 引言 …………………………………………………………………… (240)
12.2 二人零和对策的模型 ………………………………………………… (241)
12.3 对策问题的解和具有鞍点的对策 …………………………………… (244)
12.4 优势原则和具有混合策略的对策 …………………………………… (246)
12.5 用线性规划求解矩阵对策问题 ……………………………………… (249)
12.6 冲突分析简介 ………………………………………………………… (253)
习题十二 …………………………………………………………………… (257)

综合练习题 …………………………………………………………………… (259)

参考文献 ……………………………………………………………………… (269)

绪　　论

一、运筹学一词起源于本世纪 30 年代。

据《大英百科全书》释义，"运筹学是一门应用于管理有组织系统的科学"，"运筹学为掌管这类系统的人提供决策目标和数量分析的工具"。我国《辞海》(1979 年版) 中有关运筹学条目的释义为，运筹学"主要研究经济活动与军事活动中能用数量来表达有关运用、筹划与管理方面的问题，它根据问题的要求，通过数学的分析与运算，做出综合性的合理安排，以达到较经济较有效地使用人力物力。"《中国企业管理百科全书》(1984 年版) 中的释义为，运筹学"应用分析、试验、量化的方法，对经济管理系统中人、财、物等有限资源进行统筹安排，为决策者提供有依据的最优方案，以实现最有效的管理。"

运筹学一词的英文原名为 Operations Research(缩写为 O.R.)，可直译为"运用研究"或"作业研究"。由于运筹学涉及的主要领域是管理问题，研究的基本手段是建立数学模型，并比较多地运用各种数学工具，从这点出发，曾有人将运筹学称做"管理数学"。1957 年我国从"夫运筹策帷幄之中，决胜千里之外"(见《史记·高祖本纪》) 这句古语中摘取"运筹"二字，将 O.R.正式译作运筹学，比较恰当地反映了这门学科的性质和内涵。

二、朴素的运筹学思想在我国古代文献中就有不少记载。

例如齐王赛马和丁渭主持皇宫的修复等事。齐王赛马的事是说一次齐王和田忌赛马，规定双方各出上中下三个等级的马各一匹。如果按同等级的马比赛，齐王可获全胜，但田忌采取的策略是以下马对齐王的上马，以上马对齐王的中马，以中马对齐王的下马，结果田忌反以二比一获胜。丁渭修皇宫的故事发生在北宋时代，皇宫因火焚毁，由丁渭主持修复工作。他让人在宫前大街取土烧砖，挖成大沟后灌水成渠，利用水渠运来各种建筑用材料，工程完毕后再以废砖乱瓦等填沟修复大街，做到减少和方便运输，加快了工程进度。但运筹学这个名词的正式使用是在 1938 年，当时英国为解决空袭的早期预警，做好反侵略战争准备，积极进行"雷达"的研究。但随着雷达性能的改善和配置数量的增多，出现了来自不同雷达站的信息以及雷达站同整个防空作战系统的协调配合问题。1938 年 7 月，波得塞(Bawdsey) 雷达站的负责人罗伊(A.P.Rowe) 提出立即进行整个防空作战系统运行的研究，并用"Operational Research" 一词作为这方面研究的描述，这就是 O.R.(运筹学) 这个名词的起源。运筹学小组的活动，开始局限于空军战术的研究，以后扩展到海军和陆军，并参与战略决策的研究。这种研究在美国、加拿大等国很快得到效法。第二次世界大战中，各国的运筹学小组广泛进行了如何提高轰炸效果或侦察效果，如何用水雷有效封锁敌方海面和其他战略战术方面的分析，为取得反法西斯战争的胜利做出了贡献。1939 年苏联学者康托维奇(Л.В.Канторович) 出版了《生产组织与计划中的数学方法》一书，对列宁格勒胶合板厂的计划任务建立了一个线性规划的模型，并提出了"解乘数法"的求解方法，为数学与管理科学的结合做出了开创性的工作。

战后，运筹学的活动扩展到工业和政府等部门，它的发展大致可分三个阶段：

1. 从1945年到50年代初,被称为创建时期。此阶段的特点是人数不多,范围较小,出版物、学会等寥寥无几。最早英国一些战时从事运筹学研究的人积极讨论如何将运筹学方法应用于民用部门,于1948年成立"运筹学俱乐部",在煤炭、电力等部门推广应用运筹学取得一些进展。1948年美国麻省理工学院把运筹学作为一门课程介绍,1950年英国伯明翰大学正式开设运筹学课程,1952年在美国喀斯(Case)工业大学设立了运筹学的硕士和博士学位。第一本运筹学杂志《运筹学季刊》(O.R.Quarterly)于1950年在英国创刊,第一个运筹学会美国运筹学会于1952年成立,并于同年出版运筹学学报(Journal of ORSA)。

2. 20世纪50年代初期到50年代末期,被认为是运筹学的成长时期。此阶段的一个特点是电子计算机技术的迅速发展,使得运筹学中一些方法如单纯形法、动态规划方法等,得以用来解决实际管理系统中的优化问题,促进了运筹学的推广应用。50年代末,美国大约有半数的大公司在自己的经营管理中应用运筹学。另一个特点是有更多刊物、学会出现。从1956年到1959年就有法国、印度、日本、荷兰、比利时等十个国家成立运筹学会,并又有6种运筹学刊物问世。1957年在英国牛津大学召开了第一次国际运筹学会议,1959年成立国际运筹学会(International Federation of Operations Research Societies,IFORS)。

3. 自20世纪60年代以来,被认为是运筹学迅速发展和开始普及的时期。此阶段的特点是运筹学进一步细分为各个分支,专业学术团体的迅速增多,更多期刊的创办,运筹学书籍的大量出版以及更多学校将运筹学课程纳入教学计划之中。第三代电子数字计算机的出现,促使运筹学得以用来研究一些大的复杂的系统,如城市交通、环境污染、国民经济计划等。

我国第一个运筹学小组于1956年在中国科学院力学研究所成立,1958年建立了运筹学研究室。1960年在山东济南召开全国应用运筹学的经验交流和推广会议,1962年和1978年先后在北京和成都召开了全国运筹学专业学术会议,1980年4月成立中国运筹学会。在农林、交通运输、建筑、机械、冶金、石油化工、水利、邮电、纺织等部门,运筹学的方法已开始得到应用推广。除中国运筹学会外,中国系统工程学会以及与国民经济各部门有关的专业学会,也都把运筹学应用作为重要的研究领域。我国各高等院校,特别是各经济管理类专业中已普遍把运筹学作为一门专业的主干课程列入教学计划之中。

三、运筹学研究的基本特点是:考虑系统的整体优化、多学科的配合以及模型方法的应用。

系统的整体优化。所谓系统可以理解为是由相互关联、相互制约、相互作用的一些部分组成的具有某种功能的有机整体。例如一个企业的经营管理是由很多子系统组成,包括生产、销售、技术、供应、财务等,各子系统的工作好坏直接影响企业经营管理的好坏。但各子系统的目标往往不一致,生产部门为提高劳动生产率希望尽可能增大批量;销售部门为满足更多用户需要,要求增加花色品种;财务部门希望减少积压,加速流动资金周转,降低成本。运筹学不是对每一个决策行为孤立进行评价,而是把它同系统内所有其他重要的相互作用结合起做出评价,把相互影响的各方面作为一个统一体,从总体利益的观点出发,寻找出一个优化协调的方案。

多学科的配合。一个企业的有效管理涉及很多方面,运筹学研究中吸收来自不同领域、具有不同经验和技能的专家。由于专家们来自不同的学科领域,具有不同的经历经验,增强了发挥小组集体智慧提出问题和解决问题的能力。这种多学科的协调配合在研究的初期,在分析和确定问题的主要方面,在选定和探索解决问题的途径时,显得特别重要。

模型方法的应用。在各门学科的研究中广泛应用实验的方法,但运筹学研究的系统往往不能搬到实验室来,代替的方法是建立这个问题的数学和模拟的模型。如果说辅助决策是运筹学应用的核心,建立模型则是运筹学方法的精髓。围绕着模型的建立、修正与应用,运筹学的研究可划分为以下步骤:

1.分析与表述问题。首先对研究的问题和系统进行观察分析,归纳出决策的目标及制订决策时在行动和时间等方面的限制。分析时往往先提出一个初步的目标,通过对系统中各种因素和相互关系的研究,使这个目标进一步明确化。此外还需要同有关人员进一步讨论,明确有关研究问题的过去与未来,问题的边界、环境以及包含这个问题在内的更大系统的有关情况,以便在对问题的表述中明确要不要把整个问题分成若干较小的子问题,确定问题中哪些是可控的决策变量,哪些是不可控的变量,确定限制变量取值的工艺技术条件及对目标的有效度量等。

2.建立模型。模型是真实系统的代表,是对实际问题的抽象概括和严格的逻辑表达。模型表达了问题中可控的决策变量、不可控变量、工艺技术条件及目标有效度量之间的相互关系。模型的正确建立是运筹学研究中的关键一步,对模型的研制是一项艺术,它是将实际问题、经验、科学方法三者有机结合的创造性的工作。建立模型的好处,一是使问题的描述高度规范化,如管理中,对人力、设备、材料、资金的利用安排都可以归纳为所谓资源的分配利用问题,可建立起一个统一的规划模型,而对规划模型的研究代替了对一个个具体问题的分析研究。二是建立模型后,可以通过输入各种数据资料,分析各种因素同系统整体目标之间的因果关系,从而确立一套逻辑的分析问题的程序方法。三是建立系统的模型为应用电子计算机来解决实际问题架设起桥梁。建立模型时既要尽可能包含系统的各种信息资料,又要抓住本质的因素。一般建模时应尽可能选择建立数学模型,但有时问题中的各种关系难于用数学语言描绘,或问题中包含的随机因素较多时,也可以建立起一个模拟的模型,即将问题的因素、目标及运行时的关系用逻辑框图的形式表示出来。

3.对问题求解。即用数学方法或其他工具对模型求解。根据问题的要求,可分别求出最优解、次最优解或满意解;依据对解的精度的要求及算法上实现的可能性,又可区分为精确解和近似解等。

4.对模型和由模型导出的解进行检验。将实际问题的数据资料代入模型,找出的精确的或近似的解毕竟是模型的解。为了检验得到的解是否正确,常采用回溯的方法。即将历史的资料输入模型,研究得到的解与历史实际的符合程度,以判断模型是否正确。当发现有较大误差时,要将实际问题同模型重新对比,检查实际问题中的重要因素在模型中是否已考虑,检查模型中各公式的表达是否前后一致,检查模型中各参数取极值情况时问题的解,以便发现问题进行修正。

5.建立起对解的有效控制。任何模型都有一定的适用范围,模型的解是否有效要首先注意模型是否继续有效,并依据灵敏度分析的方法,确定最优解保持稳定时的参数变化范围。一旦外界条件参数超出这个范围时,及时对模型及导出的解进行修正。

6.方案的实施。这是很关键但也是很困难的一步。只有实施方案后,研究成果才能有收获。这一步要求明确:方案由谁去实施,什么时间去实施,如何实施,要求估计实施过程可能遇到的阻力,并为此制订相应的克服困难的措施。

四、运筹学按所解决问题性质上的差别,将实际的问题归结为不同类型的数学模型。

这些不同类型的数学模型构成了运筹学的各个分支。主要的分支有：

线性规划　经营管理中如何有效地利用现有人力物力完成更多的任务,或在预定的任务目标下,如何耗用最少的人力物力去实现。这类统筹规划的问题用数学语言表达,先根据问题要达到的目标选取适当的变量,问题的目标通过用变量的函数形式表示(称为目标函数),对问题的限制条件用有关变量的等式或不等式表达(称为约束条件)。当变量连续取值,且目标函数和约束条件均为线性时,称这类模型为线性规划的模型。有关对线性规划问题建模、求解和应用的研究构成了运筹学中的线性规划分支。

非线性规划　如果上述模型中目标函数或约束条件不全是线性的,对这类模型研究便构成了非线性规划的分支。

整数规划　上述两类模型中当变量只能取整数值时,分别构成线性整数规划和非线性整数规划模型。变量取整数值一般指自然数 0,1,2,……,但有一类特殊的整数规划,变量只能取值 0 或 1,称为 0 – 1 整数规划,对应实际问题中的"取"和"舍",在管理过程中有较多应用。还有很多整数规划模型中,部分变量取整数值,部分可取任意实数,这类模型称为混合整数规划模型。

目标规划　也有的书上称为"目的规划"。主要用于处理多目标的优化问题。方法是通过引入偏差变量,将规划问题中的目标和约束统一写成目标约束,新的目标函数为在综合考虑不同目标的优先级和权系数情况下,使综合目标距离理想的偏差最小。

动态规划　有些经营管理活动由一系列阶段组成,在每个阶段依次进行决策,而且各阶段的决策之间互相关联,因而构成一个多阶段的决策过程。动态规划则是研究一个多阶段决策过程总体优化的问题。

图与网络分析　生产管理中经常碰到工序间的合理衔接搭配问题,设计中经常碰到研究各种管道、线路的通过能力以及仓库、附属设施的布局等问题。运筹学中把一些研究的对象用节点表示,对象之间的联系用连线(边)表示,点边的集合构成图。如果给图中各边赋予某些具体的权数,并指定了起点和终点,称这样的图为网络图。图与网络分析这一分支通过对图与网络性质及优化的研究,解决设计与管理中的实际问题。

存贮论　为了保证企业生产正常进行,需一定数量材料和物资的储备。存贮论则是研究在各种供应和需求条件下,应当在什么时间,提出多大的订货批量来补充储备,使得用于采、贮存和可能发生的短缺的费用损失的总和为最少等问题的运筹学分支。

排队论　是一种研究排队服务系统工作过程优化的数学理论和方法。在这类系统中,服务对象何时到达以及系统对每个对象的服务时间是随机的。排队论通过找出这类系统工作特征的数值,为设计新的服务系统和改进现有系统提供数量依据。工业企业生产中多台设备的看管、机修服务等都属于这类服务系统。

对策论　一种用来研究具有对抗性局势的模型。在这类模型中,参与对抗的各方均有一组策略可供选择,对策论的研究为对抗各方提供为获取对自己有利的结局应采取的最优策略。

决策论　在一个管理系统中,采用不同的策略会得到不同的结局和效果。由于系统状态和决策准则的差别,对效果的度量和决策的选择也有差异。决策论通过对系统状态的性质、采取的策略及效果的度量进行综合研究,以便确定决策准则,并选择最优的决策方案。

五、运筹学与管理科学的关系。

从生产出现分工开始就有管理,但管理作为一门科学则开始于 20 世纪初。随着生产规模的日益扩大和分工的越来越细,要求生产组织高度的合理性、高度的计划性和高度的经济性,促使人们不仅研究生产的个别部门,而且要研究它们相互之间的联系,要当作一个整体研究,并在已有方案基础上寻求更优的方案,从而促进了运筹学的发展和应用。

运筹学的诞生既是管理科学发展的需要,也是管理科学研究深化的标志。管理科学是研究人类管理活动的规律及其应用的一门综合性交叉科学,这是运筹学研究和提出问题的基础。但运筹学又在对问题进一步分析的基础上找出各种因素之间的本质联系,并对问题通过建模和求解,使人们对管理活动的规律性认识进一步深化。例如管理中有关库存问题的讨论,对设定最高和最低控制线的存贮方法,过去只从定性上进行描述,而运筹学则进一步研究了在各种不同需求情况下最高与最低控制线的具体数值。又如计划的编制,过去习惯采用的甘特图只是反映了各道工序的起止时间,反映不出它们相互之间的联系和制约。而运筹学中通过编制网络计划,从系统的观点揭示了这种工序间的联系和制约,为计划的调整优化提供了科学的依据。

有人将运筹学概括为是用科学方法去了解和解释运行系统的现象,这种系统的含义非常广泛,从包含着人和在自然环境中运行的机器,一直到按一定规则运行的复杂社会结构。运筹学观察运行系统的现象,创造理论、模型来解释这些现象,描述在条件变化时会发生的事情,并根据新的观察来检验这些预言。运筹学应用科学方法来创建它的知识,它研究运行系统的现象,这正是被其他科学所忽略的部分。

任何一门科学的发展,一是受科学发展的内在客观规律支配,二是社会因素,特别是社会经济发展的需求。我国管理科学的发展正面临十分有利的机遇,但由于管理科学所研究的社会经济运动是物质运动的最高方式,因而它的发展更有赖于其他学科的发展,而运筹学则是从数量上揭示管理活动规律,促进管理科学发展的学科之一。

运筹学的研究应用已经在管理工作中带来了大量财富的节约。一般是问题的规模越大、越复杂,应用的效果越显著,在 Interfaces 杂志上有大量相关论文的介绍,可供借鉴参考。我国在国民经济各部门应用运筹学也已带来了巨大的财富节约。但运筹学毕竟是一门年青的科学,它的诞生还只有五六十年历史。一方面现有的运筹学模型分支还远远描述不了复杂的管理的现象,需要发展新的分支的模型,另一方面,实际的管理问题中社会、经济、技术、心理各种问题互相交织,需要各方面的专业人员协同配合。总之,运筹学是在解决实际管理问题中发展起来,而管理科学的发展又必将为运筹学的进一步研究发展开辟广阔的领域。

由于计算科学和计算机技术的发展,使一些复杂的大型的运筹学模型的求解成为可能,极大地推动了运筹学的应用发展。对运筹学中一些常用软件和软计算方法,建议读者参考有关图书文献。

第1章 线性规划及单纯形法

1.1 一般线性规划问题的数学模型

1.1.1 问题的提出

生产和经营管理中经常提出如何合理安排,使人力、物力等各种资源得到充分利用,获得最大的效益,这就是所谓规划问题。

【例1】 用一块边长为 a 的正方形铁皮做一个容器,应如何裁剪,使做成的容器的容积为最大(见图1.1)。

【例2】 某企业计划生产Ⅰ、Ⅱ两种产品。这两种产品都要分别在A、B、C、D四种不同设备上加工。按工艺资料规定,生产每件产品Ⅰ需占用各设备分别为2、1、4、0 h,生产每件产品Ⅱ需占用各设备分别为2、2、0、4 h。已知各设备计划期内用于生产这两种产品的能力分别为12、8、16、12 h,又知每生产一件产品Ⅰ企业能获得2元利润,每生产一件产品Ⅱ

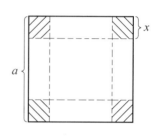

图1.1

企业能获得3元利润,问该企业应安排生产两种产品各多少件,使总的利润收入为最大。

类似的例子还可以举出很多。如物资的调运:已知某些地区生产一种物资,另一些地区需要该种物资,在已知各地区间调运单位该种物资的运价的情况下,应如何制定调运方案,使其满足供需要求并使总运费为最少,等等。问题的提法可以各种各样,但归结起来不外乎:一是给定一定数量的人物、物力等资源,研究如何充分利用,以发挥其最大效果;二是已给定计划任务,研究如何统筹安排,用最少的人力和物力去完成。

对例1中提出的问题,一般只要在铁皮四个角上剪去四个边长各为 x 的正方形,折叠起来就做成一个容器,容积为 $V = (a-2x)^2 \cdot x$。要使容积最大,就是要确定 x 的值,使 V 达到最大。

例2中提出的问题要复杂一些。假定用 x_1 和 x_2 分别表示Ⅰ、Ⅱ两种产品在计划期内的产量。因设备A在计划期内的可用时间为12 h,不允许超,于是有 $2x_1 + 2x_2 \le 12$。对设备B、C、D也可列出类似的不等式: $x_1 + 2x_2 \le 8; 4x_1 \le 16; 4x_2 \le 12$。企业的目标是在各种设备能力允许的条件下,使总的利润收入 $z = 2x_1 + 3x_2$ 为最大。因此例2可归结为:

满足
$$\begin{cases} 2x_1 + 2x_2 \le 12 \\ x_1 + 2x_2 \le 8 \\ 4x_1 \quad\quad \le 16 \\ \quad\quad 4x_2 \le 12 \\ x_1, \quad x_2 \ge 0 \end{cases}$$

使
$$z = 2x_1 + 3x_2 \to \max$$

比较上述两个例子，从数学角度讲，都是求极值的问题，但例 1 中除变量取值要求非负外无其他更多限制，这类问题可以用微积分中已学过的求极值的古典方法解决；而例 2 中变量的取值要受一系列条件的限制，求解这类带附加限制条件的极值问题是运筹学中规划论部分研究的内容。

1.1.2 线性规划问题的数学模型

通常称现实世界中人们关心、研究的实际对象为原型。模型是指将某一部分信息简缩、提炼而构造的原型替代物。数学模型则是对现实世界的一个特定对象，为达到一定目的，根据内存规律做出必要的简化假设，并运用适当数学工具得到的一个数学结构。从上述例子看到规划问题的数学模型包含三个组成要素：(1) 决策变量，指决策者为实现规划目标采取的方案、措施，是问题中要确定的未知量；(2) 目标函数，指问题要达到的目的要求，表示为决策变量的函数；(3) 约束条件，指决策变量取值时受到的各种可用资源的限制，表示为含决策变量的等式或不等式。如果在规划问题的数学模型中，决策变量为可控的连续变量，目标函数和约束条件都是线性的，这类模型称为线性规划问题的数学模型。

一般线性规划问题的数学模型可表示为以下几种形式，即

$$\max(\text{或 min})z = c_1x_1 + c_2x_2 + \cdots + c_nx_n$$

$$\begin{cases} a_{11}x_1 + a_{12}x_2 + \cdots + a_{1n}x_n \leqslant (\text{或}=, \geqslant) b_1 \\ a_{21}x_1 + a_{22}x_2 + \cdots + a_{2n}x_n \leqslant (\text{或}=, \geqslant) b_2 \\ \vdots \\ a_{m1}x_1 + a_{m2}x_2 + \cdots + a_{mn}x_n \leqslant (\text{或}=, \geqslant) b_m \\ x_1, x_2, \cdots, x_n \geqslant 0 \end{cases} \tag{1.1}$$

以上模型的简写形式为

$$\max(\text{或 min})z = \sum_{j=1}^{n} c_j x_j$$

$$\begin{cases} \sum_{j=1}^{n} a_{ij} x_j \leqslant (\text{或}=, \geqslant) b_i & i = 1, \cdots, m \\ x_j \geqslant 0 & j = 1, \cdots, n \end{cases} \tag{1.2}$$

用向量形式表达时，上述模型可写为

$$\max(\text{或 min})z = \boldsymbol{CX}$$

$$\begin{cases} \sum_{j=1}^{n} \boldsymbol{P}_j x_j \leqslant (\text{或}=, \geqslant) \boldsymbol{b} \\ \boldsymbol{X} \geqslant 0 \end{cases} \tag{1.3}$$

式中 $\boldsymbol{C} = (c_1 \quad c_2 \quad \cdots \quad c_n)$ $\boldsymbol{X} = \begin{bmatrix} x_1 \\ x_2 \\ \vdots \\ x_n \end{bmatrix}$ $\boldsymbol{P}_j = \begin{bmatrix} a_{1j} \\ a_{2j} \\ \vdots \\ a_{mj} \end{bmatrix}$ $\boldsymbol{b} = \begin{bmatrix} b_1 \\ b_2 \\ \vdots \\ b_m \end{bmatrix}$

用矩阵形式来表示可写为

$$\max(\text{或 min})z = \boldsymbol{CX}$$

$$\begin{cases} AX \leqslant (\text{或} =, \geqslant) b \\ X \geqslant 0 \end{cases} \quad (1.4)$$

$$A = \begin{bmatrix} a_{11} & a_{12} & \cdots & a_{1n} \\ a_{21} & a_{22} & \cdots & a_{2n} \\ \vdots & \vdots & & \vdots \\ a_{m1} & a_{m2} & \cdots & a_{mn} \end{bmatrix}$$

A 称为约束方程组变量的系数矩阵,或简称约束变量的系数矩阵。

1.1.3 线性规划问题的标准形式

由于目标函数和约束条件内容和形式上的差别,线性规划问题可以有多种多样。为了便于讨论,规定线性规划问题的标准形式为

$$\max z = \sum_{j=1}^{n} c_j x_j \quad (1.5a)$$

$$\begin{cases} \sum_{j=1}^{n} a_{ij} x_j = b_i & i = 1, \cdots, m \quad (1.5b) \\ x_j \geqslant 0 & j = 1, \cdots, n \quad (1.5c) \end{cases}$$

标准形式的线性规划模型中,目标函数为求极大值(有些书上规定是求极小值),约束条件全为等式,约束条件右端常数项 b_i 全为非负值,变量 x_j 的取值为非负。对不符合标准形式(或称非标准形式)的线性规划问题,可分别通过下列方法化为标准形式。

1. 目标函数为求极小值,即为

$$\min z = \sum_{j=1}^{n} c_j x_j$$

因为求 $\min z$ 等价于求 $\max(-z)$,令 $z' = -z$,即化为

$$\max z' = -\sum_{j=1}^{n} c_j x_j = \sum_{j=1}^{n} (-c_j) x_j$$

2. 约束条件为不等式。当约束条件为"$\leqslant$",如 $2x_1 + 2x_2 \leqslant 12$,可令 $x_3 = 12 - 2x_1 - 2x_2$ 或 $2x_1 + 2x_2 + x_3 = 12$,显然 $x_3 \geqslant 0$。当约束条件为"$\geqslant$"时,如 $10x_1 + 12x_2 \geqslant 18$,可令 $x_4 = 10x_1 + 12x_2 - 18$ 或 $10x_1 + 12x_2 - x_4 = 18$,$x_4 \geqslant 0$。x_3 和 x_4 是新加上去的变量,取值均为非负,加到原约束条件中去的目的是使不等式转化为等式,其中 x_3 称为**松弛变量**,x_4 一般称为**剩余变量**,其实质与 x_3 相同,故也有统称松弛变量的。松弛变量和剩余变量在实际问题中分别表示未被充分利用的资源和超用的资源数,均未转化为价值和利润,所以引进模型后它们在目标函数中的系数均为零。

3. 取值无约束的变量。如果变量 x 代表某产品当年计划数与上一年计划数之差,显然 x 的取值可能是正也可能为负,这时可令 $x = x' - x''$,其中 $x' \geqslant 0, x'' \geqslant 0$,将其代入线性规划模型即可。

4. 变量 $x_j \leqslant 0$。可令 $x'_j = -x_j$,显然 $x'_j \geqslant 0$。

【例 3】 将下述线性规划模型化为标准形式。

$$\min z = x_1 + 4x_2 + 5x_3$$

$$\begin{cases} -4x_1 + x_2 + x_3 \leqslant 15 \\ -3x_1 + 3x_2 + 2x_3 \geqslant 11 \\ 3x_1 - 2x_2 - 6x_3 = -8 \\ x_1 \leqslant 0, x_2 \geqslant 0, x_3 \text{ 取值无约束} \end{cases}$$

【解】 令 $z' = -z, x_3 = x_3' - x_3''(x_3' \geqslant 0, x_3'' \geqslant 0), x_1' = -x_1$,并按上述规则将问题转化为

$$\max z' = x_1' - 4x_2 - 5x_3' + 5x_3'' + 0x_4 + 0x_5$$

$$\begin{cases} 4x_1' + x_2 + x_3' - x_3'' + x_4 = 15 \\ 3x_1' + 3x_2 + 2x_3' - 2x_3'' + - x_5 = 11 \\ 3x_1' + 2x_2 + 6x_3' - 6x_3'' = 8 \\ x_1', x_2, x_3', x_3'' \geqslant 0 \end{cases}$$

1.1.4 线性规划问题的解

线性规划问题

$$\max z = \sum_{j=1}^{n} c_j x_j \tag{1.6a}$$

$$\begin{cases} \sum_{j=1}^{n} a_{ij} x_j = b_i & i = 1, \cdots, m \\ x_j \geqslant 0 & j = 1, \cdots, n \end{cases} \tag{1.6b}$$

求解线性规划问题,就是从满足约束条件(1.6b)、(1.6c)的方程组中找出一个解,使目标函数(1.6a)达到最大值。

可行解 满足上述约束条件(1.6b)、(1.6c)的解 $X = (x_1 \cdots x_n)^T$,称为线性规划问题的可行解。全部可行解的集合称为可行域。

最优解 使目标函数(1.6a)达到最大值的可行解称为最优解。

基 设 A 为约束方程组(1.6b)的 $m \times n$ 阶系数矩阵(设 $n > m$),其秩为 m。B 是矩阵 A 中的一个 $m \times m$ 阶的满秩子矩阵,称 B 是线性规划问题的一个基。不失一般性,设

$$B = \begin{bmatrix} a_{11} & \cdots & a_{1m} \\ \vdots & & \vdots \\ a_{m1} & \cdots & a_{mm} \end{bmatrix} = (P_1 \cdots P_m)$$

B 中的每一个列向量 $P_j(j = 1, \cdots, m)$ 称为基向量,与基向量 P_j 对应的变量 x_j 称为基变量。线性规划中除基变量以外的其他变量称为非基变量。

基解 在约束方程组(1.6b)中,令所有非基变量 $x_{m+1} = x_{m+2} = \cdots = x_n = 0$,又因为有 $|B| \neq 0$,根据克莱姆规则,由 m 个约束方程可解出 m 个基变量的唯一解 $X_B = (x_1 \cdots x_m)$。将这个解加上非基变量取0的值有 $X = (x_1 \ x_2 \ \cdots \ x_m \ 0 \ \cdots \ 0)^T$,称 X 为线性规划问题的基解。显然在基解中变量取非零值的个数不大于方程数 m,又基解的总数不超过 C_n^m 个。

基可行解 满足变量非负约束条件(1.6c)的基解称为基可行解。

可行基 对应于基可行解的基称为可行基。

【例4】 在下述线性规划问题中,举例说明什么是基、基变量、基解、基可行解和可行基。

$$\max z = 2x_1 + 3x_2 + 0x_3 + 0x_4 + 0x_5 + 0x_6$$

$$\begin{cases} 2x_1 + 2x_2 + x_3 = 12 \\ x_1 + 2x_2 + x_4 = 8 \\ 4x_1 + 0x_2 + x_5 = 16 \\ 0x_1 + 4x_2 + x_6 = 12 \\ x_i \geqslant 0 \end{cases}$$

【解】 写出约束方程组的系数矩阵

$$A = \begin{bmatrix} 2 & 2 & 1 & 0 & 0 & 0 \\ 1 & 2 & 0 & 1 & 0 & 0 \\ 4 & 0 & 0 & 0 & 1 & 0 \\ 0 & 4 & 0 & 0 & 0 & 1 \end{bmatrix}$$

矩阵 A 的秩不大于4,而

$$(P_3 \quad P_4 \quad P_5 \quad P_6) = \begin{bmatrix} 1 & 0 & 0 & 0 \\ 0 & 1 & 0 & 0 \\ 0 & 0 & 1 & 0 \\ 0 & 0 & 0 & 1 \end{bmatrix}$$

是一个 4×4 的满秩矩阵,故 $(P_3 \quad P_4 \quad P_5 \quad P_6)$ 是上述线性规划问题的一个基。因而与 P_3、P_4、P_5、P_6 对应的变量 x_3、x_4、x_5、x_6 是基变量,x_1、x_2 是非基变量。在约束方程组中如果令 $x_1 = x_2 = 0$,即可解得 $x_3 = 12, x_4 = 8, x_5 = 16, x_6 = 12$,由此

$$X = (0 \quad 0 \quad 12 \quad 8 \quad 16 \quad 12)^\mathrm{T}$$

是线性规划问题的一个基解。因该基解中所有变量取值为非负,故它又是基可行解。因而与这个基可行解对应的基 $(P_3 \quad P_4 \quad P_5 \quad P_6)$ 是一个可行基。

1.1.5 有关线性和线性规划模型的假设

作为线性规划模型,其目标函数应是决策变量的线性函数,约束条件应是决策变量的线性等式或不等式。其中线性的假设应符合以下几点:

(1) 比例性(proportionality) 即目标函数的值同决策变量的取值成严格的比例,约束条件中各产品的资源消耗量同产品生产量成严格比例。

(2) 可叠加性(additivity) 指决策变量间相互独立,决策变量的各自取值对目标函数总的取值互不影响,生产产品对某种资源的消耗量是各产品对该资源消耗量的加总,并且互不影响。

实际问题中,例如成批采购时的打折,成套采购时赠送一些低值附件,以及购买同一航空公司的国际机票时,国内段给予优惠或免费等都不符合上述假设。

此外,线性规划模型中决策变量和各参数取值还需符合:

(3) 可分性(divisibility) 指决策变量允许取小数、分数或任一实数。

(4) 确定性(certainty) 指线性规划模型中的参数 c_j, b_i, a_{ij} 必须是确定的常数。

1.2 图 解 法

为了便于建立 n 维空间中线性规划问题的概念及便于理解求解一般线性规划问题的单纯形法的思路,先介绍图解法。这种方法的优点是直观性强,计算方便,但缺点是只适用于问题中有两个变量的情况。图解法的步骤是:建立坐标系,将约束条件在图上表示;确立满足约束条件的解的范围;绘制出目标函数的图形;确定最优解。用本章例 2 来具体说明图解法的原理步骤。例 2 的数学模型为

$$\max z = 2x_1 + 3x_2 \tag{1.7a}$$

$$\begin{cases} 2x_1 + 2x_2 \leqslant 12 & (1.7b) \\ x_1 + 2x_2 \leqslant 8 & (1.7c) \\ 4x_1 \leqslant 16 & (1.7d) \\ 4x_2 \leqslant 12 & (1.7e) \\ x_1, x_2 \geqslant 0 & (1.7f) \end{cases}$$

1. 先分析约束条件是如何图示的。

本例只有两个变量 x_1 和 x_2。以 x_1 和 x_2 为坐标轴作直角坐标系,因 $x_1 \geqslant 0, x_2 \geqslant 0$,所以只有在第一象限内的点才满足约束(1.7f)。

约束条件 $2x_1 + 2x \leqslant 12$ 是一个不等式,先取 $2x_1 + 2x_2 = 12$,这是一条直线,在坐标系中画出这条直线。这条直线把第一象限的平面分为两部分,凡落在该直线右上方平面内的点均有 $2x_1 + 2x_2 > 12$,落在该直线左下方平面内的点均有 $2x_1 + 2x_3 < 12$。所以 $2x_1 + 2x_2 \leqslant 12$ 表示落在直线 $2x_1 + 2x_2 = 12$ 上的和这条直线左下方半平面内的所有点。于是可用三角形 OAB 及其边界上的所有点表示对 $x_1 \geqslant 0, x_2 \geqslant 0$ 及 $2x_1 + 2x_2 \leqslant 12$ 这三个约束条件的满足(见图 1.2)。

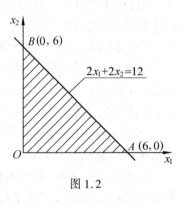

图 1.2

2. 同理,满足约束条件 $x_1 + 2x_2 \leqslant 8$ 的所有点位于直线 $x_1 + 2x_2 = 8$ 上及这条直线左下方的半平面内;满足 $4x_1 \leqslant 16$ 的所有点是位于 $4x_1 = 16$ 这条直线上及这条直线左半边平面内;满足 $4x_2 \leqslant 12$ 的所有位于 $4x_2 = 12$ 这条直线上及这条直线左下方的半平面内。

同时满足这些约束条件的点必然落在由 x_1、x_2 两个坐标轴与上述四条直线所围成的多边形 $OQ_1Q_2Q_3Q_4$ 内及该多边形的边界上(见图 1.3)。

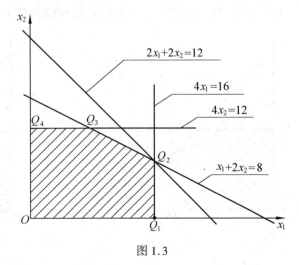

图 1.3

从图 1.3 可以看到多边形 $OQ_1Q_2Q_3Q_4$ 是凸的,后面我们要证明,如果线性规划问题存在可行域,则可行域一定是一个凸集。

3. 目标函数的几何意义。目标函数 $z = 2x_1 + 3x_2$ 中,z 是待定的值。将其改写为 $x_2 = -\frac{2}{3}x_1 + \frac{z}{3}$,由解析几何知,这是参量为 z、斜率为 $-\frac{2}{3}$ 的一族平行的直线,如图 1.4 所示。

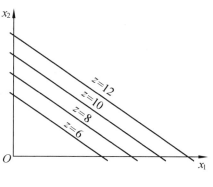

图 1.4

从图 1.4 看出,这族平行线中,离 O 点越远的直线,z 的值越大。若对 x_1、x_2 的取值无限制,z 的值可以无限增大。但在线性规划问题中,对 x_1、x_2 的取值范围是有限制的,这就是图 1.2 中约束条件所包含的范围。

4. 最优解的确定。最优解必须是满足约束条件要求,并使目标函数达到最优。因此 x_1、x_2 的取值范围只能从凸多边形 $OQ_1Q_2Q_3Q_4$ 中去寻找。将图 1.3 和图 1.4 予以合并得到图 1.5。可以看出,当代表目标函数的那条直线由 O 点开始向右上方移动时,z 的值逐渐增大,一直移动到目标函数的直线与约束条件包围成的凸多边形相切时为止,切点就是代表最优解的点。因为再继续向右上方移动,z 值仍然可以增大,但在目标函数的直线上找不出一个点位于约束条件包围成的凸多边形内部或边界上。

本例中目标函数直线与凸多边形的切点是 Q_2,该点坐标可由求解直线方程 $4x_1 = 16$ 和 $2x_1 + 2x_2 = 12$ 得到,为 $(x_1, x_2) = (4, 2)$。将其代入目标函数得 $z = 14$,即该企业生产Ⅰ、Ⅱ产品的最佳方案是:生产 4 件产品Ⅰ,2 件产品Ⅱ,能获取利润收入 14 元。

本例中我们用图解法得到的问题的最优解是唯一的。但在线性规划问题的计算中,解的情况还可能出现下列几种。

1. 无穷多最优解。如将本例中的目标函数改变为 $\max z = 2x_1 + 4x_2$,则目标函数的图形恰好与约束条件(1.7c)平行。当目标函数直线向右上方移动时,它与凸多边形相切时不是一个点,而是在整个线段 Q_2Q_3 上相切(见图 1.6)。这时在 Q_2 点、Q_3 点及 Q_2Q_3 线段上的任意点都使目标函数值 z 达到最大,即该线性规划问题有无穷多最优解。

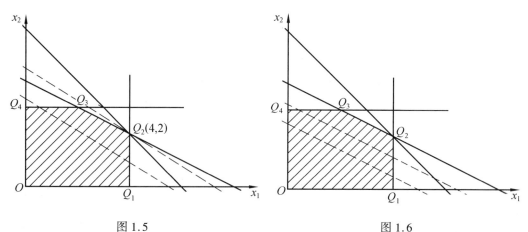

图 1.5 　　　　　　　　　　　图 1.6

2. 无界解(或无最优解)。如果例 2 中的约束条件只剩下(1.7d) 和(1.7f),其他条件(1.7b)、(1.7c)、(1.7e) 不再考虑。用图解法求解时,可以看到变量 x_2 的取值可以无限增大,因而目标函数的值 z 也可以一直增大到无穷(见图 1.7)。这种情况下称问题具有无界解或无最优解。其原因是由于在建立实际问题的数学模型时遗漏了某些必要的资源约束。

3. 无可行解。如下述线性规划模型

$$\max z = 2x_1 + 3x_2$$

$$\begin{cases} 2x_1 + 2x_2 \leqslant 6 \\ x_1 + 2x_2 \geqslant 7 \\ x_1, x_2 \geqslant 0 \end{cases}$$

用图解法求解时找不到满足所有约束条件的公共范围(见图 1.8),这时问题无可行解。其原因是模型本身有错误,约束条件之间相互矛盾,应检查修正。

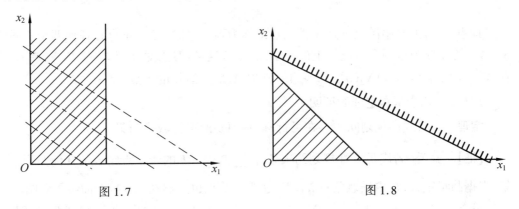

图 1.7　　　　　　　　　　图 1.8

图解法虽只能用来求解只具有两个变量的线性规划问题,但它的解题思路和几何上直观得到的一些概念判断,对下面要讲的求解一般线性规划问题的单纯形法有很大启示:

(1) 求解线性规划问题时,解的情况有:唯一最优解、无穷多最优解、无界解、无可行解;

(2) 若线性规划问题的可行域存在,则可行域是一个凸集;

(3) 若线性规划问题的最优解存在,则最优解或最优解之一(如果有无穷多的话)一定能够在可行域(凸集)的某个顶点找到;

(4) 解题思路是,先找出凸集的任一顶点,计算在顶点处的目标函数值。比较周围相邻顶点的目标函数值是否比这个值更优,如果为否,则该顶点就是最优解的点或最优解的点之一,否则转到比这个点的目标函数值更优的另一顶点,重复上述过程,一直到找出使目标函数值达到最优的顶点为止。

1.3　单纯形法原理

单纯形法是求解一般线性规划问题的基本方法,系 1947 年由丹捷格(G. B. Dantzig) 提出。下面介绍这种方法的理论依据。

1.3.1　预备知识:凸集和顶点

凸集　对一个给定的几何图形,通常可从直观上判断其凹凸性。但这样做一方面不严格,容易产生错误;另一方面,如果一个几何形体给出的只是解析表达式,则无法从直观上进行判断。凸集的严格定义是:如果集合 C 中任意两个点 X_1、X_2,其连线上的所有点也都是集合 C 中的点,称 C 为凸集。由于 X_1、X_2 的连线可表示为

$$aX_1 + (1 - a)X_2 \quad 0 < a < 1$$

因此凸集定义用数学语言可表为:对任何 $X_1 \in C, X_2 \in C$,有 $aX_1 + (1-a)X_2 \in C(0 < a < 1)$,则称 C 为凸集,在图 1.9 中(a)、(b) 是凸集,(c)、(d) 不是凸集。

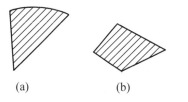

图 1.9

顶点 凸集 C 中满足下述条件的点 X 称为顶点:如果 C 中不存在任何两个不同的点 X_1、X_2,使 X 成为这两个点连线上的一个点。或者这样叙述:对任何 $X_1 \in C, X_2 \in C$,不存在 $X = aX_1 + (1-a)X_2(0 < a < 1)$,则称 X 是凸集 C 的顶点。

1.3.2 几个基本定理的证明

定理 1 若线性规划问题存在可行解,则问题的可行域是凸集。

【证】 思路:若满足线性规划约束条件 $\sum_{j=1}^{n} P_j x_j = b$ 的所有点组成的几何图形 C 是凸集,根据凸集定义,C 内任意两点 X_1、X_2 连线上的点也必然在 C 内。下面给予证明。

设 $X_1 = (x_{11} \quad x_{12} \quad \cdots \quad x_{1n})^T, X_2 = (x_{21} \quad x_{22} \quad \cdots \quad x_{2n})^T$ 为 C 内任意两点,即 $X_1 \in C, X_2 \in C$,将 X_1、X_2 代入约束条件有

$$\sum_{j=1}^{n} P_j x_{1j} = b \qquad \sum_{j=1}^{n} P_j x_{2j} = b \tag{1.8}$$

X_1、X_2 连线上任意一点可以表示为

$$X = aX_1 + (1-a)X_2 \quad 0 < a < 1$$

或 $\qquad X_j = aX_{1j} + (1-a)X_{2j} \quad 0 < a < 1, j = 1, \cdots, n \tag{1.9}$

将式(1.9)代入给条件并由式(1.8)得

$$\sum_{j=1}^{n} P_j x_j = \sum_{j=1}^{n} P_j [ax_{1j} + (1-a)x_{2j}] = \sum_{j=1}^{n} P_j ax_{1j} + \sum_{j=1}^{n} P_j x_{2j} - \sum_{j=1}^{n} P_j ax_{2j} = ab + b - ab = b$$

所以 $X = aX_1 + (1-a)X_2 \in C$。由于集合中任意两点连线上的点均在集合内,所以 C 为凸集。

引理 线性规划问题的可行解 $X = (x_1 \quad \cdots \quad x_n)^T$ 为基本可行解的充要条件是 X 的正分量所对应的系数列各量是线性独立的。

【证】 (1)必要性。由基本可行解的定义显然。

(2)充分性。若向量 $P_1, P_2, \cdots, P_k$ 线性独立,则必有 $k \leqslant m$;当 $k = m$ 时,它们恰好构成一个基,从而 $X = (x_1 \quad x_2 \quad \cdots \quad x_m \quad 0 \quad \cdots \quad 0)^T$ 为相应的基本可行解。当 $k < m$ 时,

则一定可以从其余列向量中找出 $(m-k)$ 个与 $P_1,P_2,\cdots,P_k$ 构成一个基,其对应的解恰为 X,所以据定义它是基本可行解。

定理 2　线性规划问题的基本可行解 X 对应线性规划问题可行域(凸集)的顶点。

【证】 本定理需要证明:X 是可行域顶点 $\Leftrightarrow X$ 是基可行解。下面采用的是反证法,即证明:X 不是可行域的顶点 $\Leftrightarrow X$ 不是基可行解。下面分两步来证明。

(1) X 不是基可行解 $\Rightarrow X$ 不是可行域的顶点。

不失一般性,假设 X 的前 m 个分量为正,故有

$$\sum_{j=1}^{n} P_j x_j = b \tag{1.10}$$

由引理知 $P_1,\cdots,P_m$ 线性相关,即存在一组不全为零的数 $\delta_i(i=1,\cdots,m)$,使得有

$$\delta_1 P_1 + \delta_2 P_2 + \cdots + \delta_m P_m = 0 \tag{1.11}$$

式(1.11)乘上一个不为零的数 μ 得

$$\mu\delta_1 P_1 + \mu\delta_2 P_2 + \cdots + \mu\delta_m P_m = 0 \tag{1.12}$$

式(1.10) + (1.12)得:$(x_1+\mu\delta_1)P_1 + (x_2+\mu\delta_2)P_2 + \cdots + (x_m+\mu\delta_m)P_m = b$

式(1.10) - (1.12)得:$(x_1-\mu\delta_1)P_1 + (x_2-\mu\delta_2)P_2 + \cdots + (x_m-\mu\delta_m)P_m = b$

令
$$X^{(1)} = [(x_1+\mu\delta_1) \ (x_2+\mu\delta_2) \ \cdots \ (x_m+\mu\delta_m) \ 0 \ \cdots \ 0]$$
$$X^{(2)} = [(x_1-\mu\delta_1) \ (x_2-\mu\delta_2) \ \cdots \ (x_m-\mu\delta_m) \ 0 \ \cdots \ 0]$$

又 μ 可以这样来选取,使得对所有 $i=1,\cdots,m$ 有

$$x_i \pm \mu\delta_i \geq 0$$

由此 $X^{(1)} \in C, X^{(2)} \in C$,又 $X = \frac{1}{2}X^{(1)} + \frac{1}{2}X^{(2)}$,即 X 不是可行域的顶点。

(2) X 不是可行域的顶点 $\Rightarrow X$ 不是基可行解。

不失一般性,设 $X = (x_1 \ x_2 \ \cdots \ x_r \ 0 \ \cdots \ 0)$ 不是可行域的顶点,因而可以找到可行域内另外两个不同点 Y 和 Z,有 $X = aY + (1-a)Z (0 < a < 1)$,或可写为

$$x_j = a y_j + (1-a) z_j \quad 0 < a < 1, j = 1,\cdots,n$$

因 $a > 0, 1-a > 0$,故当 $x_j = 0$ 时,必有 $y_j = z_j = 0$

因有
$$\sum_{j=1}^{n} P_j x_j = \sum_{j=1}^{r} P_j x_j = b$$

故有
$$\sum_{j=1}^{n} P_j y_j = \sum_{j=1}^{r} P_j y_j = b \tag{1.13}$$

$$\sum_{j=1}^{n} P_j z_j = \sum_{j=1}^{r} P_j z_j = b \tag{1.14}$$

式(1.13) - (1.14)得
$$\sum_{j=1}^{r} (y_j - z_j) P_j = 0$$

因 $(y_j - z_j)$ 不全为零,故 $P_1,\cdots,P_r$ 线性相关,即 X 不是基可行解。

定理 3　若线性规划问题有最优解,一定存在一个基可行解是最优解。

【证】 设 $X^{(0)} = (x_1^0 \ x_1^0 \ \cdots \ x_n^0)$ 是线性规划的一个最优解,$Z = CX^{(0)} = \sum_{j=1}^{n} c_j x_j^0$ 是目标函数的最大值。若 $X^{(0)}$ 不是基可行解,由定理 2 知 $X^{(0)}$ 不是顶点,一定能在可行域

内找到通过 $X^{(0)}$ 的直线上的另外两个点 $(X^{(0)} + \mu\delta) \geq 0$ 和 $(X^{(0)} - \mu\delta) \geq 0$。将这两个点代入目标函数有

$$C(X^0 + \mu\delta) = CX^0 + C\mu\delta$$
$$C(X^0 - \mu\delta) = CX^0 - C\mu\delta$$

因 $CX^{(0)}$ 为目标函数的最大值，故有

$$CX^{(0)} \geq CX^{(0)} + C\mu\delta$$
$$CX^{(0)} \geq CX^{(0)} - C\mu\delta$$

由此 $C\mu\delta = 0$，即有 $C(X^{(0)} + \mu\delta) = CX^{(0)} = C(X^{(0)} - \mu\delta)$。如果 $(X^{(0)} + \mu\delta)$ 或 $(X^{(0)} - \mu\delta)$ 仍不是基可行解，按上面的方法继续做下去，最后一定可以找到一个基可行解，其目标函数值等于 $CX^{(0)}$，问题得证。

1.3.3 确定初始基可行解

因线性规划问题如果存在最优解，一定可以在基可行解中找到。因此单纯形法的基本思路是：先找到一个初始基可行解，如果不是最优解，设法转换到另一个基可行解，并使目标函数值不断增大，一直到找到最优解为止。

当线性规划的约束条件全部为"$\leq$"时，可按下述方法比较方便地寻找出初始基可行解。

设给定线性规划问题

$$\max z = \sum_{j=1}^{n} c_j x_j$$

$$\begin{cases} \sum_{j=1}^{n} a_{ij} x_j \leq b_i & i = 1, \cdots, m \\ x_j \geq 0 & j = 1, \cdots, n \end{cases}$$

在第 i 个约束条件上加上松弛变量 $x_{si}(i = 1, \cdots, m)$，化为标准形式

$$\max z = \sum_{j=1}^{n} c_j x_j + 0 \sum_{i=1}^{m} x_{si}$$

$$\begin{cases} \sum_{j=1}^{n} a_{ij} x_j + x_{si} = b_i & i = 1, \cdots, m \\ x_j \geq 0 & j = 1, \cdots, n \end{cases}$$

其约束方程组的系数矩阵为

$$\begin{bmatrix} a_{11} & a_{12} & \cdots & a_{1n} & 1 & 0 & \cdots & 0 \\ a_{21} & a_{22} & \cdots & a_{2n} & 0 & 1 & \cdots & 0 \\ \vdots & \vdots & & \vdots & \vdots & \vdots & & \vdots \\ a_{m1} & a_{m2} & \cdots & a_{mn} & 0 & 0 & \cdots & 1 \end{bmatrix}$$

由于这个系数矩阵中含一个单位矩阵 $(P_{s1} \cdots P_{sm})$，只要以这个单位矩阵作为基，就可以立即解出基变量值 $x_{si} = b_i(i = 1, \cdots, m)$，因为有 $b_i \geq 0$（对 $i = 1, \cdots, m$），由此 $X = (0 \cdots 0 \ b_1 \cdots b_m)^T$ 就是一个基可行解。

当线性规划中约束条件为 $=$ 或 $\geq$ 时，化为标准形式后，一般约束条件的系数矩阵中不包含有单位矩阵。这时为能方便地找出一个初始的基可行解，可添加人工变量来人为地

构造一个单位矩阵作为基,称做人工基。这种方法将在本章 1.5 节中讨论。

1.3.4 从初始基可行解转换为另一基可行解

设初始基可行解为 $X^{(0)} = (x_1^0 \ x_2^0 \ \cdots \ x_n^0)^T$,其中非零坐标有 m 个。不失一般性,假定前 m 个坐标为非零,即

$$X^{(0)} = (x_1^0 \ x_2^0 \ \cdots \ x_m^0 \ \overbrace{0 \ \cdots \ 0}^{(n-m)\text{个}})^T$$

因 $X^{(0)} \in C$,故有

$$\sum_{i=1}^{m} P_i x_i^0 = b \tag{1.15}$$

写出方程组(1.15) 的系数矩阵的增广矩阵,上面讲到包括用构造人工基的方法,总可以使基矩阵是单位矩阵形式,因此有增广矩阵

$$\begin{bmatrix} P_1 & P_2 & \cdots & P_m & P_{m+1} & \cdots & P_j & \cdots & P_n & b \\ 1 & 0 & \cdots & 0 & a_{1,m+1} & \cdots & a_{1j} & \cdots & a_{1n} & b_1 \\ 0 & 1 & \cdots & 0 & a_{2,m+1} & \cdots & a_{2j} & \cdots & a_{2n} & b_2 \\ \vdots & \vdots & \ddots & \vdots & \vdots & & \vdots & & \vdots & \vdots \\ 0 & 0 & \cdots & 1 & a_{m,m+1} & \cdots & a_{nj} & \cdots & a_{mn} & b_m \end{bmatrix}$$

因 $P_1,\cdots,P_m$ 是一个基,其他向量 P_j 可用这个基的线性组合来表示,有

$$P_j = \sum_{i=1}^{m} a_{ij} P_i$$

或

$$P_j - \sum_{i=1}^{m} a_{ij} P_i = 0 \tag{1.16}$$

将式(1.16)乘上一个正的数 $\theta > 0$ 得

$$\theta \left(P_j - \sum_{i=1}^{m} a_{ij} P_i \right) = 0 \tag{1.17}$$

式(1.15) + (117) 并经过整理后有

$$\sum_{i=1}^{m} (x_i^0 - \theta a_{ij}) P_i + \theta P_j = b \tag{1.18}$$

由式(1.18)找到满足约束方程组 $\sum_{j=1}^{n} P_j x_j = b$ 的另一个点 $X^{(1)}$,有

$$X^{(1)} = (x_1^0 - \theta a_{1j} \ \cdots \ x_m^0 - \theta a_{mj} \ 0 \ \cdots \ \theta \ \cdots \ 0)$$

其中 θ 是 $X^{(1)}$ 的第 j 个坐标的值。要使 $X^{(1)}$ 是一个基本可行解,因 $\theta > 0$ 故应对所有 $i = 1,\cdots,m$ 存在

$$x_i^0 - \theta a_{ij} \geq 0 \tag{1.19}$$

且这 m 个不等式中至少有一个等号成立。因为当 $a_{ij} \leq 0$ 时,式(1.19)显然成立,故可令

$$\theta = \min_{i} \left\{ \frac{x_i^0}{a_{ij}} \bigg| a_{ij} > 0 \right\} = \frac{x_l^0}{a_{lj}} \tag{1.20}$$

由式(1.20),有 $\qquad x_i^0 - \theta a_{ij} \begin{cases} = 0 & i = l \\ \geq 0 & i \neq l \end{cases}$

这样 $X^{(1)}$ 中的正的分量最多有 m 个,容易证明 m 个向量 $P_1,\cdots,P_{l-1},P_{l+1},\cdots,P_m,P_j$ 线性

无关,故只需按式(1.20)来确定 θ 的值,$X^{(1)}$ 就是一个新的基可行解。

1.3.5 最优性检验和解的判别

将基本可行解 $X^{(0)}$ 和 $X^{(1)}$ 分别代入目标函数得

$$z^{(0)} = \sum_{i=1}^{m} c_i x_i^0$$

$$z^{(2)} = \sum_{i=1}^{m} c_i [x_i^0 - \theta a_{ij}] + \theta c_i =$$

$$\sum_{i=1}^{m} c_i x_i^0 + \theta [c_j - \sum_{i=1}^{m} c_i a_{ij}] = z^{(0)} + \theta [c_j - \sum_{i=1}^{m} c_i a_{ij}] \quad (1.21)$$

式(1.21)中因 $\theta > 0$ 为给定,所以只要有 $[c_j - \sum_{i=1}^{m} c_i a_{ij}] > 0$,就有 $z^{(1)} > z^{(0)}$。$[c_j - \sum_{i=1}^{m} c_i a_{ij}]$ 通常简写为 $(c_j - z_j)$ 或 σ_j,它是对线性规划问题的解进行最优性检验的标志。

(1) 当所有的 $\sigma_j \leqslant 0$ 时,表明现有顶点(基可行解)的目标函数值比起相邻各顶点(基可行解)的目标函数值都大,现有顶点对应的基可行解即为最优解。

(2) 当所有的 $\sigma_j \leqslant 0$,又对某个非基变量 x_j 有 $c_j - z_j = 0$,且按公式(1.20)可以找到 $\theta > 0$,这表明可以找到另一顶点(基可行解)目标函数值也达到最大。由于该两点连线上的点也属可行域内的点,且目标函数值相等,即该线性规划问题有无穷多最优解。

(3) 如果存在某个 $\sigma_j > 0$,又 P_j 向量的所有分量 $a_{ij} \leqslant 0$,由公式(1.19)对任意 $\theta > 0$,恒有 $(x_i^0 - \theta a_{ij}) \geqslant 0$。因 θ 取值可无限增大,由式(1.21)目标函数值也可无限增大,这时线性规划问题存在无界解。

对线性规划无可行解的判别将在后面 1.5 节中讲述。

1.4 单纯形法的计算步骤

根据上节讲述的原理,单纯形法的计算步骤可以归结如下。

第一步:求出线性规划的初始基可行解,列出初始单纯形表。

对非标准形式的线性规划问题首先要化成标准形式。由于我们总可以设法使约束方程的系数矩阵中包含一个单位矩阵,不妨设这个单位矩阵是 $(P_1 \cdots P_m)$,以此作为基即可求得问题的一个初始基本可行解 $X = (b_1 \cdots b_m \ 0 \cdots 0)$。

要检验这个初始基可行解是否最优,需要将其目标函数值与可行域中相邻顶点的目标函数值比较。为了计算上的方便和规格化,对单纯形法计算设计了一种专门表格,称为单纯形表(见表 1.1)。迭代计算中每找出一个新的基本可行解时,就要重新画一张单纯形表。含初始基可行解的单纯形表称初始单纯形表,含最优解的单纯形表称最终单纯形表。

在单纯形表的第 2～3 列列出某个基可行解中的基变量及它们的取值。接下来列出问题中的所有变量。在基变量下面各列数字分别是对应的基向量数字。表 1.1 中变量 $x_1, \cdots, x_m$ 下面各列组成的单位矩阵就是初始基可行解对应的基。

每个非基变量 x_j 下面的数字,是该变量在约束方程的系数向量 P_j 表达为基向量线性组合时的系数。因为有

$$\boldsymbol{P}_j = \begin{bmatrix} a_{1j} \\ \vdots \\ a_{mj} \end{bmatrix}$$

又表1.1中基向量 $\boldsymbol{P}_1,\cdots,\boldsymbol{P}_m$ 都是单位向量,故有

$$\boldsymbol{P}_j = a_{1j}\boldsymbol{P}_1 + a_{2j}\boldsymbol{P}_2 + \cdots + a_{mj}\boldsymbol{P}_m \tag{1.22}$$

由此初始单纯形表中 x_j 下面这一列数字恰好就是 $\boldsymbol{P}_j$ 中各元素的值。

表 1.1

C_B	基	b	$c_j \rightarrow$ x_1	$\cdots$ $\cdots$	c_m x_m	$\cdots$ $\cdots$	c_j x_j	$\cdots$ $\cdots$	c_n x_n
c_1	x_1	b_1	1		0	$\cdots$	a_{1j}	$\cdots$	a_{1n}
c_2	x_2	b_2	0	$\ddots$	0	$\cdots$	a_{2j}	$\cdots$	a_{2n}
$\vdots$	$\vdots$	$\vdots$	$\vdots$	$\ddots$	$\vdots$		$\vdots$		$\vdots$
c_m	x_m	b_m	0		1	$\cdots$	a_{mj}	$\cdots$	a_{mn}
	$c_j - z_j$		0	$\cdots$	0	$\cdots$	$c_j - \sum_{i=1}^m c_i a_{ij}$	$\cdots$	$c_n - \sum_{i=1}^m c_i a_{in}$

表1.1最上端的一行数是各变量的目标函数中的系数值,最左端一列数是与各基变量对应的目标函数中的系数值 C_B。

对 x_j 只要将它下面这一列数字与 C_B 中同行的数字分别相乘,再用它上端的 c_j 值减去上述乘积之和有

$$c_j - (c_1 a_{1j} + c_2 a_{2j} + \cdots + c_m a_{mj}) = c_j - \sum_{i=1}^m c_i a_{ij} \tag{1.23}$$

式(1.23)就是上一节中讲到的对应量 x_j 的检验数 σ_j。对 $j = 1,\cdots,n$,将分别求得的检验数记入表的最下面一行。

第二步:进行最优性检验。

如果表中所有检验数 $\sigma_j \leqslant 0$,则表中的基可行解就是问题的最优解,计算到此结束。否则转下一步。

第三步:从一个基可行解转换到另一个目标函数值更大的基可行解,列出的新的单纯形表。

(1) 确定换入基的变量。只要有检验数 $\sigma_j > 0$,对应的变量 x_j 就可作为换入基的变量,当有一个以上检验数大于零时,一般从中找出最大一个 σ_k

$$\sigma_k = \max_j \{\sigma_j \mid \sigma_j > 0\}$$

其对应的变量 x_k 作为换入基的变量(简称换入变量)。

(2) 确定换出基的变量。根据上一节中确定 θ 的规则,对 $\boldsymbol{P}_k$ 列由公式(1.20)计算得到

$$\theta = \min\left\{\frac{b_i}{a_{ik}} \,\Big|\, a_{ik} > 0\right\} = \frac{b_l}{a_{lk}}$$

确定 x_l 是换出基的变量(简称换出变量)。元素 a_{lk} 决定了从一个基本可行解到另一个可行解的转换去向,取名主元素。

(3) 用换入变量 x_k 替换基变量中的换出变量,得到一个新的基 $(\boldsymbol{P}_1,\cdots,\boldsymbol{P}_{l-1},\boldsymbol{P}_k,\boldsymbol{P}_{l+1},\cdots,\boldsymbol{P}_m)$。对应这个基可以找出一个新的基本可行解,并相应地可以画出一个新的单纯形表(表1.2)。

表 1.2

$c_j \rightarrow$			c_1	$\cdots$	c_l	$\cdots$	c_m	$\cdots$	c_j	$\cdots$	c_k	$\cdots$	c_n
C_B	基	b	x_1	$\cdots$	x_l	$\cdots$	x_m	$\cdots$	x_j	$\cdots$	x_k	$\cdots$	x_n
c_1	x_1	b_1'	1	$\cdots$	$-a_{1k}/a_{lk}$	$\cdots$	0	$\cdots$	a_{1j}'	$\cdots$	0	$\cdots$	a_{1n}'
$\vdots$	$\vdots$	$\vdots$	$\vdots$		$\vdots$		$\vdots$		$\vdots$		$\vdots$		$\vdots$
c_k	x_k	b_l/a_{lk}	0	$\cdots$	$1/a_{lk}$	$\cdots$	0	$\cdots$	a_{lj}'	$\cdots$	1	$\cdots$	a_{ln}'
$\vdots$	$\vdots$	$\vdots$	$\vdots$		$\vdots$		$\vdots$		$\vdots$		$\vdots$		$\vdots$
c_m	x_m	b_m'	0	$\cdots$	$-a_{mk}/a_{lk}$	$\cdots$	1	$\cdots$	a_{mj}'	$\cdots$	0	$\cdots$	a_{mn}'
	$c_j - z_j$		0	$\cdots$	$(c_l - z_l)'$	$\cdots$	0	$\cdots$	$(c_j - z_j)'$	$\cdots$	0	$\cdots$	$(c_n - z_n)'$

在这个新的表中的基仍应是单位矩阵,即 P_k 应变换成单位向量。为此对表 1.1 进行下列运算,并将运算结果填入表 1.2 相应格中。

(a) 将主元素所在 l 行数字除以主元素 a_{lk},即有

$$b_l' = b_l/a_{lk}$$
$$a_{lj}' = a_{lj}/a_{lk} \tag{1.24}$$

(b) 将表 1.2 中刚计算得到的第 l 行数字乘上 $(-a_{ik})$ 加到表 1.1 的第 i 行数字上,记入表 1.2 的相应行,即有

$$b_i' = b_i - \frac{b_l}{a_{lk}} \cdot a_{ik} \quad i \neq l$$
$$a_{ij}' = a_{ij} - \frac{a_{lj}}{a_{lk}} \cdot a_{ik} \quad i \neq l \tag{1.25}$$

(c) 表 1.2 中各非基变量检验数的计算由式(1.23)知

$$(c_l - z_l)' = c_l + \frac{1}{a_{lk}}\left[-\sum_{i=1}^{l-1} c_i a_{ik} + c_k - \sum_{i=1}^{m} c_i a_{ik}\right] =$$
$$\frac{c_k}{a_{lk}} - \frac{1}{a_{lk}}\sum_{i=1}^{m} c_i a_{ik} = -\frac{1}{a_{lk}}(c_k - z_k) \tag{1.26}$$

$$(c_j - z_j)' = c_j - \left[\sum_{i=1}^{l-1} c_i a_{ij} + \sum_{i=l+1}^{m} c_i a_{ij}\right] - \frac{a_{lj}}{a_{lk}}\left[-\sum_{i=1}^{l-1} c_i a_{ik} + c_k - \sum_{i=l+1}^{m} c_i a_{ik}\right] =$$
$$\left(c_j - \sum_{i=1}^{m} c_i a_{ij}\right) - \frac{a_{lj}}{a_{lk}}\left(c_k - \sum_{i=1}^{m} c_i a_{ik}\right) = (c_j - z_j) - \frac{a_{lj}}{a_{lk}}(c_k - z_k) \tag{1.27}$$

第四步:重复第二、三步一直到计算结束为止。

【例 5】 用单纯形法求解线性规划问题

$$\max z = 2x_1 + 3x_2$$

$$\begin{cases} 2x_1 + 2x_2 \leqslant 12 \\ x_1 + 2x_2 \leqslant 8 \\ 4x_1 \leqslant 16 \\ 4x_2 \leqslant 12 \\ x_1, x_2 \geqslant 0 \end{cases}$$

【解】 首先在各约束条件上添加松弛变量,将上述问题化为标准形式

$$\max z = 2x_1 + 3x_2 + 0x_3 + 0x_4 + 0x_5 + 0x_6$$

$$\begin{cases} 2x_1 + 2x_2 + x_3 & = 12 \\ x_1 + 2x_2 + x_4 & = 8 \\ 4x_1 + x_5 & = 16 \\ 4x_2 + x_6 & = 12 \\ x_j \geq 0 \quad j = 1,\cdots,6 \end{cases}$$

参见例4,本例的一个基可行解为 $X = (0\ 0\ 12\ 8\ 16\ 12)^T$,并以此列出初始单纯形表(见表1.3)。

表中存在检验数大于零,故表1.3中的基可行解不是最优解。又 $\sigma_2 > \sigma_1$,故确定 x_2 为换入变量。将 b 列数字除以 x_2 列的同行数字得

$$\theta = \min\left(\frac{12}{2}, \frac{8}{2}, -, \frac{12}{4}\right) = \frac{12}{4} = 3$$

由此确定 x_6 为换出变量,4 为主元素。作为标志对主元素4加上方括号[ ]。

表1.3

C_B	基	b	x_1	x_2	x_3	x_4	x_5	x_6
	$c_j \to$		2	3	0	0	0	0
0	x_3	12	2	3	1	0	0	0
0	x_4	8	1	2	0	1	0	0
0	x_5	16	4	0	0	0	1	0
0	x_6	12	0	[4]	0	0	0	1
	$c_j - z_j$		2	3	0	0	0	0

用 x_2 替换基变量中的 x_6 后得到新的基变量是 x_3、x_4、x_5 和 x_2,画出新的单纯形表(见表1.4),表中数字系按公式(1.24)、(1.25)分别计算得到。

表1.4

C_B	基	b	x_1	x_2	x_3	x_4	x_5	x_6
	$c_j \to$		2	3	0	0	0	0
0	x_3	6	2	0	1	0	0	-0.5
0	x_4	2	[1]	0	0	1	0	-0.5
0	x_5	16	4	0	0	0	1	0
3	x_2	3	0	1	0	0	0	0.25
	$c_j - z_j$		2	0	0	0	0	-0.75

表中还存在检验数 $\sigma_1 > 0$,说明目标函数值还能进一步增大。重复上述计算步骤得表1.5。

表 1.5

C_B	基	b	$c_j \to$ 2 x_1	3 x_2	0 x_3	0 x_4	0 x_5	0 x_6
0	x_3	2	0	0	1	-2	0	0.5
2	x_1	2	1	0	0	1	0	-0.5
0	x_5	8	0	0	0	-4	1	[2]
3	x_2	3	0	1	0	0	0	0.25
	$c_j - z_j$		0	0	0	-2	0	0.25
0	x_3	0	0	0	1	-1	-0.25	0
2	x_1	4	1	0	0	0	0.25	0
0	x_6	4	0	0	0	-2	0.5	1
3	x_2	2	0	1	0	0.5	-0.125	0
	$c_j - z_j$		0	0	0	-1.5	-0.125	0

上表中由于所有 $\sigma_j \leq 0$，表明已求得问题的最优解 $x_1 = 4, x_2 = 2, x_3 = 0, x_4 = 0, x_5 = 0, x_6 = 4, z = 14$。

需要指出，在表 1.5 上半部分的计算中碰到一个问题：当确定 x_6 为换入变量计算 θ 值时，有两个相同的最小值：$\frac{2}{0.5} = 4$ 和 $\frac{8}{2} = 4$。当任选其中一个基变量作为换出变量时，则下面表中另一基变量的值将等于 0，这种现象称为退化。含一个或多个基变量为零的基可行解称为退化的基可行解。当发生退化现象时，从理论上讲，有可能出现计算过程的循环，有些书中还专门编造了计算过程出现循环的例子，并提出如何防止循环的措施，有兴趣的读者可参阅 S.I.Gass 著 Linear Programming(fifth ed.) 183~193 页。幸而对实际问题的线性规划模型，计算中未曾出现过循环现象。因此出现退化时，实际上可以随意决定哪一个变量作为换出变量，不必考虑理论上有可能出现循环的后果。

1.5 单纯形法的进一步讨论

1.5.1 人工变量法

前面讨论了线性规划问题的约束条件若为

$$\sum_{j=1}^{n} a_{ij} x_j \leq b_i \quad i = 1, \cdots, m$$

化成标准形式时在每个不等式左端添加一个松弛变量，由此在约束方程的系数矩阵中包含一个单位矩阵。选这个单位矩阵作为初始基，使得求初始基可行解和建立初始单纯形表都十分方便。当线性规划的约束条件都是等式，而系数矩阵中又不包含有单位矩阵时，往往采用添加人工变量的方法来人为构造一个单位基矩阵。当约束条件是"$\geq$"的情况下，可以先在不等式左端减去一个大于等于零的剩余变量（也要称为松弛变量）化为等式，然后再添加一个人工变量。

【例 6】 用单纯形法求解线性规划问题

$$\max z = -3x_1 + x_3 \tag{1.28a}$$

$$\begin{cases} x_1 + x_2 + x_3 \leqslant 4 & (1.28b) \\ -2x_1 + x_2 - x_3 \geqslant 1 & (1.28c) \\ 3x_2 + x_3 = 9 & (1.28d) \\ x_1, x_2, x_3 \geqslant 0 & (1.28e) \end{cases}$$

【解】 将此问题化成标准形式。在约束条件(1.28b)中添加松弛变量及(1.28c)中添加剩余变量后得

$$\max z = -3x_1 + x_3 + 0x_4 + 0x_5$$

$$\begin{cases} x_1 + x_2 + x_3 + x_4 & = 4 \\ -2x_1 + x_2 - x_3 & - x_5 = 1 \\ 3x_2 + x_3 & = 9 \\ x_j \geqslant 0 \quad j = 1, \cdots, 5 \end{cases}$$

写出其约束系数矩阵

$$\begin{array}{cccccc} & P_1 & P_2 & P_3 & P_4 & P_5 \end{array}$$
$$\begin{bmatrix} 1 & 1 & 1 & 1 & 0 \\ -2 & 1 & -1 & 0 & -1 \\ 0 & 3 & 1 & 0 & 0 \end{bmatrix} \quad (1.29)$$

因式(1.29)中不存在单位矩阵,如果从中确定一个基,则需要通过求解联立方程组才能找出一个基解,还不一定是基可行解。此外,即使找出了基可行解,但由于基不是单位矩阵,使建立初始单纯形表仍会碰到困难。为此在式(1.29)中人为地添加两列单位向量 P_6、P_7,见式(1.30)。

$$\begin{array}{ccccccc} & P_1 & P_2 & P_3 & P_4 & P_5 & P_6 & P_7 \end{array}$$
$$\begin{bmatrix} 1 & 1 & 1 & 1 & 0 & 0 & 0 \\ -2 & 1 & -1 & 0 & -1 & 1 & 0 \\ 0 & 3 & 1 & 0 & 0 & 0 & 1 \end{bmatrix} \quad (1.30)$$

线性规划(1.28)的约束条件可相应表示为

$$\begin{cases} x_1 + x_2 + x_3 + x_4 & = 4 \\ -2x_1 + x_2 - x_3 & - x_5 + x_6 & = 1 \\ 3x_2 + x_3 & + x_7 = 9 \\ x_j \geqslant 0 \quad j = 1, \cdots, 7 \end{cases}$$

因 P_6、P_7 是人为添加的,其对应变量 x_6、x_7 被称为人工变量。约束条件中添加人工变量后,目标函数应如何处理?由于第三个约束条件 $3x_2 + x_3 = 9$ 在添加人工变量前已经是等式,第二个约束在减去剩余变量 x_5 后变为 $-2x_1 + x_2 - x_3 - x_5 = 1$,也是等式。对任何可行解,这些等式约束必须满足,因此在最优解中人工变量取值必须为零。为此,令目标函数中人工变量的系数为任意大的一个负值,用"$-M$"代表,只要当人工变量的取值不为零,目标函数就不可能极大化。对剩余变量,因实质上也是松弛变量,因此目标函数中的系数也为0。这样化为标准形式后例6的目标函数为

$$\max z = -3x_1 + x_3 + 0x_4 + 0x_5 - Mx_6 - Mx_7$$

从约束条件的系数矩阵中看到，P_4、P_6、P_7 都是单位向量，可以此作为基确定初始基可行解。在用单纯形法求解时，M 可看做一个代数符号一起参加运算。用添加 M 来处理人工变量的方法称为大 M 法。本例在添加符号 M 后，用单纯形法求解的过程见表1.6。

表1.6

C_B	基	b	$c_j \rightarrow$						
			-3	0	1	0	0	$-M$	$-M$
			x_1	x_2	x_3	x_4	x_5	x_6	x_7
0	x_4	4	1	1	1	1	0	0	0
$-M$	x_6	1	-2	$[1]$	-1	0	-1	1	0
$-M$	x_7	9	0	3	1	0	0	0	1
	$c_j - z_j$		$-2M-3$	$4M$	1	0	$-M$	0	0
0	x_4	3	3	0	2	1	1	-1	0
0	x_2	1	-2	1	-1	0	-1	1	0
$-M$	x_7	6	$[6]$	0	4	0	3	-3	1
	$c_j - z_j$		$6M-3$	0	$4M+1$	0	$3M$	$-4M$	0
0	x_4	0	0	0	0	1	$-1/2$	$-1/2$	$-1/2$
0	x_2	3	0	1	$1/3$	0	0	0	$1/3$
-3	x_1	1	1	0	$[2/3]$	0	$1/2$	$-1/2$	$1/6$
	$c_j - z_j$		0	0	3	0	$3/2$	$-M-3/2$	$-M+1/2$
0	x_4	0	0	0	0	1	$-1/2$	$1/2$	$-1/2$
0	x_2	$5/2$	$-1/2$	1	0	0	$-1/4$	$1/4$	$1/4$
1	x_3	$3/2$	$3/2$	0	1	0	$3/4$	$-3/4$	$1/4$
	$c_j - z_j$		$-3/2$	0	0	0	$-3/4$	$-M+3/4$	$-M-1/4$

用大 M 法处理人工变量，用手工计算求解时不会碰到麻烦。但用电子计算机求解时，对 M 就只能在计算机内输入一个机器最大字长的数字。如果线性规划问题中的 a_{ij}、b_i 或 c_j 等参数值与这个代表 M 的数相对比较接近，或远远小于这个数字，由于计算机计算时取值上的误差，有可能使计算机结果发生错误。为了克服这个困难，可以对添加人工变量后的线性规划问题分两个阶段来计算，称两阶段法。

1.5.2 两阶段法

两阶段法的第一阶段是先求解一个目标函数中只包含人工变量的线性规划问题，即令目标函数中其他变量的系数取零，人工变量的系数取某个正的常数（一般取1），在保持原问题约束条件不变的情况下求这个目标函数极小化时的解。显然在第一阶段中，当人工变量取值为0时，目标函数值也为0。这时候的最优解就是原线性规划问题的一个可行解。如果第一阶段求解结果最优解的目标函数值不为0，也即最优解的基变量中含有人工变量，表明原线性规划问题无可行解。

当第一阶段求解结果表明问题有可行解时，第二阶段是从第一阶段的最终单纯形表出发，去掉人工变量，并按问题原来的目标函数，继续寻找问题的最优解。

例6用两阶段法求解时，第一阶段的线性规划问题可写为

$$\min w = x_6 + x_7$$
$$\begin{cases} x_1 + x_2 + x_3 + x_4 = 4 \\ -2x_1 + x_2 - x_3 - x_5 + x_6 = 1 \\ 3x_2 + x_3 + x_7 = 9 \\ x_j \geqslant 0 \quad j = 1, \cdots, 7 \end{cases}$$

用单纯形法求解的过程见表 1.7。

表 1.7

C_B	基	b	$c_j \rightarrow$ 0 x_1	0 x_2	0 x_3	0 x_4	0 x_5	−1 x_6	−1 x_7
0	x_4	4	1	1	1	1	0	0	0
−1	x_6	1	−2	[1]	−1	0	−1	1	0
−1	x_7	9	0	3	1	0	0	0	1
	$c_j - z_j$		−2	4	0	0	−1	0	0
0	x_4	3	3	0	2	1	1	−1	0
0	x_2	1	−2	1	−1	0	−1	1	0
−1	x_7	6	[6]	0	4	0	3	−3	1
	$c_j - z_j$		6	0	4	0	3	−4	0
0	x_4	0	0	0	0	1	−1/2	1/2	−1/2
0	x_2	3	0	1	1/3	0	0	0	1/3
0	x_1	1	1	0	2/3	0	1/2	−1/2	1/6
	$c_j - z_j$		0	0	0	0	0	−1	−1

第二阶段是将表 1.7 中的人工变量 x_6、x_7 除去，目标函数改为

$$\max z = -3x_1 + 0x_2 + x_3 + 0x_4 + 0x_5$$

再从表 1.7 中的最后一个表出发，继续用单纯形法计算，求解过程见表 1.8。

表 1.8

C_B	基	b	$c_j \rightarrow$ −3 x_1	0 x_2	1 x_3	0 x_4	0 x_5
0	x_4	0	0	0	0	1	−1/2
0	x_2	3	0	1	1/3	0	0
−3	x_1	1	1	0	[2/3]	0	1/2
	$c_j - z_j$		0	0	3	0	3/2
0	x_4	0	0	0	0	1	−1/2
0	x_2	5/2	−1/2	1	0	0	−1/4
1	x_3	3/2	3/2	0	1	0	3/4
	$c_j - z_j$		−3/2	0	0	0	−3/4

1.5.3 关于解的判别

本章第三节中关于最优性检验部分已讲了如何判别存在无穷多最优解和出现无界解的情况。本节中又讲了当线性规划问题中添加了人工变量，问题满足最优性条件时基变量

仍含有人工变量,表明问题无可行解。下面对图解法中已求解过的几个例子,再用单纯形法计算,对比一下各种解在单纯形表中的出现形式。

【例 7】 用单纯形法求解线性规划问题

$$\max z = 2x_1 + 4x_2$$

$$\begin{cases} 2x_1 + 2x_2 \leqslant 12 \\ x_1 + 2x_2 \leqslant 8 \\ 4x_1 \leqslant 16 \\ 4x_2 \leqslant 12 \\ x_1, x_2 \geqslant 0 \end{cases}$$

【解】 本例用图解法求解时其结果为具有无穷多最优解。用单纯形法求解,先将其化成标准形式

$$\max z = 2x_1 + 4x_2 + 0x_3 + 0x_4 + 0x_5 + 0x_6$$

$$\begin{cases} 2x_1 + 2x_2 + x_3 = 12 \\ x_1 + 2x_2 + x_4 = 8 \\ 4x_1 + x_5 = 16 \\ 4x_2 + x_6 = 12 \\ x_j \geqslant 0 \quad j = 1, \cdots, 6 \end{cases}$$

用单纯形法求解时得到的最终单纯形表见表 1.9。

表 1.9

C_B	基	b	x_1	x_2	x_3	x_4	x_5	x_6
0	x_3	2	0	0	1	-2	0	0.5
2	x_1	2	1	0	0	1	0	-0.5
0	x_5	8	0	0	0	-4	1	2
4	x_2	8	0	1	0	0	0	0.25
	$c_j - z_j$		0	0	0	-2	0	0

由于表 1.9 中非基变量 x_6 的检验数为 0,如果将 x_6 换入基变量得表 1.10。

表 1.10

C_B	基	b	x_1	x_2	x_3	x_4	x_5	x_6
0	x_3	0	0	0	1	-1	-0.25	0
2	x_1	4	1	0	0	0	0.25	0
0	x_6	4	0	0	0	-2	0.5	1
4	x_2	2	0	1	0	0.5	-0.125	0
	$c_j - z_j$		0	0	0	-1.5	0	0

从表 1.9 和表 1.10 中分别得到两个最优解:$X^1 = (2\ 3\ 2\ 0\ 8\ 0)^T$,$X^2 = (4\ 2\ 0\ 0\ 0\ 4)^T$,这两个点连线上的点的目标函数值相等,因而也是最优解,说明问题有无穷多最优解。

【例8】 用单纯形法求解线性规划问题

$$\max z = 2x_1 + 3x_2$$

$$\begin{cases} 4x_1 \leq 16 \\ x_1, x_2 \geq 0 \end{cases}$$

【解】 图解法求解时已看到本例具有无界解,用单纯形法求解时,先将其化为标准形式

$$\max z = 2x_1 + 3x_2 + 0x_3$$

$$\begin{cases} 4x_1 + x_3 = 16 \\ x_1, x_2, x_3 \geq 0 \end{cases}$$

用单纯形法计算过程见表 1.11。

表 1.11

C_B	基	b	$c_j \rightarrow$	2	3	0
				x_1	x_2	x_3
0	x_3	16		4	0	1
	$c_j - z_j$			2	3	0

表中 $\sigma_2 > 0$,但 x_2 列数字为 0,即 x_2 的取值可无限增大而不受限制。由此目标函数值也可无限增大,说明问题的解无界。

【例9】 用单纯形法求解线性规划问题

$$\max z = 2x_1 + 3x_2$$

$$\begin{cases} 2x_1 + 2x_2 \leq 6 \\ x_1 + 2x_2 \geq 7 \\ x_1, x_2 \geq 0 \end{cases}$$

【解】 在图解法中已看到这个例子属无可行解。先将其化为标准形式

$$\max z = 2x_1 + 3x_2 + 0x_3 + 0x_4 - Mx_5$$

$$\begin{cases} 2x_1 + 2x_2 + x_3 = 6 \\ x_1 + 2x_2 - x_4 + x_5 = 7 \\ x_j \geq 0 \quad j = 1, \cdots, 5 \end{cases}$$

用单纯形法求解结果见表 1.12。

表 1.12

C_B	基	b	$c_j \rightarrow$	2	3	0	0	$-M$
				x_1	x_2	x_3	x_4	x_5
0	x_3	6		2	[2]	1	0	0
$-M$	x_5	7		1	2	0	-1	1
	$c_j - z_j$			$2+M$	$3+2M$	0	$-M$	0
3	x_2	3		1	1	0.5	0	0
$-M$	x_5	1		-1	0	-1	-1	1
	$c_j - z_j$			$-1-M$	0	$-1.5-M$	$-M$	0

当所有 $\sigma_j \leq 0$ 时,人工变量 x_5 仍留在基变量中且不为零,故问题无可行解。

1.5.4 单纯形法小结

1. 对给定的线性规划问题应首先化为标准形式,选取或构造一个单位矩阵作为基,求出初始基可行解并列出初始单纯形表。对各种类型线性规划问题如何化为标准形式可参见表 1.3,表中 x_{si} 为松弛变量(或剩余变量),x_{ai} 为人工变量。

表 1.13

线性规划模型		化为标准形式
变量	$x_j \geq 0$	不变
	$x_j \leq 0$	令 $x'_j = -x_j$，则 $x'_j \geq 0$
	x_j 取值无约束	令 $x_j = x'_j - x''_j$，其中 $x'_j \geq 0, x''_j \geq 0$
约束条件	右端项 $b_i \geq 0$	不变
	$b_i < 0$	约束条件两端乘 "-1"
	形式 $\sum_{j=1}^{n} a_{ij} x_j \leq b_i$	$\sum_{j=1}^{n} a_{ij} x_j + x_{si} = b_i$
	$\sum_{j=1}^{n} a_{ij} x_j = b_i$	$\sum_{j=1}^{n} a_{ij} x_j + x_{ai} = b_i$
	$\sum_{j=1}^{n} a_{ij} x_j \geq b_i$	$\sum_{j=1}^{n} a_{ij} x_j - x_{si} + x_{ai} = b_i$
目标函数	极大或极小 $\max z = \sum_{j=1}^{n} c_j x_j$	不变
	$\min z = \sum_{j=1}^{n} c_j x_j$	令 $z' = -z$，化为求 $\max z' = -\sum_{j=1}^{n} c_j x_j$
	x_s 和 x_a 前的系数 加松弛变量 x_s 时	$\max z = \sum_{j=1}^{n} c_j x_j + 0 x_{si}$
	加人工变量 x_a 时	$\max z = \sum_{j=1}^{n} c_j x_j - M x_{ai}$

2. 单纯形法计算步骤的框图见图 1.10。

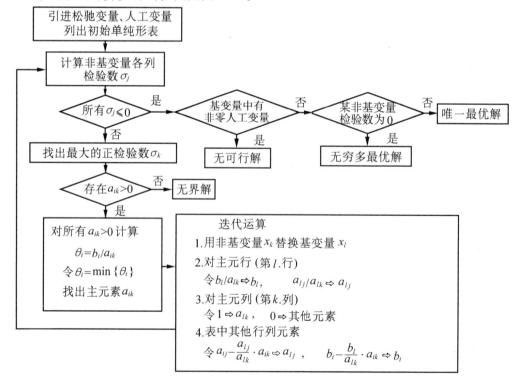

图 1.10

1.6 改进单纯形法

上节中讲述的单纯形法的计算步骤可以用向量矩阵的形式描述如下。

用矩阵形式描述一规划的标准形式为

$$\max z = CX$$
$$\begin{cases} AX = b \\ X \geq 0 \end{cases}$$

由于在转化成这个标准形式时,总可以设法构造一个单位矩阵作为初始单纯形表中的基,这样在初始单纯形表中,可以将矩阵 A 分成作为初始基的单位矩阵 I 和非基变量的系数矩阵 N 两块。计算迭代后,新单纯形表中的基是由上述两块矩阵中的部分向量转化并组合而成。为清楚起见,把新单纯形表中的基(也即单位矩阵 I)对应的初始单纯形表中的那些向量抽出来单独列出一块,用 B 表示。这样初始单纯形表可写为

初 始 解	非 基 变 量		基 变 量
b	B	N	I
$c_j - z_j$	σ_N		$0 \cdots 0$

单纯形法的迭代计算实际上是对约束方程的系数矩阵实施行的初等变换。由线性代数知道,对矩阵 $[b \mid B \mid N \mid I]$ 实施行的初等变换时,当 B 变换为 I,I 将变换为 B^{-1}。由此上述矩阵将变换为 $[B^{-1}b \mid I \mid B^{-1}N \mid B^{-1}]$。若将基变换后的新单纯形表写为

基 可 行 解	基 变 量	非 基 变 量	
b'	I	N'	B^{-1}
$c_j - z_j$	$0 \cdots 0$	σ'_N	$-y_1 \cdots -y_m$

显然有

$$b' = B^{-1}b \tag{1.31}$$

$$N' = B^{-1}N \quad \text{或} \quad P'_j = B^{-1}P_j \tag{1.32}$$

$$-Y = (-y_1 \cdots -y_m) = 0 - C_B B^{-1} = -C_B B^{-1} \tag{1.33}$$

$$\sigma'_N = C_N - C_B N' = C_N - C_B B^{-1} N \tag{1.34}$$

或

$$\sigma'_j = c_j - C_B P'_j = c_j - C_B B^{-1} P_j \tag{1.35}$$

上述公式(1.31)～(1.35)是改进单纯形法计算的依据,也是下一章中要讲述的灵敏度分析等内容的基础,公式中的 C_B 是基变量的目标函数中的系数向量,P_j 和 C_j 是初始单纯形表中非基变量 x_j 的系数向量和它在目标函数中的系数值,P'_j 是新单纯形表中非基变量的系数向量。

在单纯形法的迭代计算中重复计算了很多与迭代过程无关的数字。如例5中从表1.4转换到表1.5时,在计算并找出最大正检验数确定 x_1 是换入基的变量后,只要将表1.4中的 b 列的数字与 P_1 列同行的数字依次比较,依据最小比值原则确定 θ,得到换出基的变量。因此

在表 1.4 中为进行迭代计算,实际用到的数字为各非基变量的检验数 σ'_N 与 $(-Y)$、向量 P'_1 及该表中基本可行解 b' 列数字。对非基变量中不属于换入变量的各列数字迭代中没有用到,因此可以不必计算出来,从而节省每次迭代的计算工作量。当单纯形表中非基变量的个数越多时,用上述方法进行计算可以节省的计算工作量也越大。由于这种方法的基本原理同单纯形法一样,只不过在计算步骤上作了一点改进,故称为改进单纯形法。

改进单纯形法的计算步骤可以归结为:

(1) 在下一步迭代的基变量确定后,求新单纯形表中基矩阵对应的初始单纯形表中矩阵 B 的逆矩阵 B^{-1},新的基可行解 $X_B = B^{-1}b$。

(2) 计算非基变量的检验数 $\sigma'_N = C - C_B B^{-1} N$ 和 $-Y = -C_B B^{-1}$,如果有 $\sigma'_N \leq 0$、$-Y \leq 0$ 时可按图 1.10 进一步判别线性规划问题是属于无可行解、无穷多最优解还是唯一最优解,计算结束。否则找出最大的正检验数 σ_k,其对应的变量 x_k 即为换入变量。

(3) 产生 P'_k 列的数字,有 $P'_k = B^{-1} P_k$,如果 $P'_k \leq 0$,线性规划问题有无界解,计算结束。否则按最小比值原则来确定第 l 行基变量 x_l 为换出变量,即

$$\theta = \min_i \left\{ \frac{(B^{-1}b)_i}{(B^{-1}P_k)_i} \middle| (B^{-1}P_k)_i > 0 \right\} = \frac{(B^{-1}b)_l}{(B^{-1}P_k)_l}$$

(4) 用非基变量 x_k 替换基变量 x_l 得出下一步单纯形表中的基变量。

(5) 重复 (1) ~ (4) 步,一直到计算结束为止。

上面用改进单纯形法求解线性规划问题时,计算逆矩阵 B^{-1} 这一步比较烦琐,下面介绍一个较为简便的方法。由于单纯形法迭代每一步得到的表中,与初始单纯形表中基矩阵 I 对应列的矩阵就是本次迭代中的基的逆矩阵 B^{-1}。若用 a'_{lj}、a'_{ij} 表示迭代后单纯形表中的数字,其余未加"'"的代表迭代前的单纯形表中的数字。由公式(1.25),在两个紧邻的单纯形表中有

$$\begin{cases} a'_{lj} = a_{lj}/a_{lk} \\ a'_{ij} = a_{ij} - \dfrac{a_{lj}}{a_{lk}} \cdot a_{ik} \qquad i \neq l \end{cases}$$

对 $i = 1, \cdots, m, j = 1, \cdots, n$,上述关系式又可写为

$$\begin{bmatrix} a'_{11} & \cdots & a'_{1m} \\ \vdots & & \vdots \\ a'_{l1} & \cdots & a'_{lm} \\ \vdots & & \vdots \\ a'_{m1} & \cdots & a'_{mm} \end{bmatrix} = \begin{bmatrix} 1 & \cdots & -a_{1k}/a_{lk} & \cdots & 0 \\ \vdots & & \vdots & & \vdots \\ 0 & \cdots & 1/a_{1k} & \cdots & 0 \\ \vdots & & \vdots & & \vdots \\ 0 & \cdots & -a_{mk}/a_{lk} & \cdots & 1 \end{bmatrix} \begin{bmatrix} a_{11} & \cdots & a_{1m} \\ \vdots & & \vdots \\ a_{l1} & \cdots & a_{lm} \\ \vdots & & \vdots \\ a_{m1} & \cdots & a_{mm} \end{bmatrix}$$

第 l 列

因此只要构造一个矩阵 D,构造方是在一个 $m \times m$ 的单位矩阵中抽掉第 l 列,换上另一列

$$\begin{bmatrix} -a_{1k}/a_{lk} \\ \vdots \\ 1/a_{lk} \\ \vdots \\ -a_{mk}/a_{lk} \end{bmatrix}$$

由此
$$D = \begin{bmatrix} 1 & \cdots & -a_{1k}/a_{lk} & \cdots & 0 \\ \vdots & & \vdots & & \vdots \\ 0 & \cdots & 1/a_{1k} & \cdots & 0 \\ \vdots & & \vdots & & \vdots \\ 0 & \cdots & -a_{mk}/a_{lk} & \cdots & 1 \end{bmatrix}$$

将 D 左乘迭代前的基的逆矩阵 B_{old}^{-1}，就可以得到迭代后基的逆矩阵 B_{new}^{-1}。

下面举例来具体说明改进单纯形法的计算步骤。

【例 10】 用改进单纯形法求解

$$\max z = 4x_1 + 2x_2$$

$$\begin{cases} -x_1 + 2x_2 \leqslant 6 \\ x_1 + x_2 \leqslant 9 \\ 3x_1 - x_2 \leqslant 15 \\ x_1, x_2 \geqslant 0 \end{cases}$$

【解】 先将其化为标准形式

$$\max z = 4x_1 + 2x_2 + 0x_3 + 0x_4 + 0x_5$$

$$\begin{cases} -x_1 + 2x_2 + x_3 \quad\quad\quad\quad = 6 \\ x_1 + x_2 \quad\quad + x_4 \quad\quad = 9 \\ 3x_1 - x_2 \quad\quad\quad\quad + x_5 = 15 \\ x_1, \cdots, x_5 \geqslant 0 \end{cases}$$

由此
$$N = \begin{bmatrix} -1 & 2 \\ 1 & 1 \\ 3 & -1 \end{bmatrix} \quad b = \begin{bmatrix} 6 \\ 9 \\ 15 \end{bmatrix}$$

(1) 确定初始解

找出约束条件中的单位矩阵 I 作为基，初始解

$$X_B = b = \begin{bmatrix} 6 \\ 9 \\ 15 \end{bmatrix} \quad C_B = (0 \quad 0 \quad 0)$$

初始单纯形表中非基变量检验数

$$\sigma_N = C_N - C_B N = (4 \quad 2)$$

其中最大数字为 4，故对应的变量 x_1 是换入变量，又 x_1 列系数 $P_1 = \begin{bmatrix} -1 \\ 1 \\ 3 \end{bmatrix}$

$$\theta = \min\left\{-\quad \frac{9}{1} \quad \frac{15}{3}\right\} = \frac{15}{3} = 5$$

即 x_5 为换出变量。

(2) 第一次迭代

新的基变量为

$$\begin{bmatrix} x_3 \\ x_4 \\ x_1 \end{bmatrix}$$

$$\boldsymbol{B}^{-1} = \begin{bmatrix} 1 & 0 & 1/3 \\ 0 & 1 & -1/3 \\ 0 & 0 & 1/3 \end{bmatrix} \begin{bmatrix} 1 & 0 & 0 \\ 0 & 1 & 0 \\ 0 & 0 & 1 \end{bmatrix} = \begin{bmatrix} 1 & 0 & 1/3 \\ 0 & 1 & -1/3 \\ 0 & 0 & 1/3 \end{bmatrix}$$

$$\boldsymbol{X}_B = \begin{bmatrix} x_3 \\ x_4 \\ x_1 \end{bmatrix} = \begin{bmatrix} 1 & 0 & 1/3 \\ 0 & 1 & -1/3 \\ 0 & 0 & 1/3 \end{bmatrix} \begin{bmatrix} 6 \\ 9 \\ 15 \end{bmatrix} = \begin{bmatrix} 11 \\ 4 \\ 5 \end{bmatrix} \qquad \boldsymbol{C}_B = (0 \quad 0 \quad 4)$$

非基变量检验数

$$\sigma_N' = c_2 - \boldsymbol{C}_B \boldsymbol{B}^{-1} \boldsymbol{P}_2 = 2 - (0 \quad 0 \quad 4) \begin{bmatrix} 1 & 0 & 1/3 \\ 0 & 1 & -1/3 \\ 0 & 0 & 1/3 \end{bmatrix} \begin{bmatrix} 2 \\ 1 \\ -1 \end{bmatrix} = \frac{10}{3}$$

$$-Y = -\boldsymbol{C}_B [\boldsymbol{B}^{-1}]_{x_5} = -(0 \quad 0 \quad 4) \begin{bmatrix} 1/3 \\ -1/3 \\ 1/3 \end{bmatrix} = -\frac{4}{3}$$

最大正检验数为 10/3,即 x_2 为引进变量,又 x_2 列的系数

$$\boldsymbol{P}_2 = \begin{bmatrix} 1 & 0 & 1/3 \\ 0 & 1 & -1/3 \\ 0 & 0 & 1/3 \end{bmatrix} \begin{bmatrix} 2 \\ 1 \\ -1 \end{bmatrix} = \begin{bmatrix} 5/3 \\ 4/3 \\ -1/3 \end{bmatrix} \qquad \theta = \min\left\{\frac{33}{5} \quad 3 \quad -\right\} = 3$$

即 x_4 为换出变量。

(3) 第二次迭代

新的基变量为

$$\begin{bmatrix} x_3 \\ x_2 \\ x_1 \end{bmatrix}$$

$$\boldsymbol{B}^{-1} = \begin{bmatrix} 1 & -5/4 & 0 \\ 0 & 3/4 & 0 \\ 0 & 1/4 & 1 \end{bmatrix} \begin{bmatrix} 1 & 0 & 1/3 \\ 0 & 1 & -1/3 \\ 0 & 0 & 1/3 \end{bmatrix} = \begin{bmatrix} 1 & -5/4 & 3/4 \\ 0 & 3/4 & -1/4 \\ 0 & 1/4 & 1/4 \end{bmatrix}$$

$$\boldsymbol{X}_B = \begin{bmatrix} x_3 \\ x_2 \\ x_1 \end{bmatrix} = \begin{bmatrix} 1 & -5/4 & 3/4 \\ 0 & 3/4 & -1/4 \\ 0 & 1/4 & 1/4 \end{bmatrix} \begin{bmatrix} 6 \\ 9 \\ 15 \end{bmatrix} = \begin{bmatrix} 6 \\ 3 \\ 6 \end{bmatrix} \qquad \boldsymbol{C}_B = (0 \quad 2 \quad 4)$$

非基变量的检验数为

$$-(0 \quad 2 \quad 4) \begin{bmatrix} -5/4 & 3/4 \\ 3/4 & -1/4 \\ 1/4 & 1/4 \end{bmatrix} = \left(-\frac{10}{4} \quad -\frac{1}{2}\right)$$

因全部检验数小于或等于零,故本次迭代中的解 $(x_1 \quad x_2 \quad x_3 \quad x_4 \quad x_5)$ = (6 3 6 0 0),即为问题的最优解。

1.7 应用举例

在绪论中曾经讲述,应用运筹学研究实际问题要经历分析和表述问题、建模、求解、对解的检验、对解的控制和方案的实施等六个步骤,而建模是运筹学方法的核心和精髓。

将经济管理领域的实际问题抽象为数学模型,是一项技巧性很强的创造性的工作,它要求对研究对象的本质有深刻的理解,并能熟练地掌握有关线性规划模型的结构特点,运用数学技巧。因此,在研究一些复杂问题的数学模型时,需要各方面专业人员的通力协作配合。

一般来讲,一个经济、管理问题要满足下列条件,才能归结为线性规划的模型:① 要求解的问题的目标能用某种效益指标度量大小程度,并能用线性函数描述目标的要求;② 为达到这个目标存在多种方案;③ 要达到的目标是在一定约束条件下实现的,这些条件可用线性等式或不等式描述。

下面通过一些例子来说明如何将一些实际问题归结为线性规划的数学模型。

【例11】 工业原材料的合理利用。

某大楼改造工程用 11 m 长角钢切割成钢窗用料。每扇钢窗含 3 m 长 2 根、4 m 长 3 根、5 m 长 2 根。若需钢窗 100 扇,至少需多少根角钢原材料?

【解】 一根原材料上若切割 3 m 长 2 根、5 m 长 1 根,无料头;或切割 2 根 4 m,1 根 3 m 也无料头。但如何达到配套要求,需要寻找各种切割方案,使料头尽可能少,然后将这些方案组合起来,找出使总用料最少的切割方案。为此先列出一些较好的切割方案,见表1.14。

表 1.14

下料方案 长度	I	II	III	IV	V	VI
3 m	2	1	2	0	0	3
4 m	0	2	1	0	1	0
5 m	1	0	0	2	1	0
总长 /m	11	11	10	10	9	9
料头 /m	0	0	1	1	2	2

为了得到 100 扇钢窗所需的各种长度原料,需混合使用各种下料方案。设使用各方案下料的原材料根数分别为 $x_1, x_2, \cdots, x_6$,则由表 1.14 可列出如下线性规划模型

$$\min z = x_1 + x_2 + x_3 + x_4 + x_5 + x_6$$

$$\begin{cases} 2x_1 + x_2 + 2x_3 \qquad\qquad + 3x_6 = 200 \\ \qquad 2x_2 + x_3 \qquad + x_5 \qquad = 300 \\ x_1 \qquad\qquad + 2x_4 + x_5 \qquad = 200 \\ x_j \geq 0 \qquad j = 1, \cdots, 6 \end{cases}$$

将目标函数转换为求 max,再将各约束条件添加人工变量后,用单纯形法求解,见表1.15。

表 1.15

	$c_j \to$		-1	-1	-1	-1	-1	-1	$-M$	$-M$	$-M$
C_B	基	b	x_1	x_2	x_3	x_4	x_5	x_6	x_7	x_8	x_9
$-M$	x_7	200	2	1	2	0	0	3	1	0	0
$-M$	x_8	300	0	[2]	1	0	1	0	0	1	0
$-M$	x_9	200	1	0	0	2	1	0	0	0	1
	$c_j - z_j$		$-1+3M$	$-1+3M$	$-1+3M$	$-1+2M$	$-1+2M$	$-1+3M$	0	0	0
$-M$	x_7	50	[2]	0	3/2	0	$-1/2$	3	1	$-1/2$	0
-1	x_2	150	0	1	1/2	0	1/2	0	0	1/2	0
$-M$	x_9	200	1	0	0	2	1	0	0	0	1
	$c_j - z_j$		$-1+3M$	0	$-\frac{1}{2}+\frac{3}{2}M$	$-1+2M$	$-\frac{1}{2}+\frac{1}{2}M$	$-1+3M$	0	$\frac{1}{2}-\frac{3}{2}M$	0
-1	x_1	25	1	0	3/4	0	$-1/4$	3/2	1/2	$-1/4$	0
-1	x_2	150	0	1	1/2	0	1/2	0	0	1/2	0
$-M$	x_9	175	0	0	$-3/4$	[2]	5/4	$-3/2$	$-1/2$	1/4	1
	$c_j - z_j$		0	0	$\frac{1}{4}-\frac{3}{4}M$	$-1+2M$	$-\frac{3}{4}+\frac{5}{4}M$	$\frac{1}{2}-\frac{3}{2}M$	$\frac{1}{2}-\frac{3}{2}M$	$\frac{1}{4}-\frac{3}{4}M$	0
-1	x_1	25	1	0	3/4	0	$-1/4$	3/2	1/2	$-1/4$	0
-1	x_2	150	0	1	1/2	0	1/2	0	0	1/2	0
-1	x_4	175/2	0	0	$-3/8$	1	5/8	$-3/4$	$-1/2$	1/8	1/2
	$c_j - z_j$		0	0	$-1/8$	0	$-1/8$	$-7/4$	$-M$	$-M+\frac{3}{8}$	$-M+\frac{1}{2}$

由表1.15计算结果知,最优的切割方案为用方案 I 切割25根,用方案 II 切割150根,用方案 IV 切割87.5根,共可得 3 m 长角钢 200 根,4 m 长角钢 300 根,5 m 长角钢 200 根,共用 11 m 长角钢 262.5 根。实际上为用 262 根 11 m 长角钢,另加 1 根切去 5 m 长用料外,还剩 6 m 长料头,可做其他用途。

【例12】 投资项目的组合问题。

某公司有一笔30万元的资金,今后三年内用于下列项目的投资:

(1) 三年内每年年初均可投资,当年收回,获利为每年投资额的20%;

(2) 只允许第一年初投入,于第二年末收回,本利合计为投资额的150%,但此类投资的限额不超过15万元;

(3) 允许于第二年初投入,于第三年末回收,本利合计为投资额的160%,限额投资20

万元;

(4) 允许第三年初投入,年末回收,可获利 40%,限额为 10 万元。

要求为该公司确定一个到第三年末本利和为最大的投资组合方案。

【解】 用 x_{ij} 表示第 i 年初投放到 j 项目的资金数,则可列出如下线性规划模型:

$$\max z = 1.2x_{31} + 1.6x_{23} + 1.4x_{34}$$

$$\begin{cases} x_{11} + x_{12} = 300\,000 \\ x_{21} + x_{23} = 1.2x_{11} \\ x_{31} + x_{34} = 1.2x_{21} + 1.5x_{12} \\ x_{12} \leqslant 150\,000 \\ x_{23} \leqslant 200\,000 \\ x_{34} \leqslant 100\,000 \\ x_{ij} \geqslant 0 \end{cases}$$

求解得:$x_{11} = 166\,666.7, x_{12} = 133\,333.3, x_{21} = 0, x_{23} = 200\,000, x_{31} = 100\,000, x_{34} = 100\,000$,第三年本利合计为 $580\,000$ 元。

【例 13】 医院护士的值班安排。

安康医院昼夜 24 h 各时段内需要的护士数量如下:2:00 ~ 6:00—10 人;6:00 ~ 10:00—15 人;10:00 ~ 14:00—25 人;14:00 ~ 18:00—20 人;18:00 ~ 22:00—18 人;22:00 ~ 2:00—12 人。护士分别于 2:00,6:00,10:00,14:00,18:00,22:00 分 6 批上班,并连续工作 8 h。试确定:

(a) 该医院至少应有多少名护士才能满足值班需要;

(b) 若医院可聘用合同工护士,上班时间同正式工护士。若正式护士报酬为 10 元/h,合同工护士为 15 元/h,问医院应否聘合同工护士及聘多少名?

解 (a) 设 $x_1, x_2, \cdots, x_6$ 分别代表于早上 2:00, 6:00, $\cdots\cdots$, 开始上班的护士数, 则可建立如下数学模型:

$$\min z = x_1 + x_2 + x_3 + x_4 + x_5 + x_6$$

$$\begin{cases} x_6 + x_1 \geqslant 10 & x_3 + x_4 \geqslant 20 \\ x_1 + x_2 \geqslant 15 & x_4 + x_5 \geqslant 18 \\ x_2 + x_3 \geqslant 25 & x_5 + x_6 \geqslant 12 \\ x_j \geqslant 0 & j = 1, \cdots, 6 \end{cases}$$

解得 $x_1 = 0, x_2 = 15, x_3 = 10, x_4 = 16, x_5 = 2, x_6 = 10$,总计需 53 名护士。

(b) 在(a)的基础上,设 $x_1', x_2', \cdots, x_6'$ 分别为从早上 2:00,6:00 直至晚上 22:00 开始上班的护士数,则有

$$\min z = 80\sum_{j=1}^{6} x_j + 120\sum_{j=1}^{6} x_j'$$

$$\begin{cases} x_6 + x_6' + x_1 + x_1' \geq 10 & x_3 + x_3' + x_4 + x_4' \geq 20 \\ x_1 + x_1' + x_2 + x_2' \geq 15 & x_4 + x_4' + x_5 + x_5' \geq 18 \\ x_2 + x_2' + x_3 + x_3' \geq 25 & x_5 + x_5' + x_6 + x_6' \geq 12 \\ x_j, x_j' \geq 0 \quad j = 1,\cdots,6 \end{cases}$$

解得 $x_j' = 0 (j = 1,\cdots,6)$,$x_j (j = 1,\cdots,6)$ 数字同(a)。

【例 14】 混合配料问题。

某糖果厂用原料 A、B、C 加工成三种不同牌号的糖果甲、乙、丙。已知各种牌号糖果中 A、B、C 含量,原料成本,各种原料的每月限制用量,三种牌号糖果的单位加工费及售价如表 1.16 所示。问该厂每月生产这三种牌号糖果各多少公斤,使该厂获利最大。试建立这个问题的线性规划的数学模型。

表 1.16

	甲	乙	丙	原料成本/(元·kg^{-1})	每月限制用量/kg
A	$\geq 60\%$	$\geq 30\%$		2.00	2 000
B				1.50	2 500
C	$\leq 20\%$	$\leq 50\%$	$\leq 60\%$	1.00	1 200
加工费/(元·kg^{-1})	0.50	0.40	0.30		
售价/(元·kg^{-1})	3.40	2.85	2.25		

【解】 用 $i = 1,2,3$ 分别代表原材料 A、B、C,用 $j = 1,2,3$ 分别代表甲、乙、丙三种糖果。设 x_{ij} 为生产第 j 种糖果使用的第 i 种原料的公斤数,则问题的数学模型可归结为

$$\begin{aligned}
\max z = & (3.40 - 0.50)(x_{11} + x_{21} + x_{31}) + (2.85 - 0.40)(x_{12} + x_{22} + x_{32}) + \\
& (2.25 - 0.30)(x_{13} + x_{23} + x_{33}) - 2.0(x_{11} + x_{12} + x_{13}) - \\
& 1.50(x_{21} + x_{22} + x_{23}) - 1.0(x_{31} + x_{32} + x_{33}) = \\
& 0.9x_{11} + 1.4x_{21} + 1.9x_{31} + 0.45x_{12} + 0.95x_{22} + 1.45x_{32} - 0.05x_{13} + \\
& 0.45x_{23} + 0.95x_{33}
\end{aligned}$$

$$\begin{cases} \left.\begin{array}{l} x_{11} + x_{12} + x_{13} \leq 2\,000 \\ x_{21} + x_{22} + x_{23} \leq 2\,500 \\ x_{31} + x_{32} + x_{33} \leq 1\,200 \end{array}\right\} \text{原料供应限制} \\ \left.\begin{array}{l} x_{11} \geq 0.6(x_{11} + x_{21} + x_{31}) \\ x_{31} \leq 0.2(x_{11} + x_{21} + x_{31}) \\ x_{12} \geq 0.3(x_{12} + x_{22} + x_{32}) \\ x_{32} \leq 0.5(x_{12} + x_{22} + x_{32}) \\ x_{33} \leq 0.6(x_{13} + x_{23} + x_{32}) \end{array}\right\} \text{含量要求条件} \\ x_{ij} \geq 0 \quad i = 1,2,3; j = 1,2,3 \end{cases}$$

用单纯形法求解得 $x_{11} = 580, x_{21} = 326\frac{2}{3}, x_{31} = 0, x_{12} = 1\,420, x_{22} = 2\,173\frac{1}{3}, x_{32} = 1\,200, x_{13} = 0, x_{23} = 0, x_{33} = 0$。$z^* = 5\,450$。即该厂每月应生产甲种牌号糖果 $906\frac{2}{3}$ kg，乙种牌号糖果 $4\,793\frac{1}{3}$ kg，不生产丙种牌号糖果，才能获利最大。

习 题 一

1.1 用图解法求解下列线性规划问题，并指出问题具有唯一最优解、无穷多最优解、无界解还是无可行解。

(a) min $z = 2x_1 + 3x_2$
$$\begin{cases} 2x_1 + x_2 \leqslant 10 \\ x_1 + x_2 \leqslant 8 \\ x_1, x_2 \geqslant 0 \end{cases}$$

(b) max $z = 3x_1 + 2x_2$
$$\begin{cases} 2x_1 + x_2 \leqslant 2 \\ 3x_1 + 4x_2 \geqslant 12 \\ x_1, x_2 \geqslant 0 \end{cases}$$

(c) max $z = x_1 + x_2$
$$\begin{cases} 6x_1 + 10x_2 \leqslant 120 \\ 5 \leqslant x_1 \leqslant 10 \\ 3 \leqslant x_2 \leqslant 8 \end{cases}$$

(d) max $z = 2x_1 + 2x_2$
$$\begin{cases} x_1 - x_2 \geqslant -1 \\ -0.5x_1 + x_2 \leqslant 2 \\ x_1, x_2 \geqslant 0 \end{cases}$$

1.2 对下述线性规划问题找出所有基解，指出哪些是基可行解，并确定最优解。

(a) max $z = 3x_1 + x_2 + 2x_3$
$$\begin{cases} 12x_1 + 3x_2 + 6x_3 + 3x_4 = 9 \\ 8x_1 + x_2 - 4x_3 + 2x_5 = 10 \\ x_j \geqslant 0 \quad j = 1, \cdots, 5 \end{cases}$$

(b) min $z = 5x_1 - 2x_2 + 3x_3 + 2x_4$
$$\begin{cases} x_1 + 2x_2 + 3x_3 + 4x_4 = 7 \\ 2x_1 + 2x_2 + x_3 + 2x_4 = 3 \\ x_j \geqslant 0 \quad j = 1, \cdots, 4 \end{cases}$$

1.3 分别用图解法和单纯形法求解下述线性规划问题，并对照指出单纯形表中的各基本可行解对应图解法中可行域的哪一顶点。

(a) max $z = 10x_1 + 5x_2$
$$\begin{cases} 3x_1 + 4x_2 \leqslant 9 \\ 5x_1 + 2x_2 \leqslant 8 \\ x_1, x_2 \geqslant 0 \end{cases}$$

(b) max $z = 4x_1 + 14x_2$
$$\begin{cases} 2x_1 + 7x_2 \leqslant 21 \\ 7x_1 + 2x_2 \leqslant 21 \\ x_1, x_2 \geqslant 0 \end{cases}$$

1.4 上题(a)中，若目标函数变为 max $z = cx_1 + dx_2$，讨论 c、d 的值如何变化，使该问题可行域的每个顶点依次使目标函数达到最优。

1.5 考虑下述线性规划问题：
$$\max z = c_1 x_1 + c_2 x_2$$
$$\begin{cases} a_{11} x_1 + a_{12} x_2 \leqslant b_1 \\ a_{21} x_1 + a_{22} x_2 \leqslant b_2 \\ x_1, x_2 \geqslant 0 \end{cases}$$

式中 $1 \leq c_1 \leq 3, 4 \leq c_2 \leq 6, -1 \leq a_{11} \leq 3, 2 \leq a_{12} \leq 5, 8 \leq b_1 \leq 12, 2 \leq a_{21} \leq 5, 4 \leq a_{22} \leq 6, 10 \leq b_2 \leq 14$，试确定目标函数最优值的下界和上界。

1.6 将下列线性规划问题化为标准形式，并列出初始单纯形表。

(a) $\min z = 3x_1 + x_2 - 2x_3$
$$\begin{cases} 2x_1 + 3x_2 - 4x_3 \leq 12 \\ 4x_1 + x_2 + 2x_3 \geq 8 \\ 3x_1 - x_2 + 3x_3 = 6 \\ x_1 \geq 0, x_2 \text{无约束}, x_3 \leq 0 \end{cases}$$

(b) $\min z = 3x_1 + 5x_2 - x_3$
$$\begin{cases} x_1 - x_2 + 2x_3 + x_4 \geq 9 \\ 2x_2 + x_3 - x_4 \leq 5 \\ -2x_1 + x_2 - 3x_3 + x_4 \leq -1 \\ x_1, x_2 \geq 0, x_3 \text{无约束} \end{cases}$$

1.7 分别用单纯形法中的大 M 法和两阶段法求解下列线性规划问题，并指出属哪一类解。

(a) $\max z = 2x_1 - x_2 + 2x_3$
$$\begin{cases} x_1 + x_2 + x_3 \geq 6 \\ -2x_1 + x_3 \geq 2 \\ 2x_2 - x_3 \geq 0 \\ x_1, x_2, x_3 \geq 0 \end{cases}$$

(b) $\min z = 2x_1 + 3x_2 + x_3$
$$\begin{cases} x_1 + 4x_2 + 2x_3 \geq 8 \\ 3x_1 + 2x_2 \geq 6 \\ x_1, x_2, x_3 \geq 0 \end{cases}$$

1.8 已知某线性规划问题的初始单纯形表(见表 1.17)和用单纯形法迭代后得到的表(见表 1.18)，试求括弧中未知数 $a \sim l$ 的值。

表 1.17

		x_1	x_2	x_3	x_4	x_5
x_4	6	(b)	(c)	(d)	1	0
x_5	1	-1	3	(e)	0	1
$c_j - z_j$		(a)	-1	2	0	0

表 1.18

		x_1	x_2	x_3	x_4	x_5
x_1	(f)	(g)	2	-1	1/2	0
x_5	4	(h)	(i)	1	1/2	1
$c_j - z_j$		0	-7	(j)	(k)	(l)

1.9 用改进单纯形法求解下述线性规划问题。

(a) $\max z = 6x_1 - 2x_2 + 3x_3$

$$\begin{cases} 2x_1 - x_2 + 2x_3 \leqslant 2 \\ x_1 + 4x_3 \leqslant 4 \\ x_1, x_2, x_3 \geqslant 0 \end{cases}$$

(b) $\max z = 2x_1 + x_2 + 2x_3$

$$\begin{cases} 4x_1 + 3x_2 + 8x_3 \leqslant 12 \\ 4x_1 + x_2 + 12x_3 \leqslant 8 \\ 4x_1 - x_2 + 3x_3 \leqslant 8 \\ x_1, x_2, x_3 \geqslant 0 \end{cases}$$

1.10 某厂在今后 4 个月内需租用仓库堆放物资。已知各月份所需仓库面积数字列于表 1.19。仓库租借费用随合同期定,期限越长折扣越大,具体数字见表 1.20。租借仓库的合同每月初都可办理,每份合同具体规定租用面积数和期限。因此该厂可根据需要,在任何一个月初办理租借合同。每次办理时可签一份,也可签若干份租用面积和租借期限不同的合同,总目标是使所付租借费用最小。试建立上述问题的线性规划模型。

表 1.19

月 份	1	2	3	4
所需仓库面积 /100 m^2	15	10	20	12

表 1.20

合同租借期限	1 个月	2 个月	3 个月	4 个月
合同期内的租费 /(元 /100 m^2)	2 800	4 500	6 000	7 300

1.11 某厂生产 Ⅰ、Ⅱ、Ⅲ 三种产品,都分别经 A、B 两道工序加工。设 A 工序可分别在设备 A_1 或 A_2 上完成,有 B_1、B_2、B_3 三种设备可用于完成 B 工序。已知产品 Ⅰ 可在 A、B 任何一种设备上加工;产品 Ⅱ 可在任何规格的 A 设备上加工,但完成 B 工序时,只能在 B_1 设备上加工;产品 Ⅲ 只能在 A_2 与 B_2 设备上加工。加工单位产品所需工序时间及其他各项数据见表 1.22,试安排最优生产计划,使该厂获利最大。

表 1.21

设 备	产 品			设备有效台时	设备加工费 /(元·h^{-1})
	Ⅰ	Ⅱ	Ⅲ		
A_1	5	10		6 000	0.05
A_2	7	9	12	10 000	0.03
B_1	6	8		4 000	0.06
B_2	4		11	7 000	0.11
B_3	7			4 000	0.05
原料费 /(元·件$^{-1}$)	0.25	0.35	0.50		
售价 /(元·件$^{-1}$)	1.25	2.00	2.80		

1.12 若 X^1、X^2 均为某线性规划问题的最优解，证明这两点连线上的所有点也是该问题的最优解。

1.13 线性规划问题 $\max z = CX, AX = b, X \geq 0$，如果 X^* 是该问题的最优解，又 $\lambda > 0$ 为某一常数，分别讨论下述情况时最优解的变化。

(a) 目标函数变为 $\max z = \lambda CX$；

(b) 目标函数变为 $\max z = (C + \lambda)X$；

(c) 目标函数变为 $\max z = \dfrac{C}{\lambda}X$，约束条件变为 $AX = \lambda b$。

第 2 章 线性规划的对偶理论

2.1 对偶问题的提出

任一线性规划问题都存在另一与之伴随的线性规划问题,它们从不同角度对一个实际问题提出并进行描述,组成一对互为对偶的线性规划问题。例如,设某企业有 m 种资源用于生产 n 种不同产品,各种资源的拥有量分别为 $b_i(i=1,\cdots,m)$,又生产单位第 j 种产品 $(j=1,\cdots,n)$ 消费第 i 种资源 a_{ij} 单位,产值为 c_j 元。若用 x_j 代表第 j 种产品的生产数量,为使该企业产值最大,可将上述问题建立线性规划模型,即

$$\max z = c_1 x_1 + c_2 x_2 + \cdots + c_n x_n$$

$$\begin{cases} a_{11} x_1 + a_{12} x_2 + \cdots + a_{1n} x_n \leq b_1 \\ a_{21} x_1 + a_{22} x_2 + \cdots + a_{2n} x_n \leq b_2 \\ \quad\vdots \\ a_{m1} x_1 + a_{m2} x_2 + \cdots + a_{mn} x_n \leq b_m \\ x_j \geq 0 \quad j = 1,\cdots,n \end{cases}$$

现在从另一角度提出问题:假定有另一企业欲将上述企业拥有的资源收买过来,至少应付出多少代价,才能使前一企业愿意放弃生产活动,出让资源。显然,前一企业放弃自己组织生产活动的条件是,对同等数量资源出让的代价应不低于该企业自己组织生产活动时的产值。如果该企业生产一单位第 j 种产品时,消耗各种资源的数量分别为 $a_{1j}, a_{2j}, \cdots, a_{mj}$,设用 y_i 代表收买该企业一单位 i 种资源时付给的代价,则总收买价为

$$w = b_1 y_1 + b_2 y_2 + \cdots + b_m y_m$$

出让相当于生产一单位 j 种产品的资源消耗的价值应不低于单位 j 种产品的价值 c_j 元,因此又有

$$a_{1j} y_1 + a_{2j} y_2 + \cdots + a_{mj} y_m \geq c_j$$

对后一企业来说,希望用最小代价把前一企业所有资源收买过来,因此有

$$\min w = b_1 y_1 + b_2 y_2 + \cdots + b_m y_m$$

$$\begin{cases} a_{11} y_1 + a_{21} y_2 + \cdots + a_{m1} y_m \geq c_1 \\ a_{12} y_1 + a_{22} y_2 + \cdots + a_{m2} y_m \geq c_2 \\ \quad\vdots \\ a_{1n} y_1 + a_{2n} y_2 + \cdots + a_{mn} y_m \geq c_n \\ y_i \geq 0 \quad i = 1,\cdots,m \end{cases}$$

后一个线性规划问题是前一个问题从不同角度作的阐述。如果前者称为线性规划原问题的话,后者称为它的对偶问题。

线性规划的对偶问题也可以从数学角度引出来。若将上述线性规划的原问题化成标准形式并用矩阵向量表达,可写为

$$\max z = CX$$
$$\begin{cases} AX + IX_s = b \\ X, X_s \geqslant 0 \end{cases}$$

由第一章改进单纯形法一节推导的公式,用单纯形法求解这个模型时,每一步迭代后的检验数为

$$\sigma_B = C_B - C_B B^{-1} B = 0 \tag{2.1}$$

$$\sigma_N = C_N - C_B B^{-1} N \tag{2.2}$$

$$-Y = -C_B B^{-1} \tag{2.3}$$

将式(2.1)、(2.2)合并写到一起有

$$\sigma = C - C_B B^{-1} A \tag{2.4}$$

当存在所有检验数小于等于零,即有

$$\sigma = C - C_B B^{-1} A = C - YA \leqslant 0$$

$$-Y = -C_B B^{-1} \leqslant 0$$

即得到

$$YA \geqslant C$$
$$Y \geqslant 0$$

又因

$$z = CX = C_B b' = C_B B^{-1} b = Yb \tag{2.5}$$

这样从纯数学的推导中,我们也可以得出与前面内容一样的对偶问题

$$\min z = Yb$$
$$\begin{cases} YA \geqslant C \\ Y \geqslant 0 \end{cases}$$

从前面例子看到,在原问题中为求目标函数的极大值,在对偶问题中变为求目标函数的极小值。理由是对偶问题的可行解必须满足原问题最优化条件,因此对原问题来说,只有最优解才是其对偶问题的可行解,也即原问题的最优解是它的对偶问题可行解的目标函数值中最小的一个。由此可知原问题目标函数的最大值对应于对偶问题的目标函数的最小值。

2.2 原问题与对偶问题

将上述线性规划的原问题与对偶问题进行比较可以看出:(1) 一个问题中的约束条件个数等于另一个问题中的变量数;(2) 一个问题中目标函数的系数是另一个问题中约束条件的右端项;(3) 约束条件在一个问题中为"$\leqslant$",则在另一个问题中为"$\geqslant$";(4) 目标函数在一个问题中是求极大值,在另一个问题中则为求极小值,这些关系可用下面表格形式表示,见表2.1。

表2.1中右上角是原问题,左下角部分旋转90°就是对偶问题。

【例1】 写出下述线性规划的对偶问题。

$$\max z = 2x_1 + x_2$$

$$\begin{cases} 5x_2 \leqslant 15 \\ 6x_1 + 2x_2 \leqslant 24 \\ x_1 + x_2 \leqslant 5 \\ x_1, x_2 \geqslant 0 \end{cases}$$

表 2.1

		原问题（求极大）				右 侧
		c_1	c_2	$\cdots$	c_n	
		x_1	x_2	$\cdots$	x_n	
对偶问题（求极小）	$b_1 \quad y_1$	a_{11}	a_{12}	$\cdots$	a_{1n}	$\leqslant b_1$
	$b_2 \quad y_2$	a_{21}	a_{22}	$\cdots$	a_{2n}	$\leqslant b_2$
	$\vdots \quad \vdots$	$\vdots$	$\vdots$		$\vdots$	$\vdots$
	$b_m \quad y_m$	a_{m1}	a_{m2}	$\cdots$	a_{mn}	$\leqslant b_m$
右 侧		$\geqslant c_1$	$\geqslant c_2$	$\cdots$	$\geqslant c_n$	

【解】 根据表 2.1 所示关系，这个问题的对偶问题可写为

$$\min w = 15y_1 + 24y_2 + 5y_3$$

$$\begin{cases} 6y_2 + y_3 \geqslant 2 \\ 5y_1 + 2y_2 + y_3 \geqslant 1 \\ y_1, y_2, y_3 \geqslant 0 \end{cases}$$

线性规划的原问题与对偶问题之间存在对称的关系，即线性规划对偶问题的对偶是原问题。

【例 2】 写出例 1 中对偶问题的对偶，说明原问题与对偶问题的对称关系。

【解】 第一步：将上例中的对偶问题改写为

$$\max(-z') = -15y_1 - 24y_2 - 5y_3$$

$$\begin{cases} -6y_2 - y_3 \leqslant -2 \\ -5y_1 - 2y_2 - y_3 \leqslant -1 \\ y_1, y_2, y_3 \geqslant 0 \end{cases}$$

第二步：按从原问题写出对偶问题的方法写出上面线性规划问题的对偶问题

$$\min z'' = -2x_1 - x_2$$

$$\begin{cases} -5x_2 \geqslant -15 \\ -6x_1 - 2x_2 \geqslant -24 \\ -x_1 - x_2 \geqslant -5 \\ x_1, x_2 \geqslant 0 \end{cases}$$

第三步：将约束条件两端均乘上 (-1)，又因 $\min z''$ 等价于求 $\max(-z'')$，得到

$$\max(-z'') = 2x_1 + x_2$$

$$\begin{cases} 5x_2 \leq 15 \\ 6x_1 + 2x_2 \leq 24 \\ x_1 + x_2 \leq 5 \\ x_1, x_2 \geq 0 \end{cases}$$

这就是例 1 中原问题，可见对偶问题与原问题互为对偶。

如果原问题约束中包含等式约束，如 $\sum_{j=1}^{n} a_{ij} x_j = b_i$，则可先将这个等式改写为

$$\sum_{j=1}^{n} a_{ij} x_j \leq b_i \text{ 和 } -\sum_{j=1}^{n} a_{ij} x_j \leq -b_i$$

如果变量 $x_j \leq 0$，可令 $x'_j = -x_j \geq 0$，用 x'_j 替换原模型中的 x_j；如果变量 x_j 取值无约束，可用 $x_j = x'_j - x''_j (x'_j \geq 0, x''_j \geq 0)$ 来代换。

【例 3】 写出下述线性规划的对偶问题。

$$\min z = 7x_1 + 4x_2 - 3x_3$$

$$\begin{cases} -4x_1 + 2x_2 - 6x_3 \leq 24 \\ -3x_1 - 6x_2 - 4x_3 \geq 15 \\ 5x_1 + 3x_3 = 30 \\ x_1 \leq 0, x_2 \text{ 取值无约束}, x_3 \geq 0 \end{cases}$$

【解】 第一步：令 $x'_1 = -x_1, x_2 = x'_2 - x''_2$，并将所有约束写成"$\geq$"的形式，有

$$\min z = -7x'_1 + 4x'_2 - 4x''_2 - 3x_3$$

$$\begin{cases} -4x'_1 - 2x'_2 + 2x''_2 + 6x_3 \geq -24 \\ +3x'_1 - 6x'_2 + 6x''_2 - 4x_3 \geq 15 \\ 5x'_2 - 5x''_2 + 3x_3 \geq 30 \\ -5x'_2 + 5x''_2 - 3x_3 \geq -30 \\ x'_1, x'_2, x''_2, x_3 \geq 0 \end{cases}$$

第二步：令与上式中四个约束条件对应的对偶变量分别为 y'_1, y_2, y'_3, y''_3，写出其对偶问题。

$$\max w = -24y'_1 + 15y_2 + 30y'_3 - 30y''_3$$

$$\begin{cases} -4y'_1 + 3y_2 \leq -7 \\ -2y'_1 - 6y_2 + 5y'_3 - 5y''_3 \leq 4 \\ 2y'_1 + 6y_2 - 5y'_3 + 5y''_3 \leq -4 \\ 6y'_1 - 4y_2 + 3y'_3 - 3y''_3 \leq -3 \\ y'_1, y_2, y'_3, y''_3 \geq 0 \end{cases}$$

第三步：再令 $y_1 = -y'_1, y_3 = y'_3 - y''_3$，并将中间两个约束条件合成等式约束，得

$$\max w = 24y_1 + 15y_2 + 30y_3$$

$$\begin{cases} -4y_1 - 3y_2 \geq 7 \\ 2y_1 - 6y_2 + 5y_3 = 4 \\ -6y_1 - 4y_2 + 3y_3 \leq -3 \\ y_1 \leq 0, y_3 \text{ 取值无约束}, y_2 \geq 0 \end{cases}$$

对比例 3 的原问题和第三步中的对偶问题,看出如果令对应原问题三个约束条件的对偶变量分别为 y_1, y_2, y_3,则可依据表 2.2 中给出的对应关系,直接从原问题写出对偶问题;或将对偶问题看成原问题,再写出其对偶问题(即原问题)。

表 2.2

原问题(对偶问题)	对偶问题(原问题)
目标函数 max	目标函数 min
变量 $\begin{cases} n\text{个} \\ \geqslant 0 \\ \leqslant 0 \\ \text{无约束} \end{cases}$	$\left.\begin{matrix} n\text{个} \\ \geqslant \\ \leqslant \\ = \end{matrix}\right\}$ 约束条件
目标函数中变量的系数	约束条件右端项
约束条件 $\begin{cases} m\text{个} \\ \leqslant \\ \geqslant \\ = \end{cases}$	$\left.\begin{matrix} m\text{个} \\ \geqslant 0 \\ \leqslant 0 \\ \text{无约束} \end{matrix}\right\}$ 变量
约束条件右端项	目标函数中变量的系数

2.3 对偶问题的基本性质

在下面的讨论中,假定线性规划原问题为

$$\max z = \sum_{j=1}^{n} c_j x_j$$

$$\begin{cases} \sum_{j=1}^{n} a_{ij} x_j \leqslant b_i & i = 1, \cdots, m \\ x_j \geqslant 0 & j = 1, \cdots, n \end{cases}$$

其对偶问题为

$$\min w = \sum_{i=1}^{m} b_i y_i$$

$$\begin{cases} \sum_{i=1}^{m} a_{ij} y_i \geqslant c_j & j = 1, \cdots, n \\ y_i \geqslant 0 & i = 1, \cdots, m \end{cases}$$

1. 弱对偶性。如果 $\overline{x_j}(j=1,\cdots,n)$ 是原问题的可行解,$\overline{y_i}(i=1,\cdots,m)$ 是其对偶问题的可行解,则恒有

$$\sum_{j=1}^{n} c_j \overline{x_j} \leqslant \sum_{i=1}^{m} b_i \overline{y_i} \tag{2.6}$$

【证】 因为

$$\sum_{j=1}^{n} c_j \overline{x_j} \leqslant \sum_{j=1}^{n} \left(\sum_{i=1}^{m} a_{ij} \overline{y_i} \right) \overline{x_j} = \sum_{i=1}^{m} \sum_{j=1}^{n} a_{ij} \overline{x_j} \overline{y_i} \tag{2.7}$$

$$\sum_{i=1}^{m} b_i \overline{y_i} \geqslant \sum_{i=1}^{m} \left(\sum_{j=1}^{n} a_{ij} \overline{x_j} \right) \overline{y_i} = \sum_{i=1}^{m} \sum_{j=1}^{n} a_{ij} \overline{x_j} \overline{y_i} \tag{2.8}$$

所以
$$\sum_{j=1}^{n} c_j \bar{x}_j \leqslant \sum_{i=1}^{m} b_i \bar{y}_i$$

2. 最优性。如果 $\hat{x}_j (j = 1, \cdots, n)$ 是原问题的可行解，$\hat{y}_i (i = 1, \cdots, m)$ 是其对偶问题的可行解，且有
$$\sum_{j=1}^{n} c_j \hat{x}_j = \sum_{i=1}^{m} b_i \hat{y}_i$$

则 $\hat{x}_j (j = 1, \cdots, n)$ 是原问题的最优解，$\hat{y}_i (i = 1, \cdots, m)$ 是其对偶问题的最优解。

【证】 设 $x_j^* (j = 1, \cdots, n)$ 是原问题的最优解，$y_i^* (i = 1, \cdots, m)$ 是其对偶问题的最优解。由式(2.6)有
$$\sum_{j=1}^{n} c_j \hat{x}_j \leqslant \sum_{j=1}^{n} c_j x_j^* \qquad \sum_{i=1}^{m} b_i y_i^* \leqslant \sum_{i=1}^{m} b_i \hat{y}_i$$

又知
$$\sum_{j=1}^{n} c_j \hat{x}_j = \sum_{i=1}^{m} b_i \hat{y}_i$$

故
$$\sum_{j=1}^{n} c_j \hat{x}_j = \sum_{j=1}^{n} c_j x_j^* = \sum_{i=1}^{m} b_i y_i^* = \sum_{i=1}^{m} b_i \bar{y}_i \tag{2.9}$$

3. 无界性。如果原问题(对偶问题)具有无界解，则其对偶问题(原问题)无可行解。

【证】 由性质1显然。

但注意这个性质的逆不成立。因为当原问题(对偶问题)无可行解时，其对偶问题(原问题)或无可行解或具有无界解。

4. 强对偶性(或称对偶定理)。如果原问题有最优解，则其对偶问题也一定具有最优解，且有 $\max z = \min w$。

【证】 将原问题加上松弛变量化成标准形式
$$\max z = \sum_{j=1}^{n} c_j x_j$$
$$\begin{cases} \sum_{j=1}^{n} a_{ij} x_j + x_{si} = b_i & i = 1, \cdots, m \\ x_j \geqslant 0, x_{si} \geqslant 0 & i = 1, \cdots, m; j = 1, \cdots, n \end{cases}$$

用单纯形法求解，参见本章公式(2.3)、(2.4)有
$$-Y \leqslant 0, \quad \text{即} \quad y_i \geqslant 0 \qquad i = 1, \cdots, m$$
$$\sigma = C - YA \leqslant 0, \quad \text{即} \sum_{i=1}^{m} a_{ij} y_i \geqslant c_j \qquad j = 1, \cdots, n$$

由此 $y_i (i = 1, \cdots, m)$ 是其对偶问题的可行解。又因为有
$$\sum_{i=1}^{m} b_i y_i = \sum_{j=1}^{n} c_j x_j$$

由性质2，y_i 是其对偶问题的最优解。

5. 互补松弛性。在线性规划问题的最优解中，如果对应某一约束条件的对偶变量值为非零，则该约束条件取严格等式；反之如果约束条件取严格不等式，则其对应的对偶变量一定为零。也即

如果 $\hat{y}_i > 0$，则 $\sum_{j=1}^{n} a_{ij} \hat{x}_j = b_i$

如果 $\sum_{j=1}^{n} a_{ij} \hat{x}_j = b_i$，则 $\hat{y}_i = 0$

【证】 由弱对偶性式(2.7)、(2.8)知

$$\sum_{j=1}^{n} c_j \hat{x}_j \leqslant \sum_{i=1}^{m} \sum_{j=1}^{n} a_{ij} \hat{x}_j \hat{y}_i \leqslant \sum_{i=1}^{m} b_i \hat{y}_i \quad (2.10)$$

又根据最优性 $\sum_{j=1}^{n} c_j \hat{x}_j = \sum_{i=1}^{m} b_i \hat{y}_i$，故式(2.10) 中应全为等式。由式(2.10) 右端等式得

$$\sum_{i=1}^{m} \left[\sum_{j=1}^{n} a_{ij} \hat{x}_j - b_i \right] \hat{y}_i = 0 \quad (2.11)$$

因 $\hat{y}_i \geqslant 0, \sum_{j=1}^{n} a_{ij} \hat{x}_j - b_i \leqslant 0$，故式(2.11) 成立必须对所有 $i = 1, \cdots, m$ 有

$$\left[\sum_{j=1}^{n} a_{ij} \hat{x}_j - b_i \right] \hat{y}_i = 0$$

由此当 $\hat{y}_i > 0$ 时，必有 $\sum_{j=1}^{n} a_{ij} \hat{x}_j - b_i = 0$；当 $\sum_{j=1}^{n} a_{ij} \hat{x}_j - b_i < 0$ 时，必有 $\hat{y}_i = 0$。

将互补松弛性质应用于其对偶问题时可以这样叙述：

如果有 $\hat{x}_j > 0$，则 $\sum_{i=1}^{m} a_{ij} \hat{y}_i = c_j$

如果有 $\sum_{i=1}^{m} a_{ij} \hat{y}_i > c_j$，则 $\hat{x}_j = 0$

证明方法与上述同。

6. 用单纯形法求解线性规划问题时，迭代的每一步在得到原问题一个基本可行解的同时，其检验数行的 y_i 和 $(z_j - c_j)$ 值是其对偶问题的一个基本解；在单纯形表中，原问题的松弛变量对应对偶问题的变量，对偶问题的剩余变量对应原问题的变量；这些互相对应的变量如果在一个问题的解中是基变量，则在另一问题的解中是非基变量；将这两个解代入各自的目标函数中有 $z = w$。

【证】 因为 $z_j - c_j = \boldsymbol{C}_B \boldsymbol{B}^{-1} \boldsymbol{P}_i - c_j = \boldsymbol{Y} \boldsymbol{P}_i - c_j$

所以 $\sum_{i=1}^{m} a_{ij} y_i - (z_j - c_j) = c_j$

即 $(z_j - c_j)$ 在对偶问题的约束条件中相当于剩余变量。又与原问题解中的基变量对应的对偶问题变量取值为零，故对偶问题中非零的变量数不超过对偶问题的约束条件数，且不难证明这些非零变量对应的系数向量线性独立，故检验数行的 y_i 和 $(z_j - c_j)$ 值恰好是对偶问题的基本解。又由本章公式(2.5)知这两个解代入各自的目标函数后有 $z = w$。

【例4】 本章例 1 中列出了两个互为对偶的线性规划问题，将其分别化为标准形式为

$$\max z = 2x_1 + x_2 + 0x_3 + 0x_4 + 0x_5$$

$$\begin{cases} 5x_2 + x_3 = 15 \\ 6x_1 + 2x_2 + x_4 = 24 \\ x_1 + x_2 + x_5 = 5 \\ x_j \geqslant 0 \quad j = 1, \cdots, 5 \end{cases}$$

$$\min(-w) = -15y_1 - 24y_2 - 5y_3 + 0y_4 + 0y_5$$

$$\begin{cases} 6y_2 + y_3 - y_4 = 2 \\ 5y_1 + 2y_2 + y_3 - y_5 = 1 \\ y_i \geq 0 \quad i = 1,\cdots,5 \end{cases}$$

用单纯形法求得两个问题的最终单纯形表分别见表 2.3 和表 2.4。

表 2.3

		原问题变量		原问题松弛变量		
		x_1	x_2	x_3	x_4	x_5
x_3	15/2	0	0	1	5/4	-15/2
x_1	7/2	1	0	0	1/4	-1/2
x_2	3/2	0	1	0	-1/4	3/2
$z_j - c_j$		0	0	0	1/4	1/2
		对偶问题的剩余变量		对偶问题变量		
		y_4	y_5	y_1	y_2	y_3

表 2.4

		对偶问题变量			对偶问题剩余变量	
		y_1	y_2	y_3	y_4	y_5
y_2	1/4	-5/4	1	0	-1/4	-1/4
y_3	1/2	15/2	0	1	1/2	-3/2
$z_j - c_j$		15/2	0	0	7/2	3/2
		原问题松弛变量			原问题变量	
		x_3	x_4	x_5	x_1	x_2

从表 2.3 和表 2.4，可以清楚看出两个问题变量之间的对应关系。同时根据上述对偶问题的性质，我们只需求解其中一个问题，从最优解的单纯形表中同时得到另一个问题的最优解。

又根据上述对偶问题的性质，在单纯形法迭代的每一步，如果原问题是可行解，其对偶问题也是可行解，则相应解分别是两个问题的最优解；如果原问题是可行解，其对偶问题是非可行解，代入目标函数后有 $z < z_{\max}$；如果对偶问题为可行解，原问题为非可行解，代入目标函数后有 $z > z_{\max}$。以上关系可用下面表格的形式表述。

目标函数值		原问题	
		可行解	非可行解
对偶问题	可行解	最优	$z > z_{\max}$
	非可行解	$z < z_{\max}$	—

2.4 影子价格

从上节对偶问题的基本性质看出，在单纯形法的每步迭代中有目标函数

$$z = \sum_{j=1}^{n} c_j x_j = \sum_{i=1}^{m} b_i y_i \qquad (2.12)$$

式中 b_i 是线性规划原问题约束条件的右端项，它代表第 i 种资源的拥有量；对偶变量 y_i 的意义代表对一个单位第 i 种资源的估价。这种估价不是资源的市场价格，而是根据资源在生产中做出的贡献而作的估价，为区别起见，称为影子价格(shadow price)。

1. 资源的市场价格随资源供需发生变化，但相对比较稳定，而它的影子价格则有赖于资源的利用情况。由于企业生产任务、产品结构等情况发生变化，资源的影子价格也随之改变。

2. 影子价格是一种边际价格，在式(2.12)中将 z 对 b_i 求偏导数得 $\frac{\partial z}{\partial b_i} = y_i$。这说明 y_i 的值相当于在给定的生产条件下，b_i 每增加一个单位时目标函数 z 的增量。

图 2.1 为例 1 用图解法求解时的情形，图中阴影线部分标出了问题的可行域，点 $\left(\frac{7}{2}, \frac{3}{2}\right)$ 是最优解，代入目标函数得 $z = 8\frac{1}{2}$。如果例 1 中的第 ② 个约束条件右端项增加 1，变为 $6x_1 + 2x_2 \leq 25$，可行域边界线 ② 将移至 ②′，代入目标函数得 $z = 8\frac{3}{4}$，说明第 2 种资源的边际价格为 1/4。又如第 ③ 个约束条件右端项增加 1，可行域的边界线 ③ 将移至 ③′，代入目标函数得 $z = 9$，说明第 3 种资源的边际价格为 1/2。

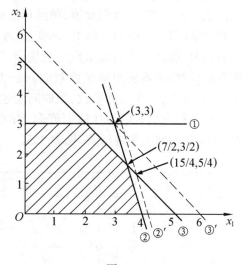

图 2.1

3. 资源的影子价格实际上又是一种机会成本。在完全市场经济条件下，当第 2 种资源的市场价格低于 1/4 时，可以买进这种资源；相反当市场价格高于影子价格时，就会卖出这种资源。随着资源的买进卖出，它的影子价格也将随之发生变化，一直到影子价格与市场价格保持同等水平时，才处于平衡状态。

4. 在上一节对偶问题的互补松弛性质中有 $\sum_{j=1}^{n} a_{ij}\hat{x}_j < b_i$ 时，$\hat{y}_i = 0$；当 $\hat{y}_i > 0$ 时，有

$\sum_{j=1}^{n} a_{ij} x_j = b_i$，这表明生产过程中如果某种资源 b_i 未得到充分利用时，该种资源的影子价格为零；又当资源的影子价格不为零时，表明该种资源在生产中已耗费完毕。

5.从影子价格的含义上再来考察单纯形法的计算。因为有

$$\sigma_i = c_j - C_B B^{-1} P_j = c_j - \sum_{i=1}^{m} a_{ij} y_i \tag{2.13}$$

式(2.13)中 c_j 代表第 j 种产品的产值，$\sum_{i=1}^{m} a_{ij} y_i$ 是生产该种产品所消耗各项资源的影子价格的总和，即产品的隐含成本。当产品产值大于隐含成本时，表明生产该项产品有利，可在计算中安排，否则用这些资源来生产别的产品更为有利，就不在生产计划中安排。这就是单纯形法中各个检验数的经济意义。

6.一般讲，对线性规划问题的求解是确定资源的最优分配方案，而对于对偶问题的求解则是确定对资源的恰当估价，这种估价直接涉及到资源的最有效利用。如在一个大公司内部，可借助资源的影子价格确定一些内部结算价格，以便控制有限资源的使用和考核下属企业经营的好坏。又如在社会上可对一些最紧缺的资源，借助影子价格规定使用这种资源一单位时必须上交的利润额，以控制一些经济效益低的企业自觉地节约使用紧缺资源，使有限资源发挥更大的经济效益。

2.5 对偶单纯形法

由对偶问题的基本性质6知，用单纯形法求解线性规划问题时，在得到原问题的一个基可行解的同时，在检验数行得到对偶问题的一个基解。并且将两个解分别代入各自的目标函数时其值相等。我们知道，单纯形法计算的基本思想是保持原问题为可行解（这时一般其对偶问题为非可行解）的基础上，通过迭代，增大目标函数，当其对偶问题的解也为可行解时，就达到了目标函数的最优值。所谓对偶单纯形法，则是将单纯形法应用于对偶问题的计算，基本思想是保持对偶问题为可行解（这时一般原问题为非可行解）的基础上，通过迭代，减小目标函数，当原问题也达到可行解时，即得到了目标函数的最优值。

设某标准形式的线性规划问题，存在一个对偶问题的可行基 B，不妨设 $B = (P_1, P_2, \cdots, P_m)$，列出单纯形表，见表 2.5。

表 2.5

C_B	基	b	x_1	$\cdots$	x_r	$\cdots$	x_m	x_{m+1}	$\cdots$	x_s	$\cdots$	x_n
c_1	x_1	$\overline{b_1}$	1	$\cdots$	0	$\cdots$	0	$a_{1,m+1}$	$\cdots$	a_{1s}	$\cdots$	a_{1n}
$\vdots$	$\vdots$	$\vdots$	$\vdots$		$\vdots$		$\vdots$	$\vdots$		$\vdots$		$\vdots$
c_r	x_r	$\overline{b_r}$	0	$\cdots$	1	$\cdots$	0	$a_{r,m+1}$	$\cdots$	a_{rs}	$\cdots$	a_{rn}
$\vdots$	$\vdots$	$\vdots$	$\vdots$		$\vdots$		$\vdots$	$\vdots$		$\vdots$		$\vdots$
c_m	x_m	$\overline{b_m}$	0	$\cdots$	0	$\cdots$	1	$a_{m,m+1}$	$\cdots$	a_{ms}	$\cdots$	a_{mn}
$c_j - z_j$		0	$\cdots$		0		0	$c_{m+1} - z_{m+1}$	$\cdots$	$c_s - z_s$	$\cdots$	$c_n - z_n$

表 2.5 中必须有 $c_j - z_j \leq 0 (j = 1, \cdots, n)$，但 $\overline{b_i} (i = 1, \cdots, m)$ 的值不一定为正。当对 $i = 1, \cdots, m$，均有 $\overline{b_i} \geq 0$ 时，表中原问题和对偶问题均为最优解。否则，通过变换一个基变

量,找出原问题的一个目标函数值较小的相邻的基解。

对偶单纯形法的算法步骤如下:

1. 确定换出基的变量

存在小于零的 $\overline{b_i}$ 时,令 $\overline{b_r} = \min_i\{\overline{b_i}\}$,其对应变量 x_r 为换出基的变量。

2. 确定换入基的变量

(1) 为使迭代后的表中第 r 行基变量为正值,因而只有对应 $a_{rj} < 0 (j = m+1, \cdots, n)$ 的非基变量才可以考虑作为换入基的变量;

(2) 为使迭代后表中对偶问题的解仍为可行解,令

$$\theta = \min_j\left\{\frac{c_j - z_j}{a_{rj}} \mid a_{rj} < 0\right\} = \frac{c_s - z_s}{a_{rs}} \tag{2.14}$$

称 a_{rs} 为主元素,x_s 为换入基的变量。

设迭代后表中的检验数为 $(c_j - z_j)'$,由第 1 章式(1.27) 有

$$(c_j - z_j)' = (c_j - z_j) - \frac{a_{rj}}{a_{rs}}(c_s - z_s) = a_{rj}\left[\frac{c_j - z_j}{a_{rj}} - \frac{c_s - z_s}{a_{rs}}\right] \tag{2.15}$$

当按式(2.14)来选取主元素时,一定能保证有 $(c_j - z_j)' \leq 0\ (j = 1, \cdots, n)$。下面分两点说明:

(a) 对 $a_{rj} \geq 0$,因 $c_j - z_j \leq 0$,故 $\frac{c_j - z_j}{a_{rj}} \leq 0$,又因主元素 $a_{rs} < 0$,故有 $\frac{c_s - z_s}{a_{rs}} \geq 0$,由此式(2.15) 方括弧内值 ≤ 0,故有 $(c_j - z_j)' \leq 0$;

(b) 对 $a_{rj} < 0$,因 $\left[\frac{c_j - z_j}{a_{rj}} - \frac{c_s - z_s}{a_{rs}}\right] > 0$,故同样有 $(c_j - z_j)' \leq 0$。

3. 用换入变量替换换出变量,得到一个新的基。用新的基再检查是否所有 $\overline{b_i}(i = 1, \cdots, m) \geq 0$。如果是,找到了问题的最优解,如果否,回到第 1 步再重复计算。

由对偶问题的基本性质知,当对偶问题存在可行解时,原问题可能存在可行解,也可能无可行解。对出现后一种情况的判别准则为:对 $\overline{b_r} < 0$,而对所有 $j = 1, \cdots, n$,有 $a_{rj} \geq 0$。因为这种情况下,如果把表中第 r 行的约束方程列出,有

$$x_r + a_{r,m+1}x_{m+1} + \cdots + a_{rn}x_n = \overline{b_r} \tag{2.16}$$

因 $a_{rj} \geq 0\ (j = m+1, \cdots, n)$,又 $\overline{b_r} < 0$,故不可能存在 $x_j \geq 0\ (j = 1, \cdots, n)$ 的解,故原问题无可行解,这时对偶问题的目标函数值无界。

下面举例说明对偶单纯形法的计算步骤。

【例 5】 用对偶单纯形法求解下述线性规划问题:

$$\min w = 15y_1 + 24y_2 + 5y_3$$

$$\begin{cases} 6y_2 + y_3 \geq 2 \\ 5y_1 + 2y_2 + y_3 \geq 1 \\ y_1, y_2, y_3 \geq 0 \end{cases}$$

【解】 先将问题改写为

$$\max w' = -15y_1 - 24y_2 - 5y_3 + 0y_4 + 0y_5$$

$$\begin{cases} 6y_2 + y_3 - y_4 = 2 \\ 5y_1 + 2y_2 + y_3 - y_5 = 1 \\ y_i \geq 0 \quad i = 1, \cdots, 5 \end{cases}$$

约束条件两端乘"-1"得

$$\max w' = -15y_1 - 24y_2 - 5y_3 + 0y_4 + 0y_5$$

$$\begin{cases} -6y_2 - y_3 + y_4 = -2 \\ -5y_1 - 2y_2 - y_3 + y_5 = -1 \\ y_i \geq 0 \quad i = 1,\cdots,5 \end{cases}$$

列出单纯形表,并用上述对偶单纯形法求解步骤进行计算,其过程见表 2.6。

表 2.6

C_B	基	b	$c_j \rightarrow$				
			-15	-24	-5	0	0
			y_1	y_2	y_3	y_4	y_5
0	y_4	-2	0	[-6]	-1	1	0
0	y_5	-1	-5	-2	-1	0	1
	$c_j - z_j$		-15	-24	-5	0	0
-24	y_2	1/3	0	1	1/6	-1/6	0
0	y_5	-1/3	-5	0	[-2/3]	-1/3	1
	$c_j - z_j$		-15	0	-1	-4	0
-24	y_2	1/4	-5/4	1	0	-1/4	1/4
-5	y_3	1/2	15/2	0	1	1/2	-3/2
	$c_j - z_j$		-15/2	0	0	-7/2	-3/2

从表 2.6 中看出,用对偶单纯形法求解线性规划问题时,当约束条件为"≥"时,不必引进人工变量,使计算简化。但在初始单纯形表中其对偶问题应是基本可行解这点,对多数线性规划问题很难实现。因此对偶单纯形法一般不单独使用,而主要应用于灵敏度分析及整数规划等有关章节中。

2.6 灵敏度分析

灵敏度分析一词的含义是指对系统或事物因周围条件变化显示出来的敏感程度的分析。

在此前讲的线性规划问题中,都假定问题中的 a_{ij}、b_i、c_j 是已知常数。但实际上这些数往往是一些估计和预测的数字,如果市场条件变化,c_j 值就会变化;a_{ij} 是随工艺技术条件的改变而改变,而 b_i 值则是根据资源投入后能产生多大经济效果来决定的一种决策选择。因此就会提出以下问题:当这些参数中的一个或几个发生变化时,问题的最优解会有什么变化,或者这些参数在一个多大范围内变化时,问题的最优解不变。这就是灵敏度分析所要研究解决的问题。

当然,当线性规划问题中的一个或几个参数变化时,可以用单纯形法从头计算,看最优解有无变化,但这样做既麻烦又没有必要。因为前面已经讲到,单纯形法的迭代计算是从一组基向量变换为另一组基向量,表中每步迭代得到的数字只随基向量的不同选择而改变,因此有可能把个别参数的变化直接在计算得到最优解的单纯形表上反映出来。这样就不需要从头计算,而直接对计算得到最优解的单纯形表进行审查,看一些数字变化后,是否仍满足最优解的条件,如果不满足的话,再从这个表开始进行迭代计算,求得最优解。

灵敏度分析的步骤可归纳如下:

1. 将参数的改变计算反映到最终单纯形表上来:

具体计算方法是,按下列公式计算出由参数 a_{ij}、b_i、c_j 的变化而引起的最终单纯形表上有关数字的变化,即

$$\Delta b^* = B^{-1}\Delta b \tag{2.17}$$

$$\Delta P_i^* = B^{-1}\Delta P_i \tag{2.18}$$

$$\Delta(c_j - z_i)^* = \Delta(c_j - z_j) - \sum_{i=1}^{m} a_{ij} y_i^* \tag{2.19}$$

2. 检查原问题是否仍为可行解;
3. 检查对偶问题是否仍为可行解;
4. 按表(表 2.7)所列情况得出结论和决定继续计算的步骤。

表 2.7

原问题	对偶问题	结论或继续计算的步骤
可行解	可行解	仍为问题最优解
可行解	非可行解	用单纯形法继续迭代求最优解
非可行解	可行解	用对偶单纯形法继续迭代求最优解
非可行解	非可行解	引进人工变量,编制新的单纯形表重新计算

下面分别就各个参数改变后的情形进行讨论。

2.6.1 分析 c_j 变化的影响

目标函数中系数 c_j 的变化仅仅影响到检验数($c_j - z_j$)的变化。所以将 c_j 的变化直接反映到最终单纯形表中,只可能出现如表 2.7 中所示的前两种情况。

【例 6】 已知线性规划问题

$$\max z = 2x_1 + x_2$$

$$\begin{cases} 5x_2 \leq 15 \\ 6x_1 + 2x_2 \leq 24 \\ x_1 + x_2 \leq 5 \\ x_1, x_2 \geq 0 \end{cases}$$

用单纯形法求解得最终单纯形表如表 2.8 所示。

试确定:(a) 当目标函数变为 $\max z = 7x_1 + 2x_2$ 时,最优解会出现什么变化;(b) 目标函数变为 $\max z = (2 + 3\lambda_1)x_1 + x_2$ 时,λ_1 在什么范围内变化,最优解不变。

表 2.8

C_B	基	b	$c_j \to$ x_1	2 x_2	1 x_3	0 x_4	0 x_5
0	x_3	15/2	0	0	1	5/4	−15/2
2	x_1	7/2	1	0	0	1/4	−1/2
1	x_2	3/2	0	1	0	−1/4	3/2
	$c_j - z_j$		0	0	0	−1/4	−1/2

【解】 (a) 将目标函数系数的变化直接反映到最终单纯形表(表2.8)中,得表2.9。

表 2.9

C_B	基	b	$c_j \to$ x_1	7 x_2	2 x_3	0 x_4	0 x_5
0	x_3	15/2	0	0	1	5/4	−15/2
7	x_1	7/2	1	0	0	1/4	−1/2
2	x_2	3/2	0	1	0	−1/4	[3/2]
	$c_j - z_j$		0	0	0	−5/4	1/2

表 2.9 中变量 x_5 的检验数为正,继续迭代计算得表 2.10。

表 2.10

C_B	基	b	$c_j \to$ x_1	7 x_2	2 x_3	0 x_4	0 x_5
0	x_3	15	0	5	1	0	0
7	x_1	4	1	1/3	0	1/6	0
0	x_5	1	0	2/3	0	−1/6	1
	$c_j - z_j$		0	−1/3	0	−7/6	0

即新的解为 $x_1 = 4, x_2 = 0$。

(b) 将目标函数系数的变化直接反映到最终单纯形表(表2.8)中,见表2.11所示。为使表中解为最优,应有

$$-\frac{1}{4} - \frac{3}{4}\lambda_1 \leq 0 \qquad -\frac{1}{2} + \frac{3}{2}\lambda_1 \leq 0$$

即有

$$-\frac{1}{3} \leq \lambda_1 \leq \frac{1}{3}$$

表 2.11

C_B	基	b	$c_j \rightarrow$ x_1	x_2	x_3	x_4	x_5
			$2+3\lambda_1$	1	0	0	0
0	x_3	15/2	0	0	1	5/4	$-15/2$
$2+3\lambda_1$	x_1	7/2	1	0	0	1/4	$-1/2$
1	x_2	3/2	0	1	0	$-1/4$	3/2
			0	0	0	$-\frac{1}{4}-\frac{3}{4}\lambda_1$	$-\frac{1}{2}+\frac{3}{2}\lambda_1$

2.6.2 分析 b_i 变化的影响

b_i 的变化在实际问题中表明可用资源的数量发生变化。由公式(2.17)~(2.19)看出 b_i 变化反映到最终单纯形表上只引起基变量列数字变化。因此灵敏度分析的步骤为：

(1) 按公式(2.17)算出 $\Delta \boldsymbol{b}^*$，将其加到基变量列的数字上；

(2) 由于其对偶问题仍为可行解，故只需检查原问题是否仍为可行解，再按表 2.7 所列结论进行。

【例 7】 在例 6 中，(a) 若第 2 个约束条件的右端项增大到 36，分析最优解的变化；(b) 若第 2 个约束条件变为 $6x_1+2x_2 \leq 24+2\lambda_2$；分析 λ_2 在什么范围内变化，表中基为最优基。

【解】 (a) 因 $\Delta \boldsymbol{b} = \begin{bmatrix} 0 \\ 36-24 \\ 0 \end{bmatrix} = \begin{bmatrix} 0 \\ 12 \\ 0 \end{bmatrix}$，由公式(2.17)，有

$$\Delta \boldsymbol{b}^* = \begin{bmatrix} 1 & 5/4 & -15/2 \\ 0 & 1/4 & -1/2 \\ 0 & -1/4 & 3/2 \end{bmatrix} \begin{bmatrix} 0 \\ 12 \\ 0 \end{bmatrix} = \begin{bmatrix} 15 \\ 3 \\ -3 \end{bmatrix}$$

将其加到表 2.8 的最终单纯形表的基变量 b 这一列数字上得表 2.12。

表 2.12

C_B	基	b	$c_j \rightarrow$ x_1	x_2	x_3	x_4	x_5
			2	1	0	0	0
0	x_3	45/2	0	0	1	5/4	$-15/2$
2	x_1	13/2	1	0	0	1/4	$-1/2$
1	x_2	$-3/2$	0	1	0	$[-1/4]$	3/2
	c_j-z_j		0	0	0	$-1/4$	$-1/2$

因表 2.12 中原问题为非可行解，故用对偶单纯形法继续计算得表 2.13。

表 2.13

C_B	基	b	$c_j \to$ 2 x_1	1 x_2	0 x_3	0 x_4	0 x_5
0	x_3	15	0	5	1	0	0
2	x_1	5	1	1	0	0	1
0	x_4	6	0	-4	0	1	-6
	$c_j - z_j$		0	-1	0	0	-2

即新的最优解为 $x_1 = 5, z^* = 2 \times 5 = 10$。

(b) 因 $\Delta \boldsymbol{b} = \begin{bmatrix} 0 \\ 2\lambda_2 \\ 0 \end{bmatrix}$，由公式(2.17) 有

$$\Delta \boldsymbol{b}^* = \begin{bmatrix} 1 & 5/4 & -15/2 \\ 0 & 1/4 & -1/2 \\ 0 & -1/4 & 3/2 \end{bmatrix} \begin{bmatrix} 0 \\ 2\lambda_2 \\ 0 \end{bmatrix} = \begin{bmatrix} \frac{5}{2}\lambda_2 \\ \frac{1}{2}\lambda_2 \\ -\frac{1}{2}\lambda_2 \end{bmatrix}$$

将其加到表 2.8 基变量 b 这一列数字上得表 2.14。

表 2.14

C_B	基	b	$c_j \to$ 2 x_1	1 x_2	0 x_3	0 x_4	0 x_5
0	x_3	$15/2 + \frac{5}{2}\lambda_2$	0	0	1	5/4	$-15/2$
2	x_1	$7/2 + \frac{1}{2}\lambda_2$	1	0	0	1/4	$-1/2$
1	x_2	$3/2 - \frac{1}{2}\lambda_2$	0	1	0	$-1/4$	3/2
	$c_j - z_j$		0	0	0	$-1/4$	$-1/2$

表中基为最优基的条件为

$$\frac{15}{2} + \frac{5}{2}\lambda_2 \geq 0 \to \lambda_2 \geq -3$$

$$\frac{7}{2} + \frac{1}{2}\lambda_2 \geq 0 \to \lambda_2 \geq -7$$

$$\frac{3}{2} - \frac{1}{2}\lambda_2 \geq 0 \to \lambda_2 \leq 3$$

即应有 $-3 \leq \lambda_2 \leq 3$

2.6.3 增加一个变量的分析

增加一个变量在实际问题中反映为增加一种新的产品。分析步骤是：

(1) 计算 $\sigma_j = c_j - z_j = c_j - \sum_{i=1}^{m} a_{ij} y_i^*$

(2) 计算 $\boldsymbol{P}'_j = \boldsymbol{B}^{-1}\boldsymbol{P}_j$。

(3) 若 $\sigma_j \leqslant 0$，只需将 $\boldsymbol{P}'_j$ 和 σ_j 的值直接反映到最终单纯形表中，原最优解不变；若 $\sigma_j > 0$，则按单纯形法继续迭代计算。

【例8】 本章例6中，若增加一个变量 x_6，有 $c_6 = 3$，$\boldsymbol{P}_6 = (3 \quad 4 \quad 2)^{\mathrm{T}}$，试分析最优解的变化。

【解】
$$\sigma_6 = 3 - (0 \quad 1/4 \quad 1/2)\begin{bmatrix} 3 \\ 4 \\ 2 \end{bmatrix} = 1$$

$$\boldsymbol{P}'_6 = \boldsymbol{B}^{-1}\boldsymbol{P}_6 = \begin{bmatrix} 1 & 5/4 & -15/2 \\ 0 & 1/4 & -1/2 \\ 0 & -1/4 & 3/2 \end{bmatrix}\begin{bmatrix} 3 \\ 4 \\ 2 \end{bmatrix} = \begin{bmatrix} -7 \\ 0 \\ 2 \end{bmatrix}$$

将其反映到最终单纯形表 2.8 中，得表 2.15。

表 2.15

	$c_j \to$		2	1	0	0	0	3
C_B	基	b	x_1	x_2	x_3	x_4	x_5	x_6
0	x_3	15/2	0	0	1	5/4	-15/2	-7
2	x_1	7/2	1	0	0	1/4	-1/2	0
1	x_2	3/2	0	1	0	-1/4	3/2	[2]
	$c_j - z_j$		0	0	0	-1/4	-1/2	1

因 $\sigma_6 = 1 > 0$，故用单纯形法继续计算得表 2.16。

表 2.16

	$c_j \to$		2	1	0	0	0	3
C_B	基	b	x_1	x_2	x_3	x_4	x_5	x_6
0	x_3	51/4	0	7/2	1	3/8	-9/4	0
2	x_1	7/2	1	0	0	1/4	-1/2	0
3	x_6	3/4	0	1/2	0	-1/8	3/4	1
	$c_j - z_j$		0	-1/2	0	-1/8	-5/4	0

由此新的解为 $x_1 = 7/2$，$x_6 = 3/4$，$z^* = 2 \times \dfrac{7}{2} + 3 \times \dfrac{3}{4} = 9\dfrac{1}{4}$

2.6.4 分析 a_{ij} 变化的影响

假如 x_j 在最终表中为基变量，则 a_{ij} 的变化将使最终表中的 $\boldsymbol{B}^{-1}$ 变化，因此有可能出现原问题与对偶问题均为非可行解的情况。

【例9】 若在本章例6中，$c_2 = 3$，x_2 的系数向量变为 $\boldsymbol{P}_2 = (8 \quad 4 \quad 1)^{\mathrm{T}}$，试分析最优解的变化。

【解】
$$\sigma_2 = 3 - (0 \quad 1/4 \quad 1/2)\begin{bmatrix} 8 \\ 4 \\ 1 \end{bmatrix} = 3/2$$

$$\boldsymbol{P'}_2 = \begin{bmatrix} 1 & 5/4 & -15/2 \\ 0 & 1/4 & -1/2 \\ 0 & -1/4 & 3/2 \end{bmatrix} \begin{bmatrix} 8 \\ 4 \\ 1 \end{bmatrix} = \begin{bmatrix} 11/2 \\ 1/2 \\ 1/2 \end{bmatrix}$$

先将其作为一个新的变量 x'_2 列入最终单纯形表中,见表 2.17。

表 2.17

C_B	$c_j \rightarrow$ 基	b	2 x_1	1 x_2	3 x'_2	0 x_3	0 x_4	0 x_5
0	x_3	15/2	0	0	11/2	1	5/4	-15/2
2	x_1	7/2	1	0	1/2	0	1/4	-1/2
1	x_2	3/2	0	1	[1/2]	0	-1/4	3/2
	$c_j - z_j$		0	0	3/2	0	-1/4	-1/2

因 x_2 已变换为 x'_2,故用单纯形法算法将 x'_2 替换出基变量中的 x_2,并在下一个表中不再保留 x_2,得表 2.18。

表 2.18

C_B	$c_j \rightarrow$ 基	b	2 x_1	3 x'_2	0 x_3	0 x_4	0 x_5
0	x_3	-9	0	0	1	4	-24
2	x_1	2	1	0	0	1/2	-2
3	x'_2	3	0	1	0	-1/2	3
	$c_j - z_j$		0	0	0	1/2	-5

因表 2.18 中原问题与其对偶问题均为非可行解,由表 2.7 知,通过引进人工变量,将原问题转化为可行解,再用单纯形法继续计算。

表 2.18 的第一行可写成

$$x_3 + 4x_4 - 24x_5 = -9$$

因右端项为负值,故先将等式两端乘"-1",再加上人工变量 x_6 得

$$-x_3 - 4x_4 + 24x_5 + x_6 = 9$$

将上式替换表 2.18 的第一行,得表 2.19。

表 2.19

C_B	$c_j \rightarrow$ 基	b	2 x_1	3 x'_2	0 x_3	0 x_4	0 x_5	$-M$ x_6
$-M$	x_6	9	0	0	-1	-4	[24]	1
2	x_1	2	1	0	0	1/2	-2	0
3	x'_2	3	0	1	0	-1/2	3	0
	$c_j - z_j$		0	0	$-M$	$1/2 - 4M$	$-5 + 24M$	0

用单纯形法迭代计算得表 2.20。

表 2.20

C_B	基	b	$c_j \rightarrow$					
			2	3	0	0	0	$-M$
			x_1	x'_2	x_3	x_4	x_5	x_6
0	x_5	3/8	0	0	$-1/24$	$-1/6$	1	1/24
2	x_1	11/4	1	0	$-1/12$	1/3	0	1/12
3	x'_2	15/8	0	1	1/8	0	0	$-1/8$
	$c_j - z_j$		0	0	$-5/24$	$-2/3$	0	$-M + 5/24$

由表 2.20 知,新的最优解为 $x_1 = 11/4, x'_2 = 15/8, z^* = 2 \times 11/4 + 3 \times 15/8 = 89/8$。

2.6.5 增加一个约束条件的分析

增加一个约束条件,在实际问题中相当于增添一道工序。分析的方法是先将原来问题的最优解变量取值代入这个新增的约束条件中,如满足,说明新增约束未起到限制作用,原最优解不变。否则,将新增约束直接反映到最终表中,再进行分析。

【例 10】 设在本章例 6 中增添一个约束条件 $3x_1 + 2x_2 \leqslant 12$,试分析最优解的变化。

【解】 先将原问题最优解变量值代入,因有

$$3 \times 7/2 + 2 \times 3/2 = 27/2 > 12$$

故将约束条件写成 $3x_1 + 2x_2 + x_6 = 12$,并取 x_6 为基变量,直接反映到最终单纯形表中,得表 2.21。

表 2.21

C_B	基	b	$c_j \rightarrow$					
			2	1	0	0	0	0
			x_1	x_2	x_3	x_4	x_5	x_6
0	x_3	15/2	0	0	1	5/4	$-15/2$	0	①
2	x_1	7/2	1	0	0	1/4	$-1/2$	0	②
1	x_2	3/2	0	1	0	$-1/4$	3/2	0	③
0	x_6	12	3	2	0	0	0	1	④
	$c_j - z_j$		0	0	0	$-1/4$	$-1/2$	0	

表 2.22

C_B	基	b	$c_j \rightarrow$					
			2	1	0	0	0	0
			x_1	x_2	x_3	x_4	x_5	x_6
0	x_3	15/2	0	0	1	5/4	$-15/2$	0	①'
2	x_1	7/2	1	0	0	1/4	$-1/2$	0	②'
1	x_2	3/2	0	1	0	$-1/4$	3/2	0	③'
0	x_6	$-3/2$	0	0	0	$-1/4$	$[-3/2]$	1	④'
	$c_j - z_j$		0	0	0	$-1/4$	$-1/2$	0	

为使 x_1、x_2 列系数变换为单位向量,对表 2.21 进行行的变换。新表中①′②′③′行同原表①②③行不变,新表(表 2.22)中第④′行由以下初等变换得到

$$④' = ④ - 3 × ② - 2 × ③$$

用对偶单纯形法迭代计算得表 2.23。

表 2.23

C_B	基	b	$c_j \to$ x_1	2 x_2	1 x_3	0 x_4	0 x_5	0 x_6
0	x_3	15	0	0	1	5/2	0	-5
2	x_1	4	1	0	0	1/3	0	$-1/3$
1	x_2	0	0	1	0	$-1/2$	0	1
0	x_5	1	0	0	0	1/6	1	$-2/3$
	$c_j - z_j$		0	0	0	$-1/6$	0	$-1/3$

由表 2.23,知新的最优解为 $x_1 = 4, x_2 = 0, z^* = 2 × 4 = 8$。

2.7 参数线性规划

上面讲述当线性规划模型中参数 a_{ij}、b_i、c_j 改变到某一数值时对最优解的影响。但在什么范围内变化时最优解不变,在实际问题中常常要研究,当这些参数超出这个范围时,最优解将怎样发生变化,这就是参数线性规划要研究的问题。下面通过例子说明。

【例 11】 本章例 6 中,第 3 个约束条件的右端项不断增大时,分析最优解将怎样变化。

【解】 令 $\lambda > 0$,这个问题等于求解

$$\max z(\lambda) = 2x_1 + x_2$$

$$\begin{cases} 5x_2 \leqslant 15 \\ 6x_1 + 2x_2 \leqslant 24 \\ x_1 + x_2 \leqslant 5 + \lambda \\ x_j \geqslant 0 \quad j = 1,2 \end{cases}$$

参数线性规划问题的求解步骤是:
(1) 令 $\lambda = 0$ 求解得最终单纯形表(见表 2.24);
(2) 将参数的变化反映到最终单纯形表中去。本例中因有

$$\Delta \boldsymbol{b} = \begin{bmatrix} 0 \\ 0 \\ \lambda \end{bmatrix}$$

$$\Delta \boldsymbol{b}^* = \boldsymbol{B}^{-1} \Delta \boldsymbol{b} = \begin{bmatrix} 1 & 5/4 & -15/2 \\ 0 & 1/4 & -1/2 \\ 0 & -1/4 & 3/2 \end{bmatrix} \begin{bmatrix} 0 \\ 0 \\ \lambda \end{bmatrix} = \begin{bmatrix} -(15/2)\lambda \\ -(1/2)\lambda \\ (3/2)\lambda \end{bmatrix}$$

反映到最终单纯形表中得表 2.24。

表 2.24

$c_j \rightarrow$			2	1	0	0	0	
C_B	基	b	x_1	x_2	x_3	x_4	x_5	
0	x_3	$15/2 - (15/2)\lambda$	0	0	1	5/4	[$-15/2$]	
2	x_1	$7/2 - (1/2)\lambda$	1	0	0	1/4	$-1/2$	$0 \leqslant \lambda \leqslant 1$
1	x_2	$3/2 + (3/2)\lambda$	0	1	0	$-1/4$	3/2	
	$c_j - z_j$		0	0	0	$-1/4$	$-1/2$	

(3) 让 λ 值逐步增大,观察原问题与对偶问题解的变化,看哪一个首先出现非可行解。本例中当 $\lambda = 1$ 时基变量 $x_3 = 0$,$\lambda > 1$ 时 x_3 就将取负值,因此表 2.24 中解为最优的条件为 $\lambda \leqslant 1$。当 $\lambda > 1$ 时,就用对偶单纯形法迭代计算,得表 2.25。

表 2.25

$c_j \rightarrow$			2	1	0	0	0	
C_B	基	b	x_1	x_2	x_3	x_4	x_5	
0	x_5	$-1 + \lambda$	0	0	$-2/15$	$-1/6$	1	
2	x_1	3	1	0	$-1/15$	1/6	0	$\lambda \geqslant 1$
1	x_2	3	0	1	1/5	0	0	
	$c_j - z_j$		0	0	$-1/15$	$-1/3$	0	

表 2.25 中当 λ 值继续增大时,原问题与对偶问题都保持可行解,故计算到此结束。本例中目标函数 $z(\lambda)$ 同 λ 的变化关系可见图 2.2。

参数线性规划要求,当问题中有多个参数变化时,应使目标函数 $z(\lambda)$ 是 λ 的线性函数。因此有多个 b_i 值变动时,可表为 $b'_i = b_i + \alpha_i \lambda$,式中 α_i 可以是任意一个实数;同样当有多个 c_j 值变动时,也应有关系式 $c'_j = c_j + \alpha_j \lambda$,式中 α_j 可以是任意一个实数。

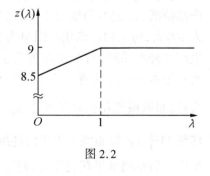

图 2.2

【例 12】 求解下述参数线性规划问题

$$\max z(\lambda) = (2 + \lambda)x_1 + (1 + 2\lambda)x_2$$

$$\begin{cases} 5x_2 \leqslant 15 \\ 6x_1 + 2x_2 \leqslant 24 \\ x_1 + x_2 \leqslant 5 \\ x_1, x_2 \geqslant 0 \end{cases}$$

【解】 按参数线性规划求解问题的第 1、2 两步,令 $\lambda = 0$ 求得最优解,并将 c_j 的变化值反映到最终单纯形表中,得表 2.26。

表 2.26

$c_j \rightarrow$			$2+\lambda$	$1+2\lambda$	0	0	0	
C_B	基	b	x_1	x_2	x_3	x_4	x_5	
0	x_3	15/2	0	0	1	[5/4]	-15/2	
$2+\lambda$	x_1	7/2	1	0	1/4	-1/2		$0 \leqslant \lambda \leqslant 1$
$1+2\lambda$	x_2	3/2	0	1	0	-1/4	3/2	
$c_j - z_j$			0	0	0	$-\frac{1}{4}+(\frac{1}{4})\lambda$	$-\frac{1}{2}-(\frac{5}{2})\lambda$	

从表 2.26 中看到，当 $\lambda \leqslant 1$ 时，表中解为最优解。当 $\lambda = 1$ 时，变量 x_4 的检验数为正值，故用单纯形法继续迭代得表 2.27。

表 2.27

$c_j \rightarrow$			$2+\lambda$	$1+2\lambda$	0	0	0	
C_B	基	b	x_1	x_2	x_3	x_4	x_5	
0	x_4	6	0	0	4/5	1	-6	
$2+\lambda$	x_1	2	1	0	-1/5	0	1	$\lambda \geqslant 1$
$1+2\lambda$	x_2	3	0	1	1/5	0	0	
$c_j - z_j$			0	0	$1/5-(1/5)\lambda$	0	$-2-\lambda$	

由表 2.27 知，工厂的最优计划为 $x_1 = 2, x_2 = 3, z^* = 2(2+\lambda) + 3(1+2\lambda) = 7+8\lambda$。本例中目标函数 $z(\lambda)$ 同 λ 的变化关系可见图 2.3。

【例 13】 某文教用品厂利用原材料白坯纸生产原稿纸、日记本和练习本三种产品。该厂现有工人 100 人，每天白坯纸供应限量为 3 万 kg。如果单独生产各种产品时，每个工人每天生产原稿纸 30 捆，或日记本 30 打，或练习本 30 箱。已知原材料消耗为：每捆原稿纸用白坯纸 $3\frac{1}{3}$ kg，每打日记本用白坯纸 $13\frac{1}{3}$ kg，每箱练习本用白坯纸 $26\frac{2}{3}$ kg。又知每生产一捆原稿纸可获利 2 元，每生产一打日记本可获利 3 元，每生产一箱练习本可获利 1 元。试决定：

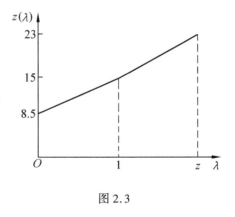

图 2.3

① 在现有生产条件下工厂获利最大的生产方案；② 如果白坯纸的供应数量不变，当工人人数不足时可招收临时工，临时工工资支出为每人每天 40 元，问该厂要不要招收临时工，最多招收多少人？

【解】 设该厂每天生产原稿纸 x_1 捆，日记本 x_2 打，练习本 x_3 箱。又用 λ 表示该厂招收的临时工数，则上述问题的参数规划模型为

$$\max z(\lambda) = 2x_1 + 3x_2 + x_3 - 40\lambda$$

$$\begin{cases} 3\frac{1}{3}x_1 + 13\frac{1}{3}x_2 + 26\frac{2}{3}x_3 \leqslant 30\ 000 \\ \frac{1}{30}x_1 + \frac{1}{30}x_2 + \frac{1}{30}x_3 \leqslant 100 + \lambda \\ x_1, x_2, x_3 \geqslant 0 \end{cases}$$

令 $\lambda = 0$，即在现有条件下求工厂最优的生产计划，计算过程见表 2.28。

由表 2.28 可知劳动力影子价格为 50 元／人日，故该厂招收临时工是合算的。

将参数 λ 直接反映到最终单纯形表中，然后分析表中 λ 值增大时最优解的变化，计算过程见表 2.29。

表 2.28

			2	3	1	0	0
			x_1	x_2	x_3	x_4	x_5
0	x_4	30 000	10/3	[40/3]	80/3	1	0
0	x_5	100	1/30	1/30	1/30	0	1
	$c_j - z_j$		2	3	1	0	0
3	x_2	2 250	1/4	1	2	3/40	0
0	x_5	25	1/40	0	-1/30	-1/400	1
	$c_j - z_j$		5/4	0	-5	-9/40	0
3	x_2	2 000	0	1	7/3	1/10	-10
2	x_1	1 000	1	0	-4/3	-1/10	40
	$c_j - z_j$		0	0	-10/3	-1/10	-50

表 2.29

			x_1	x_2	x_3	x_4	x_5	
3	x_2	$2\ 000 - 10\lambda$	0	1	7/3	1/10	[-10]	$0 \leqslant \lambda \leqslant 200$
2	x_1	$1\ 000 + 40\lambda$	1	0	-4/3	-1/10	40	
	$c_j - z_j$		0	0	-10/3	-1/10	-50	
0	x_5	$\lambda - 200$	0	-1/10	-7/30	-1/100	1	$\lambda \geqslant 200$
2	x_1	9 000	1	4	8	3/10	0	
	$c_j - z_j$		0	-5	-15	-6/10	0	

由此看出该厂最多招收 200 名临时工。

工厂利润额 $z(\lambda)$ 与招收临时工数 λ 之间的函数关系见图 2.4。

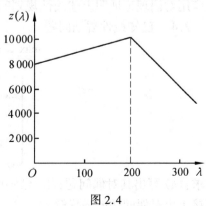

图 2.4

习 题 二

2.1 写出下列线性规划问题的对偶问题。

(a) $\min z = 2x_1 + 2x_2 + 4x_3$

$$\begin{cases} x_1 + 3x_2 + 4x_3 \geqslant 5 \\ 2x_1 + x_2 + 3x_3 \leqslant 7 \\ x_1 + 4x_2 + 3x_3 = 12 \\ x_1, x_2 \geqslant 0, x_3 \text{ 无约束} \end{cases}$$

(b) $\max z = 5x_1 + 6x_2 + 3x_3$

$$\begin{cases} x_1 + 2x_2 + 2x_3 = 8 \\ -x_1 + 5x_2 - x_3 \geqslant 4 \\ 4x_1 + 7x_2 + 3x_3 \leqslant 10 \\ x_1 \text{ 无约束}, x_2 \geqslant 0, x_3 \leqslant 0 \end{cases}$$

(c) $\min z = \sum_{i=1}^{m} \sum_{j=1}^{n} c_{ij} x_{ij}$

$$\begin{cases} \sum_{j=1}^{n} x_{ij} = a_i & i = 1, \cdots, m \\ \sum_{i=1}^{m} x_{ij} = b_j & j = 1, \cdots, n \\ x_{ij} \geqslant 0 & i = 1, \cdots, m; j = 1, \cdots, n \end{cases}$$

(d) $\max z = \sum_{j=1}^{n} c_j x_j$

$$\begin{cases} \sum_{j=1}^{n} a_{ij} x_j \leqslant b_i & i = 1, \cdots, m_1 < m \\ \sum_{j=1}^{n} a_{ij} x_j = b_i & i = m_1 + 1, m_1 + 2, \cdots, m \\ x_j \geqslant 0 & j = 1, \cdots, n_1 < n \\ x_j \text{ 无约束} & j = n_1 + 1, \cdots, n \end{cases}$$

2.2 判断下列说法是否正确,为什么?

(a) 如果线性规划的原问题存在可行解,则其对偶问题也一定存在可行解;

(b) 如果线性规划的对偶问题无可行解,则原问题也一定无可行解;

(c) 在互为对偶的一对原问题与对偶问题中,不管原问题是求极大或极小,原问题可行解的目标函数值一定不超过其对偶问题可行解的目标函数值;

(d) 任何线性规划问题具有唯一的对偶问题。

2.3 已知线性规划问题

$$\max z = x_1 + x_2$$

$$\begin{cases} -x_1 + x_2 + x_3 \leqslant 2 \\ -2x_1 + x_2 - x_3 \leqslant 1 \\ x_1, x_2, x_3 \geqslant 0 \end{cases}$$

试应用对偶理论证明上述线性规划问题最优解为无界。

2.4 已知线性规划问题

$$\max z = 2x_1 + 4x_2 + x_3 + x_4$$

$$\begin{cases} x_1 + 3x_2 + x_4 \leqslant 8 \\ 2x_1 + x_2 \leqslant 6 \\ x_2 + x_3 + x_4 \leqslant 6 \\ x_1 + x_2 + x_3 \leqslant 9 \\ x_j \geqslant 0 \quad j = 1, \cdots, 4 \end{cases}$$

要求:(a) 写出其对偶问题;(b) 已知原问题最优解为 $X^* = (2,2,4,0)$,试根据对偶理论,直接求出对偶问题的最优解。

2.5 已知线性规划问题 A 和 B 如下：

问题 A 问题 B

$$\max z = \sum_{j=1}^{n} c_j x_j \qquad \text{对偶变量} \qquad \max z = \sum_{j=1}^{n} c_j x_j \qquad \text{对偶变量}$$

$$\begin{cases} \sum_{j=1}^{n} a_{1j} x_j \leqslant b_1 & y_1 \\ \sum_{j=1}^{n} a_{2j} x_j \leqslant b_2 & y_2 \\ \sum_{j=1}^{n} a_{3j} x_j \leqslant b_3 & y_3 \\ x_j \geqslant 0 \quad j=1,\cdots,n \end{cases} \qquad \begin{cases} \sum_{j=1}^{n} 5a_{1j} x_j \leqslant 5b_1 & \hat{y}_1 \\ \sum_{j=1}^{n} \frac{1}{5} a_{2j} x_j \leqslant \frac{1}{5} b_2 & \hat{y}_2 \\ \sum_{j=1}^{n} (a_{3j} + 3a_{1j}) x_j \leqslant b_3 + 3b_1 & \hat{y}_3 \\ x_j \geqslant 0 \quad j=1,\cdots,n \end{cases}$$

试分别写出 $\hat{y}_i$ 同 y_i ($i = 1,2,3$) 间的关系式。

2.6 用对偶单纯形法求解下列线性规划问题。

(a) $\min z = 4x_1 + 12x_2 + 18x_3$

$$\begin{cases} x_1 + \quad\quad + 3x_3 \geqslant 3 \\ \quad\quad 2x_2 + 2x_3 \geqslant 5 \\ x_1, x_2, x_3 \geqslant 0 \end{cases}$$

(b) $\min z = 5x_1 + 2x_2 + 4x_3$

$$\begin{cases} x_1 + 2x_2 + x_3 \geqslant 3 \\ 2x_1 - x_2 + 3x_3 \geqslant 4 \\ x_1, x_2, x_3 \geqslant 0 \end{cases}$$

2.7 考虑如下线性规划问题

$$\min z = 60x_1 + 40x_2 + 80x_3$$

$$\begin{cases} 3x_1 + 2x_2 + x_3 \geqslant 2 \\ 4x_1 + x_2 + 3x_3 \geqslant 4 \\ 2x_1 + 2x_2 + 2x_3 \geqslant 3 \\ x_1, x_2, x_3 \geqslant 0 \end{cases}$$

要求：(a) 写出其对偶问题；(b) 用对偶单纯形法求解原问题；(c) 用单纯形法求解其对偶问题；(d) 对比(b)、(c) 中每步计算得到的结果。

2.8 已知线性规划问题

$$\max z = 2x_1 - x_2 + x_3$$

$$\begin{cases} x_1 + x_2 + x_3 \leqslant 6 \\ -x_1 + 2x_2 \quad\quad \leqslant 4 \\ x_1, x_2, x_3 \geqslant 0 \end{cases}$$

先用单纯形法求出最优解，再分析在下列条件单独变化的情况下最优解的变化。

(a) 目标函数变为 $\max z = 2x_1 + 3x_2 + x_3$；

(b) 约束右端项由 $\begin{bmatrix} 6 \\ 4 \end{bmatrix}$ 变为 $\begin{bmatrix} 6 \\ 2 \end{bmatrix}$；

(c) 增添一个新的约束条件 $x_2 + 3x_2 + 4x_3 \leqslant 8$。

2.9 已知线性规划问题：

$$\max z = 3x_1 + 2x_2$$

$$\begin{cases} x_1 + 2x_2 \leq 6 & \text{①} \\ 2x_1 + x_2 \leq 8 & \text{②} \\ -x_1 + x_2 \leq 1 & \text{③} \\ x_2 \leq 2 & \text{④} \\ x_1, x_2 \geq 0 \end{cases}$$

已知用单纯形法求得最优解的单纯形表如表 2.30 所示。试分析在下列各种条件单独变化的情况下,最优解将如何变化。

表 2.30

			x_1	x_2	x_3	x_4	x_5	x_6
2	x_2	4/3	0	1	2/3	−1/3	0	0
3	x_1	10/3	1	0	−1/3	2/3	0	0
0	x_5	3	0	0	−1	1	1	0
0	x_6	2/3	0	0	−2/3	1/3	0	1
	$c_j - z_j$		0	0	−1/3	−4/3	0	0

(a) 第①② 个约束条件的右端项分别由 6 变为 7,由 8 变为 4;

(b) 目标函数变为 max $z = 2x_1 + 5x_2$;

(c) 增加一个变量 x_3,其在目标函数中系数 $c_3 = 4$, 在约束系数矩阵中列 $\boldsymbol{P}_3 = (1 \quad 2 \quad 3 \quad 2)^{\mathrm{T}}$;

(d) 问题中变量 x_2 的系数变为 $\begin{bmatrix} 4 \\ 3 \\ 2 \\ 1 \\ 2 \end{bmatrix}$;

(e) 增加一个新的约束 $x_1 \leq 4$。

2.10 分析下列参数线性规划问题中当 $\lambda(\lambda \geq 0)$ 变化时最优解的变化,画出 $z(\lambda)$ 与 λ 的变化关系。

(a) min $z = x_1 + x_2 - \lambda x_3 + 2\lambda x_4$

$$\begin{cases} x_1 + x_3 + 2x_4 = 4 \\ 2x_1 + x_2 + 3x_4 = 6 \\ x_j \geq 0 \quad j = 1, \cdots, 4 \end{cases}$$

(b) max $z(\lambda) = -(3+\lambda)x_1 + (2-\lambda)x_2$

$$\begin{cases} 2x_1 + 5x_2 \leq 10 \\ 6x_1 + x_2 \leq 12 \\ x_1 - x_2 \leq 1 \\ x_j \geq 0 \quad j = 1, 2 \end{cases}$$

(c) min $z(\lambda) = x_1 + x_2 + 2x_3 + x_4$

$$\begin{cases} x_1 + -2x_3 - x_4 = 2 - \lambda \\ x_2 - x_3 + x_4 = -1 + \lambda \\ x_j \geq 0 \quad j = 1, \cdots, 4 \end{cases}$$

(d) max $z(\lambda) = 3x_1 + 2x_2 + 5x_3$

$$\begin{cases} x_1 + 2x_2 + x_3 \leq 40 - \lambda \\ 3x_1 + 2x_3 \leq 60 + 4\lambda \\ x_1 + 4x_2 \leq 30 - 8\lambda \\ x_j \geq 0 \quad j = 1, 2, 3 \end{cases}$$

2.11 已知线性规划问题：
$$\max z = (c_1 + t_1)x_1 + c_2x_2 + c_3x_3 + 0x_4 + 0x_5$$
$$\begin{cases} a_{11}x_1 + a_{12}x_2 + a_{13}x_3 + x_4 = b_1 + 3t_2 \\ a_{21}x_1 + a_{22}x_2 + a_{23}x_3 + x_5 = b_2 + t_2 \\ x_j \geqslant 0 \qquad j = 1,\cdots,5 \end{cases}$$

当 $t_1 = t_2 = 0$ 时求解得最终单纯形表见表 2.31。

表 2.31

		x_1	x_2	x_3	x_4	x_5
x_3	5/2	0	1/2	1	1/2	0
x_1	5/2	1	-1/2	0	-1/6	1/3
$c_j - z_j$		0	-4	0	-4	-2

(a) 确定 a_{11}、a_{12}、a_{13}、a_{21}、a_{22}、a_{23}、c_1、c_2、c_3 和 b_1、b_2 的值；
(b) 当 $t_2 = 0$ 时，t_1 值在什么范围内变化，上述最优解不变；
(c) 当 $t_1 = 0$ 时，t_2 值在什么范围内变化，上述最优基不变。

2.12 某厂生产 A、B、C 三种产品，其所需劳动力、材料等有关数据见表 2.32。要求：(a) 确定获利最大的产品生产计划；(b) 产品 A 的利润在什么范围内变动时，上述最优计划不变；(c) 如果设计一种新产品 D，单件劳动力消耗为 8 单位，材料消耗为 2 单位，每件可获利 3 元，问该种产品是否值得生产？(d) 如果劳动力数量不增，材料不足时可从市场购买，每单位 0.4 元。问该厂要不要购进原材料扩大生产，以购多少为宜。

表 2.32

消耗定额 资源 \ 产品	A	B	C	可用量/单位
劳动力	6	3	5	45
材料	3	4	5	30
产品利润/(元·件$^{-1}$)	3	1	4	

第3章 运输问题

上面两章中,我们讨论了线性规划的一般形式及求解方法。但在实际工作中,常常碰到很多线性规划问题,由于它们约束条件变量的系数矩阵具有特殊的结构,有可能找到比单纯形法更为简便的方法求解,从而可大量节约计算的时间和费用。这章中将要讨论的运输问题就是其中之一。

3.1 运输问题的典例和数学模型

【例1】 某食品公司经销的主要产品之一是糖果。它下面设有三个加工厂,每天的糖果生产量分别为:A_1—7 t,A_2—4 t,A_3—9 t。该公司把这些糖果分别运往四个地区的门市部销售,各地区每天的销售量为:B_1—3 t,B_2—6 t,B_3—5 t,B_4—6 t。已知从每个加工厂到各销售门市部每吨糖果的运价如表 3.1 所示,问该食品公司应如何调运,在满足各门市部销售需要的情况下,使总的运费支出为最少。

表3.1 单位:元/t

加工厂＼门市部	B_1	B_2	B_3	B_4
A_1	3	11	3	10
A_2	1	9	2	8
A_3	7	4	10	5

无论全国或一个地区,在各种生产或生活物资的调运中,都可以提出同上述问题类似的例子。

现在把问题概括一下,在线性规划中我们研究这样一类运输问题:有某种物资需要调运,这种物资的计量单位可以是重量、包装单位或其他。已知有 m 个地点可以供应该种物资(以后通称产地,用 $i = 1, \cdots, m$ 表示),有 n 个地点需要该种物资(以后通称销地,用 $j = 1, \cdots, n$ 表示),又知这 m 个产地的可供量(以后通称产量)为 $a_1, a_2, \cdots, a_m$(可通写为 a_i),n 个销地的需要量(以后通称销量)分别为 $b_1, b_2, \cdots, b_n$(通写为 b_j),从第 i 个产地到第 j 个销地的单位物资运价为 c_{ij}。上面这些数据通常用产销平衡表(见表 3.2)和单位运价表(见表 3.3)来表示,有时候把两个表合写在一起。

如果用 x_{ij} 代表从第 i 个产地调运给第 j 个销地的物资的单位数量,那么在产销平衡的条件下,使总的运费支出最小,可以表示为数学形式

$$\min z = \sum_{i=1}^{m} \sum_{j=1}^{n} c_{ij} x_{ij} \tag{3.1a}$$

表 3.2 产销平衡表

产地＼销地	1	2	⋯	n	产量
1					a_1
2					a_2
⋮					⋮
m					a_m
销量	b_1	b_2	⋯	b_n	

表 3.3 单位运价表

产地＼销地	1	2	⋯	n
1	c_{11}	c_{12}	⋯	c_{1n}
2	c_{21}	c_{22}	⋯	c_{2n}
⋮	⋮	⋮		⋮
m	c_{m1}	c_{m2}		c_{mn}

满足

$$\begin{cases} \sum_{j=1}^{n} x_{ij} = a_i & i = 1,\cdots,m \quad (3.1b)\\ \sum_{i=1}^{m} x_{ij} = b_j & j = 1,\cdots,n \quad (3.1c)\\ x_{ij} \geqslant 0 & \quad (3.1d) \end{cases}$$

这就是运输问题的数学模型,它包含 $m \times n$ 个变量,$(m + n)$ 个约束条件。但因为有 $\sum_{i=1}^{m} a_i = \sum_{j=1}^{n} b_j$,所以系数矩阵中线性独立的列向量的最大个数为$(m + n - 1)$ 个,即运输问题的解中的基变量数一般为$(m + n - 1)$ 个。

上面模型中由式(3.1b)、(3.1c) 变量系数组成的矩阵有如下形式:

$$\begin{bmatrix} x_{11} & x_{12} & \cdots & x_{1n} & x_{21} & x_{22} & \cdots & x_{2n} & \cdots & x_{m1} & x_{m2} & \cdots & x_{mn} \\ 1 & 1 & \cdots & 1 & & & & & & & & & \\ & & & & 1 & 1 & \cdots & 1 & & & & & \\ & & & & & & & & \ddots & & & & \\ & & & & & & & & & 1 & 1 & \cdots & 1 \\ 1 & & & & 1 & & & & & 1 & & & \\ & 1 & & & & 1 & & & & & 1 & & \\ & & \ddots & & & & \ddots & & & & & \ddots & \\ & & & 1 & & & & 1 & & & & & 1 \end{bmatrix} \begin{matrix} \Big\}m \text{ 行} \\ \\ \Big\}n \text{ 行} \end{matrix} \quad (3.2)$$

运输问题约束系数矩阵(3.2) 中,变量 x_{ij} 对应的系数列向量可表为

$$\boldsymbol{P}_{ij} = \begin{bmatrix} 0 \\ \vdots \\ 1 \\ \vdots \\ 1 \\ \vdots \\ 0 \end{bmatrix} = \boldsymbol{e}_i + \boldsymbol{e}_{m+i} \quad (3.3)$$

$\boldsymbol{e}_i$ 和 $\boldsymbol{e}_{m+i}$ 分别为第 i 个和第$(m + j)$ 个分量为 1 的单位向量。

根据运输问题数学模型结构上具有的上述特征,在前面讲的单纯形法的基础上,逐渐创造出一种专门用来求解运输问题线性规划模型的运输单纯形法。在我国,这种方法习惯上称为表上作业法。

3.2 表上作业法

同单纯形法类似,用表上作业法求解运输问题时,首先给出一个初始方案,一般来讲,这个方案不会是最好的,因此需要给出一个判别准则,并对初始方案进行调整、改进,一直到求得最优方案为止。

下面就用食品公司调运糖果的例子来具体说明表上作业法的计算步骤。计算之前,先列出这个问题的产销平衡表和单位运价表,见表 3.4 和表 3.5。

表 3.4 产销平衡表 单位:t

销地 产地	B_1	B_2	B_3	B_4	产量
A_1					7
A_2					4
A_3					9
销量	3	6	5	6	

表 3.5 单位运价表 单位:元/t

销地 产地	B_1	B_2	B_3	B_4
A_1	3	11	3	10
A_2	1	9	2	8
A_3	7	4	10	5

3.2.1 初始方案的给定

给定初始方案的方法很多,一般来说,希望方法简便易行,并能给出较好的方案,减少迭代的次数。

1.最小元素法。最小元素法的基本思想是就近供应,即从单位运价表中最小的运价处开始确定供销关系,依次类推,一直到给出全部方案为止。以上述食品公司调运糖果的例子作为说明,具体步骤是:

第一步:从表 3.5 的单位运价表中找出最小运价为 1(有两个最小运价时任选其一),即 A_2 生产的糖果首先供应 B_1 需要。由于 A_2 每天生产 4 t,B_1 每天需要 3 t,即 A_2 每天生产的除满足 B_1 全部需求外,还余 1 t。因此 表 3.4(A_2,B_1)的交叉格中填上数字3,表示 A_2 调运 3 t 糖果给 B_1,再在表 3.5 中将 B_1 这一列运价划去,表示 B_1 的需求已满足,不需要继续调运给它。这样得到的结果如表 3.6 和表 3.7 所示。

第二步:从表 3.7 未划去的元素中找出最小的运价 2,即 A_2 每天剩余的糖果应供应 B_3。B_3 每天需要 5 t,A_2 只能供应 1 t,因此在表 3.6(A_2,B_3)交叉处填写 1,划去表 3.7 中 A_2 这一行运价,表示 A_2 生产的糖果已分配完,其结果见表 3.8 和表 3.9。

表 3.6

销地 产地	B_1	B_2	B_3	B_4	产量
A_1					7
A_2	3				4
A_3					9
销量	3	6	5	6	

表 3.7

销地 产地	B_1	B_2	B_3	B_4
A_1	3	11	3	10
A_2	1	9	2	8
A_3	7	4	10	5

表 3.8

销地 产地	B_1	B_2	B_3	B_4	产量
A_1					7
A_2	3		1		4
A_3					9
销量	3	6	5	6	

表 3.9

销地 产地	B_1	B_2	B_3	B_4
A_1	3	11	3	10
A_2	1	9	2	8
A_3	7	4	10	5

第三步：再从表 3.9 未划去元素中找出最小元素为 3，即 A_1 生产的应优先满足 B_3 需要。A_1 每天生产 7 t，B_3 尚缺 4 t。因此在 (A_1, B_3) 交叉格内填上 4，由于 B_3 的需求已满足，在表 3.9 中划去 B_3 列元素。

这样一步一步进行下去，一直到单位运价表上所有元素都划去为止，这时在产销平衡表上就得到一个调运方案（见表 3.10），这个调运方案的总运费为 86 元。

在调运方案表中，称填写数字处为有数字的格，它对应运输问题解中的基变量取值；称不填数字处为空格，它对应解中的非基变量。因运输问题中基变量数一般为 $(m+n-1)$ 个，故调运方案中有数字的格也为 $(m+n-1)$ 个。用最小元素法给出初始方案时，一般调运方案表中每填一个数，划去单位运价表中的一行或一列。但往往出现下述情况，当选定最小元素后，发现该元素所在行的产地产量等于所在列的销地的销量，这时在产销平衡表上填一个数，运价表上就要同时划去一行和一列。为了使调运方案中的有数字格仍为 $(m+n-1)$ 个，需要在同时划去的该行或该列的任一空格位置补填一个"0"。如表 3.11 和表 3.12 给定的数据，第一次划去第一列，剩下最小元素为 2，其对应的销地 B_2 需要量为 6，而对应的产地 A_3 未分配的产量也为 6。这时在产销平衡表 (A_3, B_2) 交叉格填 6，同时划去单位运价表上的 B_2 列和 A_3 行。为了使有数字的格不减少，可以在空格 (A_1, B_2)、(A_2, B_2)、(A_3, B_3)、(A_3, B_4) 中任选一格填写一个"0"。同样，这个填写"0"的格被当作有数字的格看待。

表 3.10

销地 产地	B_1	B_2	B_3	B_4	产量
A_1			4	3	7
A_2	3		1		4
A_3		6		3	9
销量	3	6	5	6	

表 3.11

销地 产地	B_1	B_2	B_3	B_4	产量
A_1					7
A_2					4
A_3	3	6			9
销量	3	6	5	6	

2. Vogel 法。用最小元素法给定初始方案只从局部观点考虑就近供应，可能造成总体的不合理。Vogel 法的步骤是从运价表上分别找出每行与每列的最小的两个元素之差，再从差值最大的行或列中找出最小运价确定供需关系和供应数量。当产地或销地中有一方数量上供应完毕或得到满足时，划去运价表中对应的行或列，再重复上述步骤。仍以上面例子来说明，从表 3.5 中找出每行与每列最小两个元素之差，分别列于表的右端与下端，见表 3.14 中两最小元素之差中标志 ① 的行和列。从表中看到 B_2 列的差值最大，从该列找

出最小元素为4，即A_3生产的首先活跃B_2的需要，在表3.13的(A_3,B_2)交叉格中填上6。由于B_2的需要已得到满足，从单位运价表中划去B_2这列数字。重复上述步骤，从表中未划去的元素中再找出每行与每列的最小两个元素之差，列于表3.14中两最小元素之差栏目中标准②的行和列，因B_4列差值最大，又该列的最小元素为5，即A_3分配的剩余量满足B_4需要，在表3.13的(A_3,B_4)交叉格填了，划出A_3行的数字。继续重复上述步骤，一直到产地的产量分配完、销地的销量得到满足为止。一般当产销地的数量不多时，Vogel法有时就用作求运输问题的最优方案的近似解。

表3.12

销地 产地	B_1	B_2	B_3	B_4
A_1	3	11	4	5
A_2	7	7	3	8
A_3	1	2	10	6

表3.13

销地 产地	B_1	B_2	B_3	B_4	产量
A_1			5	2	7
A_2	3		1		4
A_3		6		3	9
销量	3	6	5	6	

表3.14

销地 产地	B_1	B_2	B_3	B_4	两最小元素之差 ① ② ③ ④
A_1	3	11	〔3〕	10	0 0 0 7
A_2	〔1〕	9	2	8	1 1 1 6
A_3	7	〔4〕	10	〔5〕	1 2

两最小元素之差	①	2	5	1	3
	②				3
	③	2		1	2
	④			1	2

3.2.2 最优性检验与方案的调整

最小元素法或Vogel法给出的是一个运输问题的基可行解，需通过最优性检验判别该解的目标函数值是否最优，当为否时，应进行调整得到优化。

1.闭回路法。运输问题中的闭回路是指调运方案中由一个空格和若干个有数字格的水平和垂直连线包围成的封闭回路。构建闭回路目的是要计算解中各非基变量（对应空格）的检验数，方法是令某非基变量取值为1，通过变化原基变量的值找出一个新的可行解，将其同原来的基可行解目标函数值的变化比较。在例1给出的一个调运方案（基可行解，见表3.10）中，(A_1,B_1)是空格，即x_{11}为非基变量。令$x_{11}=1$，为找到新的可行解，原有基变量中x_{13}应减1，x_{23}加1，x_{21}减1，参见表3.15。表中由(A_1,B_1)、(A_1,B_3)、(A_2,B_3)、(A_2,B_1) 4个格的水平和垂直连线围成闭回路，该闭回路中除(A_1,B_1)为空格外，(A_1,B_3)、$(A_2,$

B_3)、(A_2, B_1) 均为有数字格。新可行解同原来解费用比较:x_{11} 从 0 变为 1,运费增加 3 元,x_{13} 减 1,运费减少 3 元,x_{23} 加 1,运费增加 2 元,x_{21} 减 1,运费减少 1 元,由此新可行解较原来解运费增加$(3 - 3 + 2 - 1) = 1$ 元,称其为检验数,将其填入检验数表(表 3.16)的(A_1, B_1) 交叉格的位置。类似地,(A_3, B_1) 为空格,通过该空格可找出一条其余顶点均为有数字格的闭回路(见表 3.15),其相应检验数为$(7 - 1 + 2 - 3 + 10 - 5) = 10$,将其填入表 3.16 的$(A_3, B_1)$ 的交叉格位置。由于任意非基向量均可表示为基向量的唯一线性组合,因此通过任一空格可以找到,并且也只能找到唯一的闭回路,并由此计算得出对应表 3.10 中解的全部非基变量的检验数。

表 3.15

产地＼销地	B_1	B_2	B_3	B_4	产量
A_1	(+1) [3]		4 (−1) [3]	3	7
A_2	3 (−1) [1]		1 (+1) [2]		4
A_3		6		3	9
销量	3	6	5	6	

表 3.16 检验数表

产地＼销地	B_1	B_2	B_3	B_4
A_1	1	2		
A_2			1	−1
A_3	10		12	

如果检验数表中所有数字大于等于零,表明对调运方案做出任何改变将导致运费不会减少,即给定的方案是最优方案。但在表 3.16 中,(A_2, B_4) 格的检验数为负,说明方案需要进一步改进。改进的方法是从检验数为负值的格出发(当有两个以上负检验数时,从绝对值最大的负检验数格出发),这个例子中就是从(A_2, B_4) 这个格出发,作一条除该空格外其余顶点均为有数字格组成的闭回路。在这条闭回路上,按上面讲的方法对运量作最大可能的调整。从表 3.17 看出,为了把 A_2 生产的糖果调运给 B_4,就要相应减少 A_2 调运给 B_3 的糖果和 A_1 调运给 B_4 的糖果,才能得到新的平衡。这两个格内,较小运量是 1,因此 A_2 最多只能调运 1 t 糖果给 B_4。由此得到一个新的调运方案(见表 3.18),这个新方案的运费是 85 元。

表 3.17

产地＼销地	B_1	B_2	B_3	B_4	产量
A_1			4 (+1)······	3 (-1)	7
A_2	3		1 (-1)······	(+1)	4
A_3		6		3	9
销量	3	6	5	6	

表 3.18

产地＼销地	B_1	B_2	B_3	B_4	产量
A_1			5	2	7
A_2	3			1	4
A_3		6		3	9
销量	3	6	5	6	

表 3.18 给出的调运方案是否为最优呢？还需要对这个方案的每一空格求出检验数（见表 3.19）。由于检验数表中所有检验数大于等于零，所以肯定表 3.18 给出的方案是最优方案。

需要指出，有时在闭回路调整中，在需要减少运量的地方有两个以上相等的最小数，这样调整时原先空格处填上了这个最小数，而有两个以上最小数的地方成了空格。为了用表上作业法继续计算，就要把最小数的格之一变为空格，其余均补添 0，补添 0 的格当作有数字格看待，使方案中有数字的格仍为 $(m+n-1)$ 个。

2. 位势法。上面讲到，要判断一个方案是否最优，需要通过每一个空格寻找闭回路，以及根据闭回路求出每个空格的检验数。当一个运输问题的产地和销地数很多时，用这个方法计算检验数的工作量十分繁重。下面介绍一种比较简便的求检验数的方法——位势法。

表 3.19 检验数表

产地＼销地	B_1	B_2	B_3	B_4
A_1	0	2		
A_2		2	1	
A_3	9		12	

表 3.20

产地＼销地	B_1	B_2	B_3	B_4
A_1			3	10
A_2	1		2	
A_3		4		5

仍采用例1作为说明。表3.10中给出了这个例子用最小元素法确定的初始调运方案。用位势法求检验数时,第一步先仿照表3.10作一个表,不过将该表有数字格的地方换上表3.5单位运价表中对应格的运价,如表3.20。

第二步是在表3.20的右面和下面增加一行和一列,并填上这样一些数字,使表3.20中的各个数刚好等于它所在行和所在列的这些新填写的数字之和,见表3.21。通常用 $u_i(i = 1,\cdots,m)$ 和 $v_j(j = 1,\cdots,n)$ 来代表这些新填的数字。u_i 和 v_j 分别称为第 i 行和第 j 列的位势。由于这些 u_i 和 v_j 的数值是相互关联的,所以填写时可以先任意决定其中的一个,然后推导出其他位势的数值。如在表3.21中,先令 $v_1 = 1$,

表 3.21

产地＼销地	B_1	B_2	B_3	B_4	u_i
A_1			3	10	1
A_2	1		2		0
A_3	(λ_{31})	4		5	−4
v_j	1	8	2	9	

因为 $u_1 + u_2 = 1$, 所以 $u_2 = 0$;
又 $v_2 + v_3 = 2$, $v_3 = 2$;
     $v_3 + u_1 = 3$, $u_1 = 1$;
     $u_1 + v_4 = 10$, $v_4 = 9$;
     $v_4 + u_3 = 5$, $u_3 = -4$;
     $u_3 + v_2 = 4$, $v_2 = 8$

现在再看各空格的检验数。令 λ_{31} 代表空格(A_3, B_1)的检验数。由闭回路可知

$$\lambda_{31} = c_{31} - (v_4 + u_3) + (v_4 + u_1) - (v_3 + u_1) + (v_2 + u_2) - (v_1 + u_2) = c_{31} - (u_3 + v_1)$$

c_{31} 是空格(A_3, B_1)对应的单位运价表的运价,$(u_3 + v_1)$ 恰好就是该空格所在行的位势和所在列的位势之和。类似地我们可以求得任一空格的检验数为

$$\lambda_{ij} = c_{ij} - (u_i + v_j) \tag{3.4}$$

所以把表3.21中所有空格处的行位势和列位势加起来,得表3.22。为区别起见,空格处的位势加上括弧。

再用表3.5单位运价表上数字减去表3.22对应格的数字,得表3.23,这就是所要求的各空格处的检验数。可以看出,表3.23的数字同用闭回路法求得的表3.16中的数字完全一致。

如果表中出现有负的检验数时,对方案进行改进和调整的方法同前面闭回路法调整一样。

将上面讲的内容归纳一下,用表上作业法求解运输问题的步骤可用图3.1所示框图形式表示。

表 3.22

销地\产地	B_1	B_2	B_3	B_4	u_i
A_1	(2)	(9)	3	10	1
A_2	1	(8)	2	(9)	0
A_3	(-3)	4	(-2)	5	-4
v_j	1	8	2	9	

表 3.23

销地\产地	B_1	B_2	B_3	B_4
A_1	1	2		
A_2			1	-1
A_3	10		12	

3.2.3 表上作业法与单纯形法

前面提到,表上作业法又称运输单纯形法,它实质是单纯形法用于求解运输问题这类特殊线性规划问题时的简化。下面结合例 1 进行说明。

1. 初始基可行解的确定。对一般线性规划问题,当约束条件为等式时,需增添人工变量得到一个初始基可行解。由于运输问题结构的特殊性,用最小元素法给出的初始解就是一个基可行解。由表 3.10 看到,例 1 用最小元素法给出的一个解为 $x_{13} = 4$,

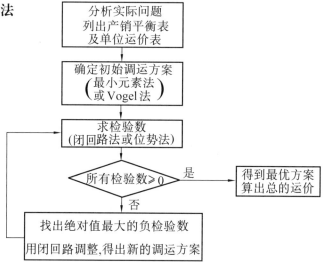

图 3.1 表上作业法计算步骤框图

$x_{14} = 3, x_{21} = 3, x_{23} = 1, x_{32} = 6, x_{34} = 3$,它满足约束条件,且相应的系数列向量线性独立并组成一个基,因而给出的解为基可行解。

2. 最优性检验。由第一章公式(1.35)

$$\sigma_{ij} = c_{ij} - C_B B^{-1} P_{ij} = c_{ij} - (u_1, \cdots, u_m, v_1, \cdots, v_n) P_{ij} = c_{ij} - (u_i + v_j) \tag{3.5}$$

式中 u_i 和 v_j 分别是运输问题模型约束(3.1b)、(3.1c)的对偶变量。因为对所有基变量有 $\sigma_{ij} = 0$,可据此解出一组 u_i 和 v_j 的值。再由 $\sigma_{ij} = c_{ij} - (u_i + v_j)$ 求出所有非基变量的检验数。若所有 $\sigma_{ij} \geq 0$,说明现行解即为最优解,否则目标函数值还可以进一步减小。这就是表上作业法中用位势法进行最优性检验的原理。

3. 确定换入基的变量。当存在负的 σ_{ij} 时,最小 σ_{ij} 值对应的变量即为换入基的变量。对表 3.10 中给出的解,换入变量为 x_{24}。

4. 确定换出基的变量。由式(3.3)知闭回路上非基变量同各基变量之间的关系,例如通过格(A_1, B_1)的闭回路有

$$(e_1 + e_{m+1}) - (e_1 + e_{m+3}) + (e_2 + e_{m+3}) - (e_2 + e_{m+1}) = 0$$

或

$$P_{11} = P_{13} - P_{23} + P_{21}$$

类似地有

$$P_{12} = P_{14} - P_{34} + P_{32}$$
$$P_{22} = P_{23} - P_{13} + P_{14} - P_{34} + P_{32}$$
$$P_{24} = P_{14} - P_{13} + P_{23}$$
$$P_{31} = P_{34} - P_{14} + P_{13} - P_{23} + P_{21}$$
$$P_{33} = P_{34} - P_{14} + P_{13}$$

据此可写出按表 3.10 的基可行解构造的单纯形表(表 3.24)，注意表中最上面一栏只列出了该解中的非基变量。

表 3.24

C_B	基	b	$c_j \rightarrow$ 3 x_{11}	11 x_{12}	9 x_{22}	8 x_{24}	7 x_{31}	10 x_{33}
3	x_{13}	4	1	0	–1	–1	1	1
10	x_{14}	3	0	1	1	1	–1	–1
1	x_{21}	3	1	0	0	0	1	0
2	x_{23}	1	–1	0	1	[1]	–1	0
4	x_{32}	6	0	1	1	0	0	0
5	x_{34}	3	0	–1	–1	0	1	1
	$c_j - z_j$		1	2	1	–1	10	12

由表 3.24 看出 x_{23} 为换出基的变量，即对应闭回路标"–"号顶点最小元素对应的变量为换出基的变量。

5. 迭代运算。由于主元素总是为 1，而最小比值 $\theta = 1$，这样在 P_{24} 列中为"1"(闭回路中标号"–"的顶点)对应的变量值减去 θ，在 P_{24} 列中为"–1"(闭回路中标号"+"的顶点)对应的变量值加上 θ，在 P_{24} 列中为"0"(非闭回路上的)对应的基变量值不变。

由上看出，表上作业法计算步骤、过程与单纯形法相同，但具体计算时却不必画出单纯形表，而只需在产销平衡表上进行。

3.3 产销不平衡的运输问题及其应用

前面讲的表上作业法的计算和理论，都是以产销平衡，即 $\sum_{i=1}^{m} a_i = \sum_{j=1}^{n} b_j$ 为前提的。但实际问题中产销往往是不平衡的。为了应用表上作业法计算，就需要把产销不平衡的问题化成产销平衡的问题。

当产大于销 $\left(\sum_{i=1}^{m} a_i > \sum_{j=1}^{n} b_j\right)$ 时，运输问题的数学模型可写成

$$\min z = \sum_{i=1}^{m} \sum_{j=1}^{n} c_{ij} x_{ij} \tag{3.6a}$$

满足

$$\begin{cases} \sum_{j=1}^{n} x_{ij} \leq a_i & i = 1, \cdots, m \quad (3.6b) \\ \sum_{i=1}^{m} x_{ij} = b_j & j = 1, \cdots, n \quad (3.6c) \\ x_{ij} \geq 0 & (3.6d) \end{cases}$$

由于总的产量大于销量,就要考虑多余的物资在哪一个产地就地库存的问题。设 $x_{i,n+1}$ 是产地 A_i 的库存量,于是有

$$\sum_{j=1}^{n} x_{ij} + x_{i,n+1} = \sum_{j=1}^{n+1} x_{ij} = a_i \quad i = 1, \cdots, m \quad (3.7)$$

$$\sum_{i=1}^{m} x_{ij} = b_j \quad j = 1, \cdots, n \quad (3.8)$$

$$\sum_{i=1}^{m} x_{i,n+1} = \sum_{i=1}^{m} a_i - \sum_{j=1}^{n} b_j = b_{n+1}$$

令

$$c'_{ij} = c_{ij} \quad i = 1, \cdots, m, j = 1, \cdots, n \quad (3.9)$$
$$c'_{ij} = 0 \quad i = 1, \cdots, m, j = n+1$$

将式(3.7)~(3.9)分别代入或替换(3.6a)~(3.6c),得到

$$\min z' = \sum_{i=1}^{m} \sum_{j=1}^{n+1} c'_{ij} x_{ij} = \sum_{i=1}^{m} \sum_{j=1}^{n} c'_{ij} x_{ij} + \sum_{i=1}^{m} c'_{i,n+1} x_{ij} = \sum_{i=1}^{m} \sum_{j=1}^{n} c_{ij} x_{ij} \quad (3.10a)$$

满足

$$\begin{cases} \sum_{j=1}^{n+1} x_{ij} = a_i & i = 1, \cdots, m \quad (3.10b) \\ \sum_{i=1}^{m} x_{ij} = b_j & j = 1, \cdots, n \quad (3.10c) \\ x_{ij} \geq 0 & (3.10d) \end{cases}$$

由于模型(3.10)中 $\sum_{i=1}^{m} a_i = \sum_{j=1}^{n} b_j + b_{n+1} = \sum_{j=1}^{n+1} b_j$,所以是一个产销平衡的运输问题。所以当产大于销时,只要增加一个假想的销地 $j = n+1$(实际上是库存),该销地总需要量为 $(\sum_{i=1}^{m} a_i - \sum_{j=1}^{n} b_j)$,而在单位运价表中从各产地到假想销地的单位运价为 $c'_{i,n+1} = 0$,就转化成一个产销平衡的运输问题。类似地,当销大于产时,可以在产销平衡表中增加一个假想的产地 $i = m+1$,该地产量为 $(\sum_{j=1}^{n} b_j - \sum_{i=1}^{m} a_i)$,在单位运价表上令从该假想产地到各销地的运价 $c'_{m+1,j} = 0$,同样可以转化成一个产销平衡的运输问题。

【例2】 设有 A_1、A_2、A_3 三个产地生产某种物资,其产量分别为 7、5、7 t,B_1、B_2、B_3、B_4 四个销地需要该种物资,销量分别为 2、3、4、6 t,又知各产销地之间的单位运价见表3.25,试决定总运费最少的调运方案。

【解】 产地总产量为 180 t,销地总销量为 160 t,所以这是一个产大于销的运输问题。按上述方法转化为产销平衡的运输问题,其产销平衡表和单位运价表分别见表 3.26、表 3.27,注意表 3.26 中增加了库存 20 t,使其达到产销平衡。

对表 3.26、表 3.27 可以用表上作业法计算求出最优方案如表 3.28 所示。

表 3.25　单位运价表　元/t

销地＼产地	B_1	B_2	B_3	B_4
A_1	5	9	2	3
A_2	M	4	7	8
A_3	3	6	4	2
A_4	4	8	10	11

表 3.26　产销平衡表

销地＼产地	B_1	B_2	B_3	B_4	库存	产量
A_1						60
A_2						40
A_3						30
A_4						50
销量	20	60	35	45	20	

表 3.27　单位运价表

销地＼产地	B_1	B_2	B_3	B_4	库存
A_1	5	9	2	3	0
A_2	M	4	7	8	0
A_3	3	6	4	2	0
A_4	4	8	10	11	0

表 3.28

销地＼产地	B_1	B_2	B_3	B_4	库存	产量
A_1			35	25		60
A_2		40				40
A_3		10		20		30
A_4	20	10			20	50
销量	20	60	35	45	20	

【例 3】 设有三个化肥厂供应四个地区的农用化肥。假定等量的化肥在这些地区使用效果相同,已知各化肥厂年产量,各地区年需要量及从各化肥厂到各地区单位化肥的运价如表 3.29 所示,试决定使总的运费最节省的化肥调拨方案。

表 3.29　　　　　　　　　　　　　　　　运价单位:万元/万 t

需求地区＼化肥厂	Ⅰ	Ⅱ	Ⅲ	Ⅳ	产量/万 t
A	16	13	22	17	50
B	14	13	19	15	60
C	19	20	23	—	50
最低需求/万 t	30	70	0	10	
最高需求/万 t	50	70	30	不限	

【解】 这是一个产销不平衡的运输问题,总产量为 160 万 t,四个地区的最低需求为 110 万 t,最高需求为无限。根据现有产量,第 Ⅳ 个地区每年最多能分配到 60 万 t,这样最高需求为 210 万 t,大于产量。为了求得平衡,在产销平衡表中增加一个假想的化肥厂 D,其年产量为 50 万 t。由于各地区的需要量包含两部分,如地区 Ⅰ,其中 30 万 t 是最低需求,故不能由假想化肥厂 D 供给,令相应运价为 M(任意大正数),而另一部分 20 万 t 满足或不满足均可以,故也可以由假想化肥厂 D 供给,按前面讲的,令相应运价为 0。对凡是需求分两种情况的地区,实际上可按照两个地区看待。这样可以写出这个问题的产销平衡表(表3.30)和单位运价表(表 3.31)。

根据表上作业法计算，可以求得这个问题的最优答案如表 3.32 所示。

表 3.30 产销平衡表

产地＼销地	Ⅰ′	Ⅱ″	Ⅱ	Ⅲ	Ⅳ′	Ⅳ″	产量
A							50
B							50
C							50
D							50
销量	30	20	70	30	10	50	

表 3.31 单位运价表

产地＼销地	Ⅰ′	Ⅱ″	Ⅱ	Ⅲ	Ⅳ′	Ⅳ″
A	16	16	13	22	17	17
B	14	14	13	19	15	15
C	19	19	20	23	M	M
D	M	0	M	0	M	0

表 3.32

产地＼销地	Ⅰ′	Ⅱ″	Ⅱ	Ⅲ	Ⅳ′	Ⅳ″	产量
A			50				50
B			20		10	30	60
C	30	20	0				50
D				30		20	50
销量	30	20	70	30	10	50	

【例 4】 在本章的例 1 中，如果假定：① 每个工厂生产的糖果不一定直接发运到销售点，可以将其中几个产地的糖果集中一起运；② 运往各销地的糖果可以先运给其中几个销地，再转运给其他销地；③ 除产、销地之外，中间还可以有几个转运站，在产地之间、销地之间或产地与销地之间转运。已知各产地、销地、中间转运站及相互之间每吨糖果的运价如表 3.33 所示，问在考虑到产销地之间直接运输和非直接运输的各种可能方案的情况下，如何将三个厂每天生产的糖果运往销售地，使总的运费最少。

【解】 从表 3.33 中看出，从 A_1 到 B_2 每吨糖果的直接运费为 11 元，如果从 A_1 经 A_3 运往 B_2，每吨运价为 $3+4=7$ 元，从 A_1 经 T_2 运往 B_2 只需 $1+5=6$ 元，而从 A_1 到 B_2 运费

最少的路径是从 A_1 经 A_2，B_1 到 B_2，每吨糖果的运费只需 $1 + 1 + 1 = 3$ 元。可见这个问题中从每个产地到各销地之间的运输方案是很多的。为了把这个问题仍当作一般的运输问题处理，可以这样来做：

表 3.33

		产地			中间转运站				销地			
		A_1	A_2	A_3	T_1	T_2	T_3	T_4	B_1	B_2	B_3	B_4
产　地	A_1		1	3	2	1	4	3	3	11	3	10
	A_2	1		—	3	5	—	2	1	9	2	8
	A_3	3	—		1		2	3	7	4	10	5
中间转运站	T_1	2	3	1		1	3	2	2	8	4	6
	T_2	1	5	—	1		1	1	4	5	2	7
	T_3	4	—	2	3	1		2	1	8	2	4
	T_4	3	2	3	2	1	2		1	—	2	6
销　地	B_1	3	1	7	2	4	1	1		1	4	2
	B_2	11	9	4	8	5	8	—	1		2	1
	B_3	3	2	10	4	2	2	2	4	2		3
	B_4	10	8	5	6	7	4	6	2	1	3	

（1）由于问题中所有产地、中间转运站、销地都可能看做产地，又可看做销地。因此，把整个问题当作有 11 个产地和 11 个销地的扩大的运输问题。

（2）对扩大的运输问题建立单位运价表。方法是将表 3.33 中不可能的运输方案的运价用任意大的正数 M 代替。

（3）所有中间转运站的产量等于销量。由于运费最少时不可能出现一批物资来回倒运的现象，所以每个转运站的转运数不超过 20 t。可以规定 T_1、T_2、T_3、T_4 的产量和销量均为 20 t。由于实际的转运量 $\sum_{j=1}^{n} x_{ij} \leqslant a_i$，$\sum_{i=1}^{m} x_{ij} \leqslant b_j$，可以在每个约束条件中增加一个松弛变量 x_{ii}，x_{ii} 相当于一个虚构的转运量，意义就是自己运给自己。$(20 - x_{ii})$ 就是每个转运站的实际转运量，x_{ii} 的对应运价 $c_{ii} = 0$。

（4）扩大的运输问题中原来的产地与销地因为也起转运站作用，所以，同样在原来产量与销量的数字上加 20 t，即三个厂每天糖果产量改在 27、24、29 t，销量均为 20 t；四个销售点的每天销量改为 23、26、25、26 t，产量均为 20 t，同时引进 x_{ii} 作为松弛变量。

下面写出扩大运输问题的产销平衡表与单位运价表（见表 3.34）。由于这是一个产销平衡的运输问题，所以可以用表上作业法求解。

表 3.34

销地\产地	A_1	A_2	A_3	T_1	T_2	T_3	T_4	B_1	B_2	B_3	B_4	产量
A_1	0	1	3	2	1	4	3	3	11	3	10	27
A_2	1	0	M	3	5	M	2	1	9	2	8	24
A_3	3	M	0	1	M	2	3	7	4	10	5	29
T_1	2	3	1	0	1	3	2	2	8	4	6	20
T_2	1	5	M	1	0	1	1	4	5	2	7	20
T_3	4	M	2	3	1	0	2	1	8	2	4	20
T_4	3	2	3	2	1	2	0	1	M	2	6	20
B_1	3	1	7	2	4	1	1	0	1	4	2	20
B_2	11	9	4	8	5	8	M	1	0	2	1	20
B_3	3	2	10	4	2	2	2	4	2	0	8	20
B_4	10	8	5	6	7	4	6	2	1	8	0	20
销量	20	20	20	20	20	20	20	23	26	25	26	

习　题　三

3.1 已知运输问题的产销平衡表与单位运价表如表 3.35 至 3.38 所示，试用表上作业法求各题最优解，同时用 Vogel 法求出各题的近似最优解。

表 3.35

销地\产地	B_1	B_2	B_3	B_4	产量
A_1	10	2	20	11	12
A_2	12	7	9	20	27
A_3	2	14	16	18	6
销量	5	15	15	10	

表 3.36

销地\产地	B_1	B_2	B_3	B_4	产量
A_1	9	8	12	13	18
A_2	10	10	12	14	20
A_3	8	9	11	12	10
A_4	10	10	11	12	12
销量	6	14	35	5	

表 3.37

销地\产地	B_1	B_2	B_3	B_4	产量
A_1	8	4	1	2	7
A_2	6	9	4	7	25
A_3	5	3	4	3	26
销量	10	10	20	15	

表 3.38

销地\产地	B_1	B_2	B_3	B_4	B_5	产量
A_1	8	6	3	7	5	20
A_2	5	M	8	4	7	35
A_3	6	3	9	6	8	35
销量	25	25	20	10	20	

3.2 试分析分别发生下列情况时,运输问题的最优调运方案及总运价有何变化。
(a) 单位运价表第 r 行的每个 c_{ij} 都加上一个常数 k;
(b) 单位运价表第 p 列的每个 c_{ij} 都加上一个常数 k;
(c) 单位运价表的所有 c_{ij} 乘上一个常数 k。

3.3 已知运输问题的产销平衡表、最优调运方案及单位运价表分别如表 3.39、表 3.40 所示。

表 3.39 产销平衡表及最优方案

产地＼销地	B_1	B_2	B_3	B_4	产量
A_1		5		10	15
A_2	0	10	15		25
A_3	5				5
销量	5	15	15	10	

表 3.40 单位运价表

产地＼销地	B_1	B_2	B_3	B_4
A_1	10	1	20	11
A_2	12	7	9	20
A_3	2	14	16	18

试分析:(a) 从 A_2 至 B_2 的单位运价 c_{22} 在什么范围变化时,上述最优调运方案不变;(b) 从 A_2 至 B_4 的单位运价 c_{24} 变为何值时,将有无限多最优调运方案。除表 3.39 中给出的外,至少再写出其他两个最优调运方案。

3.4 某厂按合同规定须于每个季度末分别完成 10、15、25、20 台同一规格柴油机。已知该厂各季度生产能力及生产每台柴油机成本如表 3.41 所示。(a) 又如果生产出来柴油机当季不交货,每台每积压一个季度需储存、维护费用 0.15 万元。要求在完成合同的条件下,制订使该厂全年生产、储存和维护费用为最小的决策方案;(b) 假定产品不能按期交货,每台每迟交一个季度罚款 0.3 万元,重新求使各项费用最小的决策方案。

表 3.41

季度	生产能力/台	单台成本/万元
Ⅰ	25	10.8
Ⅱ	35	11.1
Ⅲ	30	11.0
Ⅳ	10	11.3

3.5 某造船厂根据合同要在当年算起的连续三年年末各提供三条规格相同的大型货轮。已知该厂今后三年的生产能力及生产成本如表 3.42 所示。

已知加班生产情况下每条货轮成本比正常生产时高出 70 万元,又知造出的货轮如当年不交货,每条货轮每积压一年将增加维护保养等损失为 40 万元。在签订合同时该厂已有两条积压未交货的货轮,该厂希望在第三年末在交完合同任务后能储存一条备用。问该厂应如何安排计划,使在满足上述要求的条件下,使总的费用支出为最小。要求将此问题建立运输问题的数学模型,列出产销平衡表和单位运价表。

表 3.42

年 度	正常生产时可完成的货轮数	加班生产时可完成的货轮数	正常生产时每条货轮成本
第一年	2	3	500 万元
第二年	4	2	600 万元
第三年	1	3	550 万元

3.6 某航运公司承担六个港口城市 A、B、C、D、E、F 之间的四条固定航线的货运任务。已知各条航线的起终点及每天航班数(见表 3.43)。假定各航线使用相同型号船只,各港口间航程天数(见表 3.44)。又知每条船只在港口装卸货的时间各需 1 天,为维修等所需备用船只数占总数的 20%,问该航运公司至少应配备多少条船,才能满足所有航线的货运要求?

表 3.43

航 线	起点城市	终点城市	每天航班数
1	E	D	3
2	B	C	2
3	A	F	1
4	D	B	1

表 3.44

从＼到	B	C	D	E	F
A	1	2	14	7	7
B		3	13	8	8
C			15	5	5
D				17	20
E					3

第4章 整数规划与分配问题

4.1 整数规划的特点及应用

用单纯形法求解线性规划的结果往往得到分数或小数解。但在很多实际问题中,全部或部分变量的取值必须是整数,如人或机器设备等不可分割。此外还有一些问题,如要不要在某地建设工厂,可选用一个逻辑变量 x,令 $x = 1$ 表示在该地建厂,$x = 0$ 表示不在该地建厂,逻辑变量也是只允许取整数值的一类变量。在一个线性规划中要求全部变量取整数值的,称纯整数线性规划或简称纯整数规划;只要求一部分变量取整数值的,称为混合整数(线性)规划。

有人认为,对整数规划问题的求解可以先不考虑对变量的整数约束,作为一般线性规划问题来求解,当解为非整数时可用四舍五入或凑整方法寻找最优解。当然在变量取值很大时,用上述方法得到的解与最优解差别不大。但当变量取值较小时,得到的解就可能与实际整数最优解差别很大。再者当问题规模较大时,用凑整办法来算工作量很大。如某线性规划问题最优解为 $(x_1, x_2) = (4.6, 5.5)$,用凑整方法时需比较与 x_1、x_2 的上述数值最接近的四种组合,即 $(4,5)$、$(4,6)$、$(5,5)$、$(5,6)$。如果问题中有 10 个整数变量,就得比较 $2^{10} = 1\,024$ 个整数解组合,而且最优解还不一定在这些组合中。

【例 1】 求下术整数规划问题的最优解,即

$$\max z = 3x_1 + 2x_2$$

$$\begin{cases} 2x_1 + 3x_2 \leq 14 \\ x_1 + 0.5x_2 \leq 4.5 \\ x_1, x_2 \geq 0, \text{且均取整数值} \end{cases} \quad (4.1)$$

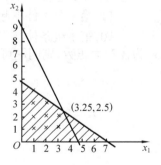

图 4.1

【解】 如果不考虑 x_1、x_2 取整数的约束(称为 (4.1) 的松弛问题),问题的可行域如图 4.1 中的阴影线部分所示,用图解法求得最优解为 $(3.25, 2.5)$。由于 x_1、x_2 必须取整数值,实际上问题的可行集只是图中可行域内的那些整数点。用凑整法来解时需要比较四种组合,但 $(4,3)$、$(4,2)$、$(3,3)$ 都不是可行解,$(3,2)$ 虽属可行,但代入目标函数得 $z = 13$,并非最优。实际上问题的最优解应该是 $(4,1)$,$z^* = 14$。但我们注意到 $(4,1)$ 不是可行域的顶点,因此直接用图解法或单纯形法都无法找出整数规划问题的最优解来,这就要求研究解整数规划问题的特殊方法。

整数规划的模型对研究管理问题有重要意义。很多管理问题无法归结为线性规划的数学模型,但却可以通过设置逻辑变量建立起整数规划的数学模型。下面说明逻辑变量在建立数学模型中的作用。

1. m 个约束条件中只有 k 个起作用

设 m 个约束条件可表为

$$\sum_{j=1}^{n} a_{ij} x_j \leqslant b_i \quad i = 1, \cdots, m \tag{4.2}$$

定义 $y_i = \begin{cases} 1, & \text{假定第 } i \text{ 个约束条件不起作用} \\ 0, & \text{假定第 } i \text{ 个约束条件起作用} \end{cases}$

又 M 为任意大的正数,则

$$\begin{cases} \sum_{j=1}^{n} a_{ij} x_j \leqslant b_i + M y_i \\ y_1 + y_2 + \cdots + y_m = m - k \end{cases}$$

表明式(4.2)的 m 个约束条件中有 $(m-k)$ 个的右端项为 $(b_i + M)$,不起约束作用,因而只有 k 个约束条件真正起到约束作用。

2. 约束条件的右端项可能是 r 个值 $(b_1, b_2, \cdots, b_r)$ 中的某一个,即

$$\sum_{j=1}^{n} a_{ij} x_j \leqslant b_1 \text{ 或 } b_2, \cdots, \text{或 } b_r \tag{4.3}$$

定义 $y_i = \begin{cases} 1, & \text{假定约束右端项为 } b_i \\ 0, & \text{否则} \end{cases}$

由此,约束条件式(4.3)可表示为

$$\begin{cases} \sum_{i=1}^{n} a_{ij} x_j \leqslant \sum_{i=1}^{r} b_i y_i \\ y_1 + y_2 + \cdots + y_r = 1 \end{cases}$$

3. 两组条件中满足其中一组

若 $x_1 \leqslant 4$,则 $x_2 \geqslant 1$;否则(即 $x_1 > 4$ 时),$x_2 \leqslant 3$。

定义 $y_i = \begin{cases} 1, & \text{第 } i \text{ 组条件不起作用} \\ 0, & \text{第 } i \text{ 组条件起作用} \end{cases} \quad i = 1, 2$

又 M 为任意大正数,则问题可表达为

$$\begin{cases} x_1 \leqslant 4 + y_1 M \\ x_2 \geqslant 1 - y_1 M \\ x_1 > 4 - y_2 M \\ x_2 \leqslant 3 + y_2 M \\ y_1 + y_2 = 1 \end{cases}$$

4. 用以表示含固定费用的函数

例如用 x_j 代表产品 j 的生产数量,其生产费用函数通常可表示为

$$C_j(x_j) = \begin{cases} K_j + c_j x_j & x_j > 0 \\ 0 & x_j = 0 \end{cases} \tag{4.4}$$

式中 K_j 是同产量无关的生产准备费用。问题的目标是使所有产品的总生产费用为最小。即

$$\min z = \sum_{j=1}^{n} C_j(x_j) \tag{4.5}$$

为表达(4.4)、(4.5)两式,需设置一个逻辑变量 y_j,当 $x_j = 0$ 时,$y_j = 0$;当 $x_j > 0$,$y_j = 1$。为此引进一个特殊的约束条件,即

$$x_j \leq My_j \tag{4.6}$$

在式(4.6)中显然当 $x_j > 0$ 时,$y_j = 1$,若将式(4.5)、(4.6)表达为

$$\min z = \sum_{j=1}^{n}(c_j x_j + K_j y_j)$$

$$\begin{cases} 0 \leq x_j \leq My_j \\ y_j = 0 \text{ 或 } 1 \end{cases} \tag{4.7}$$

则由式(4.7)看出当 $x_j = 0$ 时,为使 z 极小化,应有 $y_j = 0$。

4.2 分配问题与匈牙利法

4.2.1 问题的提出与数学模型

分配问题也称指派问题(assignment problem),是一种特殊的整数规划问题。假定有 m 项任务分配给 m 个人去完成,并指定每人完成其中一项,每项只交给其中一个人去完成,应如何分配使总的效率为最高,下面举例说明。

【例2】 有一份说明书,要分别译成英、日、德、俄四种文字,交甲、乙、丙、丁四个人去完成。因各人专长不同,他们完成翻译不同文字所需的时间(h)如表 4.1 所示。应如何分配,使这四个人分别完成这四项任务总的时间为最小。由于具体情况不同,分配问题的提法可以各种各样。如果完成任务的效率表现为资源的消耗,考虑提如何分配任务,使目标极小化。反之,如果完成任务的效率表现为生产效率的高低,则要考虑的是如何分配,使问题极大化。尽管上述提法不一致,但由于性质上的类同,可以归结出相同的数学模型,称为分配问题的模型。在分配问题中,利用不同资源完成不同计划活动的效率通常用表格形式表示,表格中数字组成效率矩阵。

表 4.1

人 工 作	甲	乙	丙	丁
译成英文	2	10	9	7
译成日文	15	4	14	8
译成德文	13	14	16	11
译成俄文	4	15	13	9

设用 $[a_{ij}]$ 表示分配问题的效率矩阵,令

$$x_{ij} = \begin{cases} 1, \text{分配第 } i \text{ 个人去完成第 } j \text{ 项任务} \\ 0, \text{不分配第 } i \text{ 个人去完成第 } j \text{ 项任务} \end{cases}$$

$$i = 1,\cdots,m; j = 1,\cdots,m$$

则分配问题的数学模型一般写为

$$\min z = \sum_{i=1}^{m}\sum_{j=1}^{m} a_{ij} x_{ij} \tag{4.8a}$$

$$\begin{cases} \sum_{j=1}^{m} x_{ij} = 1 & i = 1, \cdots, m \end{cases} \tag{4.8b}$$

$$\begin{cases} \sum_{i=1}^{m} x_{ij} = 1 & j = 1, \cdots, m \end{cases} \tag{4.8c}$$

$$x_{ij} = 0 \text{ 或 } 1 \quad i = 1, \cdots, m; j = 1, \cdots, m \tag{4.8d}$$

4.2.2 匈牙利法

可以用解运输问题的表上作业法求解分配问题,但通常用更有效的匈牙利法求解。

解分配问题的匈牙利法是从这样一个明显的事实出发的:如果效率矩阵的所有元素 $a_{ij} \geq 0$,而其中存在一组位于不同行不同列的零元素,则只要令对应于这些零元素位置的 $x_{ij} = 1$,其余的 $x_{ij} = 0$,则 $z = \sum_{i=1}^{m} \sum_{j=1}^{m} a_{ij} x_{ij}$ 就是问题的最优解。如效率矩阵为

$$\begin{bmatrix} 0 & 14 & 9 & 3 \\ 9 & 20 & 0 & 23 \\ 23 & 0 & 3 & 8 \\ 0 & 12 & 14 & 0 \end{bmatrix}$$

显然令 $x_{11} = 1, x_{23} = 1, x_{32} = 1, x_{44} = 1$,即将第一项工作分配给甲,第二项给丙,第三项给乙,第四项给丁。这时完成总工作的时间为最少。但问题是如何产生并寻找这组位于不同行不同列的零元素。匈牙利数学家克尼格(Konig)证明了下面两个基本定理,为解决以上问题奠定了基础。因此,基于这两个定理基础上建立起来的解分配问题的计算方法被称为匈牙利法。

下面先介绍克尼格证明的两个定理。

定理 1 如果从分配问题效率矩阵 $[a_{ij}]$ 的每一行元素中分别减去(或加上)一个常数 u_i(被称为该行的位势),从每一列分别减去(或加上)一个常数 v_j(称为该列的位势),得到一个新的效率矩阵 $[b_{ij}]$,若其中 $b_{ij} = a_{ij} - u_i - v_j$,则 $[b_{ij}]$ 的最优解等价于 $[a_{ij}]$ 的最优解。

【证】 将从 $[b_{ij}]$ 中得到的解代入分配问题模型的目标函数式(4.8a),有

$$z' = \sum_{i=1}^{m} \sum_{j=1}^{m} b_{ij} x_{ij} = \sum_{i=1}^{m} \sum_{j=1}^{m} (a_{ij} - u_i - v_j) x_{ij} =$$

$$\sum_{i=1}^{m} \sum_{j=1}^{m} a_{ij} x_{ij} - \sum_{i=1}^{m} u_i \sum_{j=1}^{m} x_{ij} - \sum_{j=1}^{m} v_j \sum_{i=1}^{m} x_{ij} =$$

$$\sum_{i=1}^{m} \sum_{j=1}^{m} a_{ij} x_{ij} - \sum_{i=1}^{m} u_i - \sum_{j=1}^{m} v_j \tag{4.9}$$

式(4.9)第一项是 $[a_{ij}]$ 的解的目标函数值 z,后面两项是常数,因而当达到最小值时,相应地 $z = \sum_{i=1}^{m} \sum_{j=1}^{m} a_{ij} x_{ij}$ 也达到最小值。

定理 2 若矩阵 A 的元素可分成"0"与非"0"两部分,则覆盖"0"元素的最少直线数等于位于不同行不同列的"0"元素的最大个数。

【证】 已知矩阵中有若干 0 元素,设覆盖全部 0 元素最少需 m 条直线,又设位于不同行不同列的 0 有 M 个。因覆盖 M 中的每个 0 至少用一条直线,故有

$$m \geq M \tag{4.10}$$

下面要证明有 $M \geq m$。如图 4.2 假定覆盖所有 0 元素的 m 条直线有 r 行(用 $i_1,\cdots,i_r$ 表示)c 列(用 $j_1,\cdots,j_c$ 表示),$m = r + c$。显然在每一行上至少存在一个不在 $j_1,j_2,\cdots,j_c$ 列上的 0,设某一行上这些不在 $j_1\cdots j_c$ 列上的 0 元素下标集合

$$S_i = \{l \mid a_{il} = 0, l \neq j_1, j_2, \cdots, j_c\}$$

对 $i_1, i_2, \cdots, i_r$ 行分别有集合 $S_{i1}, S_{i2}, \cdots, S_{ir}$。从这些集合中任意取 k 个($k \leq r$),其集合中的不同元素个数必不小于 k,否则这 k 行的直线可用少于 k 条列线代替,与 m 是覆盖 0 元素最少直线数的假定矛盾。由此在 r 条行线上存在不少于 r 个位于不同列的 0,且这些 0 不位于 $j_1, \cdots, j_c$ 列上。同理可证明在 c 条列线上存在不少于 c 个位于不同行的 0,且这些 0 不位于 $i_1, \cdots, i_r$ 行上。

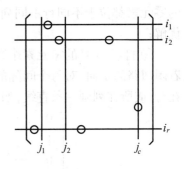

图 4.2

若上述两部分 0 的个数总和为 S,则 $S \geq m$,又显然 $S \leq M$,故有

$$M \geq m \tag{4.11}$$

由式(4.10)、(4.11) 知 $M = m$,定理得证。

下面用例 2 来具体说明匈牙利法的计算步骤。

第一步:找出效率矩阵每行的最小元素,并分别从每行中减去,有

$$\begin{bmatrix} 2 & 10 & 9 & 7 \\ 15 & 4 & 14 & 8 \\ 13 & 14 & 16 & 11 \\ 4 & 15 & 13 & 9 \end{bmatrix} \begin{matrix} \min \\ 2 \\ 4 \\ 11 \\ 4 \end{matrix} \rightarrow \begin{bmatrix} 0 & 8 & 7 & 5 \\ 11 & 0 & 10 & 4 \\ 2 & 3 & 5 & 0 \\ 0 & 11 & 9 & 5 \end{bmatrix}$$

第二步:再找出矩阵每列的最小元素,再分别从各列中减去,有

$$\begin{bmatrix} 0 & 8 & 7 & 5 \\ 11 & 0 & 10 & 4 \\ 2 & 3 & 5 & 0 \\ 0 & 11 & 9 & 5 \end{bmatrix} \rightarrow \begin{bmatrix} 0 & 8 & 2 & 5 \\ 11 & 0 & 5 & 4 \\ 2 & 3 & 0 & 0 \\ 0 & 11 & 4 & 5 \end{bmatrix}$$

$\min\ 0\ 0\ 5\ 0$

第三步:经过上述两步变换后,矩阵的每行每列至少都有了一个零元素。下面就要确定能否找出 m 个位于不同行不同列的零元素的集合来(本例中 $m = 4$),也就是看要覆盖上面矩阵中的所有零元素,至少要多少条直线。

在这个例子中,覆盖零元素的最少直线数很容易直观判别。但当 m 很大时,特别是要把计算步骤编成程序借助电子计算机求解时,直观的方法行不通,这时可按照以下准则进行:

(1) 从第一行开始,若该行只有一个零元素,就对这个零元素打上( )号。对打( )号零元素所在列画一条直线。若该行没有零元素或有两个以上零元素(已划去的不计在内),则转下一行,依次进行到最后一行;

(2) 从第一列开始,若该列只有一个零元素就对这个零元素打上( )号(同样不考虑

已划去的零元素),再对打( )号零元素所在行画一条直线。若该列没有零元素或有两个以上零元素,则转下一列,依次进行到最后一列;

(3) 重复(1)、(2)两个步骤,可能出现三种情况:

① 效果矩阵每行都有一个打( )号的零元素,很显然,按上述步骤得到的打( )号的零元素都位于不同行不同列,只要令对应打( )号零元素的 $x_{ij}=1$ 就找到了问题的最优解;

② 打( )号的零元素个数小于 m,但未被划去的零元素之间存在闭回路,这时可顺着闭回路的走向,对每个间隔的零元素打一( )号,然后对所有打( )号的零元素,或所在行,或所在列画一条直线,如(4.12)矩阵中所示情况:

$$\begin{bmatrix} 0 & \cdots & & & 0 \\ \vdots & & & & \vdots \\ 0 & \cdots & \cdots & \cdots & \cdots \\ & & & & \vdots \\ & & & & \vdots \\ 0 & \cdots & & & 0 \end{bmatrix} \rightarrow \begin{bmatrix} (0) & & 0 & & \\ & & & & \\ 0 & & & & (0) \\ & & & & \\ & & (0) & & 0 \end{bmatrix} \qquad (4.12)$$

③ 矩阵中所有零元素或被划去,或打上( )号,但打( )号的零元素个数小于 m。

上述例子就出现第③种情况,其操作过程可见下面矩阵中各步的情况:

$$\begin{bmatrix} (0) & 8 & 2 & 5 \\ 11 & 0 & 5 & 4 \\ 2 & 3 & 0 & 0 \\ 0 & 11 & 4 & 5 \end{bmatrix} \rightarrow \begin{bmatrix} (0) & 8 & 2 & 5 \\ 11 & (0) & 5 & 4 \\ 2 & 3 & 0 & 0 \\ 0 & 11 & 4 & 5 \end{bmatrix} \rightarrow \begin{bmatrix} (0) & 8 & 2 & 5 \\ 11 & (0) & 5 & 4 \\ \text{---}2\text{---} & 3 & \text{---}(0)\text{---}0\text{---} \\ 0 & 11 & 4 & 5 \end{bmatrix}$$

第四步:为设法使每一行都有一个打( )号的零元素,需要继续按定理1对矩阵进行变换:

(1) 从矩阵未被直线覆盖的数字中找出一个最小的数 k;

(2) 对矩阵的每行,当该行有直线覆盖时,令 $u_i=0$,无直线覆盖的,令 $u_i=k$;

(3) 对矩阵中有直线覆盖的列,令 $v_j=-k$,对无直线覆盖的列,令 $v_j=0$;

(4) 从原矩阵的每个元素 a_{ij} 中分别减去 u_i 和 v_j,得到一个新的矩阵。

第五步:回到第三步,反复进行,一直到矩阵的每一行都有一个打( )号的零元素为止,即找到了最优分配方案。

上例第三步得到的最后一个矩阵中,未被直线覆盖的最小数字为2。按第四步规则,分别写出各行位势 u_i 与各列位势 v_j,并得新的矩阵。然后回到第三步并重复(1)、(2)两步,由于矩阵的每一行都有了一个打( )号的零元素,即已找到了最优分配方案。操作过程如下:

$$\begin{bmatrix} (0) & 8 & 2 & 5 \\ 11 & 0 & 5 & 4 \\ \text{---}2\text{---} & 3 & \text{---}(0)\text{---}0\text{---} \\ 0 & 11 & 4 & 5 \end{bmatrix} \begin{matrix} 2 \\ 2 \\ 0 \\ 2 \end{matrix} \rightarrow \begin{bmatrix} 0 & 8 & (0) & 3 \\ 11 & (0) & 3 & 2 \\ \text{---}4\text{---} & 5 & \text{---}0\text{---}(0)\text{---} \\ (0) & 11 & 2 & 3 \end{bmatrix}$$

按上述匈牙利法的计算步骤,令对应于打( )号的零元素位置的 $x_{ij}=1$。对照表4.1,即最优分配方案为:甲将说明书译成俄文,乙译日文,丙译英文,丁译德文,全部所需时间为 $4+4+9+11=28$ h。

4.2.3 两点说明

1.分配问题中如果人数和工作任务数不相等时的处理方法。举例来说,有四项工作分配给6个人去完成,每个人分别完成各项工作的时间如表4.2。仍然规定每个人完成一项工作,每项工作只交给一个人去完成。这就提出,应从6个人中挑选哪4个人去完成,花费的总时间为最少。处理办法是增添两项假想的工作任务,因为是假想的,所以每个人完成这两项任务时间为零,可在效率矩阵中增添两列0(见表4.3),变成人数和工作任务数相等,就可用上述匈牙利法求解。当工作任务数多于人数时,类似可虚设两个假想的人来处理。

表 4.2

工作 人	I	II	III	IV
1	4	6	3	6
2	8	1	5	4
3	5	6	6	8
4	4	4	4	7
5	6	2	5	3
6	6	7	7	2

表 4.3

工作 人	I	II	III	IV	V	VI
1	4	6	3	6	0	0
2	8	1	5	4	0	0
3	5	6	6	8	0	0
4	4	4	4	7	0	0
5	6	2	5	3	0	0
6	6	7	7	2	0	0

2.如例2中效率矩阵的数字是表示每人每天能完成的翻译成汉字的字数(单位为千字),问题就变成如何分配任务,使4个人每天完成的任务量(总的翻译字数)为最大,即目标函数变为

$$\max z = \sum_{i=1}^{m}\sum_{j=1}^{m} a_{ij} x_{ij}$$

因为上述目标函数等价于

$$\min z' = \sum_{i=1}^{m}\sum_{j=1}^{m} (-a_{ij}) x_{ij}$$

但这样一来效率矩阵中元素全成了负值,不合匈牙利法计算要求。但只要根据定理1去处理,使效率矩阵中全部元素变为 ≥ 0,就可用匈牙利法进行求解。

4.3 分 枝 定 界 法

在线性规划问题中,变量 x 是在一个连续的范围内取值,因此可行解个数有无限多。但在整数规划问题中变量只能取离散的整数值,可行解的总数是有限的。从有限多的可行解中寻找最优解的最直观也是最简单的想法就是枚举法:把问题的解全部列举出来比较,找出最优。但对一般整数规划问题来说,由于可行解的总数随变量的增长成指数倍增长,使应用枚举法失去意义。分枝定界法就是为求解同整数规划具有类似性质的一大类问题而设计的一种较好的方法。

用本章例1来说明分枝定界法的思路和解题步骤。

第一步:寻找替代问题并求解。方法是放宽或取消原问题的某些约束,找出一个替代的问题。对替代问题的要求是:容易求解,且原问题的解集应无例外地包含在替代问题的解集中。如果替代问题的最优解是原问题的可行解,这个解就是原问题的最优解;否则这个解的值是原问题最优解的上界(求极大时)或下界值(求极小时)。

例1的松弛问题是一个线性规划问题,记作 L_0。显然 L_0 满足替代问题的要求:

$$L_0: \max z = 3x_1 + 2x_2$$

$$\begin{cases} 2x_1 + 3x_2 \leqslant 14 \\ x_1 + 0.5x_2 \leqslant 4.5 \\ x_1, x_2 \geqslant 0 \end{cases}$$

L_0 的最优解为 $(3.25, 2.5)$,不是原问题的可行解,因此转第二步。

第二步:分枝与定界。方法是将替代问题分成若干子问题,对子问题也要求容易求解,且各子问题的集合和要包含原问题的解集。然后对每个子问题求最优解,如该解满足原问题的约束,即找到了一个原问题的可行解,否则该解为所属分枝的边界值(对求极大化问题该边界值为上界,对求极小化问题,该边界值为下界);如果所有子问题的最优解均非原问题可行解,则选取其边界值最大(求极大时)或最小(求极小时)的子问题进一步再细分子问题求解。分枝过程一直进行下去,直至找到一个原问题的可行解为止。如果计算中同时出现两个以上可行解,则选取其中最大(求极大时)或最小(求极小时)的一个保留。

本例中 L_0 的最优解 $x_1 = 3.25, x_2 = 2.5$,均不是整数,从中选取一个,设选 x_2 进行分枝。在 L_0 中分别加上约束 $x_2 \leqslant 2$ 和 $x_2 \geqslant 3$ 分成两个子问题 L_1 和 L_2,即

$$L_1: \max z = 3x_1 + 2x_2 \qquad\qquad L_2: \max z = 3x_1 + 2x_2$$

$$\begin{cases} 2x_1 + 3x_2 \leqslant 14 \\ x_1 + 0.5x_2 \leqslant 4.5 \\ x_2 \leqslant 2 \\ x_1, x_2 \geqslant 0 \end{cases} \qquad \begin{cases} 2x_1 + 3x_2 \leqslant 14 \\ x_1 + 0.5x_2 \leqslant 4.5 \\ x_2 \geqslant 3 \\ x_1 \geqslant 0 \end{cases}$$

图4.3中标出了子问题 L_1 和 L_2 的可行域(画阴影线的部分)。从图中看出子问题 L_1 和 L_2 中仍包含原问题的全部可行解。容易求得 L_1 的最优解为 $(3.5, 2), z = 14.5$;L_2 的最优解为 $(2.5, 3), z = 13.5$。由于两个子问题的最优解仍非原问题的可行解,故选取边界值较大的子问题 L_1 继续分枝。在 L_1 中分别加上约束 $x_1 \leqslant 3$ 和 $x_1 \geqslant 4$ 得 L_{11} 和 L_{12},即

$L_{11}: \max z = 3x_1 + 2x_2$
$$\begin{cases} 2x_1 + 3x_2 \leq 14 \\ x_1 + 0.5x_2 \leq 4.5 \\ x_2 \leq 2 \\ x_1 \leq 3 \\ x_1, x_2 \geq 0 \end{cases}$$

$L_{12}: \max z = 3x_1 + 2x_2$
$$\begin{cases} 2x_1 + 3x_2 \leq 14 \\ x_1 + 0.5x_2 \leq 4.5 \\ x_2 \leq 2 \\ x_1 \geq 4 \\ x_2 \geq 0 \end{cases}$$

图 4.4 的阴影线部分标示了 L_{11} 与 L_{12} 的可行域。从图中看出 L_{11} 与 L_{12} 包含了 L_1 的全部整数解。求得 L_{11} 的最优解为 $(3,2)$,$z = 13$;L_{12} 的最优解为 $(4,1)$,$z = 14$。这两个最优解均属原问题的可行解,因此保留可行解中较大的一个 $z = 14$。

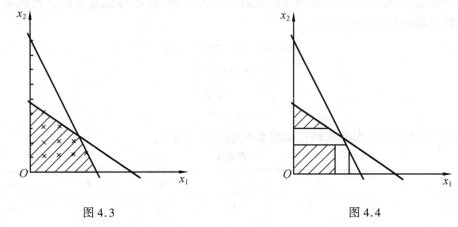

图 4.3　　　　　　　　　　图 4.4

第三步:剪枝。将各子问题边界值与保留的可行解的值进行比较。把边界值劣于可行解的分枝剪去。如果除保留下来的可行解外,其余分枝均被剪去,则该可行解就是原问题最优解。否则回到第二步,选取边界值最优的一个继续分枝。如果计算中又出现新的可行解时,则与原可行解比较,保留最优的,并重复上述步骤。

在本例中由于 L_2 这个分枝的边界最小于保留下来的可行解值 $z = 14$,分枝 L_2 应剪去。子问题 L_{12} 的最优解 $x_1 = 4$,$x_2 = 1$,$z = 14$ 即为本例的最优解。这个例子用分枝定界法计算的全部过程见图 4.5。

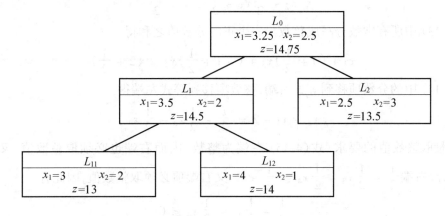

图 4.5

4.4 割平面法

这是求解整数规划问题最早提出的一种方法,1958 年由高莫雷(Gomory)提出。它的基本思想是在整数规划问题的松弛问题中依次引进线性约束条件(称 Gomory 约束或割平面),使问题的可行域逐步缩小。但每次切割只割去问题的部分非整数解,直到使问题的目标函数值达到最优的整数点成为缩小后可行域的一个顶点,这样就可以用求解线性规划问题的方法找出这个最优解。

下面仍用本章例 1 来说明割平面法的解题步骤。

第一步:把问题中所有约束条件的系数均化为整数,若不考虑变量的整数约束,可得到该整数规划的松弛问题 G_0 为

$$G_0: \max z = 3x_1 + 2x_2$$

$$\begin{cases} 2x_1 + 3x_2 \leqslant 14 \\ 2x_1 + x_2 \leqslant 9 \\ x_1, x_2 \geqslant 0 \end{cases}$$

加松弛变量,并用单纯形法求解得最终单纯形表见表 4.4。

表 4.4

			x_1	x_2	x_3	x_4
2	x_2	5/2	0	1	1/2	-1/2
3	x_1	13/4	1	0	-1/4	3/4
	$c_j - z_j$		0	0	-1/4	-5/4

若第一步得到的是整数解,求解过程到此结束,否则转第二步。

第二步:找出非整数解变量中分数部分最大的一个基变量(表 4.4 中为 x_2),并写下这一行的约束

$$x_2 + \frac{1}{2}x_3 - \frac{1}{2}x_4 = 2\frac{1}{2} \tag{4.13}$$

将式(4.13)中所有常数分写成整数与一个正的分数值之和得

$$x_2 + (0 + \frac{1}{2})x_3 + (-1 + \frac{1}{2})x_4 = (2 + \frac{1}{2}) \tag{4.14}$$

将式(4.14)中的分数项移到等式右端,整数项移到等式左端得

$$x_2 - x_4 - 2 = \frac{1}{2} - \frac{1}{2}x_3 - \frac{1}{2}x_4 \tag{4.15}$$

根据变量取整数值的要求,式(4.15)左端为整数,因而右端也必须取整数值。又因 x_3,$x_4 \geqslant 0$,故右端 $\frac{1}{2} - \frac{1}{2}x_3 - \frac{1}{2}x_4 \leqslant \frac{1}{2} < 1$。又右端项必须取整数值,因此有

$$\frac{1}{2} - \frac{1}{2}x_3 - \frac{1}{2}x_4 \leqslant 0 \tag{4.16}$$

式(4.16)加上松弛变量后得

$$\frac{1}{2} - \frac{1}{2}x_3 - \frac{1}{2}x_4 + x_5 = 0 \quad (4.17)$$

式(4.16)或(4.17)就是要寻找的 Gomory 约束。因有

$$\begin{cases} x_3 = 14 - 2x_1 - 3x_2 \\ x_4 = 9 - 2x_1 - x_2 \end{cases} \quad (4.18)$$

将其代入式(4.16)并化简得

$$2x_1 + 2x_2 \leq 11 \quad (4.19)$$

约束条件(4.19)等价于 Gomory 约束(4.16)。如在图 4.1 中加上这个约束(图中用虚线标示),见图 4.6。从图中看出 Gomory 约束只割去线性规划问题可行域的部分非整数解,原有的整数解集全部均保留。

第三步:将 Gomory 约束(4.17)加到 G_0 中得到新的线性规划问题 G_1 为

$$G_1: \max z = 3x_1 + 2x_2$$

$$\begin{cases} 2x_1 + 3x_2 + x_3 = 14 \\ 2x_1 + x_2 + x_4 = 9 \\ -\frac{1}{2}x_3 - \frac{1}{2}x_4 + x_5 = -\frac{1}{2} \\ x_j \geq 0 \quad j = 1, \cdots, 5 \end{cases}$$

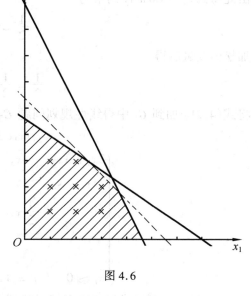

图 4.6

第四步:重复第一至第三步一直到找出问题的整数最优解为止。

因为 G_1 仅仅在 G_0 中加了一个新的约束,可以把这个约束直接反映到求解 G_0 的最终单纯形表中,并用灵敏度分析中讲的方法来解。求解的过程见表 4.5。

表 4.5

			2	3	0	0	0
			x_1	x_2	x_3	x_4	x_5
2	x_2	$2\frac{1}{2}$	0	1	1/2	-1/2	0
3	x_1	$3\frac{1}{4}$	1	0	-1/4	3/4	0
0	x_5	-1/2	0	0	[-1/2]	-1/2	1
	$c_j - z_j$		0	0	-1/4	-5/4	0
2	x_2	2	0	1	0	-1	1/2
3	x_1	$3\frac{1}{2}$	1	0	0	1	-1/2
0	x_3	1	0	0	1	1	-2
	$c_j - z_j$		0	0	0	-1	-1/2

由于表中得到的解仍非整数解,重复第二步。先从表中写出

$$x_1 + x_4 - \frac{1}{2}x_5 = 3\frac{1}{2}$$

将等式两端的变量与常数,均按同前一样要求,分成整数与非整数部分得

$$x_1 + x_4 - x_5 + \frac{1}{2}x_5 = 3 + \frac{1}{2}$$

移项后得

$$x_1 + x_4 - x_5 - 3 = \frac{1}{2} - \frac{1}{2}x_5$$

由此得到新的 Gomory 约束为

$$\frac{1}{2} - \frac{1}{2}x_5 \leq 0 \tag{4.20}$$

加松弛变量后得

$$\frac{1}{2} - \frac{1}{2}x_5 + x_6 = 0 \tag{4.21}$$

将式(4.21)加到 G_1 中得线性规划问题 G_2 为

$$G_2: \max\ z = 3x_1 + 2x_2$$

$$\begin{cases} 2x_1 + 3x_2 + x_3 = 14 \\ 2x_1 + x_2 + x_4 = 9 \\ -\frac{1}{2}x_3 - \frac{1}{2}x_4 + x_5 = -\frac{1}{2} \\ -\frac{1}{2}x_5 + x_6 = -\frac{1}{2} \\ x_j \geq 0 \quad j = 1, \cdots, 6 \end{cases}$$

为求解 G_2 可将式(4.21)直接反映到 G_1 的最终单纯形表中,并用对偶单纯形法求解。求解的过程见表4.6。

表4.6

			2	3	0	0	0	0
			x_1	x_2	x_3	x_4	x_5	x_6
2	x_2	2	0	1	0	-1	1/2	0
3	x_1	$3\frac{1}{2}$	1	0	0	1	-1/4	0
0	x_3	1	0	0	1	1	-1	0
0	x_6	-1/2	0	0	0	0	[-1/2]	1
	$c_j - z_j$		0	0	0	-1	-1/2	0
2	x_2	1	0	1	0	-1	0	2
3	x_1	4	1	0	0	1	0	-1
0	x_3	3	0	0	1	1	0	-4
0	x_5	1	0	0	0	0	1	-2
	$c_j - z_j$		0	0	0	-1	0	-1

由于从表中已找到变量的整数解 $x_1 = 4, x_2 = 1$,求解过程到此结束。如果将式(4.17)、

(4.18)分别代入式(4.20)并化简就得到
$$x_1 + x_2 \leqslant 5 \quad (4.22)$$
将约束条件(4.22)在图 4.7 中表示出来,用阴影线标示出新的可行域。看出整数规划问题的解(4,1)已成为经过两次切割后可行域上的一个顶点。因此用单纯形法可以把这个最优解找出来。

4.5 解 0-1 规划问题的隐枚举法

整数规划中如果全部变量为 0 或 1 的逻辑变量,称为 0-1 规划。对 0-1 规划有较之上述更简便的求解方法,隐枚举法(implicit enumeration method)是其中之一。

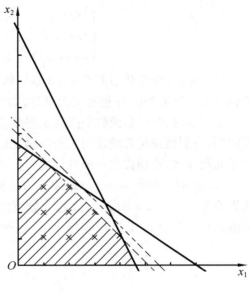

图 4.7

隐枚举法的实质也是分枝定界法。但一般用分枝定界法求解整数规划时,替代问题是放宽变量的整数约束。但有隐枚举法时,替代问题是在保持变量 0-1 的约束条件下先不考虑问题的主要约束。下面举例说明。

【例 3】 用隐枚举法求解 0-1 规划。
$$\max z = 8x_1 + 2x_2 - 4x_3 - 7x_4 - 5x_5$$
$$\begin{cases} 3x_1 + 3x_2 + x_3 + 2x_4 + 3x_5 \leqslant 4 \\ 5x_1 + 3x_2 - 2x_3 - x_4 + x_5 \leqslant 4 \\ x_j = 0 \text{ 或 } 1 \quad j = 1,\cdots,5 \end{cases}$$

【解】 用隐枚举法求解时第一步按下述(1)(2)(3)步骤先把问题转换成规格的形式。

(1) 目标函数求极小化,约束条件为"$\geqslant$"形式,为此本例可改写为
$$\min z' = -8x_1 - 2x_2 + 4x_3 + 7x_4 + 5x_5$$
$$\begin{cases} -3x_1 - 3x_2 - x_3 - 2x_4 - 3x_5 \geqslant -4 \\ -5x_1 - 3x_2 + 2x_3 + x_4 - x_5 \geqslant -4 \\ x_j = 0 \text{ 或 } 1 \quad j = 1,\cdots,5 \end{cases}$$

(2) 如果目标函数中变量 x_j 的系数为负,可令 $x'_j = 1 - x_j$ 代入,使系数值变正。本例中令 $x'_1 = 1 - x_1, x'_2 = 1 - x_2$ 代入上式并化简得
$$\min z' = 8x'_1 + 2x'_2 + 4x_3 + 7x_4 + 5x_5 - 10$$
$$\begin{cases} 3x'_1 + 3x'_2 - x_3 - 2x_4 - 3x_5 \geqslant 2 \\ 5x'_1 + 3x'_2 + 2x_3 + x_4 - x_5 \geqslant 4 \\ x_j(\text{或 } x'_j) = 0 \text{ 或 } 1 \quad j = 1,\cdots,5 \end{cases}$$

(3) 在目标函数中,变量按系数值从小到大排列,在约束条件中排列顺序也跟着相应改变得算式为
$$\min z' = 2x'_2 + 4x_3 + 5x_5 + 7x_4 + 8x'_1 - 10$$

$$\begin{cases} 3x_2' - x_3 - 3x_5 - 2x_4 + 3x_1' \geq 2 & (4.23a) \\ 3x_2' + 2x_3 - x_5 + x_4 + 5x_1' \geq 4 & (4.23b) \\ x_j (\text{或} \ x_j') = 0 \ \text{或} \ 1 \quad j = 1, \cdots, 5 \end{cases}$$

第二步:在规格化后的 0 – 1 规划问题中令所有变量为 0,这时 $z' = -10$,代入约束条件(4.23a) 和(4.23b) 中检查是否满足,如果满足即为问题的最优解,否则转下一步。

第三步:按在目标函数中排列顺序依次令各变量分别取"1"或"0",将问题分成两个子问题,分别检查是否满足约束条件(4.23a) 和(4.23b),如果不满足,继续对变量取值为 1 的子问题分枝,直到找出一个可行解为止。计算过程如下:

(1) 本例中先令 $x_2' = 1$ 或 $x_2' = 0$ 分成两个子问题,见图4.8。其中 $x_2' = 0$ 这个分枝边界值为 $4 - 10 = -6$; $x_2' = 1$ 这个分枝边界值为 $2 - 10 = -8$。将 $x_2' = 1$ 并令其余变量取值为 0 代入约束(4.23a) 和(4.23b) 检查,由于不满足约束条件(4.23b) 故为非可行解。

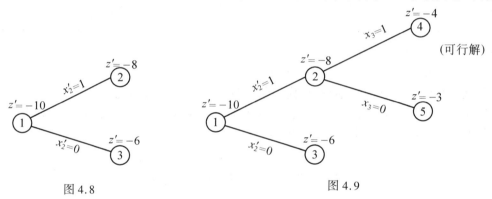

图 4.8　　　　　　　　　　图 4.9

(2) 从图 4.8 中节点 ② 出发,令 $x_3 = 1$ 或 $x_3 = 0$ 继续分为两个子问题,见图 4.9。图中 $x_2' = 1, x_3 = 0$ 这个分枝的边界值为 $z' = 2 + 5 - 10 = -3$; $x_2' = 1, x_3 = 1$ 这个分枝的边界值为 $z' = 2 + 4 - 10 = -4$。当 $x_2' = 1, x_3 = 1$ 并令其余变量为 0 时,再分别代入约束条件(4.23a) 和(4.23b) 检查,因为两个约束都满足,故找出一个可行解。

注意当发生下列三种情形之一时,该分枝不再继续往下分,或保留或剪枝。

(a) 该分枝的子问题为可行解,这时应保留所有可行解中 z' 值最小的分枝,将可行解中边界值大的分枝剪去;

(b) 不管是否为可行解,该分枝边界值劣于保留下来的可行解值;

(c) 当该分枝中某些变量的值已确定的情况下,其余变量不管取什么值都无法满足一个或几个约束时,即该分枝无可行解,实行剪枝。

图 4.9 中 $x_2' = 1, x_3 = 0$ 这个分枝属情况(b),故予剪去。

第四步:对(a)、(b)、(c) 三种情况以外的分枝中找出边界值最小的分枝再往下分,一直到除保留的分枝外,其余全被剪去为止。这时保留下来的分枝的可行解值即为问题的最优解值,全题的计算过程如图 4.10 所示。

为便于计算,可列出下面的表格配合上述作图过程同时进行,见表4.7。

由表 4.7 知问题最优解为 $x_2' = 1, x_3 = 1, x_5 = 0, x_4 = 0, x_1' = 0$,也即 $x_1 = 1, x_2 = 0, x_3 = 1, x_4 = 0, x_5 = 0$,代入原问题目标函数中有 $\max z = 4$。

表 4.7

x_2'	x_3	x_5	x_4	x_1'	边界值 z'	是否满足约束 ①	是否满足约束 ②	是否可行解	备注
0	0	0	0	0	−10	×		否	
1	0	0	0	0	−8	√	×	否	
0	1	0	0	0	−6	×		否	
1	1	0	0	0	−4	√	√	是	
1	0	1	0	0	−3				属情况(b)
0	1	1	0	0	−1				同 上
0	1	0	1	0	1				同 上
0	0	1	0	0	−5				属情况(c)

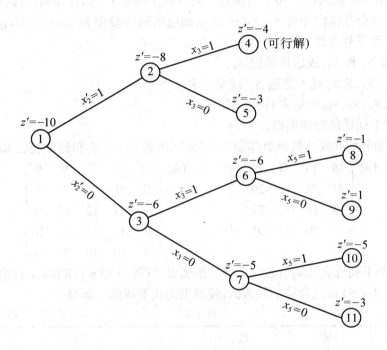

图 4.10

习　题　四

4.1　试利用 0−1 变量对下列各题分别表示成一般线性约束条件。

(a) $x_1 + x_2 \leqslant 2$ 或 $2x_1 + 3x_2 \geqslant 5$

(b) 变量 x 只能取值 0、3、5 或 7 中的一个

(c) 若 $x_1 \leqslant 2$，则 $x_2 \geqslant 1$，否则 $x_2 \leqslant 4$

(d) 以下四个约束条件中至少满足两个：

$$x_1 + x_2 \leqslant 5, \ x_1 \leqslant 2, \ x_3 \geqslant 2, \ x_3 + x_4 \geqslant 6$$

(e) 变量 x 或等于 0，或 $\geqslant 50$

4.2 某厂经常往外发送零部件。工厂根据长期发货情况决定专门生产一批为 A_1,$A_2,\cdots,A_6$ 的6种不同规格的包装箱,其中 A_1 最小,A_2 次之,$\cdots$,A_6 最大。已知上述6种规格包装箱的需求量分别为 $Q_1,Q_2,\cdots,Q_6$,生产每个箱的可变费用分别为 $c_1,c_2,\cdots,c_6$ ($c_1 < c_2 < \cdots < c_6$),生产不同规格包装箱的固定费用分别为 $k_1,k_2,\cdots,k_6$,并且有

$$C(x_i) = \begin{cases} 0 & \text{当 } x_i = 0 \\ k_i + c_i x_i & \text{当 } x_i \geq 1 \end{cases}$$

式中 x_i 为生产第 i 种规格包装箱的数量。若某种规格较小的包装箱不生产或生产数量不够时,可用比其大的任一规格的包装箱代替。试为该厂建立一个生产上述6种规格包装箱各多少个的决策的数学模型,即满足该厂对6种规格包装箱的需求,又使总的费用为最小。

4.3 某钻井队要从以下10个可供选择的井位中确定5个钻井探油,目的使总的钻探费用最小。若10个井位代号为 $S_1,S_2,\cdots,S_{10}$,相应的钻探费用为 $c_1,c_2,\cdots,c_{10}$,并且井位的选择上要满足下列条件:

① 或选择 S_1 和 S_7,或选择钻探 S_8;
② 选择了 S_3 或 S_4 就不能选 S_5,或反过来也一样;
③ 在 S_2、S_6、S_9、S_{10} 中最多只能选两个。

试建立这个问题的数学模型。

4.4 已知分配问题的效率矩阵如下,试分别用表上作业法和匈牙利法求出最优解。

$$(a)\begin{bmatrix} 18 & 16 & M & 19 \\ M & 21 & 18 & 20 \\ 19 & 18 & 17 & 21 \\ 10 & 20 & 19 & M \end{bmatrix} \quad (b)\begin{bmatrix} 12 & 7 & 9 & 9 & 9 \\ 8 & 9 & 7 & 7 & 7 \\ 7 & 11 & 12 & 12 & 9 \\ 15 & 14 & 14 & 7 & 10 \\ 4 & 10 & 10 & 7 & 9 \end{bmatrix}$$

4.5 已知下列五名运动员各种姿势的游泳成绩(各为50 m)如表4.8所示。试问如何从中选拔一个 4×50 m 混合泳的接力队,使预期的比赛成绩为最好。

表4.8　　　　　　　　　　　　　　　　　　　　　时间单位:s

	赵	钱	张	王	周
仰　泳	37	32	38	37	35
蛙　泳	43	33	42	34	41
蝶　泳	33	28	38	30	33
自由泳	29	26	29	28	31

4.6 分配甲、乙、丙、丁四个人去完成A、B、C、D、E五项任务,每个人完成各项任务的时间如表4.9所示。由于任务数多于人数,故考虑:

(a) 任务E必须完成,其他4项中可任选3项完成;
(b) 其中有一人完成两项,其他每人完成一项;
试分别确定最优分配方案,使完成任务的总时间为最少。

表 4.9　　　　　　　　　　　　　　　　　　时间单位:h

人\任务	A	B	C	D	E
甲	25	29	31	42	37
乙	39	38	26	20	33
丙	34	27	28	40	32
丁	24	42	36	23	45

4.7　某物资有 m 个生产点($i = 1,\cdots,m$),第 i 个生产点产量为 a_i,该物资销往 n 个需求点,第 j 个需求点销量为 b_j($j = 1,\cdots,n$),有 $\sum a_i \geqslant \sum b_j$。已知从各生产点到各需求点,需经 p 个中间编组站之一转运($k = 1,\cdots,p$),若启用第 k 个编组站,不管转运量多少,均发生固定费用 f_k。已知第 k 个中间编组站转运的最大容量限制为 q_k,用 c_{ik} 和 c_{kj} 分别表示从 i 到 k 和从 k 到 j 的单位物资的运输费用,试确定一个使总运费为最小的该种物资的调运方案。

4.8　用分枝定界法求解下列整数规划问题。

(a) $\max z = 3x_1 + 2x_2$
$$\begin{cases} 2x_1 + 3x_2 \leqslant 20 \\ x_1 + 2x_2 \leqslant 8 \\ x_1, x_2 \geqslant 0, \text{且为整数} \end{cases}$$

(b) $\max z = x_1 + x_2$
$$\begin{cases} 2x_1 + 5x_2 \leqslant 16 \\ 6x_1 + 5x_2 \leqslant 30 \\ x_1, x_2 \geqslant 0, \text{且为整数} \end{cases}$$

4.9　用割平面法求解下列整数规划问题。

(a) $\max z = 7x_1 + 9x_2$
$$\begin{cases} -x_1 + 3x_2 \leqslant 6 \\ 7x_1 + x_2 \leqslant 35 \\ x_1, x_2 \geqslant 0, \text{且为整数} \end{cases}$$

(b) $\max z = 100x_1 + 60x_2$
$$\begin{cases} 2x_1 + x_2 \leqslant 10 \\ x_1 + 3x_2 \leqslant 16 \\ x_1, x_2 \geqslant 0, \text{且为整数} \end{cases}$$

4.10　用隐枚举法求解 $0-1$ 整数规划问题。

$$\max z = 3x_1 + 2x_2 - 5x_3 - 2x_4 + 3x_5$$
$$\begin{cases} x_1 + x_2 + x_3 + 2x_4 + x_5 \leqslant 4 \\ 7x_1 \quad\quad + 3x_3 - 4x_4 + 3x_5 \leqslant 8 \\ 11x_1 - 6x_2 \quad\quad + 3x_4 - 3x_5 \geqslant 3 \\ x_j = 0 \text{ 或 } 1 \quad j = 1,\cdots,5 \end{cases}$$

4.11　求解下述问题。

$$\max z = x_1 + 2x_2 + 5x_3$$
$$\begin{cases} |-x_1 + 10x_2 - 3x_3| \geqslant 15 \\ 2x_1 + x_2 + x_3 \leqslant 10 \\ x_1, x_2, x_3 \geqslant 0 \end{cases}$$

4.12　求解下述问题,假定约束条件中只有一个成立。

$$\max z = x_1 + 2x_2 - 3x_3$$

$$\begin{cases} 20x_1 + 15x_2 - x_3 \leq 10 \\ 12x_1 - 3x_2 + 4x_3 \leq 20 \\ x_1, x_2, x_3 = 0 \text{ 或 } 1 \end{cases}$$

4.13 需生产 2 000 件某种产品,该种产品可利用 A、B、C 设备中的任意一种加工。已知每种设备的生产准备结束费用、生产该产品时的单件成本以及每种设备限定的最大加工数量(件)如表 4.10 所示,试建立该问题的数学模型并求解。

表 4.10

设 备	生产准备结束费/元	生产成本/(元·件$^{-1}$)	限定最大加工数/件
A	100	10	600
B	300	2	800
C	200	5	1 200

4.14 有三种产品要在三台机床上加工,每个产品必须首先在机床 1 上加工,然后依次在机床 2、3 上加工。在每台机床上加工三个产品的顺序应保持一致。假定用 t_{ij} 表示在 j 机床上加工第 i 个产品的时间,问应如何安排,使三个产品总的加工周期为最短,试建立这个问题的数学模型。

4.15 设有 m 个某种物资的生产点,其中第 i 个点($i = 1,\cdots,m$)的产量为 a_i。该种物资销往 n 个需求点,其中第 j 个需求量为 $b_j(j = 1,\cdots,n)$。已知 $\sum_i a_i \geq \sum_j b_j$,又知从各生产点往需求点发运时,需经 p 个中间编组站之一转运。若启用第 k 个中间编组站($k = 1,\cdots,p$),不管转运量多少,均发生固定费用 f_k。又第 k 个中间编组站转运的最大容量限制为 q_k。用 c_{ik} 和 c_{kj} 分别表示从 i 到 k 和从 k 到 j 的单位物资的调运费用,试确定一个使总费用为最小的该种物资的调运方案,建立数学模型。

第5章 目标规划

5.1 问题的提出与目标规划的数学模型

目标规划是由线性规划发展演变而来。线性规划归根结底是研究资源的有效分配和利用,模型的特点是在满足一组约束条件的情况下,寻求某一个目标(如产量、利润、成本等)的最大值或最小值。

现代化企业内专业分工越来越细,组织机构日趋复杂,为了统一协调企业各部门人员围绕一个整体的目标工作,产生了目标管理这种先进的管理技术。目标规划是实行目标管理的有效工具,它根据企业制订的经营目标以及这些目标的轻重缓急次序,考虑现有资源情况,分析如何达到规定目标或从总体上离规定目标的差距为最小。

目标规划的有关概念和模型最早在1961年由美国学者A.查恩斯和W.库伯在他们合著的《管理模型和线性规划的工业应用》一书中提出,以后这种模型又先后经尤吉·艾吉里、杰斯基莱恩和桑·李不断完善改进。1976年伊格尼齐奥发表了《目标规划及其扩展》一书,系统归纳总结了目标规划的理论和方法。下面通过例子来具体说明什么是目标规划以及它和线性规划的区别。

【例1】 某企业计划生产Ⅰ、Ⅱ两种产品,这些产品分别要在A、B、C、D四种不同设备上加工。按工艺文件规定,每生产一件产品Ⅰ占用各设备分别为1、1、4、0 h,每生产一件产品Ⅱ分别占用各设备2、2、0、4 h。已知各设备在计划期内的能力分别为12、8、16、12 h,又知每生产一件产品Ⅰ,企业利润收入为2元,生产一件产品Ⅱ,利润收入为3元。问该企业应如何安排计划,使在计划期内的总利润收入为最大?

【解】 这个问题前面第1章中已学过。设Ⅰ、Ⅱ产品的产量分别为 x_1、x_2,可以建立这个问题的线性规划模型为

$$\max z = 2x_1 + 3x_2$$

$$\begin{cases} 2x_1 + 2x_2 \leq 12 \\ x_1 + 2x_2 \leq 8 \\ 4x_1 \leq 16 \\ 4x_2 \leq 12 \\ x_1, x_2 \geq 0 \end{cases}$$

并可求出其最优解为 $x_1 = 4, x_2 = 2, z^* = 14$ 元。

但企业的经营目标不仅仅是利润,而是考虑多个方面,如:

(1) 力求使利润指标不低于12元;

(2) 考虑到市场需求,Ⅰ、Ⅱ两种产品的生产量需保持1∶1的比例;

(3) C 和 D 为贵重设备,严格禁止超时使用;

(4) 设备 B 必要时可以加班,但加班时间要控制;设备 A 即要求充分利用,又尽可能不加班。

要考虑上述多方面的目标,就需要借助目标规划的方法。

经性规划模型存在很大局限性:第一,它要求问题的解必须满足全部约束条件,但实际问题中并非所有约束都需严格满足,对某些约束有一定程度的违背是允许的;第二,只能处理单目标的优化问题,因此线性规划模型中人为地将一些次要目标转为约束。而实际问题中,目标和约束可以互相转化,处理时不一定要严格区分。例如在给定资源条件下,使产量尽可能多,这里资源是约束,产量是目标。但如果规定需完成的产量条件下,使资源的耗费最小,则成了产量是约束,资源耗费是目标;第三,线性规划中各个约束条件(实际上也可看做目标)都处于同等重要地位,但现实问题中,各目标的重要性即有层次上的差别,同一层次中又可以有权重上的区分;第四,线性规划寻求最优解,但很多实际问题中只需找出满意解就可以。

目标规划通过以下几个方面来解决上述线性规划建模中的局限性。

1. 设置偏差变量,用来表明实际值同目标值之间的差异。偏差变量用下列符号表示:

d^+ —— 超出目标的差值,称正偏差变量

d^- —— 未达到目标的差值,称负偏差变量

d^+ 与 d^- 两者中必有一个为零。当实际值超出目标值时,有 $d^- = 0, d^+ > 0$;当实际值未达到目标值时,有 $d^+ = 0, d^- > 0$;当实际值同目标值恰好一致时,$d^+ = d^- = 0$,故恒有 $d^+ \cdot d^- = 0$。

2. 统一处理目标和约束。只对资源使用上有严格限制的建立系统约束,数学形式上为严格的等式或不等式,同线性规划中的约束条件。例如设备 C 和 D 严格禁止超时使用,故有

$$4x_1 \leqslant 16$$
$$4x_2 \leqslant 12$$

而对那些不严格限定的约束,连同原线性规划建模时的目标,均通过目标约束来表达。目标约束是一种将约束同目标结合在一起的表达式。例如要求 I、II 两种产品保持 1:1 的比例,当作一个约束,可以写为

$$x_1/x_2 = 1 \quad \text{或} \quad x_1 - x_2 = 0$$

这是系统约束或称刚性约束。由于对这个比例允许有偏差,当产品 I 产量小于产品 II 产量,有 $x_1 < x_2$,即出现负偏差量 d^-,若将 x_1 加上这个负偏差量,就有

$$x_1 + d^- = x_2 \quad \text{或} \quad x_1 - x_2 + d^- = 0$$

当产品 I 产量多于产品 II,有 $x_1 > x_2$,即出现正偏差量 d^+,若将 x_1 减去这个正偏差量有

$$x_1 - d^+ = x_2 \quad \text{或} \quad x_1 - x_2 - d^+ = 0$$

因正负偏差不可能同时出现,故总有

$$x_1 - x_2 + d^- - d^+ = 0$$

假如希望 I 的产量不低于 II 的产量,即不希望上式中 $d^- > 0$,用目标约束可表为

$$\begin{cases} \min\{d^-\} \\ x_1 - x_2 + d^- - d^+ = 0 \end{cases}$$

假如希望 I 的产量低于 II 的产量，即不希望出现 $d^+ > 0$，用目标约束可表为

$$\begin{cases} \min\{d^+\} \\ x_1 - x_2 + d^- - d^+ = 0 \end{cases}$$

假如希望 I 的产量恰好等于 II 的产量，即不希望出现 $d^- > 0$，又不希望出现 $d^+ > 0$，用目标约束可表为

$$\begin{cases} \min\{d^- + d^+\} \\ x_1 - x_2 + d^- - d^+ = 0 \end{cases}$$

同理例 1 中力求使利润指标不低于 12 元，可表为

$$\begin{cases} \min\{d^-\} \\ 2x_1 + 3x_2 + d^- - d^+ = 12 \end{cases}$$

设备 B 必要时可以加班及加班时间要控制可表为

$$\begin{cases} \min\{d^+\} \\ x_1 + 2x_2 + d^- - d^+ = 8 \end{cases}$$

设备 A 既要求充分利用，又尽可能不加班可表为

$$\begin{cases} \min\{d^- + d^+\} \\ 2x_1 + 2x_2 + d^- - d^+ = 12 \end{cases}$$

3. 目标的优先级与权系数。在一个目标规划的模型中，如果两个不同目标重要程度相差悬殊，为达到某一目标可牺牲其他一些目标，称这些目标是属于不同层次的优先级。优先级层次的高低可分别通过优先因子 $P_1, P_2, \cdots$ 表示，并规定 $P_k \gg P_{k+1}$，即不同优先级之间的差别无法用数字大小衡量。对属于同一层次优先级的不同目标，按其重要程度可分别乘上不同的权系数。权系数是一个个具体数字，乘上的权系数越大，表明该目标越重要。

现假定例 1 中企业最重要目标是利润，列为第一优先级；其次目标是 I、II 产品的产量尽可能保持 1:1 的比例，列为第二优先级；再次是设备 A、B 尽量不超负荷工作，列为第三优先级。在第三优先级中，设备 A 的重要性比设备 B 大三倍，因此目标函数中在设备 A 的偏差变量前冠以权系数 3。这样对各目标约束中的正负偏差变量按序编号后，上述问题的目标规划模型可以写为

$$\min z = P_1 d_1^- + P_2(d_2^+ + d_2^-) + 3P_3(d_3^+ + d_3^-) + P_3 d_4^+$$

$$\begin{cases} 4x_1 \leqslant 16 & (5.1a) \\ 4x_2 \leqslant 12 & (5.1b) \\ 2x_1 + 3x_2 + d_1^- - d_1^+ = 12 & (5.1c) \\ x_1 - x_2 + d_2^- - d_2^+ = 0 & (5.1d) \\ 2x_1 + 2x_2 + d_3^- - d_3^+ = 12 & (5.1e) \\ x_1 + 2x_2 + d_4^- - d_4^+ = 8 & (5.1f) \\ x_1, x_2, d_i^-, d_i^+ \geqslant 0 \quad i = 1, \cdots, 4 \end{cases}$$

由上面看到，目标规划比起线性规划来适应面要灵活得多。目标规划适用于多个目标并且还可以带有从属目标的规划问题，而且目标的计量单位可以多种多样。目标规划中约束的柔性，给决策方案的选择带来很大的灵活性。由于目标函数中划分优先级并有权系数

大小，使企业可根据外界条件变化，通过调整目标优先级和权系数，求出不同方案以供选择。

目标规划的一般数学模型可表示为

$$\min z = \sum_{k=1}^{K} P_k (\sum_{l=1}^{L} w_{kl}^- d_l^- + w_{kl}^+ d_l^+) \tag{5.2a}$$

$$\begin{cases} \sum_{j=1}^{n} a_{ij} x_j \leqslant (=, \geqslant) b_i & i = 1, \cdots, m \tag{5.2b} \\ \sum_{j=1}^{n} c^{(l)} x_j + d_l^- - d_l^+ = g_l & l = 1, \cdots, L \tag{5.2c} \\ x_j \geqslant 0 & j = 1, \cdots, n \tag{5.2d} \\ d_l^-, d_l^+ \geqslant 0 & l = 1, \cdots, L \tag{5.2e} \end{cases}$$

式中　　P_k——第 k 级优先因子，$k = 1, \cdots, K$；

　　　　w_{kl}^-, w_{kl}^+——分别为赋予第 l 个目标约束的正负偏差量的权系数；

　　　　g_l——第 l 个目标的预期目标值，$l = 1, \cdots, L$。

式(5.2c)为目标约束，式(5.2b)为系统约束。

上述目标规划与线性规划模型的差别可列表对比，见表 5.1。

表 5.1

	线性规划模型	目标规划模型
变　量	只含决策变量	含决策变量与偏差变量
约束条件	系统(刚性)约束	分系统约束和目标约束
目标函数	为决策变量的函数	为偏差变量的函数，并按优先级、权系数区别重要程序
求解结果	寻求最优解	寻求满意解

目标规划求解问题的总思路是，使得到的结果值离各项目标的偏差值，在综合考虑优先级和权系数情况下其和为最小。

5.2　目标规划的图解分析法

对模型中只含两个变量(偏差变量不计入)的目标规划问题，可以用图解分析的方法找出满意解。下面以上一节中例 1 的目标规划模型来具体说明操作步骤。

先以 x_1、x_2 为轴画出平面直角坐标系，在确定坐标的长度单位后，将代表各目标约束的直线方程分别标示在坐标平面内(见图 5.1)。

约束条件(5.1a)(5.1b)是系统约束，因此只有在四边形 $OABC$ 范围内的点才满足要求，下面再按目标函数中目标的优先级别依次分析。

图中直线 ③ 代表 $2x_1 + 3x_2 = 12$。直线上的所有点有 $d_1^- = d_1^+ = 0$，其左下方点满足 $2x_1 + 3x_2 < 12$，故 $d_1^- > 0$，直线右上方的点有 $2x_1 + 3x_2 > 12$，故 $d_1^+ > 0$。目标函数中的优先因子 P_1 要求 $d_1^- = 0$，故应取直线 ③ 右上方的点，使问题解的范围缩小为 $\triangle BED$。

优先因子 P_2 对应的偏差变量 d_2^-、d_2^+，由于要求有 $d_2^+ = d_2^- = 0$，使问题解的范围又缩减为线段 FG。

对优先因子 P_3，考虑 $d_3^+ + d_3^- = 0$ 时应选 F 点，考虑 $d_4^+ = 0$ 时应选线段 GH。由于 $(d_3^+ + d_3^-)$ 的权系数 3 倍于 d_4^+，故取 F 点。

F 点是直线 ④⑤ 的交点，故可求解联立方程

$$\begin{cases} x_1 - x_2 = 0 \\ 2x_1 + 2x_2 = 12 \end{cases}$$

得问题的满意解为 $x_1 = 3, x_2 = 3$。这时企业的利润值为 15 元。

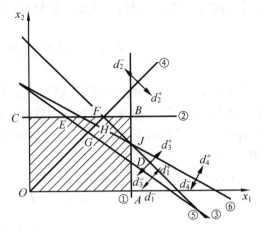

图 5.1

【例 2】 假定上例中各有关数据不变，但根据外界条件变化，企业重新调整经营目标的优先级次序和有关的权系数如下：

第一，产品 Ⅰ、Ⅱ 的产量应尽量满足 4∶3；

第二，利润额不低于 12 元；

第三，设备 A 充分利用并不超负荷，设备 B 允许加班，但又尽量少加班，但权系数改为设备 A 为 1，设备 B 为 3。

据此写出本例的目标规划模型为

$$\min z = P_1(d_2^+ + d_2^-) + P_2 d_1^- + P_3(d_3^+ + d_3^-) + 3P_3 d_4^+$$

$$\begin{cases} 4x_1 \leqslant 16 & (5.2a) \\ 4x_2 \leqslant 12 & (5.2b) \\ 2x_1 + 3x_2 + d_1^- - d_1^+ = 12 & (5.2c) \\ 3x_1 - 4x_2 + d_2^- - d_2^+ = 0 & (5.2d) \\ 2x_1 + 2x_2 + d_3^- - d_3^+ = 12 & (5.2e) \\ x_1 + 2x_2 + d_4^- - d_4^+ = 8 & (5.2f) \\ x_1, x_2, d_i^-, d_i^+ \geqslant 0 \quad i = 1,\cdots,4 \end{cases}$$

用图解法求解，见图 5.2。

先考虑系统约束，解的范围为四边形 $OABC$。考虑优先级 P_1，使解的范围缩减为线段 OB。再考虑优先级 P_2，解的范围进一步缩减为线段 KB。最后考虑优先级 P_3，如果满足

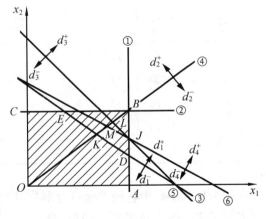

图 5.2

设备 A 要求，使 $d_3^+ + d_3^- = 0$，应取 L 点；如果满足设备 B 要求，使 $d_4^+ = 0$，应取 M 点。因 L 点坐标为 $(24/7, 18/7)$，M 点坐标为 $(16/5, 12/5)$，将其分别代入 (5.2e) 和 (5.2f)，得在 L 点处 $[(d_3^+ + d_3^-) + 3d_4^+] = 12/7$，而在 M 点处方括弧内值为 $4/5$，故取 M 点。这时企业的利润值为 $68/5$ 元。

从例 2 看到，随着经营目标的调整，企业的决策也将随之改变。如果求出的满意解离

目标的要求差距较大时,企业应通过修改目标,重新求解,一直到企业的决策者满意为止。

5.3 用单纯形法求解目标规划

目标规划的数学模型与线性规划的基本相同,所以用单纯形法求解时的方法步骤也基本相同。但由于目标规划中目标函数分不同的优先级,因此应首先寻求使最高优先级的目标优化,然后转向下一级,当下一级目标优化后再转更低一级,等等。下面用例子具体说明。

【例3】 用单纯形法求解下述目标规划问题。

$$\min z = P_1(d_1^- + d_2^+) + P_2 d_3^-$$

$$\begin{cases} x_1 + d_1^- - d_1^+ = 10 \\ 2x_1 + x_2 + d_2^- - d_2^+ = 30 \\ 3x_1 + 2x_2 + d_3^- - d_3^+ = 80 \\ x_1, x_2, d_i^-, d_i^+ \geq 0 \quad i = 1,2,3 \end{cases}$$

【解】 用单纯形法求解目标规划问题的步骤如下:

第一步:列出初始单纯形表。由于目标规划中的目标函数一定是求极小,为方便起见不转换成求极大。又由于各目标约束中的负偏差变量其系数均为单位向量,全部负偏差变量的系数列向量构成一个基。因此本例中以 d_1^-、d_2^-、d_3^- 作为基变量,列出初始单纯形表见表5.2。

表 5.2

	$c_j \to$		0	0	P_1	0	0	P_1	P_2	0
C_B	基	b	x_1	x_2	d_1^-	d_1^+	d_2^-	d_2^+	d_3^-	d_3^+
P_1	d_1^-	10	[1]	0	1	-1				
0	d_2^-	30	2	1			1	-1		
P_2	d_3^-	80	3	2					1	-1
$c_j - z_j$		P_1	-1			1		1		
		P_2	-3	-2						1

因为目标函数中各偏差变量分别乘以不同的优先因子,因此表中检验数($c_j - z_j$)按优先因子 P_1、P_2 分成两行,分别计算。

第二步:确定换入变量。在表5.1中按优先级顺序依次检查 $P_1, P_2, \cdots, P_k$ 行的($c_j - z_j$)值是否有负的。因表中 P_1 行存在负的检验数,说明目标函数中第一优先级可进一步优化。选取 P_1 行中最小检验数,其对应变量 x_1 即为换入变量。

第三步:确定换出变量。将表5.1中 b 列数字同 x_1 列中的正数相比,其最小比值对应的变量 d_1^- 即为换出变量。

第四步:用换入变量替换基变量中的换出变量,进行迭代运算,得表5.3。

表 5.3

$c_j \to$			0	0	P_1	0	0	P_1	P_2	0
C_B	基	b	x_1	x_2	d_1^-	d_1^+	d_2^-	d_2^+	d_3^-	d_3^+
0	x_1	10	1	0	1	-1				
0	d_2^-	10		1	-2	[2]	1	-1		
P_2	d_3^-	50		2	-3	3			1	-1
$c_j - z_j$		P_1			1			1		
		P_2		-2	3	-3				1

因 $(c_j - z_j)$ 中的 P_2 行仍有负值,可继续优化。故重复第二至第四步的运算得表 5.4。

表 5.4

$c_j \to$			0	0	P_1	0	0	P_1	P_2	0
C_B	基	b	x_1	x_2	d_1^-	d_1^+	d_2^-	d_2^+	d_3^-	d_3^+
0	x_1	15	1	1/2			1/2	-1/2		
0	d_1^+	5		[1/2]	-1	1	1/2	-1/2		
P_2	d_3^-	35		1/2			-3/2	3/2	1	-1
$c_j - z_j$		P_1			1			1		
		P_2		-1/2				-3/2		1
0	x_1	10	1		1	-1				
0	x_2	10		1	-2	2	1	-1		
P_2	d_3^-	30			1	-1	-2	2	1	-1
$c_j - z_j$		P_1			1			1		
		P_2			-1	1	2	-2		1

这里需要说明两点:

1. 对目标函数的优化是按优先级顺序逐级进行的。当 P_1 行的所有检验数均为非负时,说明第一级已得到优化,可转入下一级,再考察 P_2 行的检验数是否存在负值,依此类推。

2. 从考察 P_2 行以下的检验数时,注意应包括更高级别的优先因子在内,例如表 5.3 最下面 P_2 行有两个负值,其对应的变量 d_1^- 的检验数为 $(P_1 - P_2) > 0$,变量 d_2^+ 的检验数为 $(P_1 - 2P_2) > 0$。因此判断迭代计算应否停止的准则为:

(1) 检验数 $P_1, P_2, \cdots, P_k$ 行的所有值均为非负;

(2) 若 $P_1, \cdots, P_i$ 行所有检验数为非负,第 P_{i+1} 行存在负检验数,但在负检验数所在列的上面行中有正检验数。

即从 P_2 行起,虽然在某一行存在负检验数,而该负检验数同列较高优先级的行中存在有正检验数时,计算就应停止。

5.4 灵敏度分析

5.4.1 目标优先级次序变化时的分析

【例4】 已知目标规划问题

$$\min z = P_1 d_1^- + P_2 d_4^+ + P_3(5d_2^- + 3d_3^-) + P_3(3d_2^+ + 5d_3^+)$$

$$\begin{cases} x_1 + x_2 + d_1^- - d_1^+ = 80 \\ x_1 + d_2^- - d_2^+ = 70 \\ x_2 + d_3^- - d_3^+ = 45 \\ d_1^+ + d_4^- - d_4^+ = 10 \\ x_1, x_2, d_i^-, d_i^+ \geqslant 0 \quad i = 1, \cdots, 4 \end{cases}$$

要求:(1) 用单纯形法求最优解;

(2) 分析当目标函数分别变为下述(a)(b) 两种情况时最优解的变化:

(a) $\min z = P_1 d_4^+ + P_2 d_1^- + P_3(5d_2^- + 3d_3^-) + P_3(3d_2^+ + 5d_3^+)$

(b) $\min z = P_1 d_1^- + P_3 d_4^+ + P_2(5d_2^- + 3d_3^-) + P_2(3d_2^+ + 5d_3^+)$

【解】 (1) 用单纯形法求解时,得最优解的单纯形表(见表5.5)。

表 5.5

	$c_j \rightarrow$		0	0	P_1	0	$5P_3$	$3P_3$	$3P_3$	$5P_3$	0	P_2
C_B	基	b	x_1	x_2	d_1^-	d_1^+	d_2^-	d_2^+	d_3^-	d_3^+	d_4^-	d_4^+
0	x_2	20		1	1	-1		1			1	-1
0	x_1	70	1				1	-1				
$3P_3$	d_3^-	25			-1	1	-1	1		-1	-1	1
0	d_1^+	10				1					1	-1
$c_j - z_j$	P_1				1							
	P_2											1
	P_3				3		2	6		8	3	-3

(2)(a) 由于 P_1 和 P_2 行所有检验数均为非负,所以对换第一、二目标优先级,最优解不会改变。

(b) 将目标函数中优先因子的变换直接反映到最终单纯形表(表5.5)中,重新求检验数。若不符合迭代计算停止的准则时,继续迭代下去。计算过程见表5.6。

表 5.6

C_B	基	b	x_1	x_2	d_1^-	d_1^+	d_2^-	d_2^+	d_3^-	d_3^+	d_4^-	d_4^+
	$c_j \rightarrow$		0	0	P_1	0	$5P_2$	$3P_2$	$3P_2$	$5P_2$	0	P_3
0	x_2	20		1	1		-1	1			1	-1
0	x_1	70	1				1	-1				
$3P_3$	d_3^-	25			-1		1	-1	1	-1	-1	[1]
0	d_1^+	10				1					1	-1
$c_j - z_j$		P_1			1							
		P_2			3			2	6		8	3	-3
		P_3										1
0	x_2	45		1				1	-1			
0	x_1	70	1				1	-1				
P_3	d_4^+	25			-1		1	-1	1	-1	-1	1
0	d_1^+	35			-1	1	1	-1	1	-1		
$c_j - z_j$		P_1			1							
		P_2					5	3	3	5		
		P_3			1		-1	1	-1	1	1	

5.4.2 约束条件右端项变化的分析

【例 5】 如果例 4 的目标规划问题中,第一个约束条件右端项(a)由 80 变为 100,(b)由 80 变为 120,目标函数和其他约束条件均不变,问最优解有什么变化?

【解】 同线性规划中右端项变化时的灵敏度分析一样,先求出 $\boldsymbol{B}^{-1}\Delta\boldsymbol{b}$,将其直接反映到最终单纯形表中去。这个问题中

(a)

$$\Delta\boldsymbol{b} = \begin{bmatrix} 20 \\ 0 \\ 0 \\ 0 \end{bmatrix}$$

所以 $\boldsymbol{B}^{-1}\Delta\boldsymbol{b}$ 的求法只要将 20 乘上偏差变量 d_1^- 在最终单纯形表中的列向量即可。故

$$\boldsymbol{B}^{-1}\Delta\boldsymbol{b} = \begin{bmatrix} 1 & - & - & - \\ 0 & - & - & - \\ -1 & - & - & - \\ 0 & - & - & - \end{bmatrix} \begin{bmatrix} 20 \\ 0 \\ 0 \\ 0 \end{bmatrix} = \begin{bmatrix} 20 \\ 0 \\ -20 \\ 0 \end{bmatrix}$$

因为有

$$\begin{bmatrix} x_2 \\ x_1 \\ d_3^- \\ d_1^+ \end{bmatrix} = \begin{bmatrix} 20 \\ 70 \\ 25 \\ 10 \end{bmatrix} + \begin{bmatrix} 20 \\ 0 \\ -20 \\ 0 \end{bmatrix} = \begin{bmatrix} 40 \\ 70 \\ 5 \\ 10 \end{bmatrix}$$

而检验数各行数字不变,故最优解变为 $x_1 = 70, x_2 = 40$。

(b) 第一个约束条件右端项由 80 变为 120,其余约束条件和目标函数仍不变,这时有

$$\boldsymbol{B}^{-1}\Delta\boldsymbol{b} = \begin{bmatrix} 1 & - & - & - \\ 0 & - & - & - \\ -1 & - & - & - \\ 0 & - & - & - \end{bmatrix} \begin{bmatrix} 40 \\ 0 \\ 0 \\ 0 \end{bmatrix} = \begin{bmatrix} 40 \\ 0 \\ -40 \\ 0 \end{bmatrix}$$

$$\begin{bmatrix} x_2 \\ x_1 \\ d_3^- \\ d_1^+ \end{bmatrix} = \begin{bmatrix} 20 \\ 70 \\ 25 \\ 10 \end{bmatrix} + \begin{bmatrix} 40 \\ 0 \\ -40 \\ 0 \end{bmatrix} = \begin{bmatrix} 60 \\ 70 \\ -15 \\ 10 \end{bmatrix}$$

这样表 5.5 中的基已不再是问题的最优基。为此需将表 5.5 中 d_3^- 这一行全部乘上 (-1),并取 d_3^+ 为基变量再继续迭代求得最优解止(见表 5.7)。

表 5.7

C_B	基	b	x_1	x_2	d_1^-	d_1^+	d_2^-	d_2^+	d_3^-	d_3^+	d_4^-	d_4^+
	$c_j \rightarrow$		0	0	P_1	0	$5P_3$	$3P_3$	$3P_3$	$5P_3$	0	P_2
0	x_2	60		1	1		-1	1			1	-1
0	x_1	70	1				1	-1				
$5P_3$	d_3^+	15			1		-1	1	-1	1	1	-1
0	d_1^+	10				1					[1]	-1
$c_j - z_j$	P_1				1							
	P_2											1
	P_3				-5		10	-2	8		-5	5
0	x_2	50		1	1	-1	-1	1				
0	x_1	70	1				1	-1				
$5P_3$	d_4^+	5			1	-1	-1	[1]	-1	1		
0	d_4^-	10				1					1	-1
$c_j - z_j$	P_1				1							
	P_2											1
	P_3				-5	5	10	-2	8			
0	x_2	45		1					1	-1		
0	x_1	75	1		1	-1			-1	1		
$3P_3$	d_2^+	5			1	-1	-1	1	-1	1		
0	d_4^-	10				1					1	-1
$c_j - z_j$	P_1				1							
	P_2											1
	P_3				-3	3		8		6		2

表中满意解为 $x_1 = 75, x_2 = 45$。

5.5 应 用 举 例

目标规划的方法已被广泛应用于生产计划、财务分析、市场研究、行政教育、人力和资源分配等方面。比起线性规划来,它的优点是更灵活,并适用于多目标问题的优化,但不足之处一是优先级的层次统治关系过于绝对化,二是软件的开发相对滞后。

【例6】 某电子厂生产录音机和电视机两种产品,分别经由甲、乙两个车间生产。已知除外购件外,生产一台录音机需甲车间加工 2 h,乙车间装配 1 h;生产一台电视机需甲车间加工 1 h,乙车间装配 3 h。这两种产品生产出来后均需经检验、销售等环节。已知每台录音机检验销售费用需 50 元,每台电视机检验销售费用需 30 元。又甲车间每月可用的生产工时为 120 h,车间管理费用为 80 元/h;乙车间每月可用的生产工时为 150 h,车间管理费用为 20 元/h。估计每台录音机利润为 100 元,每台电视机利润为 75 元,又估计下一年度内平衡每月可销售录音机 50 台,电视机 80 台。

工厂确定制订月度计划的目标如下:
第一优先级:检验和销售费每月不超过 4 600 元;
第二优先级:每月售出录音机不少于 50 台;
第三优先级:甲、乙两车间的生产工时得到充分利用(重要性权系数按两个车间每小时费用的比例确定);
第四优先级:甲车间加班不超过 20 h;
第五优先级:每月销售电视机不少于 80 台。
试确定该厂为达到以上目标的最优月度计划生产数字。

【解】 设 x_1 为每月生产录音机的台数,x_2 为每月生产电视机的台数。根据题中给出条件,约束情况如下:

(1) 甲、乙车间可用工时的约束
$$2x_1 + x_2 + d_1^- - d_1^+ = 120 \quad (甲车间)$$
$$x_1 + 3x_2 + d_2^- - d_2^+ = 150 \quad (乙车间)$$

(2) 检验和销售费用的限制
$$50x_1 + 30x_2 + d_3^- - d_3^+ = 4\ 600$$

(3) 每月销售量要求
$$x_1 + d_4^- - d_4^+ = 50 \quad (录音机)$$
$$x_2 + d_5^- - d_5^+ = 80 \quad (电视机)$$

(4) 对甲车间加班的限制
$$d_1^+ + d_6^- - d_6^+ = 20$$

因甲、乙车间管理费用分别为 80 元/h 和 20 元/h,其权重比为 4∶1。故得目标规划模型为
$$\min z = P_1 d_3^+ + P_2 d_4^- + P_3(4d_1^- + d_2^-) + P_4 d_6^+ + P_5 d_5^-$$

$$\begin{cases} 2x_1 + x_2 + d_1^- - d_1^+ = 120 \\ x_1 + 3x_2 + d_2^- - d_2^+ = 150 \\ 50x_1 + 30x_2 + d_3^- - d_3^+ = 4\ 600 \\ x_1 + d_4^- - d_4^+ = 50 \\ x_2 + d_5^- - d_5^+ = 80 \\ d_1^+ + d_6^- - d_6^+ = 20 \\ x_1, x_2, d_i^-, d_i^+ \geqslant 0 \quad i = 1, \cdots, 6 \end{cases}$$

经计算得最优解如下:$x_1 = 50, x_2 = 40, d_1^+ = 20, d_2^+ = 20, d_3^- = 900, d_5^- = 40$, $d_1^- = d_2^- = d_3^+ = d_4^- = d_4^+ = d_5^+ = d_6^- = d_6^+ = 0$。

即该厂应每月生产录音机 50 台,电视机 40 台,利润额可达 8 000 元。

【例 7】 已知三个工厂生产的产品供应四个用户需要,各工厂生产量、用户需求量及从各工厂到用户的单位产品的运输费用如表 5.8 所示。

表 5.8

用户 工厂	1	2	3	4	生产量
1	5	2	6	7	300
2	3	5	4	6	200
3	4	5	2	3	400
需求量	200	100	450	250	

用表上作业法求得最优调配方案如表 5.9,总运费为 2 950 元。但上述方案只考虑了运费为最少,没有考虑到很多具体情况和条件。故上级部门研究后确定了制订调配方案时要考虑的七项目标,并规定重要性次序为:

第一目标:第 4 用户为重要部门,需要量必须全部满足;

表 5.9

用户 工厂	1	2	3	4	生产量
1	200	100			300
2	0		200		300
3			250	150	400
虚 设				100	100
需求量	200	100	450	250	

第二目标:供应用户 1 的产品中,工厂 3 的产品不少于 100 单位;
第三目标:为兼顾一般,每个用户满足率不低于 80%;
第四目标:新方案总运费不超过原方案的 10%;

第五目标:因道路限制,从工厂 2 到用户 4 的路线应尽量避免分配运输任务;
第六目标:用户 1 和用户 3 的满足率应尽量保持平衡;
第七目标:力求减少总运费。
据上面分析,建立目标规划的模型如下:
设 x_{ij} 为 i 工厂调配给 j 用户的数量。
(1) 供应量的约束

$$\begin{cases} x_{11} + x_{12} + x_{13} + x_{14} \leqslant 300 \\ x_{21} + x_{22} + x_{23} + x_{24} \leqslant 200 \\ x_{31} + x_{32} + x_{33} + x_{34} \leqslant 400 \end{cases}$$

需求量的约束

$$\begin{cases} x_{11} + x_{21} + x_{31} + d_1^- = 200 \\ x_{12} + x_{22} + x_{32} + d_2^- = 100 \\ x_{13} + x_{23} + x_{33} + d_3^- = 450 \\ x_{14} + x_{24} + x_{34} + d_4^- = 250 \end{cases}$$

(2) 用户 1 需要量中工厂 3 的产品不少于 100 单位

$$x_{31} + d_5^- - d_5^+ = 100$$

(3) 各用户满足率不低于 80%

$$\begin{cases} x_{11} + x_{21} + x_{31} + d_6^- - d_6^+ = 160 \\ x_{12} + x_{22} + x_{32} + d_7^- - d_7^+ = 80 \\ x_{13} + x_{23} + x_{33} + d_8^- - d_8^+ = 360 \\ x_{14} + x_{24} + x_{34} + d_9^- - d_9^+ = 200 \end{cases}$$

(4) 运费上的限制(原方案总运费为 2 950 元)

$$\sum_{i=1}^{3} \sum_{j=1}^{4} c_{ij} x_{ij} + d_{10}^- - d_{10}^+ = 3\ 245$$

(5) 道路通过的限制

$$x_{24} - d_{11}^+ = 0$$

(6) 用户 1 和用户 3 的满足率保持平衡

$$(x_{11} + x_{21} + x_{31}) - \frac{200}{450}(x_{13} + x_{23} + x_{33}) + d_{12}^- - d_{12}^+ = 0$$

(7) 力求减少总的运费

$$\sum_{i=1}^{3} \sum_{j=1}^{4} c_{ij} x_{ij} + d_{13}^+ = 2\ 950$$

目标函数为

$$\min z = P_1 d_4^- + P_2 d_5^- + P_3 (d_6^- + d_7^- + d_8^- + d_9^-) + P_4 d_{10}^+ + \\ P_5 d_{11}^+ + P_6 (d_{12}^- + d_{12}^+) + P_7 d_{13}^+$$

计算结果得

$x_{12} = 100, x_{14} = 200, x_{21} = 90, x_{23} = 110, x_{31} = 100, x_{33} = 250, x_{34} = 50$,其他 $x_{ij} = 0$

$d_1^- = 10, d_3^- = 90, d_6^+ = 30, d_7^+ = 20, d_9^+ = 50, d_{10}^+ = 115, d_{12}^+ = 30, d_{13}^+ - 410$,其余 d_i^+ 或 d_i^- 均为 0。

习 题 五

5.1 分别说明用下列表达式作为目标规划中的目标函数,逻辑上是否正确?
(a) max $z = d^- + d^+$ (b) max $z = d^- - d^+$
(c) min $z = d^- + d^+$ (d) min $z = d^- - d^+$

5.2 线性规划问题传统上被认为只有一个目标,它从属于一组约束。试就下列问题进行讨论并说明你的观点和理由。
(a) 线性规划实质上存在多于一个目标;
(b) 线性规划中通常存在两个优先级;
(c) 在求解线性规划时已实际应用优先级的概念。

5.3 分别用图解法和单纯形法求解下述目标规划问题。
(a) min $z = P_1 d_1^+ + P_2(d_2^- + d_2^+) + P_3 d_3^-$
$$\begin{cases} 2x_1 + x_2 \leq 11 \\ x_1 - x_2 + d_1^- - d_1^+ = 0 \\ x_1 + 2x_2 + d_2^- - d_2^+ = 10 \\ 8x_1 + 10x_2 + d_3^- - d_3^+ = 56 \\ x_1, x_2, d_i^-, d_i^+ \geq 0 \quad i = 1, 2, 3 \end{cases}$$

(b) min $z = P_1 d_1^- + P_2(2d_1^+ + d_2^+) + P_3 d_1^+$
$$\begin{cases} 2x_1 + x_2 + d_1^- - d_1^+ = 150 \\ x_1 + d_2^- - d_2^+ = 40 \\ x_2 + d_3^- - d_3^+ = 40 \\ x_1, x_2, d_i^-, d_i^+ \geq 0 \quad i = 1, 2, 3 \end{cases}$$

(c) min $z = P_1 d_1^- + P_2 d_4^+ + P_3(2d_2^- + d_3^-)$
$$\begin{cases} x_1 + x_2 + d_1^- - d_1^+ = 40 \\ x_1 + d_2^- - d_2^+ = 24 \\ x_2 + d_3^- - d_3^+ = 30 \\ x_1 + x_2 + d_4^- - d_4^+ = 50 \\ x_1, x_2, d_i^-, d_i^+ \geq 0 \quad i = 1, \cdots, 4 \end{cases}$$

5.4 已知某实际问题的线性规划模型为
$$\max z = 100x_1 + 50x_2$$
$$\begin{cases} 10x_1 + 16x_2 \leq 200 \quad \text{(资源 1)} \\ 11x_1 + 3x_2 \geq 25 \quad \text{(资源 2)} \\ x_1, x_2 \geq 0 \end{cases}$$

假定重新确定这个问题的目标为：

P_1:z 的值应不低于 1 900

P_2:资源 1 必须全部利用

将此问题转换为目标规划问题，列出数学模型。

5.5 已知目标规划问题

$$\min z = P_1 d_1^- + P_2 d_2^+ + P_3(5d_3^- + 3d_4^-) + P_4 d_1^+$$

$$\begin{cases} x_1 + 2x_2 + d_1^- - d_1^+ = 6 \\ x_1 + 2x_2 + d_2^- - d_2^+ = 9 \\ x_1 - 2x_2 + d_3^- - d_3^+ = 4 \\ x_2 + d_4^- - d_4^+ = 2 \\ x_1, x_2, d_i^-, d_i^+ \geqslant 0 \end{cases}$$

(a) 先分别用图解法和单纯形法求解；

(b) 分析目标函数分别变为①、②两种情况时（②中分析 w_1、w_2 的比例变动）解的变化。

①$\min z = P_1 d_1^- + P_2 d_2^+ + P_3 d_1^+ + P_4(5d_3^- + 3d_4^-)$

②$\min z = P_1 d_1^- + P_2 d_2^+ + P_3(w_1 d_3^- + w_2 d_4^-) + P_4 d_1^+$

5.6 某工厂生产 A、S 两种型号的微型计算机，它们均需经过两道工序加工每台微机所需的加工时间、销售利润及该厂每周最大加工能力如表 5.10 所示。

表 5.10

单耗 工序 \ 产品	A	S	每周最大加工能力
工序 Ⅰ/(h·台$^{-1}$)	5	8	150 h
工序 Ⅱ/(h·台$^{-1}$)	4	3	75 h
利润/(元·台$^{-1}$)	300	450	

工厂经营目标的各优先级如下：P_1——每周总利润不低于 10 000 元；P_2——合同要求 A 型机每周至少生产 10 台，S 型机每周至少生产 15 台；P_3——工序 Ⅰ 每周生产时间最好恰好为 150 h，工序 Ⅱ 生产时间可适当超过其能力。试建立这个问题的数学模型。

5.7 某种牌号的酒系由三种等级的酒兑制而成。已知各种等级酒的每天供应量和单位成本如下：

等级 Ⅰ 供应量 1 500 单位/天，成本 6 元/单位

等级 Ⅱ 供应量 2 000 单位/天，成本 4.5 元/单位

等级 Ⅲ 供应量 1 000 单位/天，成本 3 元/单位

该种牌号的酒有三种商标（红、黄、蓝），各种商标酒的混合比及售价如表 5.11 所示。

表 5.11

商　标	兑制与比要求	单位售价/元
红	Ⅲ 少于 8% Ⅰ 多于 40%	5.5
黄	Ⅲ 少于 60% Ⅰ 多于 15%	5.0
蓝	Ⅲ 少于 45% Ⅰ 多于 12%	4.8

为保持声誉,确定经营目标为 P_1:兑制要求配比必须严格满足;P_2:企业获取尽可能多的利润;P_3:红色商标酒每天产量不低于 2 000 单位。试对此问题建立目标规划的模型。

第 6 章 图与网络分析

6.1 图的基本概念与模型

在生产和日常生活中,我们经常碰到各种各样的图:公路或铁路交通图、管网图、通信联络图等。运筹学中研究的图是上述各类图的抽象概括,它表明一些研究对象和这些对象之间的相互联系。如交通图是表明一些城镇及这些城镇之间的道路沟通情况;管网图是表明供应源、用户、中间加压站之间管网的联系情况等。如果用点表示研究的对象,用边表示这些对象之间的联系,则图 G 可以定义为点和边的集合,记作

$$G = \{V, E\}$$

式中 V 是点的集合,E 是边的集合。注意上面定义的图 G 区别于几何学中的图。在几何学中,图中点的位置、线的长度和斜率等都十分重要,而这里只关心图中有多少个点以及哪些点之间有线相连。如果给图中的点和边赋以具体的含义和权数,如距离、费用、容量等,把这样的图称为**网络图**,记作 N。图和网络分析的方法已广泛应用于物理、化学、控制论、信息论、计算机科学和经济管理等各个领域。

为了后面的讨论,需要了解图的一些名词和基本概念。如图 6.1,图中的点(又称顶点或节点)用 v 表示,边用 e 表示。对每条边可用它所连接的点表示,如记作

$$e_1 = [v_1, v_1]$$
$$e_3 = [v_1, v_3] \text{ 或 } e_3 = [v_3, v_1]$$

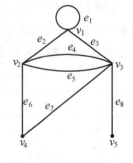

图 6.1

端点,关联边,相邻 若有边 e 可表示为 $e = [v_i, v_j]$,称 v_i 和 v_j 是边 e 的端点,反之称边 e 为点 v_i 或 v_j 的关联边。若点 v_i、v_j 与同一条边关联,称点 v_i 和 v_j 相邻;若边 e_i 和 e_j 具有公共的端点,称为 e_i 和 e_j 相邻。

环,多重边,简单图 如果边 e 的两个端点相重,称该边为环,如图 6.1 中边 e_1 为环。如果两个点之间边多于一条,称为具有多重边,如图 6.1 中的 e_4 和 e_5。对无环、无多重边的图称作简单图。

次,奇点,偶点,孤立点 与某一个点 v_i 相关联的边的数目称为点 v_i 的次(也叫做度),记作 $d(v_i)$。图 6.1 中 $d(v_1) = 4$,$d(v_3) = 5$,$d(v_5) = 1$。次为奇数的点称作奇点,次为偶数的点称作偶点,次为 0 的点称为孤立点。

链,圈,连通图 图中有些点和边的交替序列 $\mu = \{v_0, e_1, v_1, \cdots, e_k, v_k\}$,若其中各边 $e_1, e_2, \cdots, e_k$ 互不相同,且对任意 $v_{i,t-1}$ 和 $v_{it}(2 \leqslant t \leqslant k)$ 均相邻,称 μ 为链。如果链中所有

的顶点 $v_0, v_1, \cdots, v_k$ 也不相同,这样的链称为路。图 6.1 中 $\mu_1 = \{v_5, e_8, v_3, e_3, v_1, e_2, v_2, e_4, v_3, e_7, v_4\}$ 是一条链,$\mu_2 = \{v_5, e_8, v_3, e_7, v_4\}$ 也是一条链,但 μ_2 可称作路,μ_1 中因顶点 v_3 重复出现,不能称做路。对起点与终点相重合的链称作圈,起点与终点重合的路称作回路。若在一个图中,如果每一对顶点之间至少存在一条链,称这样的图为连通图,否则称图是不连通的。

完全图,偶图 一个简单图中若任意两点之间均有边相连,称这样的图为完全图。含有 n 个顶点的完全图,其边数有 $C_n^2 = \frac{1}{2}n(n-1)$ 条。如果图的顶点能分成两个互不相交的非空集合 V_1 和 V_2,使在同一集合中任意两个顶点均不相邻,称这样的图为偶图(也称二分图)。如果偶图的顶点集合 V_1、V_2 之间的每一对不同顶点都有一条边相连,称这样的图为完全偶图。完全偶图中 V_1 含 m 个顶点,V_2 含 n 个顶点,则其边数共 $m \cdot n$ 条。

子图,部分图 图 $G_1 = \{V_1, E_1\}$ 和图 $G_2 = \{V_2, E_2\}$ 如果有 $V_1 \subseteq V_2$ 和 $E_1 \subseteq E_2$,称 G_1 是 G_2 的一个子图。若有 $V_1 = V_2, E_1 \subset E_2$,则称 G_1 是 G_2 的一个部分图。图 6.2(a) 是图 6.1 的一个子图,图 6.2(b) 是图 6.1 的部分图。注意部分图也是子图,但子图不一定是部分图。

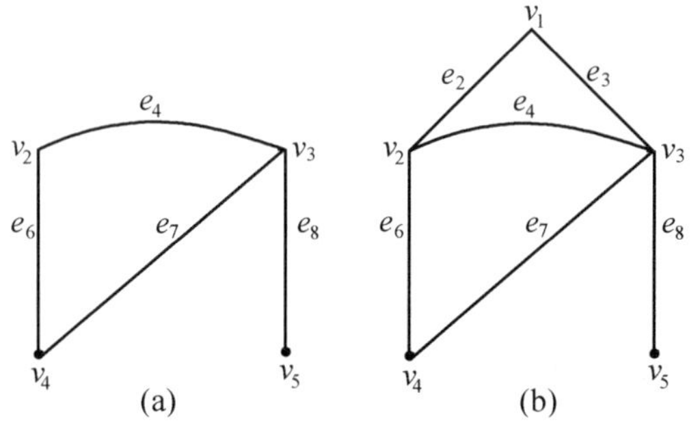

图 6.2

对要研究的问题确定具体对象及这些对象间的性质联系,并用图的形式表示出来,这就是对研究的问题建立图的模型。用建立图的模型的方法往往能帮助我们解决一些用其他方法难于解决的问题。

【例1】 有甲、乙、丙、丁、戊、己 6 名运动员报告参加 A、B、C、D、E、F 6 个项目的比赛。表 6.1 中打 √ 的是各运动员报告参加的比赛项目。问 6 个项目的比赛顺序应如何安排,做到每名运动员都不连续地参加两项比赛。

表 6.1

	A	B	C	D	E	F
甲	√		√			√
乙		√		√		
丙		√	√			√
丁	√			√	√	
戊		√	√			√
己	√				√	√

【解】 把比赛项目作为研究对象，用点表示。如果两个项目有同一名运动员参加，在代表这两个项目的点之间连一条线，得图 6.3。在该图中只要找出一个点的序列，使依次排列的两个点不相邻，即能做到每名运动员不连续地参加两项比赛。从图中看到，满足上述要求的点的序列可以有很多个，例如 A、B、E、C、D、F 就是其中之一。

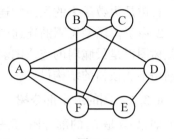

图 6.3

6.2 树图和图的最小部分树

树图(简称树，记作 $T(V, E)$)是一类简单而十分有用的图。树图的定义是无圈的连通图。这类图与大自然中树的特征相似，因而得名树图。铁路专用线、管理组织机构、学科分类和一些决策过程往往都可以用树图的形式表示。

6.2.1 树的性质

根据树的定义，可以推导出树的以下性质。

性质 1 任何树中必存在次为 1 的点。

【证】 用反证法。若树中任何点的次均不为 1，又连通图中不存在孤立点，故树中所有节点的次 ≥ 2。不妨假定节点 v_1 的次为 2，即 v_1 有两条关联边，设关联边的其他两个端点为 v_2、v_3，因 v_2 和 v_3 的次均 ≥ 2，又可知与 v_2、v_3 关联的边的其他端点 v_4、v_5，同样 v_4、v_5 的次也 ≥ 2，可继续一直往下推。由于图上顶点的总数是有限的，因此最后必然回到前面某一个顶点，由此在图中出现圈，这与树的定义矛盾，由此得证。

以后称次为 1 的点为悬挂点，与悬挂点关联的边称为悬挂边。很显然，如果从树图中拿掉悬挂点及其关联的悬挂边，余下的点和边构成的图形仍连通且无圈，则还是一个树图。

性质 2 具有 n 个顶点的树的边数恰好为 $(n-1)$ 条。

【证】 用归纳法证明。当 $n=2$ 和 $n=3$ 时上述性质显然成立。假定 $n=k-1$ 时上述性质成立，则当 $n=k$ 时，因树图中至少有一个悬挂点，我们可将这个悬挂点及关联的悬挂边从树图中拿掉，根据前述，剩下的图形仍为树图。故这时图中有 $(k-1)$ 个点，据假定应有 $(k-2)$ 条边。再把拿掉的悬挂点及悬挂边放回去，说明树图中含 k 个点时，边数为 $(k-1)$ 条，由此得证。

性质 3 任何具有 n 个点、$(n-1)$ 条边的连通图是树图。

【证】 用反证法。假定这个图中有圈，则从圈中拿掉任意一条边，图仍连通。如果仍有圈，则继续从圈中拿掉任意一条边。这样继续下去，一直到图中没有任何圈为止。由于剩下的图仍连通且无圈，故仍为树图。但这时图中的点有 n 个，而边数却少于 $(n-1)$ 条，这与性质 2 矛盾。由此得证。

以上性质说明：

1. 树是边数最多的无圈的连通图,在树图上只要任意再加上一条边,必定会出现圈。

2. 由于树图是无圈的连通图,即树图的任意两个点之间有一条且仅有一条唯一通路。因此树图也是最脆弱的连通图。只要从树图中取走任一条边,图就不连通。因此一些重要的网络不能按树的结构设计。

6.2.2 图的最小部分树

如果 G_1 是 G_2 的部分图,又是树图,则称 G_1 是 G_2 的部分树(或支撑树)。树图的各条边称为树枝,一般图 G_2 含有多个部分树,其中树枝总长最小的部分树,称为该图的最小部分树(也称最小支撑树)。

定理 1 图中任一个点 i,若 j 是与 i 相邻点中距离最近的,则边 $[i,j]$ 一定必含在该树的最小部分树内。

【证】 用反证法。如图 6.4 所示,设 $[i,j]$ 不在最小部分树内,将这条边加上去,图中必出现圈。假定图中 i 点的原关联边是 $[i,k]$,据给定条件,有 $[i,k] > [i,j]$。因在树图中加上边 $[i,j]$,再拿走边 $[i,k]$,该图仍为树图,但树枝总长度减少了,所以原来的树必不是最小部分树。定理得证。

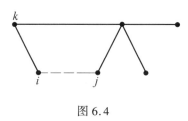

图 6.4

推论 把图的所有点分成 V 和 $\overline{V}$ 两个集合,则两集合之间连线的短边一定包含在最小部分树内。

因为假定上述结论不成立,如图 6.5 中,$[i,j]$ 是 V 与 $\overline{V}$ 两集合之间连线中最短边,但不在最小部分树内。将边 $[i,j]$ 加到原树图内必出现圈,圈中至少还有另一条边 $[m,k]$,其端点分别在 V 与 $\overline{V}$ 两个集合内。从圈中把 $[m,k]$ 拿掉,加进 $[i,j]$ 仍是树图,且树枝总长比原来的小。

6.2.3 避圈法和破圈法

根据上述定理及推论,用避圈法在给定的图中寻找最小部分树的步骤是:

(1) 从图中任选一点 v_i,让 $v_i \in V$,图中其余点均包含在 $\overline{V}$ 中;

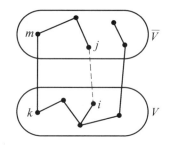

图 6.5

(2) 从 V 与 $\overline{V}$ 的连线中找出最小边,这条边一定包含在最小部分树内,不妨设最小边为 $[v_i, v_j]$,将 $[v_i, v_j]$ 加粗,以标记是最小部分树内的边;

(3) 令 $V \cup v_i \Rightarrow V, \overline{V} \setminus v_i \Rightarrow \overline{V}$;

(4) 重复(2)、(3)两步,一直到图中所有点均包含在 V 中为止。

另一种从给定图中产生最小部分树的方法称为"破圈法"。方法是:从网络图 N 中任取一回路,去掉这个回路中权数最大的一条边,得一子网络图 N_1。在 N_1 中再任取一回路,再去掉回路中权数最大的一条边,得 N_2。如此继续下去,一直到剩下的子图中不再含回路止。该子图就是 N 的最小部分树。

【例 2】 如图 6.6,S、A、B、C、D、E、T 代表村镇,它们间连线表明各村镇间现有道路交通情况,连线旁数字代表道路的长度。现要求沿图中道路架设电线,使上述村镇全部通上电,应如何架设总的线路长度为最短。

【解】 因要使上述村镇全部通上电,各点之间必须连通。又图中必不存在圈,否则从图中去掉一条边图仍连通,就一定不是最短线路。故架设长度最短的线路就是从图 6.6 中寻找一棵最小部分树。

用避圈法时,先从图 6.6 中任选一点,设为 S。令 $S \in V$,其余点 $\in \overline{V}$,V 与 $\overline{V}$ 间的最短边为 $[S,A]$,将该边加粗,标志它是最小树内的边。再令 $V \cup$

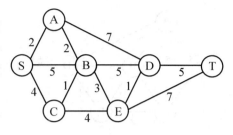

图 6.6

$A \Rightarrow V$,$\overline{V} \setminus A \Rightarrow \overline{V}$ 重复上述步骤,一直到所有点连通为止。其过程见图 6.7(a) ~ (f),其中图 6.7(f) 中加粗的边即为该网络图的最小部分树。

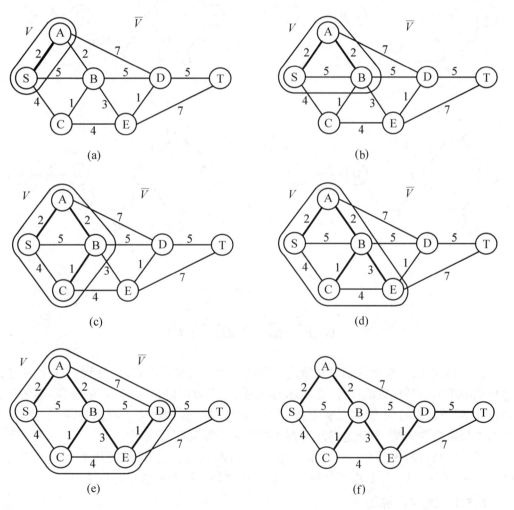

图 6.7

用破圈法求例 2 的解时,从图 6.6 中任取一回路,如为 DETD,去掉最大边,得 N_1。从 N_1 中再任取一回路,如为 BDEB,去掉最大边 BD,得 N_2。从 N_2 中再任取一回路,如为 ABEDA,去掉最大边 AD,得 N_3。依次类推,从 N_3 的 EBCE 回路中去掉 CE,从 N_4 的 SABS 回路中去掉 SB,从 N_5 的 SABCS 回路中去掉 SC 得 N_6。N_6 即为所求的最小部分树。详细过程见图 6.8(a) ~ (f)。

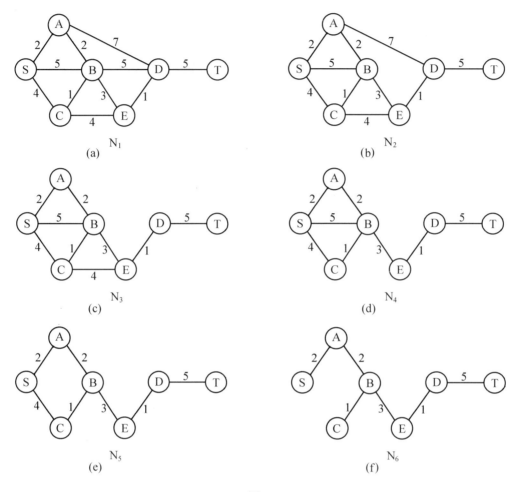

图 6.8

6.3 最短路问题

最短路问题,一般来说就是从给定的网络图中找出任意两点之间距离最短的一条路。这里说的距离只是权数的代称,在实际的网络中,权数可以是时间、费用等等。有些问题,如选址、管道铺设时的选线、设备更新、投资、某些整数规划和动态规划的问题,也可以归结为求最短路的问题。因此这类问题在生产实际中得到广泛应用。

求最短路有两种算法,一是求从某一点至其他各点之间最短距离的狄克斯屈拉(Dijkstra)算法;另一种是求网络图上任意两点之间最短距离的矩阵算法。

6.3.1 Dijkstra 算法

这种算法的基本思路是:假定 $v_1 \to v_2 \to v_3 \to v_4$ 是 $v_1 \to v_4$ 的最短路(见图 6.9),则 $v_1 \to v_2 \to v_3$ 一定是 $v_1 \to v_3$ 的最短路,$v_2 \to v_3 \to v_4$ 一定是 $v_2 \to v_4$ 的最短路。否则,设

图 6.9

$v_1 \to v_3$ 之间的最短路为 $v_1 \to v_5 \to v_3$,就有 $v_1 \to v_5 \to v_3 \to v_4$ 的路必小于 $v_1 \to v_2 \to v_3 \to v_4$,这与原假设矛盾。

若用 d_{ij} 表示图中两相邻点 i 与 j 的距离,若 i 与 j 不相邻,令 $d_{ij} = \infty$,显然 $d_{ii} = 0$,若用 L_{si} 表示从 s 点到 i 点的最短距离,现要求从 s 点到某一点 t 的最短路,用 Dijkstra 算法时步骤如下:

(1) 从点 s 出发,因 $L_{ss} = 0$,将此值标注在 s 旁的小方框内,表示 s 点已标号;

(2) 从 s 点出发,找出与 s 相邻的点中距离小的一个,设为 r。将 $L_{sr} = L_{ss} + d_{sr}$ 的值标注在 r 旁的小方框内,表明点 r 也已标号;

(3) 从已标号的点出发,找出与这些点相邻的所有未标号点 p。若有 $L_{sp} = \min\{L_{ss} + d_{sp}; L_{sr} + d_{rp}\}$,则对 p 点标号,并将 L_{sp} 的值标注在 p 点旁的小方框内;

(4) 重复第(3)步,一直到 t 点得到标号为止。

【例3】 见图 6.10,求该图中从 v_1 到 v_7 的最短路。

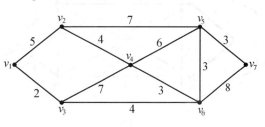

图 6.10

【解】 用 Dijkstra 算法的步骤如下:

(1) 从点 v_1 出发,对 v_1 标号,将 $L_{11} = 0$ 标注在 v_1 旁的小方框内。令 $v_1 \in V$,其余点属于 $\overline{V}$(见图 6.11(a));

(2) 同 v_1 相邻的未标号点有 v_2、v_3。$L_{1r} = \min\{d_{12}, d_{13}\} = \min\{5, 2\} = 2 = L_{13}$,即对点 v_3 标号,将 L_{13} 的值标注在 v_3 旁的小方框内。将 $[v_1, v_3]$ 加粗,并令 $V \cup v_3 \to V$,$\overline{V} \setminus v_3 \to \overline{V}$(见图 6.11(b));

(3) 同标号点 v_1、v_3 相邻的点有 v_2、v_4、v_6,因有
$$L_{1p} = \min\{L_{11} + d_{12}, L_{13} + d_{34}, L_{13} + d_{36}\} =$$
$$\min\{0 + 5, 2 + 7, 2 + 4\} = 5 = L_{12}$$
故对 v_2 点标号,将 L_{12} 的值标注在 v_2 点旁的小方框内,将 $[v_1, v_2]$ 加粗,并令 $V \cup v_2 \to V$,$\overline{V} \setminus v_6 \to \overline{V}$(见图 6.11(c));

(4) 同标号点 v_1、v_2、v_3 相邻的点有 v_5、v_4、v_6,有
$$L_{1p} = \min\{L_{12} + d_{25}, L_{12} + d_{24}, L_{13} + d_{34}, L_{13} + d_{36}\} =$$
$$\min\{5 + 7, 5 + 4, 2 + 7, 2 + 4\} = 6 = L_{16}$$
故对点 v_6 标号,将 L_{16} 的值标注在 v_6 点旁的小方框内,将 $[v_3, v_6]$ 加粗,并令 $V \cup v_6 \to V$,$\overline{V} \setminus v_6 \to \overline{V}$(见图 6.11(d));

(5) 同标号点 v_1、v_2、v_3、v_6 相邻的点有 v_4、v_5、v_7,有
$$L_{1p} = \min\{L_{12} + d_{25}, L_{12} + d_{24}, L_{13} + d_{34}, L_{16} + d_{64}, L_{16} + d_{65}, L_{16} + d_{67}\} =$$
$$\min\{5 + 7, 5 + 4, 2 + 7, 6 + 3, 6 + 3, 6 + 6\} = 9 = L_{14} = L_{15}$$
故对点 v_4 和 v_5 同时标号,将 $L_{14} = L_{15} = 7$ 的值分别标注在 v_4 和 v_5 点旁的小方框内,将 $[v_2, v_4][v_3, v_4][v_6, v_5]$ 及 $[v_6, v_5]$ 加粗,并令 $V \cup v_4 \cup v_5 \to V$,$\overline{V} \setminus v_4 \cup v_5 \to \overline{V}$(见图 6.11(e));

(6) 同各标号点相邻的未标号点只有 v_7,因有
$$L_{17} = \min\{L_{15} + d_{57}, L_{16} + d_{67}\} = \min\{9 + 3, 6 + 8\} = 12$$

故在点 v_7 旁小方框内标注 $L_{17} = 12$,加粗 $[v_6, v_7]$(见图 6.11(f))。图 6.11(f) 中的粗线表明从点 v_1 到网络中其他各点的最短路,各点旁方框中的数字是从 v_1 点到各点的最短距离。

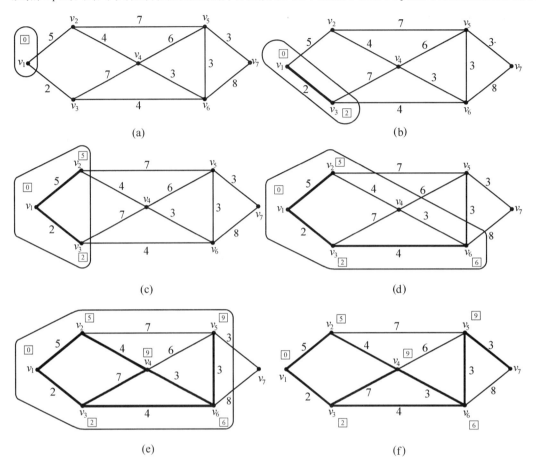

图 6.11

6.3.2 求任意两点间最短距离的矩阵算法

Dijkstra 算法提供了从网络图中某一点到其他点的最短距离。但实际问题中往往要求网络任意两点之间的最短距离,如果仍采用 Dijkstra 算法对各点分别计算,就显得很麻烦。下面介绍求网络各点间最短距离的矩阵计算法。

【例 4】 在图 6.10 中用矩阵计算法求各点之间的最短距离。

【解】 定义 d_{ij} 为图中两相邻点的距离,若 i 与 j 不相邻,令 $d_{ij} = \infty$,由此

$$\begin{bmatrix} d_{11} & d_{12} & d_{13} & d_{14} & d_{15} & d_{16} & d_{17} \\ d_{21} & d_{22} & d_{23} & d_{24} & d_{25} & d_{26} & d_{27} \\ d_{31} & d_{32} & d_{33} & d_{34} & d_{35} & d_{36} & d_{37} \\ d_{41} & d_{42} & d_{43} & d_{44} & d_{45} & d_{46} & d_{47} \\ d_{51} & d_{52} & d_{53} & d_{54} & d_{55} & d_{56} & d_{57} \\ d_{61} & d_{62} & d_{63} & d_{64} & d_{65} & d_{66} & d_{67} \\ d_{71} & d_{72} & d_{73} & d_{74} & d_{75} & d_{76} & d_{77} \end{bmatrix} = \begin{bmatrix} 0 & 5 & 2 & \infty & \infty & \infty & \infty \\ 5 & 0 & \infty & 4 & 7 & \infty & \infty \\ 2 & \infty & 0 & 7 & \infty & 4 & \infty \\ \infty & 4 & 7 & 0 & 6 & 3 & \infty \\ \infty & 7 & \infty & 6 & 0 & 3 & 3 \\ \infty & \infty & 4 & 3 & 3 & 0 & 8 \\ \infty & \infty & \infty & \infty & 3 & 8 & 0 \end{bmatrix} \quad (6.1)$$

式(6.1)的矩阵表明从 i 点到 j 点的直接最短距离。但从 i 到 j 的最短路不一定是 $i \to j$，可能是 $i \to l \to j$，$i \to l \to k \to j$，或 $i \to l \to \cdots \to k \to j$。先考虑 i 与 j 之间有一个中间点的情况，如图 6.10 中 $v_1 \to v_2$ 的最短距离应为 $\min\{d_{11}+d_{12}, d_{12}+d_{22}, d_{13}+d_{32}, d_{14}+d_{42}, d_{15}+d_{52}, d_{16}+d_{62}, d_{17}+d_{72}\}$，也即 $\min\{d_{1r}+d_{r2}\}$。为此可以构造一个新的矩阵 $\boldsymbol{D}^{(1)}$，令 $\boldsymbol{D}^{(1)}$ 中每个元素 $d_{ij}^{(1)} = \min\{d_{ir}+d_{rj}\}$，则矩阵 $\boldsymbol{D}^{(1)}$ 给出了网络中任意两点之间直接到达和包括经一个中间点时的最短距离。

再构造矩阵 $\boldsymbol{D}^{(2)}$。令 $d_{ij}^{(2)} = \min\{d_{ir}^{(1)}+d_{rj}^{(1)}\}$，则 $\boldsymbol{D}^{(2)}$ 给出网络中任意两点直接到达，及包括经过一至三个中间点时的最短距离。

一般地有 $d_{ij}^{(k)} = \min\{d_{ir}^{(k-1)}+d_{rj}^{(k-1)}\}$。矩阵 $\boldsymbol{D}^{(k)}$ 给出网络中任意两点直接到达，经过一个、两个 …… 到 (2^k-1) 个中间点时比较得到的最短距离。

设网络图有 p 个点，则一般计算到不超过 $\boldsymbol{D}^{(k)}$，k 的值按式(6.2)计算，即

$$2^{k-1}-1 < p-2 \leqslant 2^k-1$$

即
$$k-1 < \frac{\lg(p-1)}{\lg 2} \leqslant k \tag{6.2}$$

如果计算中出现 $\boldsymbol{D}^{(m+1)} = \boldsymbol{D}^{(m)}$ 时，计算也可结束，矩阵 $\boldsymbol{D}^{(m)}$ 中的各个元素值即为各点间最短距离。

本例中 $\frac{\lg(p-1)}{\lg 2} = \frac{\lg 6}{\lg 2} \approx 2.6$，所以最多计算到 $\boldsymbol{D}^{(3)}$，计算过程见式(6.3)~(6.5)。

$$\boldsymbol{D}^{(1)} = \begin{bmatrix} 0 & 5 & 2 & 9 & 12 & 6 & \infty \\ 5 & 0 & 7 & 4 & 7 & 7 & 10 \\ 2 & 7 & 0 & 7 & 7 & 4 & 12 \\ 9 & 4 & 7 & 0 & 6 & 3 & 9 \\ 12 & 7 & 7 & 6 & 0 & 3 & 3 \\ 6 & 7 & 4 & 3 & 3 & 0 & 6 \\ \infty & 10 & 12 & 9 & 3 & 6 & 0 \end{bmatrix} \tag{6.3}$$

$$\boldsymbol{D}^{(2)} = \begin{bmatrix} 0 & 5 & 2 & 9 & 9 & 6 & 12 \\ 5 & 0 & 7 & 4 & 7 & 7 & 10 \\ 2 & 7 & 0 & 7 & 7 & 4 & 10 \\ 9 & 4 & 7 & 0 & 6 & 3 & 9 \\ 9 & 7 & 7 & 6 & 0 & 3 & 3 \\ 6 & 7 & 4 & 3 & 3 & 0 & 6 \\ 12 & 10 & 10 & 9 & 3 & 6 & 0 \end{bmatrix} \tag{6.4}$$

$$\boldsymbol{D}^{(3)} = \boldsymbol{D}^{(2)} \tag{6.5}$$

$\boldsymbol{D}^{(3)}$ 中的元素 $d_{ij}^{(3)}$ 表明网络图中从 i 点到 j 点的最短距离。

【例 5】 假定图 6.10 中 v_1、v_2、v_3、v_4、v_5、v_6、v_7 为 7 个村子，决定要联合办一所小学。已知各村的小学生人数分别为 v_1—30，v_2—40，v_3—25，v_4—60，v_5—50，v_6—40，v_7—40，则小学校应建在哪一个村子，使小学生上学走的总路程为最短。

【解】 将上例中计算得到的 $\boldsymbol{D}^{(3)}$ 的第一行乘 v_1 村的小学生人数，则乘积数字为假定小学校建于各个村时，v_1 村小学生上学单程所走路程。将 $\boldsymbol{D}^{(3)}$ 第二行数字乘 v_2 村小学生

人数，得小学校建于各个村子时，v_2 村小学生上学所走路程。依此类推可计算得到表 6.2。表 6.2 最下面一行为各列累加数字，表明若小学建于 v_i 村时，7 个村子小学生累计的一次单程上学路程。

表 6.2

	小学校建于下列村子时小学生上学所走路程						
	v_1	v_2	v_3	v_4	v_5	v_6	v_7
	0	150	60	270	270	180	360
	200	0	280	160	280	280	400
	50	175	0	175	175	100	250
	540	240	420	0	360	180	540
	450	350	350	300	0	150	150
	240	360	160	120	120	0	240
	480	400	400	360	120	240	0
$\sum$	1 960	1 675	1 670	1 385	1 325	1 130	1 940

由表中累加数知，该小学校应建在 v_6 村。

6.4 中国邮路问题

一个邮递员从邮局出发，走遍他负责投递的每一条街道，然后再返回邮局，问应选择什么样的路线，使走的路程为最短。因这个问题最早由中国数学工作者提出，故称中国邮路问题。

上述问题同图论中**欧拉回路**的提法十分相似。欧拉回路的定义是：连通图 G 中，若存在一条回路，经过每边一次且仅一次，称这条回路为欧拉回路。称具有欧拉回路的图为**欧拉图**。可以证明，连通图 G 是欧拉图的充分必要条件是图中的点全为偶点。

基于欧拉图和欧拉回路的概念，下面结合例子讨论邮递员的最短投递路线问题。

【例 6】 设某邮递员负责投递的街道如图 6.12 所示，要求找出该邮递员的最短投递路线。

【解】 若图 6.12 是欧拉图，则图中的欧拉回路就是邮递员的最短投递路线。否则将图转化成欧拉图，方法是将图中奇点两两相连，变成偶点，则包括连线在内的图构成欧拉图，而连线的长度就是邮递员要在街道上重复走的路。

邮递员重复走的路最短，就是要使奇点两两之间的连线最短，为此连线应符合下列条件：(a) 每条边上最多重复一次；(b) 在图 G 的每个回路上，有重复的边的长度不超过回路总长的一半。

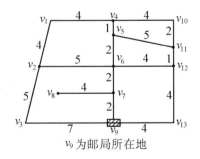

v_9 为邮局所在地

图 6.12

图 6.12 不是欧拉图，图上有 8 个奇点(用 × 号标示，见图 6.13)，说明邮递员必须要在某些区段重复走，才能走遍所有负责投递的街道。将奇点两两联结(用虚线表示，见图

6.13),则所有奇点都成了偶点。因此包括虚线在内的线路邮递员可走遍而做到不重复。

为使邮递员重复走的路程也即虚线的长度为最短,可根据上述条件(a)和(b)进行调整。在回路$\{v_4,v_5,v_{11},v_{10},v_4\}$中,虚线长度超过回路长度一半,故改将$v_4$与$v_5$联结,$v_{11}$与$v_{12}$联结。又在回路$\{v_2,v_3,v_9,v_6,v_2\}$中,同样虚线长超过回路长度一半,故可将虚线标到回路的另一半$\{v_2,v_6,v_9\}$上去。经调整后得图 6.14。

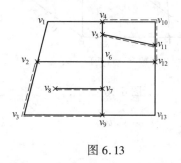

图 6.13

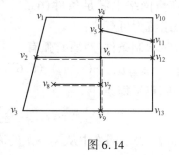

图 6.14

检查图 6.14 的每个回路,虚线长都不超过回路总长的一半。故邮递员的最优投递路线为从邮局出发,走遍图 6.14 中包括虚线在内的所有街道(即在标有虚线的街道区段重复走一次),然后回到邮局。

6.5 网络的最大流

6.5.1 网络最大流的有关概念

1. 有向图与容量网络

前面各节中研究的都是无向图,即图中两点之间的连线没有规定方向,如图 6.8 中一个人可以从 A 走到 B,也可以从 B 走向 A。但研究流量问题时情况就不同,如供水管道中水流总是从水厂流向用户,电网中电流从高压流向低压处等,因此要在有向图中进行。有向图上的连线是有规定指向的,称作弧。弧的代号是(v_i,v_j)表明方向是从v_i点指向v_j点。有向图是点与弧的集合,记作$D(V,A)$。

对网络流的研究是在容量网络上进行的。所谓容量网络是指网络上的每条弧(v_i,v_j)都给出一个最大的通过能力,称为该弧的容量,记为$c(v_i,v_j)$或简写为c_{ij}。在容量网络中通常规定一个发点(也称源点,记为s)和一个收点(也称汇点,记为t),网络中既非发点又非收点的其他点称为中间点。网络的最大流是指网络中从发点到收点之间允许通过的最大流量。对有多个发点和多个收点的网络,可以另外虚设一个总发点和一个总收点,并将其分别与各发点、收点连起来(见图 6.15),就可以转换为只含一个发点和一个收点的网络。所以下面只研究具有一个发点和一个收点的网络。

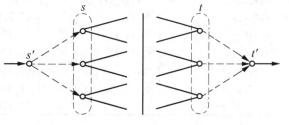

图 6.15

2. 流与可行流

所谓流是指加在网络各条弧上的一组负载量。对加在弧(v_i,v_j)上的负载量记作$f(v_i,v_j)$,或简写为f_{ij}。若网络上所有的$f_{ij}=0$,这个流称为零流。

称在容量网络上满足条件(6.6)、(6.7)的一组流为可行流:

(1) 容量限制条件。对所有弧有

$$0 \leqslant f(v_i,v_j) \leqslant c(v_i,v_j) \quad (6.6)$$

(2) 中间点平衡条件

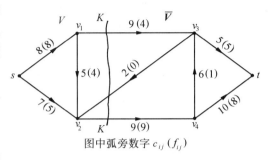

图中弧旁数字$c_{ij}(f_{ij})$

图6.16

$$\sum f(v_i,v_j) - \sum f(v_j,v_i) = 0 \quad i \neq s,t \tag{6.7}$$

若以$v(f)$表示网络中从$s \to t$的流量,则有

$$v(f) = \sum_j f(v_s,v_j) = \sum f(v_j,v_t) \tag{6.8}$$

任何网络上一定存在可行流,因零流是可行流。所谓求网络的最大流,是指满足容量限制条件和中间点平衡的条件下,使$v(f)$值达到最大。显然这是一个线性规划问题。但由于网络的特殊性,我们可以寻求比单纯形法要简单得多的方法来求解。

6.5.2 割和流量

所谓割是指将容量网络中的发点和收分割开,并使$s \to t$的流中断的一组弧的集合。如图6.16中,KK将网络上的点分割成V和$\overline{V}$两个集合,并有$s \in V, t \in \overline{V}$,称弧的集合$(V,\overline{V}) = \{(v_1,v_3),(v_2,v_4)\}$是一个割。割的容量是组成它的集合中的各弧的容量之和,用$c(V,\overline{V})$表示。由此

$$c(V,\overline{V}) = \sum_{(i,j)\in(V,\overline{V})} c(v_i,v_j) \tag{6.9}$$

注意在组成上述割的弧集合中不包含(v_3,v_2),因为即使这条弧不割断的话,从$s \to t$的流仍然中断。

考虑KK的不同画法,可以找出网络图6.16中的全部不同的割,详见表6.3。

表6.3

V	$\overline{V}$	割	割的容量
s	v_1,v_2,v_3,v_4,t	$(s,1)(s,2)$	15
s,v_1	v_2,v_3,v_4,t	$(s,2)(1,2)(1,3)$	21
s,v_2	v_1,v_3,v_4,t	$(s,1)(2,4)$	17
s,v_1,v_2	v_3,v_4,t	$(1,3)(2,4)$	18
s,v_1,v_3	v_2,v_4,t	$(s,2)(1,2)(3,2)(3,t)$	19
s,v_2,v_4	v_1,v_3,t	$(s,1)(4,3)(4,t)$	24
s,v_1,v_2,v_3	v_4,t	$(2,4)(3,t)$	14
s,v_1,v_2,v_4	v_3,t	$(1,3)(4,3)(4,t)$	25
s,v_1,v_2,v_3,v_4	t	$(3,t)(4,t)$	15

若用$f(V,\overline{V})$表示通过割$(V,\overline{V})$中所有$V \to \overline{V}$方向弧的流量的总和,$f(\overline{V},V)$表示割

中所有 $\overline{V} \to V$ 方向的弧的流量的总和，则有

$$f(V,\overline{V}) = \sum_{(i,j)\in(V,\overline{V})} f(v_i, v_j) \tag{6.10}$$

$$f(\overline{V}, V) = \sum_{(i,j)\in(\overline{V},V)} f(v_j, v_i) \tag{6.11}$$

从 $s \to t$ 的流量实际上等于通过割的从 V 到 $\overline{V}$ 的流量减去 $\overline{V} \to V$ 的流量。故有

$$v(f) = f(V, \overline{V}) - f(\overline{V}, V) \tag{6.12}$$

若用 $v^*(f)$ 代表网络中从 $s \to t$ 的最大流，则有

$$v^*(f) = f^*(V, \overline{V}) - f^*(\overline{V}, V) \tag{6.13}$$

根据割的概念，$v^*(f)$ 应小于等于网络中最小一个割的容量（用 $c^*(V, \overline{V})$ 表示），即有

$$v^*(f) = f^*(V, \overline{V}) - f^*(\overline{V}, V) \leqslant c^*(V, \overline{V}) \tag{6.14}$$

由表 6.3 得出网络图 6.16 中从 $s \to t$ 的最大流量不超过 14 单位。

6.5.3 最大流最小割定理

这是图和网络流理论方面的一个重要定理，也是下面要叙述的用标号法求网络最大流的理论依据。在讲述这个定理前先介绍增广链的概念。

如果在网络的发点和收点之间能找出一条链，在这条链上所有指向为 $s \to t$ 的弧（称前向弧，记作 μ^+），存在 $f < c$；所有指向为 $t \to s$ 的弧（称后向弧，记作 μ^-），存在 $f > 0$，这样的链称增广链（见图 6.17）。

当有增广链存在时，找出

$$\theta = \min \begin{cases} (c_i - f_i) & \text{对 } \mu^+ \\ f_i & \text{对 } \mu^- \end{cases} \quad \theta > 0$$

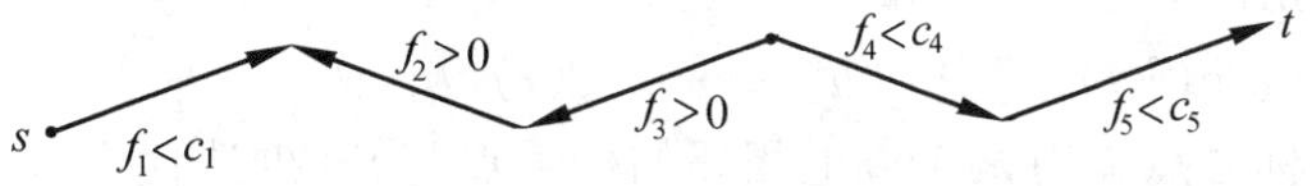

图 6.17

再令

$$f' = \begin{cases} f_i + \theta & \text{对所有 } \mu^+ \\ f_i - \theta & \text{对所有 } \mu^- \\ f_i & \text{对非增广链上的弧} \end{cases}$$

显然 f' 仍是一个可行流，但较之原来的可行流 f，这时网络中从 $s \to t$ 的流量增大了一个 θ 值 ($\theta > 0$)。因此只有当网络图中找不到增广链时，$s \to t$ 的流才不可能进一步增大。

定理 2 在网络中 $s \to t$ 的最大流量等于它的最小割集的容量，即

$$v^*(f) = c^*(V, \overline{V}) \tag{6.15}$$

【证】 若网络中的流量已达到最大值，则在该网络中不可能找出增广链，我们构造一个点的集合 V，定义

(1) $s \in V$

(2) 若 $i \in V$ 和 $f(i,j) < c(i,j)$，则 $j \in V$；若 $i \in V$ 和 $f(j,i) > 0$，则 $j \in V$

可以证明 $t \in \overline{V}$，否则将存在 $s \to t$ 的增广链，与假设矛盾。由此 $(V, \overline{V})$ 为该网络的一个

割,该割的容量为 $c(V,\overline{V})$。

由上面定义,通过这个割的流有

$$f^*(V,\overline{V}) = \sum_{(i,j)\in(V,\overline{V})} f(i,j) = \sum_{(i,j)\in(V,\overline{V})} c(i,j) = c(V,\overline{V}) \quad (6.16)$$

$$f^*(\overline{V},V) = \sum_{(i,j)\in(V,\overline{V})} f(j,i) = 0 \quad (6.17)$$

因前面假定网络中流量已达到最大,将式(6.16)、(6.17)代入式(6.13)有

$$v^*(f) = f^*(V,\overline{V}) = c(V,\overline{V}) \geqslant c^*(V,\overline{V}) \quad (6.18)$$

又由式(6.14)

$$v^*(f) \leqslant c^*(V,\overline{V}) \quad (6.19)$$

式(6.18)与(6.19)同时成立,故一定有

$$v^*(f) = c^*(V,\overline{V})$$

定理得证。

6.5.4 求网络最大流的标号算法

这种算法由 Ford 和 Fulkerson 于 1956 年提出,故又称 Ford-Fulkerson 标号算法。其实质是判断有否增广链存在,并设法把增广链找出来。算法的步骤如下:

第一步:首先给发点 s 标号 $(0,\varepsilon(s))$。括弧中第一个数字是使这个点得到标号的前一个点的代号,因 s 是发点,故记为 0。括弧中第二个数字 $\varepsilon(s)$ 表示从上一标号点到这个标号点的流量的最大允许调整值。s 为发点,不限允许调整量,故 $\varepsilon(s) = \infty$。

第二步:列出与已标号点相邻的所有未标号点:

(1) 考虑从标号点 i 出发的弧 (i,j),如果有 $f_{ij} = c_{ij}$,不给点 j 标号;若有 $f_{ij} < c_{ij}$,则对点 j 标号,记为 $(i,\varepsilon(j))$。括弧中的 i 表示点 j 的标号是从点 i 延伸过程的,$\varepsilon(j) = \min\{\varepsilon(i),(c_{ij} - f_{ij})\}$;

(2) 考虑所有指向标号点 i 的弧 (h,i),如果有 $f_{hi} = 0$,对 h 点不标号;若有 $f_{hi} > 0$,则对点 h 标号,记为 $(i,\varepsilon(h))$,其中 $\varepsilon(h) = \min\{\varepsilon(i),f_{hi}\}$;

(3) 如果某未标号点 k 有两个以上相邻的标号点,为减少迭代次数,可按(1)、(2)中所述规则分别计算出 $\varepsilon(k)$ 的值,并取其中最大的一个标记。

第三步:重复第二步,可能出现两种结局:

(1) 标号过程中断,t 得不到标号,说明该网络中不存在增广链,给定的流量即为最大流。记已标号点的集合为 V,未标号点集合为 $\overline{V}$,$(V,\overline{V})$ 为网络的最小割;

(2) t 得到标号,这时可用反向追踪法在网络中找出一条从 $s \to t$ 的由标号点及相应的弧连接而成的增广链。

第四步:修改流量。设图中原有可行流为 f,令

$$f' = \begin{cases} f + \varepsilon(t) & \text{对增广链上所有前向弧} \\ f - \varepsilon(t) & \text{对增广链上所有后向弧} \\ f & \text{所有非增广链上的弧} \end{cases}$$

这样又得到网络上的一个新的可行流 f'。

第五步:抹掉图上所有标号,重复第一到四步,直至图中找不到任何增广链,即出现第三步的结局(1)为止,这时网络图中的流量即为最大流。

【例 7】 用标号算法求图 6.16 中 $s \to t$ 的最大流量,并找出该网络的最小割。

【解】 (1) 先给发点 s 标号 $(0, \infty)$。

(2) 从 s 点出发的弧 (s, v_2)，因有 $f_{s2} < c_{s2}$，故对 v_2 点标号 $(s, \varepsilon(v_2))$，其中
$$\varepsilon(v_2) = \min\{\varepsilon(s), (c_{s2} - f_{s2})\} = 2$$

(3) 对弧 (v_1, v_2)，因 $f_{12} > 0$，故对 v_1 标号 $(v_2, \varepsilon(v_1))$，其中
$$\varepsilon(v_1) = \min\{\varepsilon(v_2), f_{12}\} = \min\{2, 4\} = 2$$

(4) 对弧 (v_1, v_3)，因 $f_{13} < c_{13}$，故对 v_3 标号 $(v_1, \varepsilon(v_3))$，其中
$$\varepsilon(v_3) = \min\{\varepsilon(v_1), (c_{13} - f_{13})\} = \min\{2, 5\} = 2$$

(5) 对弧 (v_4, v_3)，因 $f_{43} > 0$，故对 v_4 标号 $(v_3, \varepsilon(v_4))$，其中
$$\varepsilon(v_4) = \min\{\varepsilon(v_3), f_{43}\} = \min\{2, 1\} = 1$$

(6) 对弧 (v_4, t)，因 $f_{4t} < c_{4t}$，故 t 点得到标号 $(v_4, \varepsilon(t))$，其中
$$\varepsilon(t) = \min\{\varepsilon(v_4), (c_{4t} - f_{4t})\} = \min\{1, 2\} = 1$$

(7) 因收点 t 得到标号，可用反向追踪法找出网络图上的一条增广链，如图 6.18 中虚线所示。

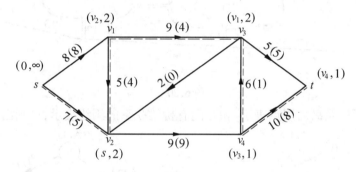

图 6.18

(8) 修改增广链上各弧的流量
$$f'_{s2} = f_{s2} + \varepsilon(t) = 5 + 1 = 6$$
$$f'_{12} = f_{12} - \varepsilon(t) = 4 - 1 = 3$$
$$f'_{13} = f_{13} + \varepsilon(t) = 4 + 1 = 5$$
$$f'_{43} = f_{43} - \varepsilon(t) = 1 - 1 = 0$$
$$f'_{4t} = f_{4t} + \varepsilon(t) = 8 + 1 = 9$$

非增广链上的所有弧流量不变。这样得到网络图上的一个新的可行流，见图 6.19。

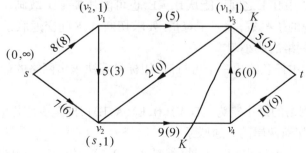

图 6.19

在图 6.19 中重复上述标号过程,由于对点 s、v_2、v_1、v_3 标号后,标号中断,故图中给出的可行流即为该网络的最大流,$v^*(f) = 14$。

将已标号点 s、v_1、v_2、v_3 的集合记为 V,未标号点 v_4、t 的集合记为 $\overline{V}$,$(V,\overline{V}) = \{(3, t),(2,4)\}$ 即为该网络的最小割,有 $c^*(V,\overline{V}) = 14$。

6.5.5 应用举例

【例 8】 某河流中有几个岛屿,从两岸至各岛屿及各岛屿之间的桥梁编号如图 6.20 所示。在一次敌对的军事行动中,问至少应炸断几座及哪几座桥梁,才能完全切断两岸的交通联系。

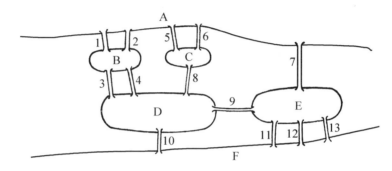

图 6.20

【解】 将两岸及岛屿用点表示,相互间有桥梁联系的用线表示,可画出图 6.21。

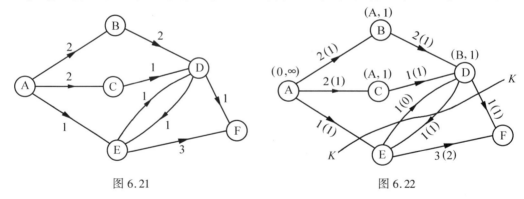

图 6.21　　　　　　　　　　图 6.22

图中连线方向根据从 A 出发通向 F 的方向来定。因如果 A→F 方向不通的话,从 F→A 的方向也走不通。其中 D、E 之间可能从 D→E,也可能从 E→D,故画相对方向的两条线。各弧旁数字为两点间的桥梁数,相当于容量。要求切断 A、F 间交通联系的最少桥梁数,就相当于求图 6.21 中网络的最小割。

因此可以先在图中任意给出一个可行流,用标号算法求出网络的最大流如图 6.22 所示。

由图 6.22 得该网络的最小割为 {(D,F)(D,E)(A,E)},即至少应炸断编号为 7、9、10 的三座桥梁,才能完全切断两岸的交通联系。

【例 9】 匹配问题。有三根相同的轴(编号为 1、2、3),又有三个相同的齿轮(编号为 4、5、6),由于精度不高,不能做到任意互配。根据图纸工艺要求,已知轴 1 能和齿轮 4、5 配合,轴2能和齿轮5、6配合，轴3能和齿轮4、5配合。要求合理选择装配方案，以得到轴与齿轮的最大匹配数。

【解】 先将上述问题用图的形式表示。用点①、②、③分别代表三根轴，④、⑤、⑥分别代表三个齿轮。轴1能与齿轮4、5很好配合，就在点①与点④及⑤之间各连一条线；轴2能与齿轮5、6配合，就在点②与点⑤及⑥之间分别连一条线，并依次类推得图6.23。先研究左边的点，由于对每根轴来说，只能与一个齿轮匹配。如轴1与齿轮4匹配，就不能再与齿轮5匹配。因此可以这样设想，进入点①有一个流量 $f=1$，给从点①出来的连线规定一个指向，并令每条线上的容量 c 都为1，因此在 f_{14} 和 f_{15} 中当一个取1时，另一个必取 0（见图6.24）。对点②和③情况类似。再看图6.23右侧的三个点。若齿轮4与轴1匹配，就不能再与轴3匹配。因此可以同样设想，从点④输出的流量 $f=1$，而在进入④的流量中只能有一个为1，其余为0（见图6.25）。对点⑤、⑥情况类似。

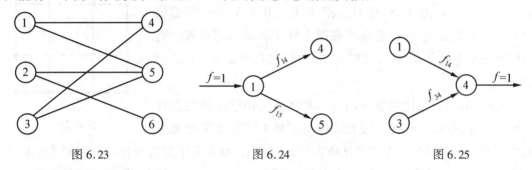

图 6.23　　　　图 6.24　　　　图 6.25

在图6.23中增加一个假想发点与假想收点得图6.26。求轴与齿轮的最大匹配数就变为求图6.26网络上的最大流。

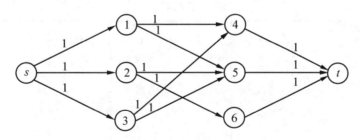

图 6.26

在图6.26中先给出一个初始流，并用 Ford-Fulkerson 的标号算法找出该网络的最大流，见图6.27。

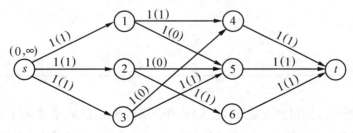

图 6.27

由图 6.27 中流量的分布情况 $f_{14}=1, f_{26}=1, f_{35}=1$，即应使轴 1 与齿轮 4、轴 2 与齿轮 6、轴 3 与齿轮 5 匹配，就能得到轴与齿轮的最大匹配数。

习 题 六

6.1 有 8 种化学药品 A、B、C、D、P、R、S、T 要放进贮藏室保管。出于安全原因，下列各组药品不能贮在同一室内：A-R，A-C，A-T，R-P，P-S，S-T，T-B，T-D，B-D，D-C，R-S，R-B，P-D，S-C，S-D，问贮存这 8 种药品至少要多少间贮藏室。

6.2 已知有 16 个城市及它们之间的道路联系（见图 6.28）。某旅行者从城市 A 出发，沿途依次经 J、N、H、K、G、B、M、I、E、P、F、C、L、D、O、C、G、N、H、K、O、D、L、P、E、I、F、B、J、A，最后到达城市 M。由于疏忽，该旅行者忘了在图上标明各城市的位置。请应用图的基本概念及理论，在图 6.28 中标明各城市 A～P 的位置。

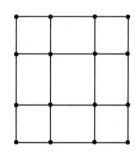

图 6.28

6.3 10 名研究生参加 6 门课程的考试。由于选修的课程不同，考试门数也不一样。表 6.4 给出了每个研究生应参加考试的课程（打△号的）。规定考试应在三天内结束，每天上下午各安排一门。研究生们提出希望每人每天最多考一门，又课程 A 必须安排在第一天上午考，课程 F 安排在最后一门，课程 B 只能安排在下午考，试列出一张满足各方面要求的考试日程表。

表 6.4

研究生＼考试课程	A	B	C	D	E	F
1	△	△		△		
2	△		△			
3	△					△
4		△			△	△
5	△		△	△		
6			△		△	
7			△		△	△
8		△		△		
9	△					△
10	△		△			△

6.4 三个瓶子分别可盛 8 kg，5 kg，3 kg 油。现盛 8 kg 的瓶子装满了油，不准用秤等度量工具，只准用这三个瓶子如何将其分成各 4 kg 的两份，试用图论中的方法求解表示。

6.5 分别用破圈法和避圈法求图 6.29 中各个图的最小部分树。

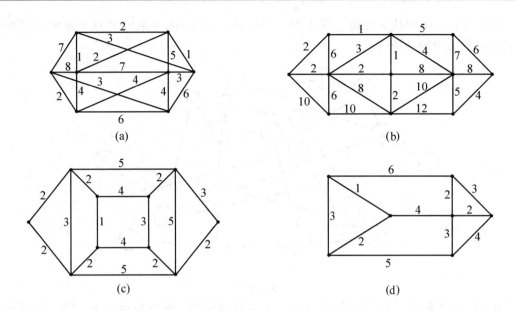

图 6.29

6.6 已知 8 口海上油井，相互间距离如表 6.5 所示。已知 1 号井离海岸最近，为 5 浬。问从海岸经 1 号井铺设油管将各油井连接起来，应如何铺设使输油管线长度为最短（为便于计量和检修，油管只准在各井位处分叉）。

表 6.5 各油井间距离　　　　　　　　　　　　　　　　　　　　单位：浬

从＼到	2	3	4	5	6	7	8
1	1.3	2.1	0.9	0.7	1.8	2.0	1.7
2		0.9	1.8	1.2	2.6	2.3	1.2
3			2.6	1.7	2.5	1.9	0.9
4				0.7	1.6	1.5	1.1
5					0.9	1.1	0.7
6						0.6	1.2
7							0.7

6.7 将在图 6.29(d)中求最小部分树的问题归结为求解一个整数规划问题，试列出这个整数规划的数学模型。

6.8 用标号法求图 6.30 中 v_1 至各点的最短路。

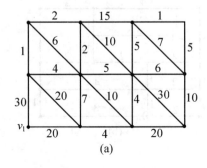
(a)

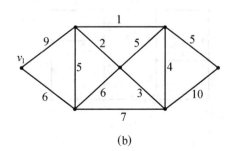
(b)

图 6.30

6.9 图 6.31 中从一点沿连线走到另一点算一步,问从 A 点到 B 点至少走多少步。试找出步数最少的一条链。

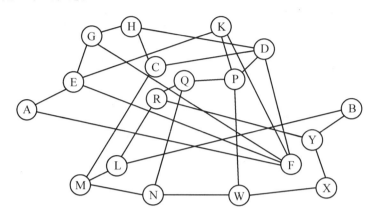

图 6.31

6.10 某人购买一台摩托车,准备在今后 4 年内使用。他可在第一年初购一台新车,连续使用 4 年,也可于任何一年年末卖掉,于下一年初换一台新车。已知各年初的新车购置价见表 6.6,不同役龄车的年使用维护费及年末处理价见表 6.7。要求确定该人使用摩托车的最优更新策略,使 4 年内用于购买、更换及使用维护的总费用为最省。

表 6.6   单位:万元

	第一年	第二年	第三年	第四年
年初购置价	2.5	2.6	2.8	3.1

表 6.7   单位:万元

摩托车役龄/年	0~1	1~2	2~3	3~4
年使用维护费	0.3	0.5	0.8	1.2
该役龄年末处理费	2.0	1.6	1.3	1.1

6.11 已知邮递员的投递区域及街道分布如图 6.32 所示,图中数字为街道长度,⊕号为邮局所在地,试分别为邮递员设计一条最佳的投递路线。

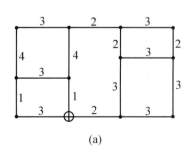

(a)

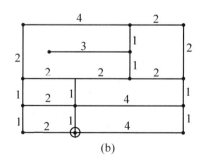

(b)

图 6.32

6.12 某公司在6个城市 $C_1,\cdots,C_6$ 设有分公司,从 C_i 到 C_j 的直达航线票价记在下面矩阵的 (i,j) 位置上(∞表明无直达航线,需经其他城市中转)。请帮助该公司设计一张任意两城市间的票价最便宜的路线表。

$$\begin{bmatrix} 0 & 50 & \infty & 40 & 25 & 10 \\ 50 & 0 & 15 & 20 & \infty & 25 \\ \infty & 15 & 0 & 10 & 20 & \infty \\ 40 & 20 & 10 & 0 & 10 & 25 \\ 25 & \infty & 20 & 10 & 0 & 55 \\ 10 & 25 & \infty & 25 & 55 & 0 \end{bmatrix}$$

6.13 用 Ford-Fulkerson 的标号算法求图 6.33 中所示各容量网络中从 v_s 到 v_t 的最大流,并标出各网络的最小割集。科中各弧旁数字为容量 c_{ij},括弧中为流量 f_{ij}。

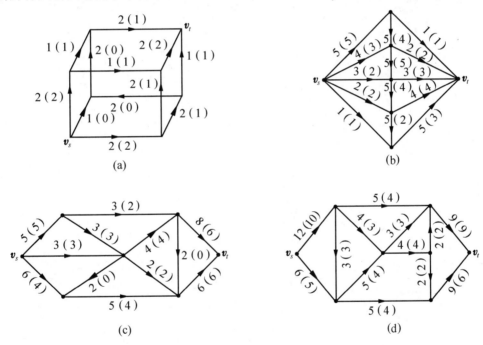

图 6.33

6.14 某单位招收懂俄、英、日、德、法文的翻译各一人。有5人应聘。已知乙懂俄文,甲、乙、丙、丁懂英文,甲、丙、丁懂日文,乙、戊懂德文,戊懂法文。问最多有几人能得到招聘,又分别被聘任从事哪一文种的翻译。

6.15 一条流水线有5个岗位,分别完成某产品装配的5道工序。现分配甲、乙、丙、丁、戊5个工人去操作。由于每人专长不同,各个工人在不同岗位上生产效率不一样,具体数字见表 6.8。关应如何分配每个工人的操作岗位,使这条流水线的生产能力为最大?

表 6.8　　　　　　　　　　　　　　　　　　　单位:件/min

工人＼工位	I	II	III	IV	V
甲	2	3	4	1	7
乙	3	4	2	5	6
丙	2	5	3	4	1
丁	5	2	3	2	5
戊	3	7	6	2	4

6.16　某工程公司在未来 1～4 月份内需完成三项工程:第一项工程工期为 1～3 月份共 3 个月,总计需劳动力 80 人月;第二项工期为 4 个月,总计需劳动力 100 人月;第三项工程工期为 3～4 月,总计需 120 人月的劳动力。该公司每月可用劳动力 80 人,但任一项工程每个月投入的劳动力一律不准超过 60 人。问该工程公司能否按期完成上述三项工程任务,应如何安排劳力? 试将此问题归纳为求网络最大流问题。

第7章 计划评审方法和关键路线法

计划评审方法(program evaluation and review technique,简写为 PERT)和关键路线法(critical path method,简写为 CPM)是网络分析的一个组成部分,它特别广泛应用于系统分析和计划的目标管理。PERT 最早应用于美国海军北极星导弹的研制系统,由于该导弹的系统非常庞大复杂,为找到一种有效的管理技术,设计了 PERT 这种方法,并使北极星导弹的研制周期缩短了一年半时间。CPM 是与 PERT 十分相似但又是独立发展的另一种技术,它主要研究大型工程的费用与工期的相互关系。

在计划管理中,过去习惯采用的是甘特图(Gantt chart),或称横道图(bar chart)。计划评审方法较之甘特图有明显的优点:①能够直观清晰地反映计划各部门或各项工作之间的相互联系制约,便于掌握计划的全盘情况;②反映了某一部门或某一项工作在全局中的地位和影响,便于发现薄弱环节并进行控制、管理;③这种计划的编制可利用计算机进行数据推理运算,因此便于进行各种方案的分析比较。一旦发现某项工作偏离计划时,及时采取措施,保证整个计划按时完成。

目前这种方法已广泛应用于建筑施工和新产品的研制计划、计算机系统的安装调试、军事指挥及各种大型复杂工程的控制管理。

7.1 PERT 网络图

区别于上一章讲的网络图,PERT 网络图有一些自身的特点和要求,需要专门叙述。

7.1.1 PERT 网络图的一些基本概念

1. 作业 指任何消耗时间或资源的行动,如新产品设计中的初步设计、技术设计、工装制造等。根据需要,作业可以划分得粗一些,也可以划分得细一些。

2. 事件 标志作业的开始或结束,本身不消耗时间或资源,或相对作业讲,消耗量可以小得忽略不计。某个事件的实现,标志着在它前面各项作业(紧前作业)的结束,又标志着在它之后的各项作业(紧后作业)的开始。如机械制造业中,只有完成铸锻件毛坯后,才能开始机加工;各种零部件都完工后,才能进行总装等。

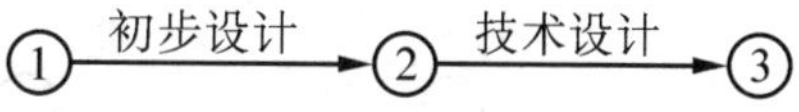

PERT 网络图中,事件通常用圆圈表示,作业用箭线表示(见图 7.1)。图中事件①是开始进行初步设计的标志,称为该项作业的起点事件;事件②是初步设计的结束标志,称为该项作业的终点事件。

图 7.1

将初始设计这项作业标记为(1,2)。一般某项作业若起点事件为 i,终点事件为 j,将该作业标记为 (i,j)。作为整个 PERT 网络图开始的事件称最初事件,整个 PERT 网络图结束的事件称最终事件。

3. 路线 指 PERT 网络图中,从最初事件到最终事件的由各项作业连贯组成的一条路。图中从最初事件到最终事件可以有不同的路,路的长度是指完成该路上的各项作业持续时间的长度和。各项作业累计时间最长的那条路,称为关键路线,它决定完成网络图上所有作业需要的最短时间。如图 7.2 中用双箭线表示的那条路是关键路线,需 11 h。

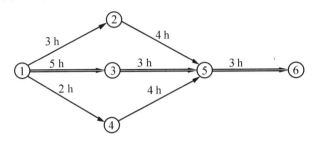

图 7.2

7.1.2 建立 PERT 网络图的准则和注意事项

1. 绘制 PERT 网络图时,一般从左到右,从上到下。事件的编号箭头处必须大于箭尾处。

2. 两个事件之间只能画一条箭线,表示一项作业。对具有相同开始和结束事件的两项以上作业,要引进虚事件和虚作业。图 7.3(a)中事件③与⑤之间有两项作业,这种画法不正确,应改画成(b)那样,其中④是虚事件,(4,5)是虚作业,用虚箭线表示。

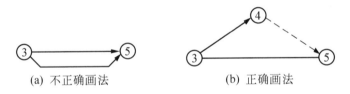

(a) 不正确画法　　　　(b) 正确画法

图 7.3

3. 各项作业之间的关系及它们在 PERT 网络图上的表达方式如下:

作业 a 结束后可以开始 b 和 c,见图 7.4(a);

作业 c 在 a 和 b 均结束后才能开始,见图 7.4(b);

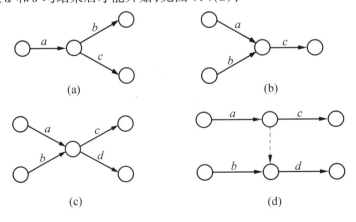

图 7.4

a、b 两项作业均结束后可以开始 c 和 d，见图 7.4(c)；

作业 c 在 a 结束后即可进行，但作业 d 必须同时在 a 和 b 结束后才能开始，见图 7.4(d)。

4. PERT 网络图中不允许出现回路，出现图 7.5 中的画法是不允许的，应予改正。

5. 为了方便计算和做到美观清晰，PERT 网络图中应通过调整布局，尽量避免箭线之间的交叉，如图 7.6(a)、(b)所示。

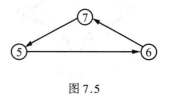

图 7.5

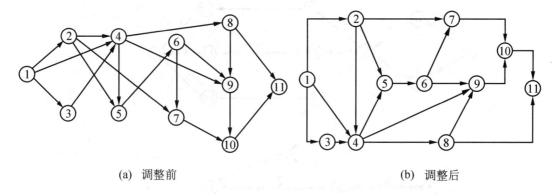

(a) 调整前　　　　　　　　　　(b) 调整后

图 7.6

7.1.3 PERT 网络图的合并与简化

在一项大的工程中，处于高层的领导往往只需要掌握些大的重要项目的进度。越到基层，作业项目就应分得细一些，进度也要具体一些。所以 PERT 网络图按其用途的不同，可分为综合网络图、局部网络图和基层网络图。如建设一个大型钢铁联合企业，在综合网络图上可能只反映矿山、炼铁厂、炼钢厂、轧钢厂、炼焦厂、化工厂、机修厂、铁路、码头一些主要的大的项目的进度计划，这些大工程项目，每一个都构成一个局部网络。如炼铁厂的局部网络图上就可以包括浇灌地基、安装高炉炉体、热风炉炉体、管道、炉料运送、铁水运送等作业。假如某一工程队负责浇灌地基，那么这个工程队的网络图上就应进一步将作业细分为挖地基、清除土方、运送材料、扎钢筋、浇灌混凝土等。

由上看出，在不同的网络图上，对作业粗细的划分程度可以有很大差别。如把图上的一组作业简化为一个"组合"的作业，称为网络图的简化；若把若干个局部网络图归并成一个网络图，称为网络的合并。图 7.7 中(c)是(a)、(b)两个网络图的合并，(d)是(c)的简化。

图 7.7(a)、(b)中，事件⑧是两个网络图中的共同事件，称为交界事件。交界事件沟通了两个以上网络的各项作业之间的关系。交界事件又分进入交界事件(图 7.7(b)中的事件⑧)和引出交界事件((a)中的事件⑧)。

在进行网络图的简化时，由于图 7.7(a)的一组作业具有唯一的开始事件和结束事件，可以简化为一项大的"组合"作业。但注意简化后⑤→⑧这组作业的时间，一定要以这个网络的关键路线的持续时间来表示。图 7.7(b)的网络中，由于事件⑪、⑫与别的网络分别有联系，合并简化时这类事件不能略去，因此只能局部简化图 7.7(d)中右边的形式。

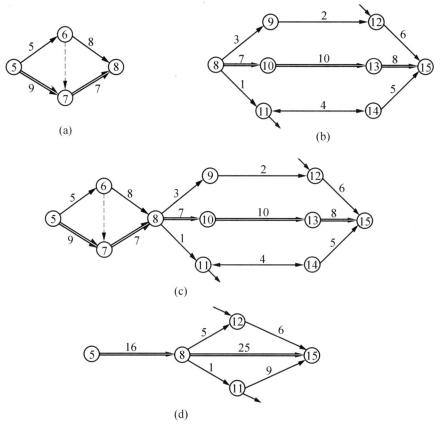

图 7.7

7.2 PERT 网络图的计算

对如何建立 PERT 网络图及分析计算的过程,通过下面例子说明。

【例 1】 某设备有一个部件损坏,为进行抢修需突击制造一个铸件。该铸件利用木模造型,并需安放 I 号和 II 号泥芯各四个,才能合箱浇铸。各项作业内容和计划时间见表 7.1。试求完成表上安排的全部计划作业内容,即从收到图纸、木模开始算起到准备合箱浇铸,最少需多长时间。并计算网络图各项参数。

表 7.1

序号	作业内容	计划完成时间/h	紧前作业
1	型砂准备	2	—
2	造　型	4	1
3	砂型烘干	4	2
4	芯砂准备	4.7	—
5	芯骨浇铸	7.2	—
6	芯骨装配	2	5
7	造 4 个 I 号泥芯	6.2	4,6
8	造 4 个 II 号泥芯	4	4,6
9	II 号泥芯干燥	4.3	8

【解】 先按表 7.1 给出的资料画出 PERT 网络图(见图 7.8)。图中①为整个网络的最初事件,⑦为最终事件。标在箭线上面的时间是完成各项作业的计划时间。为了对网络图进行分析,需要计算作业的最早开始时间 $t_{ES}(i,j)$、最早结束时间 $t_{EF}(i,j)$ 和作业的最迟开始时间 $t_{LS}(i,j)$、最迟结束时间 $t_{LF}(i,j)$ 以及时差值。

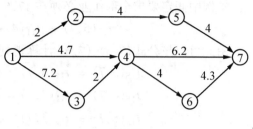

图 7.8

1. 作业的最早开始时间是它的各项紧前作业最早结束时间中的最大一个值,作业的最早结束时间是它的最早开始时间加上该项作业的计划时间 $t(i,j)$ 的值。用公式表示为

$$t_{ES}(i,j) = \max_k \{t_{EF}(k,i)\} \tag{7.1}$$

$$t_{EF}(i,j) = t_{ES}(i,j) + t(i,j) \tag{7.2}$$

本例中假定最初事件在时刻零实现,则有

$$t_{ES}(1,2) = t_{ES}(1,3) = t_{ES}(1,4) = 0$$

由此计算得到

$$t_{EF}(1,2) = t_{ES}(1,2) + t(1,2) = 0 + 2 = 2$$
$$t_{EF}(1,3) = t_{ES}(1,3) + t(1,3) = 0 + 7.2 = 7.2$$
$$t_{EF}(1,4) = t_{ES}(1,4) + t(1,4) = 0 + 4.7 = 4.7$$
$$t_{ES}(2,5) = t_{EF}(1,2) = 2$$
$$t_{EF}(2,5) = t_{ES}(2,5) + t(2,5) = 2 + 4 = 6$$
$$t_{ES}(3,4) = t_{EF}(1,3) = 7.2$$
$$t_{EF}(3,4) = t_{ES}(3,4) + t(3,4) = 7.2 + 2 = 9.2$$
$$t_{ES}(4,6) = t_{ES}(4,7) = \max\{t_{EF}(1,4);t_{EF}(3,4)\} =$$
$$\max\{4.7;9.2\} = 9.2$$
$$t_{EF}(4,6) = t_{ES}(4,6) + t(4,6) = 9.2 + 4 = 13.2$$
$$t_{EF}(4,7) = t_{ES}(4,7) + t(4,7) = 9.2 + 6.2 = 15.4$$
$$t_{ES}(5,7) = t_{EF}(2,5) = 6$$
$$t_{EF}(5,7) = t_{ES}(5,7) + t(5,7) = 6 + 4 = 10$$
$$t_{ES}(6,7) = t_{EF}(4,6) = 13.2$$
$$t_{EF}(6,7) = t_{ES}(6,7) + t(6,7) = 13.2 + 4.3 = 17.5$$

完成网络上各项作业的最短周期为

$$\max\{t_{EF}(5,7);t_{EF}(4,7);t_{EF}(6,7)\} = 17.5$$

2. 作业的最迟结束时间是它的各项紧后作业最迟开始时间中的最小一个,各项作业的紧后作业的开始时间应以不延误整个工期为原则。作业的最迟开始时间是它的最迟结束时间减去该项作业的时间。用公式来表示时为

$$t_{LF}(i,j) = \min_k \{t_{LS}(j,k)\} \tag{7.3}$$

$$t_{LS}(i,j) = t_{LF}(i,j) - t(i,j) \tag{7.4}$$

本例中假定要求全部作业必须在 17.5 h 内结事,故有
$$t_{LF}(5,7) = t_{LF}(4,7) = t_{LF}(6,7) = 17.5$$
由此可以按公式(7.3)、(7.4)计算得到
$$t_{LS}(5,7) = t_{LF}(5,7) - t(5,7) = 17.5 - 4 = 13.5$$
$$t_{LS}(4,7) = t_{LF}(4,7) - t(4,7) = 17.6 - 6.2 = 11.3$$
$$t_{LS}(6,7) = t_{LF}(6,7) - t(6,7) = 17.5 - 4.3 = 13.2$$
$$t_{LF}(4,6) = t_{LS}(6,7) = 13.2$$
$$t_{LS}(4,6) = t_{LF}(4,6) - t(4,6) = 13.2 - 4 = 9.2$$
$$t_{LF}(2,5) = t_{LF}(5,7) = 13.5$$
$$t_{LS}(2,5) = t_{LF}(2,5) - t(2,5) = 13.5 - 4 = 9.5$$
$$t_{LF}(1,4) = t_{LF}(3,4) = \min\{t_{LS}(4,7); t_{LS}(4,6)\} =$$
$$\min\{11.3; 9.2\} = 9.2$$
$$t_{LS}(1,4) = t_{LF}(1,4) - t(1,4) = 9.2 - 4.7 = 4.5$$
$$t_{LS}(3,4) = t_{LF}(3,4) - t(3,4) = 9.2 - 2 = 7.2$$
$$t_{LF}(1,3) = t_{LS}(3,4) = 7.2$$
$$t_{LS}(1,3) = t_{LF}(1,3) - t(1,3) = 7.2 - 7.2 = 0$$
$$t_{LF}(1,2) = t_{LS}(2,5) = 9.5$$
$$t_{LS}(1,2) = t_{LF}(1,2) - t(1,2) = 9.5 - 2 = 7.5$$

事件 ① 是整个网络的初始事件,以它为起点的有三项作业。由此事件 ① 的最迟实现时间为
$$\min\{t_{LS}(1,2); t_{LS}(1,4); t_{LS}(1,3)\} = 0$$

3. 时差。按性质可区分为作业的总时差 $R(i,j)$ 和作业的自由时差 $F(i,j)$。作业的总时差是指网络上可利用时差的总数,可用公式计算即

或
$$\left.\begin{array}{l}R(i,j) = t_{LF}(i,j) - t_{ES}(i,j) - t(i,j) \\ R(i,j) = t_{LF}(i,j) - t_{EF}(i,j) = t_{LS}(i,j) - t_{ES}(i,j)\end{array}\right\} \quad (7.5)$$

注意当某项作业利用了总时差后,将影响到与它有关联的其他作业的总时差。如
$$R(1,2) = 7.5 - 0 = 7.5$$
$$R(2,5) = 9.5 - 2 = 7.5$$
$$R(5,7) = 13.5 - 6 = 7.5$$

实际上式(7.5)是上述三项作业可利用的时差的总和,其中任何一项作业占用一部分后,将减少其他两项作业可利用的时差数。

作业的自由时差是指不影响它的各项紧后作业最早开工时间条件下,该项作业可以推迟的开工时间的最大幅度。作业 (i,j) 的自由时并 $F(i,j)$ 可表示为
$$F(i,j) = \min_j\{t_{ES}(j,k)\} - t_{EF}(i,j) \quad (7.6)$$
例如有
$$F(1,2) = t_{ES}(2,5) - t_{EF}(1,2) = 2 - 2 = 0$$
$$F(1,4) = \min\{t_{ES}(4,6), t_{ES}(4,7)\} - t_{EF}(1,4) =$$

$$\min\{9.2, 9.2\} - 4.7 = 4.5$$
$$F(2,5) = t_{ES}(5,7) - t_{EF}(2,5) = 6 - 6 = 0$$

上述计算要以直接在网络图上进行,也要以用列表的方式进行。计算结果得到了一个网络计划。

直接在网络图上计算时,在图上一般只标出 $t_{ES}(i,j), t_{LF}(i,j), t_{ij}$ 和 R_{ij}(见图7.9)。因为 $t_{EF}(i,j), t_{LS}(i,j)$ 和 $F(i,j)$ 等参数可利用已标注的参数比较容易推算出来。

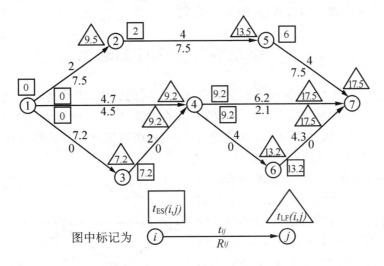

图 7.9

直接在网络上计算,优点是比较直观,但缺点是图上数字标注过多,不够清晰。对比较复杂的 PERT 网络图,较多的利用表格进行计算。表格形式和计算过程有关数据列于表7.2。

表 7.2

作业(i,j)	$t(i,j)$	$t_{ES}(i,j)$	$t_{EF}(i,j)$	$t_{LS}(i,j)$	$t_{LF}(i,j)$	$R(i,j)$	$F(i,j)$
1	2	3	4	5	6	7	8
(1,2)	2	0	2	7.5	9.5	7.5	0
(1,3)	7.2	0	7.2	0	7.2	0	0
(1,4)	4.7	0	4.7	4.5	9.2	4.5	4.5
(2,5)	4	2	6	9.5	13.5	7.5	0
(3,4)	2	7.2	9.2	7.2	9.2	0	0
(4,6)	4	9.2	13.2	9.2	13.2	0	0
(4,7)	6.2	9.2	15.4	11.3	17.5	2.1	2.1
(5,7)	4	6	10	13.5	17.5	7.5	0
(6,7)	4.3	13.2	17.5	13.2	17.5	0	0

下面作几点说明:

(1) 表的第 1 栏填写网络图上的全部作业。从起点事件中编号最小的填写起,即起点事件编号相同的作业,按终点事件编号由小到大填写;

(2) 表的第 2 栏填写各项作业的计划时间 t_{ij};

(3) 依据公式(7.1)和(7.2)计算得出第 3、4 两栏的数字,其中第 4 栏数字为第 2、3 两栏数字之和。计算时假定 $t_{ES}(1,2) = t_{ES}(1,3) = t_{ES}(1,4) = 0$；

(4) 依据公式(7.3)和(7.4)计算第5、6两栏数字,其中第5栏数字为第6栏数字与第2栏数字之差。计算时假定 $t_{LS}(4,7) = t_{LF}(5,7) = t_{LF}(6,7) = 17.5$,并从表的最下端往上推算；

(5) 表中第7栏数字 $R(i,j)$ 按式(7.5)计算,为表中第6栏减去第4栏,或第5栏减去第3栏数字之差；

(6) 表中第8栏数字由公式(7.6)计算得到。

7.3 关键路线和网络计划的优化

前面讲到网络图中从最初事件到最终事件的不同的路中,作业总时间延续最长的一条路称关键路线。在这条路线上所有作业的总时差为零。从图7.9(或表7.2)中看出,作业 (1,3)、(3,4)、(4,6)、(6,7) 的 $R(i,j)$ 值均为零,因此由这四项作业连接而成的路构成关键路线,用双箭线标出(见图7.10)。

关键路线的意义是:第一,这条路线的持续时间决定了完成全盘计划所必需的最少时间;第二,关键路线上的各项作业对影响计划进度起关键作用,是整个工程的薄弱环节,也就是需要领导重点抓和安排比较充裕的人力物力以保证按期完工的关键部位。

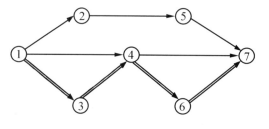

图 7.10

在一个 PERT 网络图中,有时关键路线可能不止一条。此外,除关键路线外,还有持续时间十分接近关键路线、被称为次关键路线的一些路线,它也是各级领导指挥人员应该注意抓的环节。因为一旦采取措施缩短了关键路线上作业的完成时间后,那些次关键路线有可能矛盾突了,转变成关键路线。

例1中关键路线的持续时间是 17.5 h,其他路线均有机动时间。为了缩短整个计划进程,就要设法缩短关键路线的持续时间,这就是网络图的优化或改进。缩短网络图上关键路线的持续时间可通过以下途径实现：

(1)检查关键路线上各项作业的计划时间是否订得恰当,如果订得过长,可适当缩短；
(2)将关键路线上的作业进一步分细,尽可能安排多工位或平行作业；
(3)抽调非关键路线上的人力、物力支援关键路线上的作业；
(4)有时也可通过重新制订工艺流程,也就是用改变网络图结构的办法来达到缩短时间的目的。不过这种方法工作量大,只有对整个工作的持续时间有十分严格的要求,而用其他方法均不能奏效的情况下才采用。

【例 2】 如果例1中损坏的设备为一台关键设备,为加快抢修进度,要求表7.1中列出的各项作业必须在 15 h 内结束。又已知为完成各项工作的最短需求时间(注:某些工作无法缩短时间,未列入)及分别比原计划缩短一个小时所需增加的费用见表7.3。问应如何重新安排计划,使全部工作在 15 h 内完成,而增加的费用又最少？

表 7.3

作业内容	计划完成时间/h	最短完成时间/h	缩短 1 h 增加的费用/元
芯骨浇铸	7.2	4.2	5
芯骨装配	2	1	4
造Ⅱ号芯	4	1	3
Ⅱ号芯烘干	4.3	2.8	6
芯砂准备	4.7	3.5	2
造Ⅰ号芯	6.2	4	2.5

【解】 考虑这个问题的步骤可按下面框图的顺序进行(见图 7.11)。

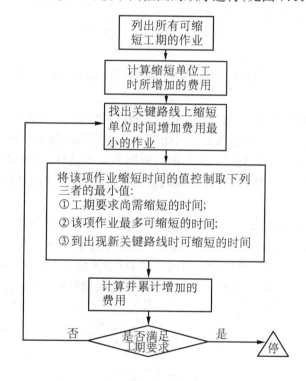

图 7.11

本例中关键路线上的作业有 4 项,即芯骨浇铸、芯骨装配、造Ⅱ号芯与Ⅱ号芯烘干,其中造Ⅱ号芯缩短 1 h 增加费用最少。工期要求缩短 2.5 h,该项作业最多可缩短 3 h,但作业(4,7)的自由时差为 2.1 h,即缩短 2.1 h 后将出现新的关键路线。因此有 min{2.5;3;2.1}=2.1,故决定将造Ⅱ号芯时间缩短 2.1 h,比原计划需增加的费用为 2.1×3=6.3 元。

重复上述步骤,但注意到现在有两条关键路线,持续时间均为 15.4 h(见图 7.12)。由于缩短芯骨装配时间增加的费用最少,故考虑缩短这项作业的时间。现工期尚要求缩短 0.4 h,该项作业最多可缩短 1 h,又整个工期缩短 4.5 h 会出现新路线。由 min{0.4;1;4.5}=0.4,决定将芯骨装配时间缩短 0.4 h,需增加额外费用 4×0.4=1.6 元。

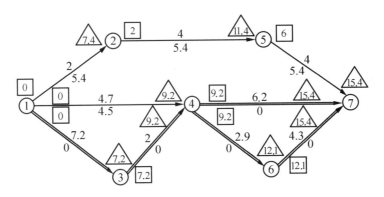

图 7.12

由于已满足工期要求,故不需继续往下进行。由此要求在 15 h 内完成表 7.1 中列举的各项工作,需比原计划额外增加费用为

$$6.3 + 1.6 = 7.9 元$$

7.4 完成作业的期望时间和在规定时间内实现事件的概率

上述每项活动的时间均看做是一个固定数值。但实际上 PERT 方法主要用于各项研制工程的计划管理,所以对网络图上各项作业的计划完成时间不可能非常正确地给定,往往只能凭借经验和过去完成类似工作需要的时间来进行估计。通常情况下,对完成一项作业可以给出三个时间上的估计值:最乐观的估计值(a),最悲观的估计值(b),最可能的估计值(m)。

按最乐观的估计值去完成一项活动的概率很小,按最悲观的估计时间完成一项作业的概率也很小,而按最可能的估计时间完成一项作业的概率为最大。那么是不是就是最可能的时间估计值作为完成一项作业的时间来计算呢?不能,因为概率最大的值并不一定是概率分布的期望值。在实际计算中,完成一项作业的期望时间 $Et(i,j)$ 是按经验公式计算的,即

$$Et(i,j) = \frac{a + 4m + b}{6} \tag{7.7}$$

方差

$$\sigma_{Et}^2 = \left(\frac{b-a}{6}\right)^2 \tag{7.8}$$

对上述计算结果的解释是:a 是最乐观的时间估计值,m 是最可能的估计值,假定 m 两倍于 a 的可能性,加权平均得 a、m 之间的平均值为 $(a+2m)/3$。同样,b 是最悲观的时间估计值,m 是最可能的估计值,假定 m 两倍于 b 的可能性,加权平均得 b、m 间的平均值为 $(b+2m)/3$。如果期望完成时间各以 $\frac{a+2m}{3}$、$\frac{2m+b}{3}$ 的 $\frac{1}{2}$ 可能性出现,这两者的平均数为

$$Et(i,j) = \frac{1}{2}\left(\frac{a+2m}{3} + \frac{2m+b}{3}\right) = \frac{a+4m+b}{6}$$

$$\sigma_{Et}^2 = \frac{1}{2}\left[\left(\frac{a+4m+b}{6} - \frac{a+2m}{3}\right)^2 + \left(\frac{a+4m+b}{6} - \frac{2m+b}{3}\right)^2\right] = \left(\frac{b-a}{6}\right)^2$$

【例3】 如已知例1中各项作业的三个估计完成时间和要求实现各事件的规定时间分别见表7.4和表7.5,要求计算完成各项作业的期望时间值、方差和按规定时间实现各个事件的概率。

表7.4 各项作业的估计时间

作业内容	估计完成时间$(a—m—b)$/h
型砂准备	1—2—3
造型	3—4—5
型砂烘干	2—3—10
芯砂准备	2—5—6
芯骨浇铸	5—7—10
芯骨装配	1—2—3
造4个Ⅰ号芯	4—6—9
造4个Ⅱ号芯	2—4—6
Ⅲ号泥芯干燥	2—4.5—6

表7.5 各事件的规定完成时限

事件	2	3	4	5	6	7
规定的完成时限/h	3	8	9	6	13.5	18

【解】 按公式(7.7)和(7.8)先算出完成各项作业的期望时间和方差,见表7.6。

表7.6 完成各项作业的期望时间和方差

作业内容	期望完成时间	方差
型砂准备	2	1/9
造型	4	1/9
型砂烘干	4	16/9
芯砂准备	4.7	4/9
芯骨浇铸	7.2	25/36
芯骨装配	2	1/9
造4个Ⅰ号芯	6.2	25/36
造4个Ⅱ号芯	4	4/9
Ⅲ号泥芯干燥	4.3	4/9

为了计算上的方便,假定每个事件的最早实现时间 $t_e(j)$ 服从正态分布。以事件4为例,这个正态分布的中心为

$$t_e(4) = Et(1,3) + Et(3,4) = 7.2 + 2 = 9.2$$

方差

$$\sigma^2_{t_e(4)} = \sigma^2_{(1,3)} + \sigma^2_{(3,4)} = \frac{25}{36} + \frac{1}{9} = \frac{29}{36}$$

关于每个事件的实现时间服从正态分布的假定,对工程开始时的一些事件并不正确,但对后面的事件就比较正确。因为按中心极限定理,随着事件的增多,最终事件的完成时间趋向于正态分布。

假定 $t_e(k)$ 和 $\sigma^2_{t_e(k)}$ 分别为按各项作业概率分布时间计算得到的 k 事件的最早期望实现时间及其方差,则某一事件 k 的实现时间 T_k 小于规定期限 T_{dk} 的概率为

$$P(T_k \leqslant T_{dk}) = \int_{-\infty}^{T_{dk}} N(T_e(k), \sigma^2 T_e(k)) dt =$$

$$\int_{-\infty}^{\frac{t_{dk}-T_e(k)}{\sigma_{t_e(k)}}} N(0,1) dt = \Phi\left(\frac{T_{dk} - T_e(k)}{\sigma_{t_e(k)}}\right) \quad (7.9)$$

按式(7.9)可计算得到图 7.8 中各事件 k 在 T_{dk} 前实现的概率 $P(T_k \leqslant T_{dk})$ 的值,见表 7.7。

表 7.7 事件 k 在规定期限 T_{dk} 前实现的概率

事件 k	$t_e(k)$	T_{dk}	$\sigma^2_{t_e(k)}$	$\dfrac{T_{dk}-T_e(k)}{\sigma_{t_e(k)}}$	$P(T_k \leqslant T_{dk})$
2	2	3	1/9	3	0.99
3	7.2	8	25/36	0.96	0.83
4	9.2	9	29/36	-0.222 8	0.41
5	6	6	2/9	0	0.5
6	13.2	13.5	5/4	0.268 3	0.61
7	17.5	18	61/36	0.384 1	0.65

习 题 七

7.1 根据表 7.8~表 7.10 给定的条件,绘制 PERT 网络图。

7.2 试根据表 7.11 给定的条件,绘制 PERT 网络图。

7.3 分别计算下列 PERT 网络图(见图 7.13(a)、(b))中各作业的①最早开始与最早结束时间;②最迟开始与最迟结束时间;③总时差与自由时差;④找出关键路线。

表 7.8

作业代号	紧前作业
a	无
b	a
c	a
d	a
e	b,c,d
f	e

表 7.9

作业代号	紧前作业
a_1	无
a_2	a_1
a_3	a_2
b_1	a_1
b_2	a_2, b_1
b_3	a_3, b_2

表 7.10

作业代号	紧前作业
A	—
B	—
C	B
D	A
E	A
F	A
G	B,D
H	E,F,G

表 7.11

作业代号	紧前作业
A	—
B	A
C	B
D	C
E	C
F	E
G	D
H	E,G
I	C
J	F,I
K	I
L	J
M	H
N	K,L

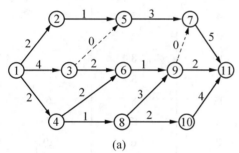

(a)

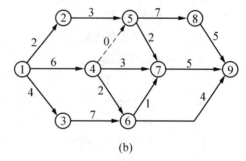

(b)

图 7.13

7.4 表 7.12 中给出一个汽车库及引道的施工计划。

表 7.12

作业编号	作业内容	作业时间/天	紧前作业
1	清理场地,准备施工	10	无
2	备料	8	无
3	车库地面施工	6	1,2
4	墙及房顶桁架预制	16	2
5	车库混凝土地面保养	24	3
6	竖立墙架	4	4,5
7	竖立房顶桁架	4	6
8	装窗及边墙	10	6
9	装门	4	6
10	装天花板	12	7
11	油漆	16	8,9,10
12	引道混凝土施工	8	3
13	引道混凝土保养	24	12
14	清理场地,交工验收	4	11,13

试回答:①该项工程从施工开始到全部结束的最短周期;②如果引道混凝土施工工期拖延10天,对整个工程进度有何影响;③若装天花板的施工时间从12天缩短到8天,对整个工程进度有何影响;④为保证工期不拖延,装门这项作业最晚应从哪一天开工;⑤如果要求该项工程必须在75天内完工,是否应采取措施及应采取什么措施。

7.5 在上题中如果要求该项工程在70天内完工,又知各项作业正常完成所需时间、采取加班作业时最短需要的完成时间,以及加班作业时每缩短一天所需附加费用见表7.13。

表 7.13

作业编号	作业内容	正常作业所需天数	加班作业时所需最短天数	每缩短一天的附加费用
1	清理场地,准备施工	10	6	6
2	备料	8	—	—
3	车库地面施工	6	4	10
4	墙及房顶桁架预制	16	12	7
5	车库混凝土地面保养	24	—	—
6	竖立墙架	4	2	18
7	竖立房顶桁架	4	2	15
8	装窗及边墙	10	8	5
9	装门	4	3	5
10	装天花板	12	8	6
11	油漆	16	12	7
12	引道混凝土施工	8	6	10
13	引道混凝土保养	24	—	—
14	清理场地,交工验收	4	—	—

试确定保证该项工程70天完成而又使全部费用最低的施工方案。

7.6 考虑图7.14所示PERT网络图,已知各项作业的三个估计时间如表7.14所示。

设该网络图所示工程开工的起始时刻为0,合同规定的完工时间为25,要求:①确定各项作业的期望完成时间和标准偏差;②根据期望时间找出网络图中的关键路线;③求该项工程按期完工的概率。

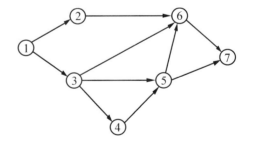

图 7.14

表 7.14

作　业	最乐观的估计 a	最可能的估计 m	最悲观的估计 b
(1,2)	7	8	9
(1,3)	5	7	8
(2,6)	6	9	12
(3,4)	4	4	4
(3,5)	7	8	10
(3,6)	10	13	19
(4,5)	3	4	6
(5,6)	4	5	7
(5,7)	7	9	11
(6,7)	3	4	8

第 8 章 动态规划

8.1 多阶段的决策问题

动态规划是一种研究多阶段决策问题的理论和方法。所谓多阶段决策问题是指这样一类决策过程:它可以分为若干个互相联系的阶段,在每一阶段分别对应着一组可以选取的决策,当每个阶段的决策选定以后,过程也就随之确定。把各个阶段的决策综合起来,构成一个决策序列,称为一个策略。显然由于各个阶段选取的决策不同,对应整个过程就可以有一系列不同的策略。当对过程采取某一策略时,可以得到一个确定的(或期望的)效果,采取不同的策略,就会得到不同的效果。多阶段的决策问题,就是要在所有可能采取的策略中间选取一个最优的策略,使在预定的标准下得到最好的效果。

下面是几个多阶段决策过程的例子。

【例1】 最短路线问题。设有一个旅行者从图 8.1 中的 A 点出发,途中要经过 B、C、D 等处,最后到达终点 E。从 A 到 E 有很多条路线可以选择,各点之间的距离如图中所示,问该旅行者应选择哪一条路线,使从 A 到达 E 的总的路程为最短。

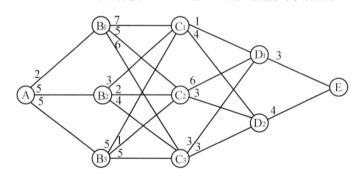

图 8.1

【例2】 设有某种机器设备,用于完成两类工作 A 和 B。若 k 年初完好机器的数量为 x_k,若以数量 u_k 用于 A,余下的 $(x_k - u_k)$ 用于工作 B,则该年的预期收入为 $g(u_k) + h(x_k - u_k)$。这里 $g(u_k)$ 和 $h(x_k - u_k)$ 是已知函数,且 $g(0) = h(0) = 0$。又机器设备在使用中会有损坏,设机器用于工作 A 时,一年后能继续使用的完好机器数占年初投入量的 $a\%$;若用于 B 项工作时,一年后能继续使用的完好机器数占年初投入量的 $b\%$,即下一年初能继续用于完成这两项工作的设备数为 $x_{k+1} = au_k + b(x_k - u_k)$。设第一年初完好的机器总数为 x_0,问在连续五年内每年应如何分配用于 A、B 两项工作的机器数,使四年的总收益为最大。

【例3】 将一个数 $c(c > 0)$ 分成 n 部分 $c_1, c_2, \cdots, c_n$ 之和,且 $c_i > 0 (i = 1, \cdots, n)$,

问如何分割使其乘积 $\prod_{i=1}^{n} c_i$ 为最大。

在多阶段决策问题中,有些阶段的划分表现出明显的时序性,如例1和例2,动态规划的"动态"二字也由此而得名。但如例3,本身是一个非线性规划问题,如果把 c 分成 n 个部分,人为地作为 n 个阶段去处理,就可以把一个静态问题当成一个动态问题来研究。一般多阶段的决策问题较之单阶段的决策问题要复杂得多,根据实际问题构造动态规划的模型往往需要掌握更多的技巧。

8.2 最优化原理与动态规划的数学模型

8.2.1 动态规划问题的解题思路

动态规划问题的复杂性在于各阶段决策之间的相互联系。如例1中,从 A 点出发有三种选择:到 B_1、B_2 或 B_3。如果仅考虑一段内最优,自然就选从 A 到 B_1,但从整体最优考虑,从 A 到 E 的最短路却经过 B_3,不经过 B_1。因此分段孤立地从本段最优考虑,总体不一定最优。如果把从 A 到 E 的所有可能路线(这个例子中共有18条)——列举出来,找出最短一条,这不仅费事,而且当阶段数一多时就很难办到。

用动态规划方法解题的基本思路,是将一个 n 阶段的决策问题转化为依次求解 n 个具有递推关系的单阶段的决策问题,从而简化计算过程。在例1中,这种转化的实现是从终点 E 出发一步步进行反推,这种算法称为逆序算法(在动态规划问题的计算中较多采用逆序算法)。具体步骤如下:

(1) 考虑一个阶段的最优选择。按逆序推算,旅行者到达 E 点前,上一站必然到达 D_1 或 D_2。如果上一站的起点为 D_1,则该阶段最优决策必然为 $D_1 \to E$,距离 $d(D_1, E) = 3$,记 $f(D_1) = 3$。$f(D_1)$ 表示某阶段初从 D_1 出发到终点的最短距离。如果旅行者上一站的起点是 D_2,则该阶段的最优决策必然为 $D_2 \to E$,因 $d(D_2, E) = 4$,记 $f(D_2) = 4$。

(2) 联合考虑两个阶段的最优选择。当旅行者离终点 E 还剩两站时,他必然位于 C_1、C_2 或 C_3 的某一点。如果旅行者位于 C_1,则从 C_1 到终点 E 的路线可能有两条:$C_1 \to D_1 \to E$ 或 $C_1 \to D_2 \to E$。旅行者从这两条路线中选取最短的一条,并且不管是经过 D_1 或 D_2,到达该点后,他应循着从 D_1 或 D_2 到 E 的最短路程继续走。因此从 C_1 出发到 E 的最短路程为

$$\min \begin{Bmatrix} d(C_1, D_1) + f(D_1) \\ d(C_1, D_2) + f(D_2) \end{Bmatrix} = \min \begin{Bmatrix} 1+3 \\ 4+4 \end{Bmatrix} = 4$$

即从 C_1 到 E 的最短路线为 $C_1 \to D_1 \to E$,并记 $f(C_1) = 4$。

如果旅行者从 C_2 出发,他的最优选择为

$$\min \begin{Bmatrix} d(C_2, D_1) + f(D_1) \\ d(C_2, D_2) + f(D_2) \end{Bmatrix} = \min \begin{Bmatrix} 6+3 \\ 3+4 \end{Bmatrix} = 7$$

即从 C_2 到 E 的最短路线为 $C_2 \to D_2 \to E$,并记 $f(C_2) = 7$。

如果旅行者从 C_3 出发,他的最优选择为

$$\min \begin{Bmatrix} d(C_3, D_1) + f(D_1) \\ d(C_3, D_2) + f(D_2) \end{Bmatrix} = \min \begin{Bmatrix} 3+3 \\ 3+4 \end{Bmatrix} = 6$$

即从 C_3 到 E 的最短路线为 $C_3 \to D_1 \to E$，并记 $f(C_3) = 6$。

(3) 再考虑三个阶段联合起来的最优选择。当旅行者离终点 E 还有三站时，他位于 B_1、B_2 和 B_3 中的某一点。如果位于 B_1，则出发到 E 的最优选择为

$$\min\begin{Bmatrix} d(B_1,C_1) + f(C_1) \\ d(B_1,C_2) + f(C_2) \\ d(B_1,C_3) + f(C_3) \end{Bmatrix} = \min\begin{Bmatrix} 7+4 \\ 5+7 \\ 6+6 \end{Bmatrix} = 11$$

即从 B_1 到 E 的最短路线为 $B_1 \to C_1 \to D_1 \to E$，并记 $f(B_1) = 11$。

如果旅行者从 B_2 出发，到 E 点的最优选择为

$$\min\begin{Bmatrix} d(B_2,C_1) + f(C_1) \\ d(B_2,C_2) + f(C_2) \\ d(B_2,C_3) + f(C_3) \end{Bmatrix} = \min\begin{Bmatrix} 3+4 \\ 2+7 \\ 4+6 \end{Bmatrix} = 7$$

即从 B_2 到 E 的最短路线为 $B_2 \to C_1 \to D_1 \to E$，并记 $f(B_2) = 7$。

如果旅行者从 B_3 出发，到 E 点的最优选择为

$$\min\begin{Bmatrix} d(B_3,C_1) + f(C_1) \\ d(B_3,C_2) + f(C_2) \\ d(B_3,C_3) + f(C_3) \end{Bmatrix} = \min\begin{Bmatrix} 5+4 \\ 1+7 \\ 5+6 \end{Bmatrix} = 8$$

即从 B_3 到 E 的最短路线为 $B_3 \to C_2 \to D_2 \to E$，并记 $f(B_3) = 8$。

(4) 四个阶段联合考虑时，从 A 点到 E 点的最优选择是

$$\min\begin{Bmatrix} d(A,B_1) + f(B_1) \\ d(A,B_2) + f(B_2) \\ d(A,B_3) + f(B_3) \end{Bmatrix} = \min\begin{Bmatrix} 2+11 \\ 5+7 \\ 5+8 \end{Bmatrix} = 12$$

即从 A 到 E 的最短路线为 $A \to B_2 \to C_1 \to D_1 \to E$，距离长度为 12。

从上面解题的过程看出，将一个多阶段的决策问题转化为依次求解多个单阶段的决策问题时，一个重要特征是将前同的解传递并纳入下一个阶段一并考虑，即做到求解的各阶段间具有递推性。为了将上述解题的思路、步骤推广应用于比较复杂的多阶段决策问题中去，需要引入动态规划的一些基本概念。

8.2.2 动态规划的基本概念

1. 阶段(stage)　是指一个问题需要作业决策的步数。如例 1 中旅行者要依次在 A、B、C、D 四个站做出下一步走向的决策，它构成一个四阶段的决策问题。在例 2 中需要 每年年初决定完好的机器中有多少台用于完成工作 A，它构成一个五阶段的决策问题。通常用 k 来表示问题包含的阶段数，称为阶段变量。k 的编号方法有两种：(1) 顺序编号法，即初始阶段编号为 1，以后随进程逐渐增大；(2) 逆序编号法，令最后一个阶段编号为 1，往前推时号逐渐增大。下面的问题中我们采用顺序编号法。

2. 状态(state)　这是动态规划中最关键的一个参数，它既反映前面各阶段决策的结局，又是本阶段作出决策的出发点和依据。状态是动态规划问题各阶段信息的传递点和结合点，第 k 阶段的状态变量 x_k 应包含该阶段之前决策过程的全部信息，做到从该阶段后做出的决策同这之前的状态和决策相互独立。各阶段的状态通常用状态变量 x 来描述，例 1

中对旅行者每个阶段所处位置只需用一个状态变量来描述,但有些问题中各阶段的状态则要用多个变量或向量的形式描述。向量中所含变量的个数称为动态规划问题的维数,动态规划问题的计算工作量大小一般随维数的增大呈指数倍增长,这种情况称为维数障碍或维数灾难,从而极大地限制了动态规划问题的实际应用。

3. 决策(decision) 是指某阶段初从给定的状态出发,决策者在面临的若干种不同方案中做出的选择。决策变量 $u_k(x_k)$ 表示第 k 阶段状态为 x_k 时对方案的选择。决策变量的取值要受到一定范围的限制,用 $D_k(x_k)$ 表示 k 阶段状态为 x_k 时决策允许的取值范围,称允许决策集合,因而有

$$u_k(x_k) \in D_k(x_k)$$

例 1 中从 B_1 点出发的允许决策集合 $D(B_1) = \{C_1, C_2, C_2\}$,如果选取下一个到达点为 C_2,则决策变量 $u_2(B_1)$ 的取值为 C_2,或直接写为 $u_2(B_1) = C_2$。

4. 策略(policy)和子策略(subpolicy) 动态规划问题各阶段决策组成的序列总体称作一个策略。含 n 个阶段的动态规划问题的策略可写为

$$\{u_1(x_1), u_2(x_2), \cdots, u_n(x_n)\}$$

把从某一阶段开始到过程最终的决策序列称为问题的子过程策略或子策略。从 k 阶段起的子策略可写为

$$\{u_k(x_k), u_{k+1}(x_{k+1}), \cdots, u_n(x_n)\}$$

5. 状态转移律 从 x_k 的某一状态值出发,当决策变量 $u_k(x_k)$ 的取值决定后,下一阶段状态变量 x_{k+1} 的取值也就随之确定。这种从上阶段的某一状态值到下阶段某一状态值的转移的规律称为状态转移律。显然下一阶段状态 x_{k+1} 的取值是上阶段状态变量 x_k 和上阶段决策变量 $u_k(x_k)$ 的函数,记为

$$x_{k+1} = T(x_k, u_k(x_k))$$

或简写为
$$x_{k+1} = T(x_k, u_k) \tag{8.1}$$

状态转移律也称状态转移方程。

6. 指标函数 有阶段的指标函数和过程的指标函数之分。阶段的指标函数是对应某一阶段状态和从该状态出发的一个阶段的决策的某种效益度量,用 $v_k(x_k, u_k)$ 表示。过程的指标函数是指从状态 $x_k (k = 1, \cdots, n)$ 出发至过程最终,当采取某种子策略时,按预定标准得到的效益值。这个值既与 x_k 的状态值有关,又与 x_k 以后所选取的策略有关,它是两者的函数值,记作

$$V_{k,n}(x_k, u_k, x_{k+1}, u_{k+1}, \cdots, x_n)$$

过程的指标函数又是它所包含的各阶段指标函数的函数,按问题的性质,它可以是各阶段指标函数的和、积或其他函数形式。当 x_k 的值确定后,指标函数的值就只同 k 阶段起的子策略有关。所谓最优指标函数,是指对某一确定状态选取最优策略后得到的指标函数值,实际上也就是对应某一最优子策略的某种效益度量(这个度量值可以是产量、成本、距离等)。对应于从状态 x_k 出发的最优子策略的效益值记作 $f_k(x_k)$,于是有

$$f_k(x_k) = \text{opt } V_{k,n} \tag{8.2}$$

式中 opt 代表最优化,根据效益值的具体含义可以是求最大(max)或求最小值(min)。

上述基本概念在多阶段决策过程中的关系可通过图 8.2 表示。

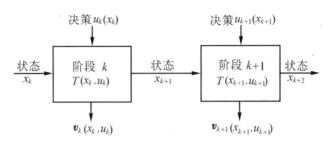

图 8.2

8.2.3 最优化原理与动态规划的数学模型

在求解例 1 最短路的问题中看到,从某一状态出发寻求最优选择时,它是从下述所有可能的组合中进行优化选取的:将本阶段决策的指标效益值加上从下阶段开始采取最优策略时的指标效益值。这是一种递推关系式,按逆序算法时可以从最后一个阶段反推到过程的开始。美国的利·别尔曼(R. Bellman)据此提出求解动态规划的最优化原理如下:作为整个过程的最优策略具有这样的性质,无论过去的状态和决策如何,对先前决策所形成的状态而言,余下的诸决策必构成最优策略。

根据这个原理写出的计算动态规划问题的递推关系式称为动态规划的基本方程。

当 $V_{k,n} = \sum_{i=K}^{n} v_i(x_i, u_i)$ 时,有

$$f_k(x_k) = \underset{u_k \in D_k(x_k)}{\text{opt}} \{u_k(x_k, u_k) + f_{k+1}(x_{k+1})\} \tag{8.3a}$$

当 $V_{k,n} = \prod_{i=K}^{n} v_k(x_i, u_i)$ 时,有

$$f_k(x_k) = \underset{u_k \in D_k(x_k)}{\text{opt}} \{u_k(x_k, u_k) \cdot f_{k+1}(x_{k+1})\} \tag{8.3b}$$

作为动态规划的数学模型除基本方程外还包括边界条件。

所谓边界条件,是指(8.3a)、(8.3b)中当 $k = n$ 时 $f_{n+1}(x_{n+1})$ 的值,也即问题从最后一个阶段向前逆推时需要确定的条件。边界条件 $f_{n+1}(x_{n+1})$ 的值要根据问题的条件来决定,一般当指标函数值是各阶段指标函数值的和时,取 $f_{n+1}(x_{n+1}) = 0$;当指标函数值是各阶段指标函数值的乘积时,取 $f_{n+1}(x_{n+1}) = 1$,当然也有例外的情况。

为构造和求解动态规划的数学模型,需要明确模型中有关阶段的划分、状态变量、决策变量、允许决策集合和状态转移方程等,并注意下述各点。

(1) 状态变量的确定是构造动态规划模型中最关键的一步,它要求对研究的问题有深入的观察了解。状态变量首先应描述反映研究过程的演变特征,其次它应包含到达这个状态前的足够信息,并具有无后效性。即到达这个状态前的过程的决策将不影响到该状态以后的决策。如例 1 中旅行者从 C_1 点以后的最优路线的选择只与状态 C_1 有关,而与 C_1 点以前的路线选择无关。这种在某个状态前后决策上的互相独立性,保证把 n 个互为联系的阶段可以分割开来研究。状态变量还应具有可知性,即规定的状态变量的值可通过直接或间接的方法测知。状态变量可以是离散的,也可以是连续的。

(2) 决策变量是对过程进行控制的手段,复杂的问题中决策变量也可以是多维的向量,它的取值可能离散,也可能连续。允许决策集合相当于线性规划问题中的约束条件。

(3) 状态转移律 $x_{k+1} = T(x_k, u_k)$。当给出 x_k、u_k 的取值后,如果 x_{k+1} 的取值唯一确

定,相应的多阶段决策过程称为确定性的多阶段决策过程。在有些问题中,对给定的 x_k 和 u_k,相应的 x_{k+1} 的取值不是确定的,而是具有某种概率分布的随机变量,但它的概率分布则由 x_k、u_k 唯一确定,这类多阶段的决策过程称为随机性的多阶段决策过程。

(4) 指标函数是衡量决策过程效益高低的指标,它是一个定义在全过程或从 k 到 n 阶段的子过程上的数量函数。为了进行动态规划的计算,指标函数必须具有递推性,即能写成如下的关系式:

$$V_{k,n} = v_k(x_k, u_k) + V_{k+1,n} \tag{8.4a}$$

或

$$V_{k,n} = v_k(x_k, u_k) \cdot V_{k+1,n} \tag{8.4b}$$

8.2.4 逆序解法与顺序解法

动态规划问题的求解有两种基本方法:逆序解法与顺序解法。所谓逆序解法,是从问题的最后一个阶段开始,逆多阶段决策的实际过程反向寻优。而顺序解法则从问题的最初阶段开始,同多阶段决策的实际过程顺序寻优。对具体问题到底选哪一种求解方法,应根据问题中的初始状态和终端条件来决定。

由于动态规划中较多采用逆序解法,所以前面讲述的都是逆序解法的思路和模型表达。下面讲一下顺序解法的思路和模型。

设阶段的编号 $k = 1, \cdots, n$ 同逆序解法,u_k 为 k 阶段的决策变量。状态变量的选取仍应保证在它之前同之后的决策的独立性,但在顺序解法中,x_k 即是前面第 1 到第 $(k-1)$ 个阶段的决策的结果,但它又作为限定前面 $(k-1)$ 个阶段决策的一个信息标志。仍以资源分配的动态规划问题为例,x_k 的值代表了前面从第 1 到第 $(k-1)$ 阶段的可使用的资源数量。因而第 $(k-1)$ 阶段的状态 x_{k-1} 是第 k 阶段的状态 x_k 和第 $(k-1)$ 阶段决策的函数。故顺序解法中状态转移律可表示为

$$x_{k-1} = T(x_k, u_{k-1}) \tag{8.5}$$

第 $(k-1)$ 阶段的指标函数可表示为

$$v_{k-1}(x_k, u_{k-1}) \tag{8.6}$$

用 $f_{k-1}(x_k)$ 表示第 k 阶段初状态为 x_k,从第 1 到第 $(k-1)$ 阶段采取的是最优子策略时的前 $(k-1)$ 个阶段的最优指标函数值,则由动态规划的最优化原理,采用顺序解法时,动态规划的数学模型可表示如下:

(1) 当各阶段指标函数为求和关系有

$$\begin{cases} f_k(x_{k+1}) = \underset{u_k \in D_k(x_k)}{\operatorname{opt}} \{v_k(x_{k+1}, u_k) + f_{k-1}(x_k)\} & (8.7a) \\ f_0(x_1) = 0 & (8.7b) \end{cases}$$

(2) 当各阶段指标函数为求积关系时,有

$$\begin{cases} f_k(x_{k+1}) = \underset{u_k \in D_k(x_k)}{\operatorname{opt}} \{v_k(x_{k+1}, u_k) \cdot f_{k-1}(x_k)\} & (8.8a) \\ f_0(x_1) = 1 & (8.8b) \end{cases}$$

8.2.5 动态规划模型的分类

按过程演变的特征,动态规划模型划分为确定性的动态规划模型和随机性的动态规划模型两大类。根据状态变量的取值是离散还是连续,它们又可区分为连续和离散两类。

因此有离散确定性的动态规划模型,连续确定性的动态规划模型,离散随机性的动态规划模型和连续随机性的动态规划模型四大类。此外有些决策过程的阶段数是固定的,称定期的决策过程,有些决策过程的阶段数是不固定的或可以有无限多阶段数,分别称为不定期或无期的决策过程。

下面主要讨论离散确定性和离散随机性动态规划模型的求解。

8.3 离散确定性动态规划模型的求解

在离散确定性的动态规划模型中,决策变量分离散和连续两种情况,下面通过例子来分别讲述逆序和顺序两种求解方法。

【例4】 某一警卫部门共有12支巡逻队,负责4个要害部位A、B、C、D的警卫巡逻。对每个部位可分别派出2~4支巡逻队,并且由于派出巡逻队数的不同,各部位预期在一段时间内可能造成的损失有差别,具体数字见表8.1。问该警卫部门应往各部位分别派多少支巡逻队,使总的预期损失为最小。

【解】 把12支巡逻队往4个部位派遣看成依次分4个阶段(用k表示,$k=1,2,3,4$)。

表 8.1

预期损失 部位 巡逻队数	A	B	C	D
2	18	38	24	34
3	14	35	22	31
4	10	31	21	25

(1) 逆序解法

每个阶段初拥有的可派遣的巡逻队数是前面阶段决策的结果,也是本阶段决策的依据,用状态变量x_k来表示。各阶段的决策变量就是对各部位派出的巡逻队数,用u_k表示,显然各阶段允许的决策集合为

$$D_k(x_k) = \{u_k \mid 2 \leqslant u_k \leqslant 4\} \quad k = 1,2,3,4$$

因每阶段初拥有可派遣的巡逻队数等于上阶段初拥有的数量减去上阶段派出的数,故状态转移律为

$$x_{k+1} = x_k - u_k \quad k = 1,2,3$$

若用$p_k(x_k)$表示k阶段派出的巡逻队数为u_k时,该阶段的部位的预期损失值,因此指标函数可写为

$$V_{k,4} = \sum_{i=k}^{4} p_i(u_i) = p_k(u_k) + \sum_{i=k+1}^{4} p_i(u_i) = p_k(u_k) + V_{k+1,4}$$

设用$f_k(x_k)$表示k阶段状态为x_k,以此出发采用最优子策略到过程结束时的预期损失值,因此有

$$f_k(x_k) = \min_{u_k \in D_k(x_k)} \{p_k(u_k) + f_{k+1}(x_{k+1})\} \tag{8.9}$$

先考虑给D部位派巡逻队,即$k=4$,式(8.9)可写为

$$f_4(x_4) = \min_{u_k \in D_k(x_k)} \{p_4(u_4) + f_5(x_5)\}$$

因问题中只有4个要害部位,故第5阶段初拥有的未派出的巡逻队数对前4个部位的预期损失不再起影响,故边界条件 $f_5(x_5) = 0$,因此有

$$f_4(x_4) = \min_{u_k \in D_k(x_k)} \{p_4(u_4)\}$$

因 $D_4(x_4) = \{2,3,4\}$,又 x_4 的可能值为 $2 \leqslant x_4 \leqslant 6$,故由表8.1的数据,可得表8.2的结果。

表 8.2

x_4 \ u_4	$p_4(u_4)$			$f_4(x_4)$	u_4^*
	2	3	4		
2	34	—	—	34	2
3	34	31	—	31	3
4	34	31	25	25	4
5	34	31	25	25	4
6	34	31	25	25	4

再联合考虑对 C、D 两个部位派巡逻队,即 $k = 3$。这时式(8.9)可写为

$$f_3(x_3) = \min_{u_3 \in D_3(x_3)} \{p_3(u_3) + f_4(x_4)\}$$

因有 $D_3(x_3) = \{2,3,4\}$,又 $4 \leqslant x_3 \leqslant 8$,故可得到表8.3的计算结果。

表 8.3

x_3 \ u_3	$p_3(u_1) + f_4(x_3 - u_3)$			$f_3(x_3)$	u_3^*
	2	3	4		
4	24 + 34			58	2
5	24 + 31	22 + 34		55	2
6	24 + 25	22 + 31	21 + 34	49	2
7	24 + 25	22 + 25	21 + 31	47	3
8	24 + 25	22 + 25	31 + 25	46	4

下面考虑对 B、C、D 三个部位派巡逻队,即 $k = 2$,这时有

$$f_2(x_2) = \min_{u_2 \in D_2(x_2)} \{p_2(u_2) + f_3(x_3)\}$$

同样有 $D_2(x_2) = \{2,3,4\}$,又 $8 \leqslant x_2 \leqslant 10$,故计算得表8.4。

表 8.4

x_2 \ u_2	$p_2(u_2) + f_3(x_2 - u_2)$			$f_2(x_2)$	u_2^*
	2	3	4		
8	38 + 49	35 + 55	31 + 58	87	2
9	38 + 47	35 + 49	31 + 55	84	3
10	38 + 46	35 + 47	31 + 49	80	4

最后考虑对 A、B、C、D 四个部位派巡逻队,即 $k = 1$ 时,有

$$f_1(x_1) = \min_{u_1 \in D_1(x_1)} \{p_1(u_1) + f_2(x_2)\}$$

因 $x_1 = 12$,又 $D_1(x_1) = \{2,3,4\}$,故由上式及表8.4,计算得表8.5。

表 8.5

x_1 \ u_1	$p_1(u_1) + f_2(x_1 - u_1)$			$f_1(x_1)$	u_1^*
	2	3	4		
12	18 + 80	14 + 84	10 + 87	97	4

由表 8.5 知 $u_1^* = 4$，故 $x_2 = 12 - 4 = 8$，由表 8.4 知 $u_2^* = 2$，因而 $x_3 = 8 - 2 = 6$，再由表 8.3 知 $u_3^* = 2$，推算得 $x_4 = 6 - 2 = 4$，由表 8.2 知 $u_4^* = 4$。因此该警卫部门派巡逻队数的最优策略为：A 部位 4 支，B 部位 2 支，C 部位 2 支，D 部位 4 支，总预期损失为 97 单位。

(2) 顺序解法

阶段编号同逆序解法，k 阶段决策变量为 u_k，允许决策集 $D_k(x_k)$ 同前。根据顺序解法中状态变量的概念，可用于前 4 个部位的巡逻队有 12 支，故有 $x_5 = 12$；而可用于前 $(k-1)$ 个部位的巡逻队数 x_k 等于可用于前 k 个部位的数字 x_{k+1} 减去第 k 阶段派出的巡逻队数，即有

$$x_k = x_{k+1} - u_k \quad (8.10)$$

由式 (8.10) 知 $8 \le x_4 \le 10, 4 \le x_3 \le 8, 2 \le x_2 \le 6$。根据式 (8.7) 可写出本例用顺序解法求解时的数学模型

$$\begin{cases} f_k(x_{k+1}) = \min_{u_k \in D_k(x_k)} \{p_k(u_k) + f_{k-1}(x_k)\} & (8.11a) \\ f_0(x_1) = 0 & (8.11b) \end{cases}$$

分别令 $k = 1, 2, 3, 4$，其计算结果分别见表 8.6 至表 8.9。

表 8.6

x_2 \ u_1	$p_1(u_1) + f_0(x_1)$			$f_1(x_2)$	u_1^*
	2	3	4		
2	18 + 0	—	—	18	2
3	18 + 0	14 + 0	—	14	3
4	18 + 0	14 + 0	10 + 0	10	4
5	18 + 0	14 + 0	10 + 0	10	4
6	18 + 0	14 + 0	10 + 0	10	4

表 8.7

x_3 \ u_2	$p_2(u_2) + f_1(x_2)$			$f_2(x_3)$	u_2^*
	2	3	4		
4	38 + 18	—	—	56	2
5	38 + 14	35 + 18	—	52	2
6	38 + 10	35 + 14	31 + 18	48	2
7	38 + 10	35 + 10	31 + 14	45	3,4
8	38 + 10	35 + 10	31 + 10	41	4

表 8.8

x_4 \ u_3	$p_3(u_3) + f_2(x_3)$			$f_3(x_4)$	u_3^*
	2	3	4		
8	24 + 48	22 + 52	21 + 56	72	2
9	24 + 45	22 + 48	21 + 52	69	2
10	24 + 41	22 + 45	21 + 48	65	2

表 8.9

x_5 \ u_4	$p_4(u_4) + f_3(x_4)$			$f_4(x_5)$	u_4^*
	2	3	4		
12	34 + 65	31 + 69	25 + 72	99	4

由 $x_5 = 12, u_4^* = 8$，得 $x_4 = 8, u_3^* = 2$，由此 $x_3 = 6, u_2^* = 2$，得 $x_2 = 4, u_1^* = 4$，预期总损失 97 单位，与逆序解法计算结果相同。

【例 5】 分别用动态规划的逆序和顺序解法求解下述非线性规划问题

$$\max z = \prod_{i=1}^{3} i\, x_i$$

$$\begin{cases} x_1 + 3x_2 + 2x_3 \leqslant 12 \\ x_i \geqslant 0 \quad i = 1,2,3 \end{cases}$$

【解】 将变量 x_1、x_2、x_3 的取值人为地区分为三个阶段 $k = 1,2,3$，x_i 分别为第 i 阶段的决策变量。

(1) 先用逆序解法

状态变量设为 s_k，有 $s_1 = 12, s_2 = s_1 - x_1, s_3 = s_2 - 3x_2, s_4 = s_3 - 2x_3$。各决策变量的允许取值为 $0 \leqslant x_1 \leqslant s_1, 0 \leqslant x_2 \leqslant s_2/3, 0 \leqslant x_3 \leqslant s_3/2$。参照式(8.3)可写出本例用逆序解法时的数学模型为

$$\begin{cases} f_k(s_k) = \max_{x_k \in D_k(x_k)} \{kx_k \cdot f_{k+1}(s_{k+1})\} & (8.12a) \\ f_4(s_4) = 1 & (8.12b) \end{cases}$$

当 $k = 3$ 时

$$f_3(s_3) = \max_{0 \leqslant x_3 \leqslant s_3/2} \{3x_3 \cdot f_4(s_4)\} = \frac{3}{2}s_3, \quad x_3^* = \frac{s_3}{2}$$

当 $k = 2$ 时

$$f_2(s_3) = \max_{0 \leqslant x_2 \leqslant s_2/3} \{2x_2 \cdot f_3(s_2 - 3x_2)\} = \max_{0 \leqslant x_2 \leqslant s_2/3} \{2x_2 \cdot \frac{3}{2}(s_4 - 3x_2)\} = \frac{s_2^2}{4}, \quad x_2^* = \frac{s_2}{6}$$

当 $k = 1$ 时

$$f_1(s_1) = \max_{0 \leqslant x_1 \leqslant 12} \{x_1 \cdot f_2(s_1 - x_1)\} = \max_{0 \leqslant x_1 \leqslant 12} \{x_1 \cdot \frac{1}{4}(s_1 - x_1)^2\} = 64, \quad x_1^* = 4$$

由 $s_1 = 12, x_1^* = 4$ 知 $s_2 = 8, x_2^* = 4/3$，得 $s_3 = 4, x_3^* = 2$。

(2) 再用顺序解法

仍设状态变量为 s_k，但按顺序解法中状态变量的概念，有 $s_4 = 12, s_3 = s_4 - 2x_3, s_2 = s_3 - 3x_2, s_1 = s_2 - x_1$。各决策变量的允许取值为 $0 \leq x_1 \leq s_2, 0 \leq x_2 \leq s_2/3, 0 \leq x_3 \leq s_4/2$。参照式(8.8)其数学模型为

$$\begin{cases} f_k(s_k + 1) = \max_{x_k \in D_k(x_k)} \{kx_k \cdot f_{k-1}(s_k)\} & (8.13a) \\ f_0(s_1) = 1 & (8.13b) \end{cases}$$

当 $k = 1$ 时

$$f_1(s_2) = \max_{0 \leq x_1 \leq s_2} \{x_1 \cdot f_0(s_1)\} = s_2, \quad x_1^* = s_2$$

当 $k = 2$ 时

$$f_2(s_3) = \max_{0 \leq x_2 \leq s_3/3} \{2x_2 \cdot f_1(s_3 - 3x_2)\} = \max_{0 \leq x_2 \leq s_3/3} \{2x_2(s_3 - 3x_2)\} = \frac{s_3^2}{6}, \quad x_2^* = \frac{s_3}{6}$$

当 $k = 3$ 时

$$f_3(s_4) = \max_{0 \leq x_3 \leq s_4/3} \{3x_1 \cdot f_2(s_4 - 2x_3)\} = \max_{0 \leq x_3 \leq 6} \{3x_3 \cdot \frac{1}{6}(12 - 2x_3)^2\} = 64, \quad x_3^* = 2$$

因 $s_4 = 12, x_3^* = 2$，有 $s_3 = 8, x_2^* = 4/3$，得 $s_2 = 4, x_1^* = 4$，结果与逆序解法相同。

8.4 离散随机性动态规划模型的求解

随机性的动态规划是指状态的转移律是不确定的，即对给定的状态和决策，下一阶段的到达状态是具有确定概率分布的随机变量，这个概率分布由本阶段的状态和决策完全确定。随机性动态规划的基本结构如图8.3所示。

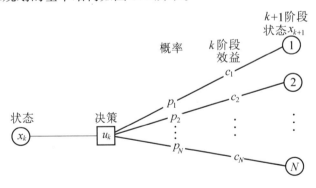

图 8.3

图中 N 表示第 $(k+1)$ 阶段可能的状态数，$p_1、p_2、\cdots、p_N$ 为给定状态 x_k 和决策 u_k 的情况下，下一个可能到达的状态的概率，c_i 为从 k 阶段状态 x_k 转移到 $(k+1)$ 阶段状态为 i 时的指标函数值。

在随机性的动态规划问题中，由于下一阶段到达的状态和阶段的效益值不确定，只能根据各阶段的期望效益值进行优化。因此随机性的动态规划问题中，当指标函数值为各阶段效益和的情况下，基本方程应写为

$$f_k(x_k) = \max_{u_k \in D_k(x_k)} E\{v(x_k, u_k) + f_{k+1}(x_{k+1})\} \quad (8.14)$$

公式中 $E\{\cdot\}$ 表示括弧内数量的期望值。同样对 n 级的多阶段决策问题,边界条件 $f_{n+1}(x_{n+1})$ 的值应根据问题的具体情况确定。

【例6】 某公司承担一种新产品试制任务,合同要求三个月内交出一台合格的样品,否则将负责 1 500 元的赔偿费。据有经验的技术人员估计,试制时每投产一台合格的概率为 1/3,投产一批的准备结束费用为 250 元,每台试制费用为 100 元。若投产一批后全部不合格,可再投一批试制,但每投一批的周期需一个月。要求确定每批投产多少台,使总的试制费用(包括可能发生的赔偿损失)的期望值为最小。

【解】 (1) 合同期为三个月,投产一批的周期为一个月,作为一个阶段。故可将整个合同期划分为三个阶段。

(2) 状态变量 x_k。假定尚没有一台合格品时 $x_k = 1$,已得到一台以上合格品时 $x_k = 0$。故签订合同时有 $x_1 = 1$。

(3) 决策变量 u_k 为每个阶段的投产试制台数。允许决策集合 $D_k(x_k) = \{1,2,\cdots,N\}$(当 $x_k = 1$),$D_k(x_k) = \{0\}$(当 $x_k = 0$)。

(4) 状态转移律为

$$\begin{cases} p(x_{k+1} = 1) = \left(\dfrac{2}{3}\right)^{u_k} \\ p(x_{k+1} = 0) = 1 - \left(\dfrac{2}{3}\right)^{u_k} \end{cases} \tag{8.15}$$

(5) 第 k 阶段的费用支出为 $c(u_k)$,有

$$c(u_k) = \begin{cases} 250 + 100 u_k & u_k \neq 0 \\ 0 & u_k = 0 \end{cases} \tag{8.16}$$

(6) 设 $f_k(x_k)$ 为从状态 x_k、决策 u_k 出发的 k 阶段以后的最小期望费用。因有 $f_k(0) = 0$,故有

$$f_k(1) = \min_{u_k \in D_k(x_k)} \left\{ c(u_k) + \left(\dfrac{2}{3}\right)^{u_k} f_{k+1}(1) + \left[1 - \left(\dfrac{2}{3}\right)^{u_k}\right] f_{k+1}(0) \right\} = \min_{u_k \in D_k(x_k)} \left\{ c(u_k) + \left(\dfrac{2}{3}\right)^{u_k} f_{k+1}(1) \right\} \tag{8.17}$$

当 $k = 3$ 时,$f_3(0) = 0$

$$f_3(1) = \min_{u_3 \in D_3(x_3)} \left\{ c(u_3) + \left(\dfrac{2}{3}\right)^{u_3} f_4(1) \right\}$$

$f_4(1)$ 的意义为第四个月初仍未得到一件合格产品,因按合同要求需赔偿 1 500 元,故有 $f_4(1) = 1\,500$。计算过程见表 8.10。

当 $k = 2$ 时,$f_2(0) = 0$

$$f_2(1) = \min_{u_2 \in D_2(x_2)} \left\{ c(u_2) + \left(\dfrac{2}{3}\right)^{u_2} f_3(1) \right\}$$

计算过程见表 8.11

当 $k = 1$ 时,

$$f_1(1) = \min_{u_1 \in D_1(x_1)} \left\{ c(u_1) + \left(\dfrac{2}{3}\right)^{u_1} f_2(1) \right\}$$

计算过程见表 8.12。

表 8.10

x_3 \ u_3	\multicolumn{6}{c	}{$c(u_3) + \left(\frac{2}{3}\right)^{u_3} \times 1\,500$}	$f_3(x_3)$	u_3^*
	0	1	2	3	4	5		
0	0						0	0
1	1 500	1 350	1 117	994	946	948	946	4

表 8.11

x_2 \ u_2	\multicolumn{5}{c	}{$c(u_2) + \left(\frac{2}{3}\right)^{u_2} \times 946$}	$f_2(x_2)$	u_2^*
	0	1	2	3	4		
0	0					0	0
1	946	981	870	830	837	830	3

表 8.12

x_1 \ u_1	\multicolumn{5}{c	}{$c(u_1) + \left(\frac{2}{3}\right)^{u_1} \times 830$}	$f_1(x_1)$	u_1^*
	0	1	2	3	4		
1	830	903	819	796	814	796	3

即该公司的最优决策为第一批投产 3 台；如果无合格品，第二批再投产 3 台；如果仍全部不合格，第 3 批投产 4 台。这样使总的期望研制费用（包括三批均不合格时的赔偿费）为最小，共计 796 元。

8.5 一般数学规划模型的动态规划解法

这里说的一般数学规划模型包括线性规划、非线性规划、整数规划等，尽管各自的求解方法有很大差别，但用动态规划的方法来求解时，方法和步骤上大体相同。它把依次决定各个变量的取值看成是一个多阶段的决策过程，因而模型中含多少个变量，求解就分多少个阶段。约束条件的右端项表明可分配的资源数，用状态变量表示，而约束条件的个数则是状态变量的维数，当约束条件增多时，计算工作量明显增大，会出现前面讲到的维数障碍，因而限制了动态规划方法的使用。下面通过例子说明。

【例 7】 用动态规划方法求解线性规划问题：

$$\max z = 10x_1 + 5x_2$$

$$\begin{cases} 3x_1 + 4x_2 \leq 9 \\ 5x_1 + 2x_2 \leq 8 \\ x_1, x_2 \geq 0 \end{cases}$$

【解】 为用动态规划方法求解，先要将这个问题转化为动态规划的模型。

把确定 x_1、x_2 的值看做分两个阶段的决策,用 k 表示阶段数。状态变量为 k 阶段初各约束条件右端项的剩余值,分别用 R_{1k},R_{2k} 来表示。x_1、x_2 分别为两个阶段的决策变量。状态转移为

$$\begin{cases} R_{12} = R_{11} - 3x_1 = 9 - 3x_1 \\ R_{22} = R_{21} - 5x_1 = 8 - 5x_1 \end{cases}$$

指标函数为

$$V_{k,2} = c_k x_k + V_{k+1,2}$$

c_k 是 x_k 在目标函数中的系数。因而动态规划的递推方程可表示为

$$f_k(R_{1k}, R_{2k}) = \max_{x_k \in D_k(R_{ik})} \{c_k x_k + f_{k+1}(R_{1,k+1}, R_{2,k+1})\}$$

当 $k = 2$ 时,

$$f_2(R_{12}, R_{22}) = \max_{0 \leq x_2 \leq \min\left(\frac{R_{12}}{4}, \frac{R_{22}}{2}\right)} \{5x_2 + f_3(R_{13}, R_{23})\}$$

因为有 $f_3(R_{13}, R_{23}) = 0$,故有

$$f_2(R_{12}, R_{22}) = \max_{0 \leq x_2 \leq \min\left(\frac{R_{12}}{2}, \frac{R_{22}}{2}\right)} \{5x_2\} = \min\left(\frac{5R_{12}}{4}, \frac{5R_{22}}{2}\right)$$

$$x_2^* = \min\left(\frac{R_{12}}{4}, \frac{R_{22}}{2}\right)$$

当 $k = 1$ 时,

$$f_1(R_{11}, R_{21}) = \max_{0 \leq x_1 \leq \min\left(\frac{R_{11}}{3}, \frac{R_{12}}{5}\right)} \{10x_1 + f_2(R_{11} - 3x, R_{21} - 5x_1)\}$$

$$= \max_{0 \leq x_1 \leq \frac{8}{5}} \left\{10x_1 + \min\left(\frac{5(9-3x_1)}{4}, \frac{5(8-5x_1)}{2}\right)\right\}$$

$$= \max_{0 \leq x_1 \leq \frac{8}{5}} \left\{10x_1 + \min\left(\frac{45-15x_1}{4}, \frac{40-25x_1}{2}\right)\right\}$$

$$\min\left(\frac{45-15x_1}{4}, \frac{40-25x_1}{2}\right) = \begin{cases} \dfrac{45-15x_1}{4}, & \text{当 } x_1 \geq 1 \\ \dfrac{40-25x_1}{2}, & \text{当 } x_1 \leq 1 \end{cases}$$

所以

$$f_1(R_{11}, R_{21}) = \max_{0 \leq x_1 \leq \frac{8}{5}} \begin{cases} 10x_1 + \dfrac{45-15x_1}{4} \\ 10x_1 + \dfrac{40-25x_1}{2} \end{cases}$$

$$= \max \begin{cases} \dfrac{1}{4}(45 + 25x_1) & (x_1 \geq 1) \\ \dfrac{1}{4}(80 - 10x_1) & (x_1 \leq 1) \end{cases}$$

$$= 17.5 \quad (x_1^* = 1)$$

由此

$$x_2^* = \min\left(\frac{R_{12}}{4}, \frac{R_{22}}{2}\right) = \min\left(\frac{9-3x_1}{4}, \frac{8-5x_2}{2}\right) = \frac{3}{2}$$

即本例的最优解为 $x_1^* = 1, x_2^* = \dfrac{3}{2}, z^* = 17.5$。

【例8】 有一艘货船准备装载 N 种货物,已知第 j 种货物的单位质量为 w_j,其价值为 v_j。假如该货船的最大载重质量为 W,要求确定每种货物的装载件数,在不超过最大载重允许的条件下,使货船装运物资的总价值为最大。

【解】 若用 u_j 表示第 j 种货物的装载件数,则问题归结为求解下述整数规划问题。

$$\max z = \sum_{j=1}^{N} v_j u_j$$

$$\begin{cases} \sum_{j=1}^{N} w_j u_j \leq W \\ u_j \geq 0, \text{且为整数} \end{cases}$$

为用动态规划方法求解,先将此问题转化成动态规划模型。将装载 N 种货物看做依次分 N 个阶段完成,用 $k(k=1,\cdots,N)$ 来代表阶段。第 k 阶段的状态为可用于第 k、$k+1$、…、N 阶段的装载质量,用 W_j 表示。用 u_j 表示第 k 阶段装载第 j 种物资的件数,则 $u_j \leq [W_j/w_j]$,$[W_j/w_j]$ 为 W_j/w_j 的最大整数部分。状态转移可表为 $W_{j+1} = W_j - w_j u_j$。由此动态规划的递推方程可表示为

$$f_j(W_j) = \max_{0 \leq u_j \leq [W_j/w_j]} \{v_j u_j + f_{j+1}(W_{j+1})\}$$

若已知有关数据如表 8.13 所示,且 $W=5$,则当 $j=3$ 时,$[W_3/w_3]=[5/1]=5$

表 8.13

j	w_j	v_j
1	2	65
2	3	80
3	1	30

$$f_3(W_3) = \max_{0 \leq u_3 \leq 5} \{30u_3 + f_4(W_4)\} = \max_{0 \leq u_3 \leq 5} \{30u_3\}$$

因 W_3 的可能取值为从 0 到 5,计算过程见表 8.14。

表 8.14

W_3 \ u_3	30u_3						$f_3(W_3)$	u_3^*
	0	1	2	3	4	5		
0	0						0	0
1	0	30					30	1
2	0	30	60				60	2
3	0	30	60	90			90	3
4	0	30	60	90	120		120	4
5	0	30	60	90	120	150	150	5

当 $j = 2$ 时,$[W_2/w_2] = [5/3] = 1$

$$f_2(W_2) = \max_{0 \leq u_2 \leq 1} \{80u_2 + f_3(W_2 - 3u_2)\}$$

其计算过程见表 8.15。

表 8.15

W_2 \ u_2	$80u_2 + f_3(W_2 - 3u_2)$		$f_2(W_2)$	u_2^*
	0	1		
0	0 + 0 = 0		0	0
1	0 + 30 = 30		30	0
2	0 + 60 = 60		60	0
3	0 + 90 = 90	80 + 0 = 80	90	0
4	0 + 120 = 120	80 + 30 = 110	120	0
5	0 + 150 = 150	80 + 60 = 140	150	0

当 $j = 1$ 时,$[W_1/w_1] = [5/2] = 2$

$$f_1(W_1) = \max_{0 \leq u_1 \leq 2} \{65u_1 + f_2(W_1 - 2u_1)\}, \text{又 } W_1 = W = 5$$

其计算过程见表 8.16。

表 8.16

W_1 \ u_1	$65u_1 + f_2(W_1 - 2u_1)$			$f_1(W_1)$	u_1^*
	0	1	2		
5	0 + 150 = 150	65 + 90 = 155	130 + 30 = 160	160	2

由表 8.16 知,当 $W_1 = 5$ 时,$u_1^* = 2$,故 $W_2 = W_1 - 2u_1 = 1$,故 $u_2^* = 0$,又 $W_3 = W_2 - 3u_2 = 1$,由表 8.10 知,$u_1^* = 1$,而装载货物的总价值为 $f_1(W_1) = 160$。

习 题 八

8.1 某种零件的生产需经毛坯、机加工、热加工及检验 4 道工序。有同样满足技术要求的前提下,各道工序可采用不同方案,其相应费用如表 8.17 所示。试根据给定资料,选择一个生产费用最低的方案。

8.2 设有 6 万元资金用于 4 个工厂的扩建。已知每个工厂的利润增长额同投资数大小有关,详细数据见表 8.18。问应如何确定对这 4 个工厂的投资数,使总的利润增长额为最大。

表 8.17

毛坯生产		机械加工		热处理		检 验
(两种方案)		(三种方案)		(两种方案)		
方 案	生产费用	方 案	生产费用	方 案	生产费用	生产费用
1	40	1	40	1	30	20
				2	40	10
		2	50	1	40	20
				2	50	10
		3	60	1	40	20
				2	50	10
2	60	1	30	1	30	20
				2	40	10
		2	20	1	40	20
				2	50	10
		3	30	1	40	20
				2	50	10

表 8.18 单位:百元

投资 利润增长额 工 厂	0	100	200	300	400
1	0	20	42	60	75
2	0	25	45	57	65
3	0	18	39	61	78
4	0	28	47	65	74

8.3 某公司根据市场调查,今后 4 个时期产品的需求量如表 8.19 所示。据此公司确定每个时期的生产数量,以满足上述要求。已知每件产品生产费用 C 同生产数量 x 有关,即

$$C = \begin{cases} 0 & x = 0 \\ 3 + x & 0 < x \leqslant 6 \\ \infty & x > 6 \end{cases}$$

又若生产出来产品在当期内销售不出去,其库存费用为每件产品存一个时期为 0.5 元。设在第一时期初及第四时期末该产品无库存,试决定在满足市场需求条件下,使该公司生产加库存总费用为最小的生产方案。

表 8.19

时期	1	2	3	4
需求量/件	2	3	2	4

8.4 某项工程有 3 个设计方案。据现有条件,这些方案不能按期完成的概率分别为 0.40,0.60,0.80,即 3 个方案均完不成的概率为 $0.40 \times 0.60 \times 0.80 = 0.192$。为使这 3 个方案中至少完成一个的概率尽可能大,决定追加 2 万元投资。当使用追加投资后,上述方案完不成的概率见表 8.20:问应如何分配追加投资,使其中至少有一个方案完成的概率为最大。

表 8.20

追加投资 /万元	各方案完不成的概率		
	1	2	3
0	0.40	0.55	0.80
1	0.20	0.45	0.50
2	0.15	0.20	0.30

8.5 用动态规划方法求本章例 2 的解。

8.6 本章例 3 中,若(a)$c = 36, n = 3$;(b)$c = 64, n = 4$,试分别用动态规划的逆序和顺序解法求最优解。

8.7 某电子仪器由 3 个串联的组件($j = 1, 2, 3$)构成,因而有一个组件失效,仪器即无法工作。为提高该仪器可靠性,每个组件中可增加并联的备用元件数。用 R_j 代表各组件的可靠性,k_j 代表 j 组件中并联的元件数,c_j 代表并联不同元件时第 j 组件的相应费用,有关数据见表 8.21。若限定用于仪器中组件总费用不超过 1 000 元,试确定使该仪器可靠性为最高的设计方案。

表 8.21

k_j\组件	$j = 1$		$j = 2$		$j = 3$	
	R_1	c_1	R_2	c_2	R_3	c_3
1	0.6	100	0.7	300	0.5	200
2	0.8	200	0.8	500	0.7	400
3	0.9	300	0.9	600	0.9	500

8.8 假定有一笔 1 000 元的资金于依次三年年初分别用于工程 A 或工程 B 的投资。每年初如果投资工程 A,则年末以 0.6 的概率回收本利 2 000 元或以 0.4 的概率分文无收;如果投资工程 B,则年末或以 0.1 的概率回收 2 000 元或以 0.9 的概率回收 1 000 元。假定每年只允许投资一次,每次投 1 000 元(如果有多余资金只能闲置),试用动态规划的方法确定:(a) 第三年末期望资金总数为最大的投资策略;(b) 使第三年末至少有 2 000 元的概率为最大的投资策略。

8.9 用动态规划的方法求解下述问题。

(a) max $z = 8x_1 + 7x_2 + 5x_3$

$$\begin{cases} 2x_1 + x_2 + 8x_3 \leq 20 \\ x_1, x_2, x_3 \geq 0 \end{cases}$$

(b) max $z = 4x_1 + 14x_2$

$$\begin{cases} 2x_1 + 7x_2 \leq 21 \\ 7x_1 + 2x_2 \leq 21 \\ x_1, x_2 \geq 0 \end{cases}$$

(a) max $z = 7x_1^2 + 6x_1 + 5x_2^2$

$$\begin{cases} x_1 + 2x_2 \leq 10 \\ x_1, x_2 \geq 0 \end{cases}$$

(b) max $z = (x_1 + 2)^2 + x_2 x_3 + (x_4 - 5)^2$

$$\begin{cases} x_1 + x_2 + x_3 + x_4 \leq 5 \\ x_1, x_4 \geq 0 \text{ 且为整数} \end{cases}$$

8.10 如图 8.4 所示,$P_0 O P_n$ 是单位圆上的一扇形,中心角为 α,$P_1, P_2, \cdots, P_{n-1}$ 是圆上的一些任选点,则折线段总长为 $2\sum_{i=1}^{n} \sin \frac{\theta_i}{2}$。式中 θ_i 为 OP_{i-1} 与 OP_i 之间的夹角。如果 $f_n(\alpha)$ 是 $P_0 P_1 \cdots P_n$ 折线的最大长度,即有

$$f_n(\alpha) = \max_{0 \leq \theta \leq \alpha} \left\{ 2\sin \frac{\theta}{2} + f_{n-1}(\alpha - \theta) \right\}$$

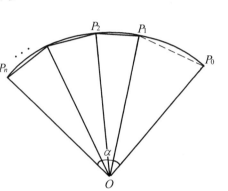

图 8.4

要求:(a) 用归纳法证明 $f_n(\alpha) = 2n \sin \frac{\alpha}{2n}$;(b) 由此推论圆的 n 边内接多边形中,以正多边形周界为最长。

8.11 某商店在未来的 4 个月里,准备利用商店里一个仓库来专门经销某种商品,该仓库最多能装这种商品 1 000 单位。假定商店每月最多只能出售现存的货。当商店决定在某个月购货时,只有在该月的下个月开始才能得到该货。据估计未来 4 个月这种商品买卖价格如表 8.22 所示。假定商店在 1 月份开始经销时,仓库贮存商品有 500 单位。试问:如何制订这 4 个月的订购与销售计划,使获得利润最大?(不考虑仓库的存贮费用)

表 8.22

月 份 k	买 价 c_k	卖 价 p_k
1	10	12
2	9	9
3	11	13
4	15	17

第9章 存贮论

9.1 引 言

  人们在生产活动或日常生活中往往把所需要的物资、食物或用品暂时储存起来,以备将来使用或消费。这种储存物品的现象是为了解决供应(或生产)与需求(或消费)之间的不协调的一种手段。例如一场战斗,在 1~2 天内可能要消耗几十万发炮弹,而工厂不可能在这么短时间内生产出那么多炮弹,这就是供需之间的不协调性。为了解决这一矛盾,只能将工厂每天生产的炮弹储存到军火库内,一旦发生战争才能满足大量消耗炮弹的需求。又如一座水力发电站,每天都要消耗一定的水量以推动水轮发电机正常运转。如果在夏季时不把大量雨水积存起来,到冬季枯水时,就会缺少足够的水量推动机器,造成浪费。为解决这个矛盾,需建造大的水库,把雨季的水积存起来,供全年均匀使用。这类供需不协调的现象十分普遍,产生这种不协调性是因为在单位时间内的供应量与需求量不一致,以及供应物品的时间与需要这种物品的时间不一致。因为常常发生供不应求或供过于求,于是人们在供应与需求这两个环节之间加上储存这个环节,以起到协调与缓和供与需之间的矛盾的作用。若以储存为中心,可把供应与需求看做一个具有输入(供应)与输出(需求)的控制系统,见图 9.1。

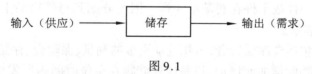

图 9.1

  不论是供应或需求,都有两个基本问题要考虑:一是一次供应量(需求量)是多少;二是什么时候供应(需求)。由于供应和需求之间的不协调,将给供需双方造成经济损失。在供应和需求之间加上储存环节之后,可以减少两者的损失。但增加储存环节也产生了一个新的问题,即储存物资必然要积压资金,要保管不同物资,就要消耗一定人力、物力等等。如何处理这些费用,做到经济合理,是存贮论所要研究和解决的问题。一个企业,一个生产单位往往要使用成千上万种不同的物资,并且这些物资的供应(需求)的量和期往往不是均匀的变量,而具有随机性,这就使存储问题复杂化,需要人们去研究如何利用数学工具,将一个实际的存储问题归结为一种数学模型,然后求出最佳的量和期的数值。

  上面提到的存储物这个概念具有广泛的含义。在物资的流通过程中,一切暂存在仓库中的物资;在生产过程中两个阶段之间、上下两工序之间的在制品,都属于存储物。在生产经营活动中,为了不间断和有效地进行工作,手中掌握的一部分暂存物品也是存储物。在生产开始以前原材料是存储物;在生产中间在制品是存储物;生产结束后成品也是存储物。将原材料、在制品和成品保持在预期的水平,使生产过程或流通过程不间断并且有效地进行,称为存储技术。

一个存储问题包括的基本要素有：

(1)需求率。指单位时间(年,月,日)内对某种物品的需求量,以 D 表示。对存贮系统来说需求率是输出。在生产过程中,上道工序在制品的输出可以看做是下道工序的输入(供应)。输出可以是均匀的,例如在连续装配线上装配汽车,每若干分钟出产一辆汽车;输出也可以是均匀的,例如在连续装配线上装配汽车,每若干分钟出产一辆汽车;输出也可以是间断成批的,如一台生产若干种规格标准件的自动机,它交替地生产出不同规格的标准件,每种标准件都以间断成批的输出形式出现。需求率有时往往是随机的,如一个商店每天出售商品的数量表现为是随机变量。

(2)订货批量。订货往往采用以一定数量物品为一批的方式进行,一次订货中包含某种物品的数量称为批量,通常用 Q 表示。

(3)订货间隔期。指两次订货之间的时间间隔,以 t 表示。

(4)订货提前期。从提出订货到收到货物的时间间隔,用 L 表示。设已知某种物品的订货提前期为10天,若希望能在3月25日收到这种物品,那么最迟应在3月15日提出订货。

(5)存贮(订货)策略。指什么时间提出订货以及订货的数量。例如有：按固定间隔期提出固定数量的订货;按固定间隔期提出最大库存量同现有库存量差值的订货量;当库存量降低到规定水平(保险储备水平或安全存储量)时,提出固定数量或提出最大库存量同现有库存量差值的订货量,等等。

与存贮问题有关的基本费用项目有：

(1)一次费用或准备结束费用。每组织一次生产、订货或采购某种物品所必需的费用。这项费用分摊到单位物品的多少是随批量的增大而减少。如采购员到外地购买某种物品的差旅费,购买一件或十件花费基本一样。因此分配到每件物品上的费用随购买量增加而减少,用 C_D 表示。

(2)存储费用。包括仓库保管费,**占用流动资金的利息、保险金、存储物的变质损失等**等,这类费用随存储物的增加而增加。以每件存储物在单位时间内所发生的费用计算,用符号 C_P 表示。

(3)短缺损失费用。因存储物已耗尽,发生供不应求而造成需求方的经济损失。例如原材料供应不上造成机器和工人停工待料的损失等。以每发生一件短缺物品在单位时间内需求方的损失费用大小来计算,用 C_S 表示。

以上项目是存贮问题中的主要费用项目。随所分析的实际问题的不同,所考虑的费用项目也有所不同。

在一个存贮问题中主要考虑：供应(需求)量的多少,简称量的问题;何时供应(需求),简称期的问题。按期与量这两个参数的确定性或随机性,将存贮模型分为确定性存贮模型与随机性存贮模型两大类。下面分别讨论这两类模型中的一些典型情况。

9.2 经济订货批量的存贮模型

这里讨论的存贮模型中的期和量的参数都是确定性的,所讨论的一种零件或物品的存储量与期同其他物品的存储量与期之间不互相影响。这样规定是为了将一个实际存储问题简化，便于分析。

在生产过程中往往组织成批生产零件或产品，上下工序之间都以成批的零件或产品进行周转。那么批量多大才算经济合理，需要进行研究。下面讨论几种典型的模型。

9.2.1 基本的 EOQ(经济订货批量)模型

【例1】 设一种物品的需求率 D(件/年)是已知常数，并以一定的批量 Q 供应给需求方，提前期为零。这意味着需要这种物品时可以马上得到，并且不允许发生供应短缺。当收到一批物品以后，将其暂存在中间仓库，以速率 D(件/年)消耗掉。这里只考虑两种费用：与每次组织订货有关的费用 C_D(元/次)和存贮物品所需费用 C_P(元/件·年)。要求确定每次订货的批量为多大，使全年总的费用为最少。

【解】 这类存贮模型可用图 9.2 所示。图中表示每到一批货，库存量由零立刻上升到 Q，然后以 D 的速率均匀消耗掉。库存量沿斜线下降，一旦库存量为零时，立刻补充，库存量再次恢复到 Q，如此往复循环。

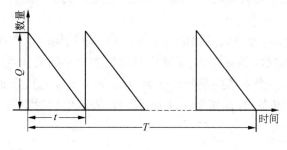

图 9.2

用 TC 表示全年发生的总费用；

TOC 表示全年内用于订货的费用；

TCC 表示全年内存储的费用；

n 表示全年的平均订货次数，$n = \dfrac{D}{Q}$。

本模型中

$$TOC = C_D \cdot n = C_D \cdot \frac{D}{Q}$$

$$TCC = \frac{1}{2} C_P Q$$

$$TC = TOC + TCC = C_D \cdot \frac{D}{Q} + \frac{1}{2} C_P Q \tag{9.1}$$

我们的目标是希望 TC 最小。从 TC 表达式中看出 TC 是 Q 的函数。将 TC 对 Q 求导，并令其等于零，即

$$\frac{\mathrm{d}TC}{\mathrm{d}Q} = -\frac{C_D D}{Q^2} + \frac{1}{2} C_P = 0$$

故

$$Q^* = \sqrt{\frac{2 C_D \cdot D}{C_P}} \tag{9.2}$$

因 $\dfrac{\mathrm{d}^2 TC}{\mathrm{d}Q^2} = \dfrac{2 C_D D}{Q^3} > 0$，故式(9.2)中得到的 Q^* 使 TC 为最小。

将式(9.2)代入(9.1)得

$$TC = \sqrt{2C_D C_P D} \tag{9.3}$$

9.2.2 一般的 EOQ 模型

【例2】 在一般的 EOQ 模型中,考虑实际生产部门同需求部门之间联系,并允许库存发生短缺的情形(见图9.3)。生产部门按一定速率 P 进行生产,需求部门的需求速率为 D。生产从 O 点开始,在 t_1 段按速率 P 进行。假如这段时间期内无需求,总存储量应达到 A' 点,但由于需求消耗,实际只达到 A 点。在 t_2 和 t_3 区间内生产停止,而需求仍按速率 D 进行,至 B 点

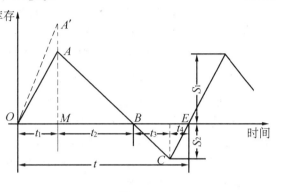

图 9.3

贮存量降至零,到 C 点发生最大短缺。从该点起又恢复生产,到 E 点补上短缺量,并开始一个新的生产周期。

设 S_1 为最大存储量,S_2 为最大短缺量,C_D 为开始一个周期的生产准备费用,C_P 为产品的存储费,C_S 为发生短缺时的损失费,试确定总费用为最小的最佳生产批量 Q。

【解】 由图9.3知,一个生产周期的长度为 $(t_1 + t_2 + t_3 + t_4)$,假如分别用 OC、CC、SC 表示一个周期的生产准备、存储费和短缺费,用 TC 表示单位时间的平均总费用,则有

$$OC = C_D$$

$$CC = \frac{C_P S_1}{2}(t_1 + t_2)$$

$$SC = \frac{C_S S_2}{2}(t_3 + t_4)$$

$$TC = (OC + CC + SC)/(t_1 + t_2 + t_3 + t_4) =$$

$$\left[C_D + \frac{C_P S_1}{2}(t_1 + t_2) + \frac{C_S S_2}{2}(t_3 + t_4) \right]/(t_1 + t_2 + t_3 + t_4) \tag{9.4}$$

因为 $$S_1 = Pt_1 + Dt_1 = (P - D)t_1 = Dt_2 \tag{9.5}$$

所以 $$t_1 = \frac{D}{P - D} \cdot t_2, \quad t_1 + t_2 = \frac{P}{P - D} \cdot t_2 \tag{9.6}$$

又 $$S_2 = Dt_3 = (P - D)t_4 \tag{9.7}$$

故 $$t_4 = \frac{D}{P - D} \cdot t_3, \quad t_3 + t_4 = \frac{P}{P - D} \cdot t_3 \tag{9.8}$$

由此 $$t_1 + t_2 + t_3 + t_4 = \frac{P}{P - D}(t_2 + t_3) \tag{9.9}$$

$$Q = D(t_1 + t_2 + t_3 + t_4) = \frac{PD}{P - D}(t_2 + t_3) \tag{9.10}$$

将式(9.6)~(9.9)代入式(9.4)得

$$TC = \frac{C_D + \frac{C_P}{2}(Dt_2)\left(\frac{P}{P - D}\right)t_2 + \frac{C_S}{2}(Dt_3)\left(\frac{P}{P - D}\right)t_3}{\frac{P}{P - D}(t_2 + t_3)} =$$

$$\frac{C_D + \left(\dfrac{P-D}{P}\right) + \dfrac{D}{2}(C_P t_2^2 + C_S t_3^2)}{t_2 + t_3} \tag{9.11}$$

令
$$\frac{\partial TC}{\partial t_2} = (t_2 + t_3)^{-2}\left[-C_D\left(\frac{P-D}{P}\right) + \frac{D}{2}(t_2+t_3)(2C_P t_2) - \frac{D}{2}(C_P t_2^2 + C_S t_3^2)\right] = 0 \tag{9.12}$$

$$\frac{\partial TC}{\partial t_3} = (t_2 + t_3)^{-2}\left[-C_D\left(\frac{P-D}{P}\right) + \frac{D}{2}(t_2+t_3)(2C_S t_3) - \frac{D}{2}(C_P t_2^2 + C_S t_3^2)\right] = 0 \tag{9.13}$$

由式(9.12)和(9.13)有 $2C_P t_2 = 2C_S t_3$ 或 $t_2 = \dfrac{C_S}{C_P} t_3$ \hfill (9.14)

故
$$t_2 + t_3 = \frac{C_S + C_P}{C_P} \cdot t_3 \tag{9.15}$$

将式(9.14)、(9.15)代入式(9.13)得
$$C_D\left(\frac{P-D}{P}\right) = \frac{D}{2}\left(\frac{C_S + C_P}{C_P}\right)t_3(2C_S t_3) - \frac{D}{2}\left(\frac{C_S^2}{C_P} \cdot t_3^2 + C_S t_3^2\right)$$

或
$$C_D\left(\frac{P-D}{P}\right) = Dt_3^2\left(\frac{C_S^2 + C_P \cdot C_S}{C_P}\right) - \frac{Dt_3^2}{2}\left(\frac{C_S^2 + C_P C_S}{C_P}\right) = \frac{1}{2}(Dt_3^2)\left(\frac{C_S^2 + C_P C_S}{C_P}\right) \tag{9.16}$$

由式(9.16)
$$t_3^2 = 2C_D\left(\frac{P-D}{PD}\right)\frac{C_P}{C_S}\left(\frac{1}{C_P + C_S}\right) = \frac{2C_D C_P(P-D)}{P \cdot D \cdot C_S(C_P + C_S)} = \frac{2C_D C_P(1 - D/P)}{DC_S(C_P + C_S)} \tag{9.17}$$

所以
$$t_3^* = \sqrt{\frac{2C_D C_P(1 - D/P)}{C_S D(C_P + C_S)}} \tag{9.18}$$

将式(9.18)代入式(9.14)得
$$t_2^* = \sqrt{\frac{2C_D C_P(1 - D/P)}{C_P D(C_P + C_S)}} \tag{9.19}$$

将(9.14)、(9.18)、(9.19)代入式(9.10)有
$$Q^* = \frac{PD}{P-D}\left[\left(1 + \frac{C_S}{C_P}\right)t_3\right] = \frac{PD}{P-D}\left(1 + \frac{C_S}{C_P}\right)\sqrt{\frac{2C_D C_P(1 - D/P)}{C_S D(C_P + C_S)}} = \sqrt{\frac{2C_D D(C_P + C_S)}{C_P C_S(1 - D/P)}} \tag{9.20}$$

将式(9.19)代入式(9.5)得
$$S_1^* = Dt_2^* = \sqrt{\frac{2C_D C_S \cdot D(1 - D/P)}{C_P(C_P + C_S)}} \tag{9.21}$$

将式(9.18)代入式(9.7)得
$$S_2^* = Dt_3^* = \sqrt{\frac{2C_D C_P \cdot D(1 - D/P)}{C_S(C_P + C_S)}} \tag{9.22}$$

由式(9.4)得

$$TC^* = \sqrt{\frac{2D \cdot C_P C_S C_D(1 - D/P)}{(C_P + C_S)}} \qquad (9.23)$$

例 2 中当 $P \gg D$，即订货提前期为零时，有

$$D/P \to 0 \text{ 或 } (1 - D/P) \to 1 \qquad (9.24)$$

又若不允许缺货时，可视为缺货损失为 ∞，故有

$$C_S \to \infty \qquad (9.25)$$

将式(9.24)、(9.25)分别代入式(9.20)、(9.23)即得式(9.2)、(9.3)。由此例 1 中模型是例 2 中模型的特殊情况。

9.2.3 订货提前期为零、允许缺货的 EOQ 模型

【例3】 这类模型可用图 9.4 来表示。设 S 为最大允许的短缺量。在 t_1 时间间隔内，库存量是正值，在 t_2 时间间隔内发生短缺。每当新的一批零件到达，马上补足供应所短缺的数量 S，然后将 $Q - S$ 的物品暂储在仓库。因此这种下，最高的库存量是 $Q - S$。在这个模型中总的费用包括：订货费用 C_D，保管费用 C_P 和短缺费用 C_S。现需要确定经济批量 Q 及供应间隔期 t，使平均总的费用为最小。

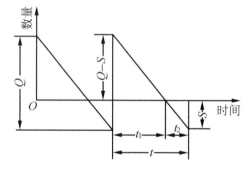

图 9.4

【解】 由例 3 给定条件，有 $D/P \to 0$，故只需将式(9.24)分别代入式(9.20)、(9.23)和(9.22)得

$$Q^* = \sqrt{\frac{2C_D D(C_P + C_S)}{C_P + C_S}} \qquad (9.26)$$

$$TC^* = \sqrt{\frac{2C_D D C_P C_S}{C_P + C_S}} \qquad (9.27)$$

$$S^* = \sqrt{\frac{2C_D C_P D}{C_S(C_P + C_S)}} \qquad (9.28)$$

9.2.4 生产需一定时间,不允许缺货的 EOQ 模型

【例4】 如图 9.5。除了不允许有缺货外，其他条件均同例 2。设 S 为最大库存量，试确定最佳生产批量 Q^* 及相应的 t_1^*、t_2^*、S^* 的值，使在周期 t 内的总费用 TC 为最小。

【解】 按题意只需将式(9.25)分别代入式(9.20)、(9.23)、及(9.21)得

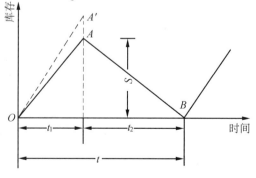

图 9.5

$$Q^* = \sqrt{\frac{2C_D D}{C_P(1 - D/P)}} \tag{9.29}$$

$$TC^* = \sqrt{2C_D C_P D(1 - D/P)} \tag{9.30}$$

$$S^* = \sqrt{\frac{2C_D D(1 - D/P)}{C_P}} \tag{9.31}$$

又由式(9.5)可求得

$$t_1^* = \frac{S}{P - D} = \sqrt{\frac{2C_D D}{C_P \cdot P(P - D)}} \tag{9.32}$$

$$t_2^* = \frac{S}{D} = \sqrt{\frac{2C_D(1 - D/P)}{C_P D}} \tag{9.33}$$

9.3 具有约束条件的存贮模型

假如在存贮模型中包含有多种物品,且订货批量要受到仓库面积和资金等方面的限制,这样在考虑最优订货批量时需增加必要的约束条件。

设 Q_i 为第 i 种 ($i = 1, \cdots, n$) 物品的订货批量,已知每件第 i 种物品占用存贮空间为 w_i,仓库的最大存贮容量为 W,则考虑各种物品的订货批量时,应加上一个约束条件,即

$$\sum_{i=1}^{n} Q_i w_i \leq W \tag{9.34}$$

又若第 i 种物品的订货提前期为零,单位时间的需求量为 D_i,与每批订货有关费用及单位时间的保管费用分别为 C_{Di} 和 C_{Pi},由此上述带约束条件的存贮问题中,为使总的费用最小可归为求解下述数学模型:

$$\min TC = \sum_{i=1}^{n} \left[C_{Di} \cdot \frac{D_i}{Q_i} + \frac{1}{2} C_{Pi} Q_i \right]$$

$$\begin{cases} \sum_{i=1}^{n} Q_i w_i \leq W \\ Q_i \geq 0 \quad i = 1, \cdots, n \end{cases}$$

当不考虑约束条件时,由式(9.2)知每种物品的最佳订货批量为

$$Q_i^* = \sqrt{\frac{2C_{Di} \cdot D_i}{C_{Pi}}} \quad i = 1, \cdots, n \tag{9.35}$$

若由式(9.35)求出的结果代入式(9.34)能得到满足,则式(9.35)求得的 Q_i^* 值分别是每种物品的最优订货批量,否则就需要建立以下拉格朗日(Lagrangian)函数:

$$L(\lambda, Q_1, \cdots, Q_r) = \sum_{i=1}^{n} \left[C_{Di} \cdot \frac{D_i}{Q_i} + \frac{1}{2} C_{Pi} Q_i \right] - \lambda \left[\sum_{i=1}^{n} Q_i w_i - W \right] \tag{9.36}$$

式中 $\lambda < 0$ 称为拉格朗日乘数。将式(9.36)分别对 Q_i 和 λ 求偏导数,并令其为零有

$$\frac{\partial L}{\partial Q_i} = -\frac{C_{Di} D_i}{Q_i^2} + \frac{1}{2} C_{Pi} - \lambda w_i = 0 \tag{9.37}$$

$$\frac{\partial L}{\partial \lambda} = -\sum_{i=1}^{n} Q_i w_i + W = 0 \tag{9.38}$$

式(9.38)说明 Q_i 的值必须满足存贮面积的约束。由式(9.37)得

$$Q_i^* = \sqrt{\frac{2C_{Di} \cdot D_i}{C_{Pi} - 2\lambda w_i}} \qquad (9.39)$$

式(9.39)中的 λ 值可以通过将式(9.39)、(9.38)联立求解得到。但通常的做法是先令 $\lambda = 0$，由式(9.39)求出 Q_i 值，将其代入式(9.34)看是否满足。如果不满足，可通过试算，逐步减小 λ 值，一直到求出的 Q_i 值代入式(9.34)满足为止。

【例 5】 考虑一个具有三种物品的存贮问题，有关数据见表 9.1。已知总的存贮容量为 $W = 30 \text{ m}^3$，试求每种物品的最优订货批量。

【解】 当 $\lambda = 0$ 时由式(9.39)解得

$$Q_1 = \sqrt{\frac{2 \times 10 \times 2}{0.3}} = \sqrt{\frac{40}{0.3}} = 11.5$$

$$Q_2 = \sqrt{\frac{2 \times 5 \times 4}{0.1}} = \sqrt{\frac{40}{0.1}} = 20$$

$$Q_3 = \sqrt{\frac{2 \times 15 \times 4}{0.2}} = \sqrt{\frac{120}{0.2}} = 24.5$$

表 9.1

物 品	C_D	D_i	C_{Pi}	w_i/m^3
1	10	2	0.3	1
2	5	4	0.1	1
3	15	4	0.2	1

因为

$$\sum_{i=1}^{3} Q_i w_i = 56 > 30$$

所以通过逐步减小 λ 值进行试算，试算过程见表 9.2。

表 9.2

λ	Q_1	Q_2	Q_3	$\sum_{i=1}^{3} Q_i w_i$
-0.05	10.0	14.1	17.3	41.4
-0.10	9.0	11.5	14.9	35.4
-0.15	8.2	10.0	13.4	31.6
-0.20	7.6	8.9	12.2	28.7

由表 9.2，可取 $Q_1^* = 8, Q_2^* = 9, Q_3^* = 13$。

9.4 动态的存贮模型

这类模型的特点是对某种物品的需求量可划分为若干个时期，在同一时期内需求是常数，但在不同时间期间，需求是变化的。假设订货前期为零，即提出订货后，库存立即得到补充。订货于每个时期初提出，不允许发生缺货。假定：

i 表示时期，$i = 1, \cdots, N$；

q_i 为第 i 个时期提出的订货量；

d_i 为第 i 个时期对该种物品的需求量；

z_i 为第 $(i-1)$ 个时期末的库存量;

C_{Pi} 为单位物品从第 i 到 $(i+1)$ 个时期的存贮费用;

C_{Di} 为第 i 个时期提出订货的订货费用;

$C_i(q_i)$ 为第 i 时期该种物品的生产费用函数。

问题的目标是要决定各个时期的最佳订货批量 q_i^*,使在满足需求的条件下,N 个时期的各项费用总和为最小。

从问题的叙述,看出这是一个多阶段的决策问题,可以用动态规划的方法求解。

将 N 个时期看成 N 个阶段,用 i 代表阶段,有 $i=1,\cdots,N$;

第 i 个阶段的状态变量 x_i 为前一阶段末的库存量,也即本阶段初提出订货前的库存量;

决策变量 q_i 为第 i 阶段的订货批量,因不允许缺货,应满足 $q_i + x_i \geq d_i, q_i \geq 0$,若 N 个时期末该种物品库存量为零,则有 $q_i + x_i \leq d_i + \cdots + d_N$;

状态转移方程为 $x_{i+1} = x_i + q_i - d_i$。

若用 $f_i(x_i)$ 表示 i 阶段初状态为 x_i,采用最优订货策略从第 i 到 N 阶段各项费用的总和,则可以写出动态规划的递推方程为

$$f_i(x_i) = \min_{q_i \in D_i(x_i)} \{C_{Di} + C_i(q_i) + C_{pi}(x_i + q_i - d_i) + f_{i+1}(x_{i+1})\} \quad (9.40)$$

式(9.40)中 $D_i(x_i) = \{q_i \mid q_i \geq 0, d_i \leq q_i + x_i \leq d_i + \cdots + d_N\}$。又库存费应为 $C_{Pi}\left(\dfrac{x_i + x_{i+1}}{2}\right)$,为便于计算式中用 x_{i+1} 代替 $(x_i + x_{i+1})/2$。

边界条件为

$$f_N(x_N) = \min_{q_N \in D_N(x_N)} \{C_{DN} + C_N(q_N) + f_{N+1}(x_{N+1})\} \quad (9.41)$$

【例6】 已知三个时期内对某种产品的需求量、各时期的订货费用及存贮费用如表9.3所示,又生产费用函数为

$$C_i(q_i) = \begin{cases} 10q_i & 0 \leq q_i \leq 3 \\ 30 + 20(q_i - 3) & q_i \geq 4 \end{cases}$$

表 9.3

i	d_i	C_{Di}	C_{Pi}
1	3	3	1
2	2	7	3
3	4	6	2

要求确定各个时期最佳订货批量 q_i^*,使三个时期各项费用和为最小。已知第1时期初有一件库存,第3时期末库存为零。

【解】 利用动态规划的逆序算法,当 $i=3$ 时,因有 $d_3 = 4$,而 $q_3 + x_3 \geq d_3$,故 $0 \leq x_3 \leq 4, 0 \leq q_3 \leq 4$。计算过程见表9.4。

表 9.4

| x_3 \ q_3 | $C_{D3} + C_3(q_3)$ | | | | | $f_3(x_3)$ | q_3^* |
	0	1	2	3	4		
0	—	—	—	—	6+50	56	4
1	—	—	—	6+30	—	36	3
2	—	—	6+20	—	—	26	2
3	—	6+10	—	—	—	16	1
4	0	—	—	—	—	0	0

当 $i = 2$ 时,有 $d_2 \leq q_2 + x_2 \leq d_2 + d_3 = 6$,故 $0 \leq x_2 \leq 6, 0 \leq q_2 \leq 6$。计算过程见表 9.5。

表 9.5

x_2 \ q_2 \ A	\multicolumn{7}{c}{$A^* + C_{P2}(x_3) + f_3(x_3)$}	$f_2(x_2)$	q_2^*
	0	1	2	3	4	5	6		
	0	7+10	7+20	7+30	7+50	7+70	7+90		
0	—	—	27+56	37+39	57+32	77+25	97+12	76	3
1	—	17+56	27+39	37+32	57+25	77+12	—	66	2
2	0+56	17+39	27+32	37+25	57+12	—	—	56	0
3	0+39	17+32	27+25	37+12	—	—	—	39	0
4	0+32	17+25	27+12	—	—	—	—	32	0
5	0+25	17+12	—	—	—	—	—	25	0
6	0+12	—	—	—	—	—	—	12	0

* $A = C_{D2} + C_2(q_2)$

当 $i = 1$ 时,有 $q_1 + x_1 \leq d_1 + d_2 + d_3 = 9$,因已知 $x_1 = 1$,故 $2 \leq q_1 \leq 8$。计算过程见表 9.6。

表 9.6

x_1 \ q_2 \ A	\multicolumn{7}{c}{$A^* + C_{P1}(x_2) + f_2(x_2)$}	$f_1(x_1)$	q_1^*
	2	3	4	5	6	7	8		
	3+20	3+30	3+50	3+70	3+90	3+110	3+130		
1	23+76	33+67	53+58	73+42	93+36	113+30	133+18	99	2

* $A = C_{D1} + C_1(q_1)$

由计算结果知:$x_1 = 1, q_1^* = 2; x_2 = 0, q_2^* = 3; x_3 = 1, q_3^* = 3$。三个时期最小费用总和为 99。

上述模型中,当生产费用函数 $C_i(q_i)$ 和存贮费用 $C_{Pi}(x_{i+1})$ 分别是 q_i 和 x_{i+1} 的线性函数、线性递减函数或凹函数时,H. Wagner 和 T. Whitin[①]证明:

(1) 对任一时期 i,只当 $x_i = 0$ 时,有 $q_i > 0$;当 $x_i > 0$ 时,一定有 $q_i = 0$,故恒有 $x_i q_i = 0$。

(2) 第 i 时期的最优订货量 q_i^* 或为零,或相当于从第 i 时期开始的随后若干个时期需求量之和。即 q_i^* 等于零,或等于 d_i,或等于 $(d_i + d_{i+1})$,或 $(d_i + d_{i+1} + d_{i+2})$,……

以上两点结论不难理解:若 $(i-1)$ 时期末有库存 $x_i < d_i$,其中每件的生产费用加存贮费用累计为 C',又在第 i 时期该种产品折合每件的生产费用为 C'',当 $C'' \leq C'$ 时,上期末剩余的 x_i 件产品应在本期内生产更经济,故应有 $x_i = 0$;当 $C'' \geq C'$ 时,即本期内的需求,应由前一时期末的库存来供应,应有 $q_i = 0$。当然上述推理只有当 q_i 及相应的 x_{i+1} 值增

---

① 见 Wagner H, Whitin T. Dynamic Version of the Economic Lot Size Model. Management Science, 1958, 5, 89~96.

大时,生产费用及存贮费用只呈线性或线性递减增长的假定条件下才成立。下面通过例子说明由此带来计算上的简化。

【例7】 已知各时期内对某种产品的需求量、提出订货的费用、存贮费用如表9.7所示。又 $C_i(q_i) = 2q_i$,期初库存 $x_1 = 15$,期末库存 $x_5 = 0$,要求确定各个时期最佳的订货批量 q_i^*,使四个时期各週用的总和为最小。

表 9.7

i	d_i	C_{Di}	C_{Pi}
1	70	98	1
2	36	114	1
3	90	185	1
4	67	70	1

【解】 本题中 $C_i(q_i)$ 及 $C_{Pi}(x_{i+1})$ 分别是 q_i 和 x_{i+1} 的线性函数,故计算可简化。依据公式(9.40)、(9.41)进行逆序计算。当 $i = 4$ 时,由上述性质知,或 $x_4 = 0, q_4 = 67$,或 $x_4 = 67, q_4 = 0$。计算过程见表9.8。

表 9.8

x_4 \ q_4	$C_{D4} + C_4(q_4)$		$f_4(x_4)$	q_4^*
	0	67		
0	—	70 + 134	204	67
67	0	—	0	0

当 $i = 3$ 时,若 $x_3 = 0$,q_3 可以为90或157,又 x_3 为90或157时,$q_3 = 0$。计算见表9.9。

表 9.9

x_3 \ q_3	$C_{D3} + C_3(q_3) + C_{P3}(x_4) + f_4(x_4)$			$f_3(x_3)$	q_3^*
	0	90	157		
0	—	185 + 180 + 0 + 204 = 569	185 + 314 + 67 + 0 = 566	566	157
90	0 + 0 + 0 + 204 = 204	—	—	204	0
157	0 + 0 + 67 + 0 = 67	—	—	67	0

当 $i = 2$ 时,若 $x_2 = 0$,q_2 可以为36、126或193,当 x_2 为其他值时,$q_2 = 0$。计算过程见表9.10。

当 $i = 1$ 时,因已知 $x_1 = 15$,故 q_1 可以为55、91、181或248。计算过程见表9.11。

表 9.10

x_2 \ q_2	$C_{D2} + C_2(q_2) + C_{P2}(x_3) + f_3(x_3)$				$f_2(x_2)$	q_2^*
	0	36	126	193		
0	—	114 + 72 + 0 + 566 = 752	114 + 252 + 90 + 204 = 660	114 + 386 + 157 + 67 = 724	660	126
36	0 + 0 + 0 + 566 = 566	—	—	—	566	0
126	0 + 0 + 90 + 204 = 294	—	—	—	294	0
193	0 + 0 + 157 + 67 = 224	—	—	—	224	0

表 9.11

x_1 \ q_1	$C_{D1} + C_1(q_1) + C_{P1}(x_2) + f_2(x_2)$				$f_1(x_1)$	q_1^*
	55	91	181	248		
15	98 + 110 + 0 + 660 = 868	98 + 182 + 36 + 566 = 882	98 + 362 + 126 + 294 = 880	98 + 496 + 193 + 224 = 1 011	868	55

由上述计算知，各时期的最佳订货批量为 $q_1^* = 55 \to x_2 = 0$，$q_2^* = 126 \to x_3 = 90$，$q_3^* = 0 \to x_4 = 0$，$q_4^* = 67$。

9.5 单时期的随机存贮模型

上述各类模型都假定各时期的需求量是确定的，但实际问题中需求量往往是一个不确定的值，这就需要用到随机的存贮模型。所谓单时期的随机存贮模型，是指在一个周期内订货只进行一次，若未到期末货已售完也不再补充订货；若发生滞销，未售出的货就在期末处理。这类订货可以重复进行，但在各周期之间订货量与销售量互相保持独立。下面研究单时期随机存贮模型的一般情况。假设某种物品仅在每个时期的一开始可以提出订货，每件的单位成本为 C，同订货数量无关。每件的售价为 S，用 $p(x)$ 代表对该种产品需求量为 x 的概率。当需求数大于订购数，发生供应短缺时，每短缺一件的损失为 C_S 元，若到期末有未售出的产品时每件处理价为 C_g 元（$C_g < C$）。要求确定在该时期初的最优订购数量 Q，使预期利润为最大。因有

$$\text{总的预期利润} = \text{销售总收入} + \text{处理收入} - \text{订购成本} - \text{短缺损失}$$

用公式可表示为

$$G(Q) = S \sum_{x=0}^{Q-1} xp(x) + SQ \sum_{x=Q}^{\infty} p(x) + C_g \left[\sum_{x=0}^{Q-1} (Q-x)p(x) \right] -$$

$$CQ - C_S \sum_{x=Q}^{\infty}(x-Q)p(x) \tag{9.42}$$

若用 μ 表示期望的需求量，则有 $\mu = \sum_{x=0}^{\infty} xp(x)$，代入式(9.42)得

$$G(Q) = S\left[\sum_{x=0}^{\infty} xp(x) - \sum_{x=Q}^{\infty} xp(x) + Q\sum_{x=Q}^{\infty} p(x)\right] + C_g \sum_{x=0}^{\infty} Qp(x) -$$
$$C_g \sum_{x=0}^{\infty} xp(x) - C_g \sum_{x=Q}^{\infty}(Q-x)p(x) - CQ - C_S \sum_{x=Q}^{\infty} p(x) =$$
$$(S - C_g)\mu - (C - C_g)Q - (S + C_S - C_g)\sum_{x=Q}^{\infty}(x-Q)p(x) \tag{9.43}$$

在式(9.43)中，如果有 $\Delta G_1(Q) = G(Q) - G(Q-1) \geq 0, \Delta G_2(Q) = G(Q) - G(Q+1) \geq 0$，则 Q 就是使总的预期利润达到最大的订货量。

$$\Delta G_1(Q) = -(C - C_g) - (C + C_S - C_g) \cdot \left\{\sum_{x=Q}^{\infty}(x-Q)p(x) - \sum_{x=Q-1}^{\infty}[x-(Q-1)]p(x)\right\}$$

又因 $\{\cdot\} = \sum_{x=Q}^{\infty}(x-Q)p(x) - \sum_{x=Q}^{\infty}(x-Q)p(x) - \sum_{x=Q}^{\infty} p(x) = -\sum_{x=Q}^{\infty} p(x)$

所以 $$\Delta G_1(Q) = -(C - C_g) + (S + C_S - C_g)\sum_{x=Q}^{\infty} p(x) \geq 0 \tag{9.44}$$

$$\sum_{x=Q}^{\infty} p(x) \geq \frac{C - C_g}{S + C_S - C_g} \tag{9.45}$$

$$\Delta G_2(Q) = (C - C_g) - (S + C_S - C_g)\left\{\sum_{x=Q}^{\infty}(x-Q)p(x) - \sum_{x=Q+1}^{\infty}[x-(Q+1)]p(x)\right\}$$

又因 $\{\cdot\} = \sum_{x=Q+1}^{\infty}(x-Q)p(x) - \sum_{x=Q+1}^{\infty}(x-Q)p(x) + \sum_{x=Q+1}^{\infty} p(x) = \sum_{x=Q+1}^{\infty} p(x)$

所以 $$\Delta G_2(Q) = (C - C_g) - (S + C_S - C_g)\sum_{x=Q+1}^{\infty} p(x) \geq 0 \tag{9.46}$$

$$\sum_{x=Q+1}^{\infty} p(x) \leq \frac{C - C_g}{S + C_S - C_g} \tag{9.47}$$

由此 $$\sum_{x=Q+1}^{\infty} p(x) \leq \frac{C - C_g}{S + C_S - C_g} \leq \sum_{x=Q}^{\infty} p(x) \tag{9.48}$$

式(9.48)的分母可改写为 $[(S-C) + C_S + (C - C_g)]$，其中 $(S - C)$ 为售出货每件的赢利，$(C - C_g)$ 为未售出货的每件亏损。式(9.48)适用于 $p(x)$ 为任何离散概率分布的情况。假如对某种产品的需求量 x 是连续的概率分布，其概率密度函数为 $f(x)$，于是有

$$G(Q) = S\int_0^Q xf(x)dx + SQ\int_Q^{\infty} f(x)dx + C_g\int_0^Q (Q-x)f(x)dx -$$
$$CQ - C_S\int_Q^{\infty}(x-Q)f(x)dx =$$
$$(S - C_g)\mu - (C - C_g)Q - (S + C_S - C_g)\int_Q^{\infty}(x-Q)f(x)dx \tag{9.49}$$

仿照上面的推导可求得

$$\int_Q^{\infty} f(x)dx = \frac{C - C_g}{S + C_S - C_g} = \frac{C - C_g}{(S - C) + C_S + (C - C_g)} \tag{9.50}$$

【例8】 设在某食品商店内,每天对面包的需求服从 $\mu = 400, \sigma = 60$ 的正态分布。已知每个面包的售价为1.50元,成本为每个1.20元,对当天未售出的其处理价为每个1.00元。问该商店每天应生产多少面包,使预期利润为最大。

【解】 设该商店所属厂每天生产面包数为 Q。由题知 $S = 1.20, C = 1.20, C_g = 1.00$,因未考虑供不应求时的损失,故 $C_S = 0$。由式(9.50)有

$$\int_Q^\infty f(x) dx = \frac{C - C_g}{S - C_g} = \frac{1.2 - 1.0}{1.5 - 0.8} = 0.2857$$

由此 $\int_{-\infty}^Q f(x) dx = 1 - \int_Q^\infty f(x) dx = 0.7143$。由累计正态分布表查得 $x = 0.566$,由此

$$Q^* = \mu + \sigma x = 400 + 60 \times 0.566 = 434$$

即该商店所属的工厂每天应生产434个面包,使预期的利润为最大。

【例9】 某航空旅游公司经营8架直升机用于观光旅游。该直升机上有一种零件需经常更换。据过去经验,对该种零件的需求服从泊松分布,8架直升机平均每年需2件。由于现在直升机型两年后将淘汰,故生产该机型工厂决定投入最后一批生产,并征求航空旅游公司对该种零件的备件订货。规定为立即订货,每件收费900元,如果最后一批直升机投产结束后提出对该零件临时订货,按每件1600元收费,并需2周订货提前期。又某架直升机因缺乏该种备件停飞时,每周损失为1200元,对订购多余备件当飞机淘汰时其处理价为每件100元。试决定该航空旅游公司应立即提出多少个备件的订货,做到最经济合理。

【解】 参照式(9.48),本题中有 $C - C_g = 900 - 100 = 800, S - C = 0, C_S = (1600 - 900) + 1200 \times 2 = 3100$。又式(9.48)可写为

$$\sum_{x=0}^{Q-1} p(x) \leq \frac{(S - C) + C_S}{(S - C) + C_S + (C - C_g)} \leq \sum_{x=0}^{Q} p(x)$$

又

$$p(x) = \frac{\lambda^x \cdot e^{-\lambda}}{x!} = \frac{4^x \cdot e^{-4}}{x!}$$

因

$$\frac{(S - C) + C_S}{(S - C) + C_S + (C - C_g)} = \frac{3100}{3900} = 0.7949$$

由累计泊松分布表查得,当 $\lambda = 4$ 时有

$$\sum_{x=0}^{5} p(x) = 0.785, \quad \sum_{x=0}^{6} p(x) = 0.889$$

故本题中 $Q = 6$,即该航空旅游公司应提出6个备件的订货,做到最经济合理。

9.6 多时期的随机存贮模型

这类模型中各个时期的需求是随机的,当库存量降低到 r 时,立即提出订货,故 r 称为订货点。订货量与订货提前期分别为常数值 Q 和 L。这类模型的示意图见图9.6。

设一次订货所需费用为 C_D,存贮费为 C_P,对该种产品需求率的期望值为 D,在订货提前期内,需求量为 x 的概率为 $f(x)$,期望值为 $\mu, \mu = DL$。当 $\mu > r$ 时,发生供不应求现象,短缺的数量下批订货到达时给补上,用 C_S 表示每短缺一件时的损失。若用 $ETC(Q, r)$ 代表订货点为 r,订货量为 Q 时年总费用的期望值,则有

$$ETC(Q, r) = TOC + TCC + TSC \tag{9.51}$$

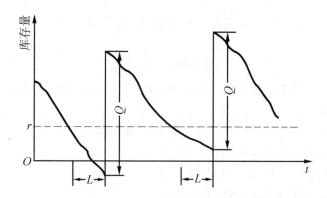

图 9.6

TOC、TCC、TSC 分别为年订货费、年库存费和年短缺费的总和。分别计算如下：

1. $TOC = C_D \cdot \dfrac{D}{Q}$ (8.52)

2. TSC。仅当提前期内需求量超过 r 时才发生供应短缺。用 x 表示提前期内的需求量，则需补充的短缺数量为 $(x-r)$（当 $x > r$ 时），在 $x \leq r$ 时，不需补充。

若用 $S(r)$ 代表一个周期内的期望短缺数量，则有

$$S(r) = \int_r^\infty (x-r)f(x)\mathrm{d}x \tag{9.53}$$

所以
$$TSC = C_S \cdot \frac{D}{Q} \cdot S(r) \tag{9.54}$$

3. TCC。要严格计算一个周期内的平均库存量是很复杂的。下面采用近似算法。因订货时的库存量为 r，在提前期内的期望需求量为 μ，故在一批新订货到达前的库存量为 $(r-\mu)$，而订货到达后的库存量为 $(Q+r-\mu)$。其中 $(Q+r-\mu)$ 是一个周期内库存的最高点，$(r-\mu)$ 为最低点，平均库存量为 $[(Q+r-\mu)+(r-\mu)]/2 = \dfrac{Q}{2}+r-\mu$。因而有

$$TCC = C_P\left(\frac{Q}{2}+r-\mu\right) \tag{9.55}$$

将式 (9.52)、(9.54)、(9.55) 代入式 (9.51) 得

$$ETC(Q,r) = C_D \cdot \frac{D}{Q} + C_S \cdot \frac{D}{Q} \cdot S(r) + C_P\left(\frac{Q}{2}+r-\mu\right) \tag{9.56}$$

将式 (9.56) 分别对 Q 和 r 求偏导数，并令其为零有

$$\frac{\partial ETC(Q,r)}{\partial Q} = -\frac{C_D D}{Q^2} - \frac{C_S \cdot D \cdot S(r)}{Q^2} + \frac{C_P}{2} = 0$$

所以
$$Q^* = \sqrt{\frac{2D[C_D + C_S \cdot S(r)]}{C_P}} \tag{9.57}$$

$$\frac{\partial ETC(Q,r)}{\partial r} = \left(\frac{C_S D}{Q}\right)\frac{\mathrm{d}S(r)}{\mathrm{d}r} + C_P = 0 \tag{9.58}$$

由式 (9.53)

$$\frac{\mathrm{d}S(r)}{\mathrm{d}r} = -\int_r^\infty f(x)\mathrm{d}x \tag{9.59}$$

将式 (9.59) 代入 (9.58) 得

$$-\frac{C_S D}{Q}\int_r^\infty f(x)\mathrm{d}x + C_P = 0$$

所以
$$\int_r^\infty f(x)\mathrm{d}x = \frac{C_P \cdot Q}{C_S \cdot D} \tag{9.60}$$

注意到(9.57)、(9.60)两个表达式中,为求 Q 需知道 r,为求 r 值需知道 Q,所以需采用以下迭代的算法。步骤为:

(1) 作为初始解,在式(9.57)中令 $S(r) = 0$,求解得出 Q_1;

(2) 将 Q_1 的值代入式(9.60),求解得 r_1;

(3) 将 r_1 的值代入式(9.53),计算 $S(r_1)$;

(4) 再将 $S(r_1)$ 值代入式(9.57)求得 Q_2;

(5) 重复(2)～(4)步,直到 Q_i 和 r_i 的值基本上不再有较大的变化为止。实际问题中,这种计算的收敛速度是很快的,一般只需迭代 2～3 个循环。

注意到 $S(r)$ 的表达式(9.53),当需求量为 x 的概率密度函数 $f(x)$ 比较复杂时,积分式 $\int_r^\infty (x-r)f(x)\mathrm{d}x$ 很难计算。当 $f(x)$ 为正态分布的特殊情况下,式(9.53)可写为

$$S(r) = \int_r^\infty (x-r)\frac{1}{\sigma\sqrt{2\pi}}\exp\left[-\frac{1}{2}\left(\frac{x-\mu}{\sigma}\right)^2\right]\mathrm{d}x =$$
$$\int_r^\infty \left[\frac{x-\mu}{\sigma} + \frac{\mu-r}{\sigma}\right]\frac{1}{\sqrt{2\pi}}\exp\left[-\frac{1}{2}\left(\frac{x-\mu}{\sigma}\right)^2\right]\mathrm{d}x \tag{9.61}$$

若令 $y = \frac{x-\mu}{\sigma}$,则 $\mathrm{d}y = \frac{\mathrm{d}x}{\sigma}$,由此 $\mathrm{d}x = \sigma\mathrm{d}y$ $\tag{9.62}$

式(9.62)代入(9.61)有
$$S(r) = \int_{\frac{r-\mu}{\sigma}}^\infty y\cdot\frac{\sigma}{\sqrt{2\pi}}\exp\left[-\frac{1}{2}y^2\right]\mathrm{d}y + \int_{\frac{r-\mu}{\sigma}}^\infty \left(\frac{\mu-r}{\sigma}\right)\frac{\sigma}{\sqrt{2\pi}}\exp\left[-\frac{1}{2}y^2\right]\mathrm{d}y =$$
$$\frac{\sigma}{\sqrt{2\pi}}\int_{\frac{r-\mu}{\sigma}}^\infty y\cdot\exp\left[-\frac{1}{2}y^2\right]\mathrm{d}y + (\mu-r)\int_{\frac{r-\mu}{\sigma}}^\infty \frac{1}{\sqrt{2\pi}}\exp\left[-\frac{1}{2}y^2\right]\mathrm{d}y =$$
$$A + B \tag{9.63}$$

其中
$$A = \frac{\sigma}{\sqrt{2\pi}}\int_{\frac{r-\mu}{\sigma}}^\infty -\exp\left[-\frac{1}{2}y^2\right]\mathrm{d}\left(-\frac{1}{2}y^2\right) =$$
$$\frac{\sigma}{\sqrt{2\pi}}\left[-\exp\left[-\frac{1}{2}y^2\right]\Big|_{(r-\mu)/\sigma}^\infty\right] =$$
$$\frac{\sigma}{\sqrt{2\pi}}\exp\left[-\frac{1}{2}\left(\frac{r-\mu}{\sigma}\right)^2\right] = \sigma f\left(\frac{r-\mu}{\sigma}\right)$$

$$B = (\mu-r)\left[1 - \int_{-\infty}^{\frac{r-\mu}{\sigma}}\frac{1}{\sqrt{2\pi}}\exp\left[-\frac{1}{2}y^2\right]\mathrm{d}y\right] = (\mu-r)G\left(\frac{r-\mu}{\sigma}\right)$$

$G\left(\frac{r-\mu}{\sigma}\right)$ 是一个与累计正态分布互补的分布。将 A 和 B 的表达式代入式(9.63)得

$$S(r) = \sigma f\left(\frac{r-\mu}{\sigma}\right) + (\mu-r)G\left(\frac{r-\mu}{\sigma}\right) \tag{9.64}$$

【例 10】 已知对某种产品年需求期望值为 $D = 1\,600$ 件/年,订货费为 $C_D = 4\,000$ 元/次,存贮费为 $C_P = 10$ 元/件·年,短缺费 $C_S = 2\,000$ 元/件,订货提前期的需求为

$N(750, 50^2)$,要求确定最佳订货点 r^* 与最佳订货量 Q^*。

【解】 先令 $S(r) = 0$,由式(9.57)

$$Q_1 = \sqrt{\frac{2C_D D}{C_P}} = \sqrt{\frac{2 \times 1\,600 \times 4\,000}{10}} \approx 1\,132$$

因为
$$\int_{\frac{r-\mu}{\sigma}}^{\infty} f(x)\mathrm{d}x = \frac{C_P \cdot Q}{C_S \cdot D} = \frac{10 \times 1\,132}{2\,000 \times 1\,600} = 0.003\,5$$

由累计正态分布表查得 $\frac{r-\mu}{\sigma} = 2.7$

所以
$$r_1 = 750 + 50 \times 2.7 = 750 + 135 = 885$$

由式(9.64)知
$$S(r) = 50 f\left(\frac{135}{50}\right) + (750 - 885) G\left(\frac{135}{50}\right) =$$
$$50 \times 0.010\,4 - 135 \times 0.003\,5 = 0.047\,5$$

代入式(9.57)得
$$Q_2 = \sqrt{\frac{2 \times 1\,600(4\,000 + 2\,000 \times 0.047\,5)}{10}} \approx 1\,145$$

因为
$$\int_{\frac{r-\mu}{\sigma}}^{\infty} f(x)\mathrm{d}x = \frac{1\,145 \times 10}{2\,000 \times 1\,600} = 0.003\,6$$

由累计正态分布表查得 $\frac{r-\mu}{\sigma} = 2.69$

所以
$$r_2 = 750 + 50 \times 2.69 = 884.5$$

$$S(r) = 50 f\left(\frac{134.5}{50}\right) - (134.5) G\left(\frac{134.5}{50}\right) =$$
$$50 \times 0.010\,7 - 134.5 \times 0.003\,6 = 0.050\,8$$

$$Q_3 = \sqrt{\frac{2 \times 1\,600(4\,000 + 2\,000 \times 0.050\,8)}{10}} \approx 1\,145.65$$

因为
$$\int_{\frac{r-\mu}{\sigma}}^{\infty} f(x)\mathrm{d}x = \frac{1\,145.65 \times 10}{2\,000 \times 1\,600} = 0.003\,6$$

所以
$$r_3 = 884.5$$

由此最优解为 $Q^* = 1\,145, r^* = 885$。

习 题 九

9.1 若某种产品装配时需一种外购件,已知年需求量为10 000件,单价为100元。又每组织一次订货需2 000元,每件每年的存贮费用为外购件价值的20%,试求经济订货批量 Q 及每年最小的存贮加订购总费用(设订货提前期为零)。

9.2 某厂每月需购进某种零件2 000件,每件150元。已知每件的年存贮费为成本的16%,每组织一次订货需1 000元,订货提前期为零。(a) 求经济订货批量及最小费用;(b) 如果种零件允许缺货,每短缺一件的损失费用为5元/件·年,求经济订货批量、最小费用及最大允许缺货量。

9.3 某加工制作羽绒服的工厂预测下年度的销售量为15 000件,准备在全年300个工作日内均衡生产。假如为加工制作一件羽绒服所需各种原材料费用为 48 元,每件羽绒服所需原材料年存贮费为其成本的 22%,又提出一次订货所需费用为 250 元,订货提前期为零,求经济订货批量。

9.4 上题中若工厂一次订购三个月加工所需的原材料时,原材料价格上可给予 8%的折扣优待(存贮费也相应减低),试问该厂能否接受此优惠条件。

9.5 某电器零售商店预期年电器销售量为 350 件,且在全年(按 300 天计)内基本均衡。若该商店每组织一次进货需订购费 50 元,存贮费为每年每件 13.75 元,当供应短缺时,每短缺一件的机会损失为 25 元。已知订货提前期为零,求经济订货批量 Q 和最大允许的短缺数量 S。

9.6 设单位每年需零件 A 5 000 件,每次订货费用为 49 元。已知该种零件每件购入价为 10 元,每件每年存贮费为购入价的 20%。又知当订购批量较大时,可享受折扣优惠,折扣率如表 9.12。试确定零件 A 的订购批量。

9.7 在习题 9.5 中,若每提出一批订货,所订电器将从订货之日起,按每天 10 件的速率到达,重新求经济订货批量 Q 及最大允许的短缺数量 S。

9.8 考虑具有约束条件的存贮模型,已知有关数据如表 9.13 所示,表中 w_i 为每件物品占用的仓库容积(m^3)。已知仓库最大容积为 1 400 m^3,试求每种物品最优的订货批量。

表 9.12

订货批量	折扣率
0 ~ 999	100%
1 000 ~ 2 499	98%
≥ 2 500	96%

表 9.13

物品	C_D	D_i	C_{Pi}	w_i/m^3
1	50	1 000	0.4	2
2	75	500	2.0	8
3	100	2 000	1.0	5

9.9 某公司对某种配件的存贮与采购情况如下:订货每月只组织一次,于月初第一天提出,且提前期为零;对该种配件的全月需求量为 R,于每月 16 日一次运送到生产场地;该种配件每月每件的存贮费为 C 元,并不允许缺货;又每组织一次订货的费用为 V 元,试根据上述情况推导一个经济订货批量的公式。

9.10 求解下述含四个时期的确定性存贮模型,已知有关数据如表 9.14 所示。

又若生产费用函数为 $C_i(q_i) = \begin{cases} 3q_i, & q_i \leq 6 \\ 18 + 2(q_i - 6), & q_i > 6 \end{cases}$ 试确定各个时期的最佳订货批量 q_i^*,使四个时期各项费用总和为最小。

9.11 求解下述含五个时期的确定性存贮问题,已知有关数据如表 9.15 所示。

又生产费用函数为 $C_i(q_i) = \begin{cases} 20q_i, & q_i \leq 30 \\ 600 + 10(q_i - 30), & q_i > 30 \end{cases}$ 试确定各个时期的最佳订货批量 q_i,使五个时期的各项费用总和为最小。

表 9.14

i	d_i	C_{Di}	C_{Pi}
1	5	5	1
2	7	7	1
3	11	9	1
4	3	7	1

表 9.15

i	d_i	C_{Di}	C_{Pi}
1	50	80	1
2	70	70	1
3	100	60	1
4	30	80	1
5	60	60	1

9.12 某商店准备于年末销售一批挂历,已知每售出 100 本的赢利为 300 元;如挂历在年前售不完,过年后需削价处理,此时每 100 本损失 400 元。根据以往经验,市场需求情况如表 9.16 所

表 9.16   单位:100 本

需求量 x	4	5	6	7	8	9
$p(x)$	0.05	0.15	0.25	0.25	0.15	0.15

如果该商店只进一批货,问应订几百本挂历,使获利的期望值为最大。

9.13 本章例 8 中,若发生面包供应短缺时,其机会损失及影响商店信誉总计每短缺一个时损失 1 元,试重新确定该商店所属厂每天生产面包的最佳数量。

9.14 考虑一个多时期的随机存贮模型。已知 $C_D = 100$ 元,$C_P = 0.15$ 元/件·年,$D = 10\,000$ 件/年,$C_S = 1$ 元,提前期内需求量 $x \sim N(1\,000, 250^2)$,试确定最佳订货点 r^* 及最佳订货批量 Q^*。

9.15 报童每天从邮局订购报纸零售。若对每天报纸的需求为随机变量 x,其概率分布为 $p(x)$。又每售出一份可赢利 0.08 元,若当天售不出去每份亏损 0.05 元。已知每天销售量 x 的概率分布 $p(x)$ 的值如表 9.17 所示。若不考虑订购量不足时的机会损失,要求确定报童每天订报数量 Q 的最佳值。

表 9.17

x	31	32	33	34	35	36	37	38	39	40	41	42
$p(x)$	0.03	0.08	0.10	0.10	0.12	0.14	0.12	0.09	0.09	0.06	0.04	0.03

9.16 某厂生产准备车间安装了一台自动下料机,生产速率为 50 件/min。由于该机需定期检修,为保证后面生产车间的正常生产,需建立一定数量毛坯贮备。据测算生产车间停工损失为 500 元/min,毛坯存贮费为 0.05 元/件·min。已知该下料机每工作 2 h 需停机检修一次,每次检修时间服从参数为 μ 的负指数分布,$1/\mu = 2$ min。试确定毛坯最佳贮量,使总费用为最小。

第10章 排　队　论

10.1　排队服务系统的基本概念

在生产和日常生活中，经常可以碰到各种各样的服务系统。如上、下班乘公共汽车，公共汽车与乘客构成一个服务系统；到商店买东西，售货员与顾客也构成一个服务系统，都有等候服务的问题。

有些场合下，服务系统的构成没有那么明显。如从哈尔滨往北京打电话，由于哈尔滨北京之间同一时间内允许通话对数是有限的，因此要求通话人数超过这个限度时，就要排队等待，虽然打电话的人分散在全市各处，彼此互不见面，但他们与长话台一起构成一个服务系统，他们在长话台前排成一个无形的队伍，就如同排队等候公共汽车的乘客队伍一样。

一般，在一个排队服务系统中总是包含一个或若干个"服务设施"，有许多"顾客"进入该系统要求得到服务，服务完毕后即自行离去。倘若顾客到达时，服务系统空闲着，则到达的顾客立即得到服务，否则顾客将排队等待服务或离去。上面说的"顾客"是对要求得到服务的对象的总称，可以是人，也可以是物；"服务设施"也可以各种各样。如在自动机床生产车间，一个工人往往要看管若干台机床，当机床发生故障或要求加料、更换刃具时，要求工人进行照管修理。在同一时间内，一个工人只能在一台机床上照管或修理，如果这时又有别的机床需要该工人照管，就必须等待。这样，工人与需要照管或修理的机床之间就构成了一个服务系统，这里工人是"服务设施"，"顾客"是要求照管或维修的机床。又如一个水库，上游的水滚滚而来，如果调节得好，水库水位保持在安全理想水平，既起到防洪作用，又保证正常发电、航运和灌溉。如果调节不好，水库水位过高或过低，就影响水库综合效能的发挥。这里，水库与水构成一个服务系统，水库是"服务设施"，水就是要求得到服务的"顾客"。

类似例子还可以举出很多，如医院及等待诊治的病人，机场跑道同要求起飞降落的飞机，港口泊位与进港待泊的船只，车站售票口与排队买票的旅客之间都构成了一个个的排队服务系统。

如果到达服务系统的顾客完全按固定的间隔时间到达，又服务设施用在每个顾客身上的服务时间也是固定的，就像工厂流水生产线的生产那样有固定的节拍，那么这类服务系统的设计计算是比较方便的。但在大多数的服务系统中，情况不是这样。顾客的到达经常是随机的，并且服务设施用于每个顾客身上的服务时间往往也是随机的，对于这样一类随机服务系统的设计计算就要复杂得多。

车站的售票口应开设多少个比较合适呢？开设越多，方便旅客，减少排队时间；但售票口增多了，就要增加服务人员及相应的设施，增加服务费用。这样，顾客排队时间的长短与服务设施规模的大小就构成设计随机服务系统中的一对矛盾。有些场合下，如公共汽车的班次可以随季节及顾客到达规律的变化进行调整,但另一些场合,服务设施的规模,如机场跑道、港口泊位、电话线路等一旦建成则不易变动,因此需要有一个进行设计计算遵循的理论依据。到底怎样才能做到既保证一定的服务质量指标,又使服务设施费用经济合理,恰当地解决顾客排队时间与服务设施费用大小这对矛盾,这就是研究随机服务系统的理论——排队论所要研究解决的问题。

用排队论来研究排队服务系统,首先要对各种排队系统进行分类描述。任何排队服务系统可以描述为以下四个方面(见图 10.1)。

1. 输入——指顾客到达服务系统的情况。按到达时间间隔分:有确定的时间间隔,有随机的时间间隔;从顾客到达人数的情况看:有按单个到达,有按成批到达的;从顾客源总体看:有顾客源总数无限及有限两类,但只要顾客源总数足够大时,可以把顾客源总数有限的情况近似地当成顾客源总数无限的情况处理。

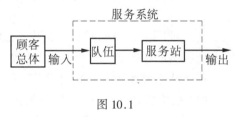

图 10.1

2. 输出——是指顾客从得到服务到离开服务机构的情况,有定长的服务时间,有随机的服务时间。

3. 排队服务规则——有损失制与等待制两种情况。损失制是指顾客到达时,若所有服务设施均被占用,则顾客自动离去,永不再来。电话在服务系统就属这种情况,当一个电话打不通时需要重新拨号,意味着一个新顾客的到来;而原来顾客已永远离去。等待制是指顾客到达时如果服务设施已被占用,就留下来等待服务,一直到服务完毕才离去。这里又有两种情况:一种是无限等待的系统,不管服务系统中已有多少顾客,新来的都进入系统,另一种是有限等待的系统,当排队系统中顾客数量超过一定限度时,新到的顾客就不再等待,而自动离开服务系统。对带等待的系统,服务次序上一般有:

(1) 先到先服务(FCFS):即按到达先后次序排成队伍依次接受服务。当有多个服务设施时,一种是顾客分别在每个设施前排成一队,也有排成一个公共的队伍,当任何一个服务设施有空时,排在队首的顾客首先得到服务。

(2) 带优先服务权(PR):即到达的顾客按重要性进行分类,服务设施优先对重要性级别高的顾客服务,在级别相同的顾客中按到达先后次序排队。

(3) 随机服务(SIRO):到达服务系统的顾客不形成队伍,当服务设施有空时,随机选取一名服务,对每一名等待的顾客来说,被选取的概率相等。

4. 服务机构——指服务设施的个数、排列及服务方式。按服务设施个数分,有一个或多个之分(通常称单站服务系统与多站服务系统);按排列形式,多站服务系统有串联与并联之分,对 S 个服务站的并联系统,一次可以同时服务 S 个顾客,而串联的情况下,每个顾客要依次经过这 S 个服务站,就像一个零件经过 S 道工序加工一样。服务方式上有单个服务,也有成批服务的,如公共汽车一次就装载大批乘客。

根据排队系统的以上特征,肯达尔(Kendall)于 1953 年提出了排队服务系统的分类记号:

输入/输出/并联的服务站数

通常用 M 代表泊松输入或负指数分布的服务时间,D 代表定长输入或定长服务时间，E_k 代表 k 阶爱尔朗分布的输入与服务，GI 代表一般独立输入，G 代表一般服务时间分布。则 $M/M/n$ 代表顾客输入为泊松分布，服务时间为负指数分布，有 n 个并联站的排队服务系统；$D/G/1$ 代表定长输入，一般服务时间，单个服务站的随机服务系统；$GI/E_k/1$ 代表一般独立输入，爱尔朗服务时间，单个服务站的排队服务系统。并且如果不附加特别的说明，这种记号都指顾客总体数量无限、系统中的队长可以无限、排队规则为先到先服务。对其他情况需要有附加的说明。

1971 年国际排队符号标准会上将上述分类记号扩充到六项，记为

$$(a/b/c):(d/e/f)$$

a、b、c 三项同上，分别为输入、输出(或服务时间)的分布及并联的服务站数。d 为系统中最多可容纳的顾客数，e 为顾客源总数，f 为排队服务规则。

在排队服务系统的分析计算中，要用到下面一些名词、概念及符号：

(1) 系统状态——指一个排队服务系统中的顾客数(包括正在被服务的顾客数)；

(2) 队长——指系统中等待服务的顾客数，它等于系统状态减去正在被服务的顾客数；

(3) $N(t)$——在时刻 t 排队服务系统中的顾客数，即系统在时刻 t 的瞬时状态；

(4) $P_n(t)$——在时刻 t 系统中恰好有 n 个顾客的概率；

(5) λ_n——当系统中有 n 个顾客时，新来顾客的平均到达率(单位时间内新顾客的到达数)，当对所有 n 值 λ_n 为常数时，可用 λ 代替 λ_n；

(6) μ_n——当系统中有 n 个顾客时，整个系统的平均服务率(单位时间内服务完毕离去的顾客数)，当 $n \geq 1$，μ_n 是常数时，可用 μ 代替 μ_n；

(7) S——排队服务系统中并联的服务站个数；

(8) 稳定状态——当一个排队服务系统开始运转时，系统状态很大程度上取决于系统的初始状态和运转经历的时间，但过了一段时间后，系统的状态将独立于初始状态及经历的时间，这时称系统处于稳定状态。由于对系统的瞬时状态研究分析起来很困难，所以排队论中主要研究系统处于稳定状态的工作情况。由于稳定状态时工作情况与时刻 t 无关，这时 $P_n(t)$ 可写为 P_n，$N(t)$ 可写为 N。

衡量一个排队系统工作状况的主要指标有：

(1) 顾客在队服务系统中从进入到服务完毕离去的平均逗留时间 W_s(或顾客排队等待服务的平均等待时间 W_q)。这对顾客来讲最关心，每个顾客希望这段时间越短越好；

(2) 忙期。指服务机构累计的工作时间占全部时间的比例，这是衡量服务机构工作强度和利用效率的指标。

$$忙期 = \frac{用于服务顾客的时间}{服务设施总的服时间} = 1 - \frac{服务设施总的空闲时间}{服务设施总的服务时间}$$

(3) 系统中平均顾客(L_s)或平均队长(L_q)。这是顾客和服务机构都关心的指标，它在设计排队服务系统时也很重要，因为它涉及系统需要的空间大小。

上述指标实际上反映了排队服务系统工作状态的几个侧面，它们之间是互为联系可以互相转换的。设以 λ 表示单位时间内顾客的平均到达数，μ 表示单位时间内被服务完毕离去的平均顾客数，则 $1/\lambda$ 表示相邻两个顾客到达的平均间隔时间，$1/\mu$ 表示对每个顾客的平均服务时间，由此有

$$L_s = \lambda W_s \quad \text{或} \quad W_s = L_s/\lambda \tag{10.1}$$

$$L_q = \lambda W_q \quad \text{或} \quad W_q = L_q/\lambda \tag{10.2}$$

$$W_s = W_q + 1/\mu \tag{10.3}$$

将式(10.1)、(10.2) 代入式(10.3) 得到

$$L_s = L_q + \frac{\lambda}{\mu} \tag{10.4}$$

又由于

$$L_s = \sum_{n=0}^{\infty} n P_n \tag{10.5}$$

$$L_q = \sum_{n=s+1}^{\infty} (n-s) P_n \tag{10.6}$$

因此只要求得 P_n 的值即可得 L_s、L_q 及 W_s 和 W_q。P_n 值当 $n=0$ 时即为 P_0，当 $s=1$ 时，$(1-P_0)$ 即是服务系统的忙期。

排队论的理论起源于对电话服务系统的研究。从 1909 年开始，丹麦的电话工程师爱尔朗(A.K.Erlang) 等人在这方面进行了长期的工作，取得了最早的成果。以后排队论陆续应用于陆空交通、机器管理、水库设计和可靠性理论等方面。20 世纪 60 年代随着电子计算机蓬勃发展的需要，又应用于计算机网络的最优设计。在接近 70 年的历史中，排队论无论在理论或应用上都有了飞速进展。由于在电子计算机上进行数字模拟技术的发展，排队论已成为解决工程设计和管理问题的有力工具。

10.2 输入与服务时间的分布

在组成一个排队服务系统的四个要素中，由于输入与服务时间(输出)是随机的，比较复杂，因此抽出来单独研究。

10.2.1 最简单流的定义

在排队论中常常用到最简单流这个概念。所谓最简单流，是指在 t 这段时间内有 k 个顾客来到服务系统的概率 $v_k(t)$ 服从泊松(Poisson) 分布，即

$$v_k(t) = e^{-\lambda t} \frac{(\lambda t)^k}{k!} \quad k = 0,1,2,\cdots \tag{10.7}$$

在什么情况下顾客的到达是最简单流的情况呢？它需要满足下面三个条件：

(1) 平稳性。指在一定时间间隔内，来到服务系统有 k 个顾客的概率仅与这段时间间隔的长短有关，而一这段时间的起始时刻无关。也即在时间区间 $[0,t]$ 或 $[a,a+t]$ 内，$v_k(t)$ 的值是一样的。

(2) 无后效性。即在不相交的时间区间内到达的顾客数是相互独立的，或者说在时间区间 $[a,a+t]$ 内来到 k 个顾客的概率与时间 a 之前来到多少个顾客无关。

(3) 普通性。指在足够小的时间区间内只能有一个顾客到达，不可能有两个以上顾客同时到达。如用 $\psi(t)$ 表示在 $[0,t]$ 内有两个或两个以上顾客到达的概率，则有

$$\psi(t) = O(t) \quad t \to 0$$

由于最简单流的上述三条性质，大大简化了对问题的分析计算。但实际情况下，顾客

的到达是否符合或接近以上三条性质呢?先拿到达工厂机修车间的要维修的机器情况分析:因为每台机器在各个时刻处的状态大致一样,因此在相等时间区间内各台机器损坏的概率大致相同,即要求维修的机器的流具有稳定性;由于一台机器的故障不会引起别的机器的故障,又对同一台机器讲,这段时间内的损坏次数不影响到以后的损坏次数多少,这表明具有无后效性;由于每台机器损坏概率很小,在足够小的时间区间内同时发生两台或两台以上机器损坏的概率几乎为零,这就符合普通性。因此对到达机修车间的要维修的机器数可以认为是最简单的流。但对来到自动电话的呼唤流只能近似看做最简单流。因为就一昼夜时间内,呼唤流呈周期性变化,差异很大,因此需要划分很多时间区段,在这些区段内把呼唤流看成近似平稳。由于电话通话内容往往有联系,如甲打电话给乙,乙又转通知丙、丁,这样前一段时间内呼唤流的次数不能不影响到后一段时间内的通话次数,特别是一个紧急通知、一个重要消息的传播,会引起电话呼唤次数的急剧增加,因此无后效性这点并不严格具备。至于普通性,一般也不具备。但尽管这样,最简单流仍可以认为是实际现象相当程度的近似。根据巴尔姆 – 欣钦极限定理,大量相互独立的小强度流的总和近似于一个最简单流,若其中每个流都是平稳且普通的。由于电话局得到的总的呼唤流是个别用户(强度相对的很小)发出呼唤的总和,而每一个别用户的呼唤近似看成平稳、普通的流,因此电话局得到的流的总和可以近似看做最简单的流。

由于最简单流与实际顾客到达流的近似性,更由于最简单流容易处理,因此排队论中大量研究的是最简单流的情况。而且事实上应用排队论来研究实际问题到目前为止也较多局限于最简单的流。

10.2.2 最简单流的一些性质

1. 参数 λ 代表单位时间内到达顾客的平均数。

【证】 令 $v_k(t)$ 中 $t = 1$,求 $v_k(t)$ 的数学期望。

$$\sum_{k=0}^{\infty} k v_k(1) = \sum_{k=0}^{\infty} k \frac{\lambda^k}{k!} e^{-\lambda} = \lambda \sum_{k=0}^{\infty} \frac{\lambda^{k-1}}{(k-1)!} e^{-\lambda} = \lambda$$

2. 在 $[t, t + \Delta t]$ 时间内没有顾客到达的概率为

$$v_0(\Delta t) = e^{-\lambda \Delta t} = (1 - \lambda \Delta t) + 0(\Delta t) = 1 - \lambda \Delta t \tag{10.8}$$

3. 在 $[t, t + \Delta t]$ 时间内恰好有一个顾客到达的概率为

$$v_1(\Delta t) = 1 - v_0(\Delta t) - \psi(\Delta t) = \lambda \Delta t \tag{10.9}$$

10.2.3 负指数分布的服务时间

若用 $f(t)$ 代表依次到达的两个顾客的间隔时间 t 的概率密度函数 $(t \geq 0)$,用 $F(t)$ 代表 t 的分布函数,即

$$F(t) = \int_0^t f(x) dx$$

假定 T 为从前一顾客到达时算起的时间,故在 T 内无顾客到达的概率为

$$P(t > T) = P_0(t)$$

若顾客到达服从参数为 λ 的泊松分布,则由式(10.7)可导出

$$P(t > T) = 1 - F(t) = \int_T^{\infty} f(x) dt = e^{-\lambda T} \tag{10.10}$$

或
$$f(t) = \lambda e^{-\lambda T}, \quad F(t) = 1 - e^{-\lambda T} \quad (10.11)$$

式(10.11)分别是负指数分布的概率密度函数和分布函数。它具有下列性质:

1. 假如服务设施对每个顾客的服务时间服从负指数分布 $f(t) = \mu e^{-\mu t}(t \geq 0)$,则对每个顾客的平均服务时间为 $1/\mu$。

【证】
$$E(t) = \int_0^\infty t f(t) \mathrm{d}t = \int_0^\infty t \mu e^{-\mu t} \mathrm{d}t = -\int_0^\infty t \mathrm{d}(e^{-\mu t}) =$$
$$-\frac{1}{\mu}\int_0^\infty e^{-\mu t} \mathrm{d}(-\mu t) = 1/\mu$$

2. 当服务设施对顾客的服务时间 t 为参数 μ 的负指数分布时,则有

(1) 在 $[t, t+\Delta t]$ 内没有顾客离去的概率为 $1 - \mu \Delta t$;

(2) 在 $[t, t+\Delta t]$ 内恰好有一个顾客离去的概率为 $\mu \Delta t$;

(3) 如果 Δt 足够小的话,在 $[t, t+\Delta t]$ 内有多于两个以上顾客离去的概率为 $\psi(\Delta t) \to 0(\Delta t)$。

3. 如果服务设施对顾客的服务时间服从负指数分布,则不管对某一个顾客的服务已进行了多久,剩下来的服务时间的概率分布仍为同原先一样的负指数分布。即对任何 $t > 0, \Delta t > 0$ 有

$$P\{T > t + \Delta t \mid T > \Delta t\} = P\{T > t\}$$

【证】 $P\{T > t + \Delta t \mid T > \Delta t\} = \dfrac{P\{T > \Delta t, T > t + \Delta t\}}{P\{T > \Delta t\}} =$

$\dfrac{P\{T > t + \Delta t\}}{P\{T > \Delta t\}} = \dfrac{e^{-\mu(t+\Delta t)}}{e^{-\mu \Delta t}} = e^{-\mu t} = P\{T > t\}$

对于有规定基本动作的服务项目,这点是很难想象的,因为一般总是服务进行时间越长,很快结束的可能性越长。但对没有固定服务内容的服务项目,如治病等,可能还比较接近,因为服务了一段之后,不知道根据检查化验结果,还要采取什么诊治措施。

4. 若干独立的负指数分布的最小值是负指数分布。设 $T_1, T_2, \cdots, T_n$ 分别表示参数为 $\mu_1, \mu_2, \cdots, \mu_n$ 的独立的负指数分布的随机变量,让 U 总是取这些变量的最小值,即有 $U = \min(T_1, T_2, \cdots, T_n)$,则 U 也是负指数分布的随机变量。

【证】 对任意 $t \geq 0$,
$$P\{U > t\} = P\{T_1 > t, T_2 > t, \cdots, T_n > t\} =$$
$$P\{T_1 > t\}P\{T_2 > t\}\cdots P\{T_n > t\} = \exp\left\{-\sum_{i=1}^n \mu_i t\right\} \quad (10.12)$$

即 U 是一个参数为 $\mu\left(\mu = \sum_{i=1}^n \mu_i\right)$ 的负指数分布。

这个性质说明:第一,如果来到服务机构的有 n 类不同类型的顾客,每类顾客来到服务站的间隔时间为具有参数 μ_i 的负指数分布,则作为总体来讲,到达服务机构的顾客的间隔时间仍为负指数分布;第二,如果一个服务机构中有 S 个并联的服务设施,如各服务设施对顾客的服务时间为具有相同参数 μ 的负指数分布,于是整个服务机构的输出就是一个具有参数 $S\mu$ 的负指数分布。这样,对具有多个并联服务站的服务机构就可以同具有单个服务站的服务机构一样处理。

10.2.4 关于概率分布的检验

检验实际排队模型中顾客的到达或离去是否服从某一概率分布,通常采用统计学中

的 χ^2 假设检验方法。下面通过例子说明。

【例 1】 顾客随机地到达某排队系统。根据 63 h 的观察记录,每小时到达顾客数为 n 的频数 f_n 值如表 10.1 所示。试用 χ^2 检验确定到达该排队系统顾客流是否服从泊松分布。

表 10.1

n	0	1	2	3	4	5	6	7	8
f_n	0	0	0	0	0	1	0	3	3
n	9	10	11	12	13	14	15	16	≥ 17
f_n	6	5	9	10	11	8	6	1	0

【解】 用 χ^2 检验时,先假设顾客到达流服从泊松分布,然后将观察数据同泊松分布的理论值比较,确定假设是否应予否定。步骤如下:

1. 根据表 10.1 中数据计算平均每小时到达的顾客数 $\bar{n}$

$$\bar{n} = \sum_{n=0}^{16} n f_n \Big/ \sum_{n=0}^{16} f_n = 734/63 = 11.65$$

2. 计算当 λ 为 11.65 的泊松分布,单位时间内到达 n 个顾客的概率 P_n

$$P_n = v_n(1) = \frac{(\lambda)^n e^{-\lambda}}{n!} = \frac{(11.65)^n e^{-11.65}}{n!}$$

因共有 63 h 的观察记录,故理论上单位时间内到达 n 个顾客的频数 $e_n = 63 P_n$

3. 计算 χ^2 的值,即 $\sum_{n=0}^{\infty} \frac{(f_n - e_n)^2}{e_n}$,过程见表 10.2。

表 10.2

n	f_n	e_n	$(f_n - e_n)^2/e_n$
0 ~ 4	0		
5	1		
6	0 }7	11.3	1.636
7	3		
8	3		
9	6	5.99	0.000
10	5	6.97	0.557
11	9	7.38	0.356
12	10	7.17	1.117
13	11	6.43	3.248
14	8	5.34	1.325
15	6		
16	1 }7	12.42	2.365
≥ 17	0		
$\sum$	63	63	10.6

表中数据分 8 个组,因估计了一个平均数 $\bar{n}$,又令 $\sum f_n = \sum e_n$,故其自由度为

$$v = 8 - 1 - 1 = 6$$

若取显著性水平为 $\alpha = 0.05$,由 χ^2 分布表查得 $\chi^2_6(0.05) = 12.592$。因表 10.2 中计算得出的 χ^2 值 10.6 小于 $\chi^2_6(0.05)$,故结论是不应否定到达该系统的顾客流为泊松分布的假设。

10.3 生灭过程

生灭过程是用来处理输入为最简单流,服务时间为负指数分布这样一类最简单排队模型的方法。什么是生灭过程?举例来说,假如有一堆细菌,每个细菌在时段 Δt 内分裂成两个的概率为 $\lambda \Delta t + 0(\Delta t)$,在 Δt 时间内灭亡的概率为 $\mu \Delta t + 0(\Delta t)$,各个细菌在任何时段内分裂和灭亡都是独立的,并且把细菌的分裂和灭亡都看做一个事件的话,要问经过时间 t 后细菌将变成多少个?如把细菌的分裂看成是一个新顾客的到达,细菌的灭亡看成一个服务完毕的顾客的离去,则生灭过程恰好反映了一个排队服务系统的瞬时状态 $N(t)$ 将怎样随时间 t 而变化。

在生灭过程中,生与灭的发生都是随机的,它们的平均发生率依赖于现有的细菌数,即系统现处的状态。假定:

(1) 给定 $N(t) = n$,到下一个生(顾客到达)的间隔时间是参数 $\lambda_n (n = 0,1,2,\cdots)$ 的负指数分布;

(2) 给定 $N(t) = n$,到下一个灭(顾客离去)的间隔时间是具有参数 $\mu_n (n = 1,2,\cdots)$ 的负指数分布;

(3) 在同一时刻只可能发生一个生或一个灭(即同时只能有一个顾客到达或离去)。

根据上述泊松分布同负指数分布的关系,λ_n 就是系统处于 $N(t)$ 时单位时间内顾客的平均到达率,μ_n 则是单位时间内顾客的平均离去率。将上面几个假定合在一起,则可用生灭过程的发生率图来表示(图 10.2)。图中箭头指明了各种系统状态发生转换的仅有可能性。在每个箭头边上注出了当系统处于箭头起点状态时转换的平均率。

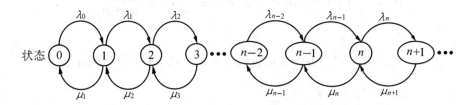

图 10.2

要求出系统的瞬时状态 $N(t)$ 的概率分布是很困难的,所以下面只考虑系统处于稳定状态的情形。先考虑系统处于某一特定状态 $N(t) = n(n = 0,1,2,\cdots)$。若计算过程进入这个状态和离开这个状态的次数,因为在同一时刻这两个事件都只能发生一次,因此进入和离开这个状态的次数或者相等,或者刚好差一次。在稳定状态时,在很长一段时间内,对每个状态而言,进出系统的顾客数保持平衡,即对系统的任何状态 $N(t) = n(n = 0,1,2,\cdots)$,进入事件平均率(单位时间平均到达的顾客数)等于离去事件平均率(单位时间平均离开的顾客数),这就是所谓输入率等于输出率的原则。用来表示这个原则的方程称做系统的状态平衡方程。下面就是要通过建立系统的状态平衡方程来处理一些比较简单的排队模型。

先考虑 $n = 0$ 的状态。状态 0 的输入仅仅来自状态 1。处于状态 1 时系统的稳定状态概率为 P_1,而从状态 1 进入状态 0 的平均转换率为 μ_1,因此从状态 1 进入状态 0 的输入率为

$\mu_1 P_1$，又从其他状态直接进入状态 0 的概率为 0，所以状态 0 的总输入率为 $\mu_1 P_1$。

根据类似上面的理由，状态 0 的总输出率为 $\lambda_0 P_0$。根据输入率等于输出率的原则，对状态 0 有以下状态平衡方程：

$$\mu_1 P_1 = \lambda_0 P_0$$

对其他每一个状态，都可以建立类似的状态平衡方程，但要注意其他状态的输入输出均有两个可能性。表 10.3 中列出了对各个状态建立的平衡方程。

表 10.3 生灭过程的状态平衡方程

状 态	输入率 = 输出率
0	$\mu_1 P_1 = \lambda_0 P_0$
1	$\lambda_0 P_0 + \mu_2 P_2 = (\lambda_1 + \mu_1) P_1$
2	$\lambda_1 P_1 + \mu_3 P_3 = (\lambda_2 + \mu_2) P_2$
⋮	⋮
$n-1$	$\lambda_{n-2} P_{n-2} + \mu_n P_n = (\lambda_{n-1} + \mu_{n-1}) P_{n-1}$
n	$\lambda_{n-1} P_{n-1} + \mu_{n+1} P_{n+1} = (\lambda_n + \mu_n) P_n$
⋮	⋮

由表 10.3 知

$$P_1 = \frac{\lambda_0}{\mu_1} P_0$$

$$P_2 = \frac{\lambda_1}{\mu_2} P_1 + \frac{1}{\mu_2}(\mu_1 P_1 - \lambda_0 P_0) = \frac{\lambda_1}{\mu_2} P_1 = \frac{\lambda_1 \lambda_0}{\mu_2 \mu_1} P_0$$

$$P_3 = \frac{\lambda_2}{\mu_3} P_2 + \frac{1}{\mu_3}(\mu_2 P_2 - \lambda_1 P_1) = \frac{\lambda_2}{\mu_3} P_2 = \frac{\lambda_2 \lambda_1 \lambda_0}{\mu_3 \mu_2 \mu_1} P_0$$

⋮

$$P_n = \frac{\lambda_{n-1}}{\mu_n} P_{n-1} + \frac{1}{\mu_n}(\mu_{n-1} P_{n-1} - \lambda_{n-2} P_{n-2}) = \frac{\lambda_{n-1}}{\mu_n} P_{n-1} = \frac{\lambda_{n-1} \lambda_{n-2} \cdots \lambda_0}{\mu_n \mu_{n-1} \cdots \mu_1} P_0$$

⋮

如果令

$$\begin{cases} C_n = \dfrac{\lambda_{n-1} \lambda_{n-2} \cdots \lambda_0}{\mu_n \mu_{n-1} \cdots \mu_1} & n = 1, 2, \cdots \\ C_0 = 1 \end{cases} \quad (10.13)$$

则以上各式可以通写为

$$P_n = C_n P_0 \quad n = 1, 2, \cdots \quad (10.14)$$

因为

$$\sum_{n=0}^{\infty} P_n = \sum_{n=0}^{\infty} C_n P_0 = 1$$

所以有

$$P_0 = 1 \Big/ \sum_{n=0}^{\infty} C_n \quad (10.15)$$

求得 P_0 后可以推出 P_n，再根据本章公式（10.1）~（10.6）求出排队系统的各项指标，即 L_s、L_q、W_s、W_q。

10.4 最简单的排队系统的模型

最简单的排队系统,是指输入为最简单流,服务时间为负指数分布的排队服务系统,在这一节中假定服务规则为先到先服务原则,在多个服务站的情况下,顾客排成一个单一的队伍。

下面分几种类型讨论。

10.4.1 顾客源无限、队长不受限制的排队模型

假定:(1) 到达排队系统的顾客的平均率为常数,即对所有 n,$\lambda_n = \lambda$;

(2) 服务机构的平均服务率也是常数,在单个服务站时 $\mu_n = \mu$,多个服务站时,

$$\mu_n = \begin{cases} n\mu & n = 1,\cdots,S \\ S\mu & n = S, S+1,\cdots \end{cases} \quad (S \text{ 为并联的服务站个数})$$

(3) $\rho = \dfrac{\lambda}{S\mu} < 1$,即服务机构总的服务效率应高于顾客的平均到达率,保证系统最终能进入稳定状态。这样就可以把前一节中生灭过程的有关结论搬过来应用。

先看一个服务站 $S = 1$ 的情况。

由式(10.13) $\qquad\qquad C_n = \left(\dfrac{\lambda}{\mu}\right)^n = \rho^n \quad n = 1, 2, \cdots$

代入式(10.14) $\qquad\qquad P_n = \rho^n P_0$

由公式(10.15) $\qquad P_0 = \dfrac{1}{\sum\limits_{n=0}^{\infty} \rho^n} = \dfrac{1}{\dfrac{1}{1-\rho}} = 1 - \rho \qquad\qquad (10.16)$

由此 $\qquad\qquad\qquad P_n = (1-\rho)\rho^n \qquad\qquad\qquad\qquad (10.17)$

在单站服务系统中,$\rho = \dfrac{\lambda}{\mu}$ 是单位时间顾客平均到达率与服务率的比值,反映了服务机构的忙碌或利用的程度。而前面提到服务机构的忙期为 $(1 - P_0)$,将式(10.18)求得的 P_0 代入,也可知服务机构忙期为 $(1-P_0) = 1 - (1-\rho) = \rho$,与直观理解完全一致。

下面再推导服务系统其他指标:

$$L_s = \sum_{n=0}^{\infty} nP_n = (1-\rho)\sum_{n=0}^{\infty} n\rho^n = (1-\rho)\rho \sum_{n=0}^{\infty} \frac{\mathrm{d}}{\mathrm{d}\rho}(\rho^n) =$$

$$(1-\rho)\rho \frac{\mathrm{d}}{\mathrm{d}\rho}\left(\sum_{n=0}^{\infty} \rho^n\right) = (1-\rho)\rho \frac{\mathrm{d}}{\mathrm{d}\rho}\left(\frac{1}{1-\rho}\right) =$$

$$\frac{\rho}{1-\rho} = \frac{\lambda}{\mu - \lambda} \qquad\qquad (10.18)$$

$$L_q = L_s - \frac{\lambda}{\mu} = \frac{\lambda}{\mu - \lambda} - \frac{\lambda}{\mu} = \frac{\lambda^2}{\mu(\mu - \lambda)} \qquad\qquad (10.19)$$

$$W_s = \frac{L_s}{\lambda} = \frac{1}{\mu - \lambda} \qquad\qquad (10.20)$$

$$W_q = \frac{L_q}{\lambda} = \frac{\lambda}{\mu(\mu - \lambda)} \qquad\qquad (10.21)$$

下面再计算:(1) 顾客在系统中停留时间超过 t 的概率是多少?假定一个顾客来到系统时,

系统中已有 n 个人,则该顾客在系统中的停留时间应该是系统对前 n 个顾客的服务时间加上对他的服务时间。若分别用 $T_1, T_2, \cdots, T_n$ 表示前 n 个顾客的服务时间,T_{n+1} 表示对该顾客的服务时间,令 $S_{n+1} = T_1 + T_2 + \cdots + T_n + T_{n+1}$

则
$$f(S_{n+1}) = \frac{\mu}{n!}(\mu t)^n e^{-\mu t}$$

$$P\{S_{n+1} \leq t\} = \int_0^t \frac{\mu}{n!}(\mu t)^n e^{-\mu t} dt$$

顾客在系统中停留时间小于 t 的概率

$$P\{W_s \leq t\} = \sum_{n=0}^{\infty} P_n P\{S_{n+1} \leq t\} = \sum_{n=0}^{\infty} (1-\rho)\rho^n \cdot \int_0^t \frac{\mu}{n!}(\mu t)^n e^{-\mu t} dt = 1 - e^{-\mu(1-\rho)t}$$

所以等待时间大于 t 的概率

$$P\{W_s > t\} = 1 - P\{W_s \leq t\} = e^{-\mu(1-\rho)t} \tag{10.22}$$

(2) 已经有人等待的情况下还要等待多久?

$$E(W_q \mid W_q > 0) = \frac{W_q}{1 - P_0} = \frac{\lambda}{\mu(\mu - \lambda)} \cdot \frac{\mu}{\lambda} = \frac{1}{\mu - \lambda} \tag{10.23}$$

再看一下有 S 个并联服务站的一些结果。

有 S 个并联服务站,顾客排成一行的排队服务系统的过程如图 10.3 所示。

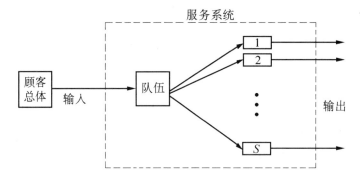

图 10.3

这种情况下,服务机构的效率为

$$\mu_n = \begin{cases} n\mu & n = 1, 2, \cdots, S \\ S\mu & n = S, S+1, \cdots \end{cases}$$

因此

$$C_n = \begin{cases} \dfrac{\lambda_{n-1}\lambda_{n-2}\cdots\lambda_0}{\mu_n \mu_{n-1}\cdots\mu_1} = \dfrac{(\lambda/\mu)^n}{n!} & n = 1, \cdots, S \\ \dfrac{\lambda_{n-1}\lambda_{n-2}\cdots\lambda_0}{(\mu_n\cdots\mu_{S+1})(\mu_S\cdots\mu_1)} = \dfrac{\lambda^n}{(S\mu)^{n-S}(S!\mu^S)} = \dfrac{(\lambda/\mu)^n}{S!S^{n-S}} & n \geq S \end{cases}$$

由此

$$P_0 = 1 \Big/ \Big[\sum_{n=0}^{S-1} \frac{(\lambda/\mu)^n}{n!} + \frac{(\lambda/\mu)^S}{S!} \sum_{n=S}^{\infty} \Big(\frac{\lambda}{S\mu}\Big)^{n-S} \Big] =$$

$$1\Big/\Big[\sum_{n=0}^{S-1}\frac{(\lambda/\mu)^n}{n!}+\frac{(\lambda/\mu)^S}{S!}\cdot\frac{1}{1-(\lambda/S\mu)}\Big] \tag{10.24}$$

$$P_n=\begin{cases}\dfrac{(\lambda/\mu)^n}{n!}P_0 & n=0,\cdots,S\\[6pt]\dfrac{(\lambda/\mu)^n}{S!\,S^{n-S}}P_0 & n\geq S\end{cases} \tag{10.25}$$

在多个服务站情况下,$\rho=\dfrac{\lambda}{S\mu}$,并令 $n-S=j$,故有

$$L_q=\sum_{n=S}^{\infty}(n-S)P_n=\sum_{j=0}^{\infty}jP_{S+j}=\sum_{j=0}^{\infty}j\frac{(\lambda/\mu)^S}{S!}\rho^j P_0=$$
$$P_0\frac{(\lambda/\mu)^S}{S!}\rho\sum_{j=0}^{\infty}\frac{\mathrm{d}}{\mathrm{d}\rho}(\rho^j)=P_0\frac{(\lambda/\mu)^S}{S!}\rho\frac{\mathrm{d}}{\mathrm{d}\rho}\Big(\frac{1}{1-\rho}\Big)=$$
$$\frac{P_0(\lambda/\mu)^S\rho}{S!(1-\rho)^2} \tag{10.26}$$

L_s, W_q 和 W_s 可分别根据公式(10.4)(10.2) 和(10.1) 推导出来。

【例2】 某厂有大量同一型号的车床,当该种车床损坏后或送机修车间或机修车间派人来修理。已知该种车床损坏率服从泊松分布,平均每天 2 台。又机修车间对每台损坏车床的修理时间为负指数分布的随机变量,平均每台的修理时间为 $1/\mu$ 天。但 μ 是一个与机修人员编制及维修设备配备好坏(即与机修车间每年开支费用 K) 有关的函数。已知

$$\mu(K)=0.1+0.001K \qquad K\geq 1\,900\text{元}$$

又已知机器损坏后,每台每天的生产损失为 600 元,试决定使该厂生产最经济的 K 及 μ 值。

【解】 在这个问题中包括两方面费用:(1) 机器损坏造成的生产损失 S_1;(2) 机修车间的开支 S_2。要使整个系统最经济,就是要使 $S=S_1+S_2$ 为最小。下面以一个月为期进行计算:

$S_1=$(正在修理和待修机器数) × (每台每天的生产损失) × (每个月的工作日数) =

$$L_s\times600\times22=13\,200\Big(\frac{\lambda}{\mu-\lambda}\Big)=13\,200\Big(\frac{\lambda}{0.1+0.001K-\lambda}\Big)=$$
$$13\,200\Big(\frac{2}{0.001K-1.9}\Big)$$

$S_2=K/12$

所以
$$S=K/12+13\,200\Big(\frac{2}{0.001K-1.9}\Big)$$

令
$$\frac{\mathrm{d}S}{\mathrm{d}K}=\frac{1}{12}-\frac{26\,400}{(0.001K-1.9)^2}(0.001)=0$$
$$(0.001K-1.9)^2=316.8$$
$$0.001K-1.9=17.798$$

得
$$K=19\,699\text{元}\qquad\mu=19.799$$
$$S=\frac{19\,699}{12}+(13\,200)\frac{2}{19.70-1.9}=1\,642+1\,483=3\,125\text{元}$$

【例3】 病人到达只有一名医生的医院门诊部的时间平均 20 min 一个,设对每个病人的诊治时间平均为 15 min,又知道以上两种时间均为负指数的概率分布。若该门诊部希望到达的病人 90% 以上能有座位,则该医院应设置一个有多少座位的候诊室?

【解】 设候诊室座位有 C 个,则加诊治病人座位共 $(C+1)$ 个。这样到达的 90% 病人能有座位,相当于该医院门诊部内病人总数不多于 $(C+1)$ 个的概率为 0.90,即

$$\sum_{n=0}^{C+1} P_n \leqslant 0.90$$

由式(10.17)

$$\sum_{n=0}^{C+1} P_n = (1-\rho)\sum_{n=0}^{C+1}\rho^n = 1 - \rho^{C+2} \leqslant 0.90$$

$$\rho^{C+2} \geqslant 0.1$$

$$C + 2 \geqslant \frac{\lg 0.1}{\lg \rho} = \frac{\lg 0.1}{\lg 0.75} = 8$$

所以 $C \geqslant 6$

即该医院门诊部候诊室至少应有 6 个座位,才能保证 90% 以上病人有座。

10.4.2 顾客源无限、队长受限制的排队模型

在实际生活中碰到很多,如医院规定每天挂 100 个号,那么第 101 个到达者就会自动离去;理发店内等待的座位都满员时,后来的顾客就会设法另找理发店等待;生产中每道工序存放在制品的场地有限,当超过限度时,就要把多余的搬进仓库,等等。

假定在一个服务系统中可以容纳 $M(M \geqslant S)$ 个顾客(包括被服务与等待的总数),如果这时候顾客的到达率仍是常数,但由于系统中已有 M 个顾客时,新到的顾客将自动离去。因此有

$$\lambda_n = \begin{cases} \lambda & n = 0,1,\cdots,M-1 \\ 0 & n \geqslant M \end{cases}$$

这儿仍先研究单个服务站 $(S=1)$ 的情况。

因为 $$C_n = \begin{cases} (\lambda/\mu)^n = \rho^n & n = 1,2,\cdots,M \\ 0 & n > M \end{cases}$$

有 $$P_0 = 1 \Big/ \sum_{n=0}^{M} \rho^n = \frac{1-\rho}{1-\rho^{M+1}} \quad \rho \neq 1 \tag{10.27}$$

$$P_n = \left(\frac{1-\rho}{1-\rho^{M+1}}\right)\rho^n \quad n \leqslant M, \rho \neq 1 \tag{10.28}$$

由此 $$L_s = \sum_{n=0}^{M} nP_n = \frac{1-\rho}{1-\rho^{M+1}}\rho\sum_{n=0}^{M}\frac{\mathrm{d}}{\mathrm{d}\rho}(\rho^n) =$$

$$\frac{1-\rho}{1-\rho^{M+1}}\rho\frac{\mathrm{d}}{\mathrm{d}\rho}\left(\sum_{n=0}^{M}\rho^n\right) = \frac{1-\rho}{1-\rho^{M+1}}\rho\frac{\mathrm{d}}{\mathrm{d}\rho}\left(\frac{1-\rho^{M+1}}{1-\rho}\right) =$$

$$\frac{\rho}{1-\rho} - \frac{(M+1)\rho^{M+1}}{1-\rho^{M+1}} \quad \rho \neq 1 \tag{10.29}$$

当 $\rho < 1, M \to \infty$ 时,式(10.29)的后一项值趋于零,同式(10.18)。即 10.4.1 模型为本节模型的特例。

为了计算系统其他各项指示,先要引进关于有效输入率 λ_{eff} 的概念。因为在队长受限制的情形下,当到达顾客数 $n \geqslant M$ 时,新来顾客会自动离去。因此虽然顾客以平均为 λ 的速度来到服务系统,但由于一部分顾客的离去,真正进入服务系统顾客输入率却是小于 λ 的 λ_{eff}。因此公式(10.1)、(10.2)、(10.4)中的 λ 在有限排队的情形下,都应换成有效输入率

λ_eff, 即有

$$W_s = \frac{L_s}{\lambda_\text{eff}} \tag{10.30}$$

$$W_q = \frac{L_q}{\lambda_\text{eff}} \tag{10.31}$$

$$L_q = L_s - \frac{\lambda_\text{eff}}{\mu} \tag{10.32}$$

由于系统中平均排队的顾客数总是等于系统中的平均顾客数减去平均正在受服务的顾客数, 即有

$$L_q = \sum_{n=1}^{M}(n-1)P_n = L_s - (1-P_0) \tag{10.33}$$

由公式 (10.32)、(10.33) 得

$$\lambda_\text{eff} = \mu(1-P_0) \tag{10.34}$$

对队长受限制的排除模型, 当系统中有 M 个顾客时, 新到顾客会自动离去, 故不一定要求 $\rho < 1$。当 $\rho = 1$ 时, 因有

$$P_n = P_0 \rho^n = P_0 \quad n=1,\cdots,M$$

故有

$$P_0 = P_1 = \cdots = P_M = 1/(M+1) \quad \rho = 1 \tag{10.35}$$

$$L_s = \sum_{n=0}^{M} nP_n = \frac{1}{M+1} \cdot \sum_{n=0}^{M} n = \frac{M}{2} \quad \rho = 1 \tag{10.36}$$

下面再来研究有 S 个并联服务站的情况。因为系统中不允许多于 M 个顾客, 当 $n < M$, λ_n 和除长不受限制时一样, 但当 $n \geq M$ 时, $\lambda_n = 0$, 所以有

$$C_n = \begin{cases} \dfrac{(\lambda/\mu)^n}{n!} & n=1,\cdots,S \\ \dfrac{(\lambda/\mu)^n}{S! S^{n-S}} & n=S,S+1,\cdots,M \\ 0 & n > M \end{cases}$$

因此

$$P_0 = 1 \Big/ \Big[1 + \sum_{n=1}^{S-1} \frac{(\lambda/\mu)^n}{n!} + \frac{(\lambda/\mu)^S}{S!} \sum_{n=S}^{M} \Big(\frac{\lambda}{S\mu}\Big)^{n-S} \Big]$$

若令 $\rho = \lambda/S\mu$, 则有

$$P_0 = 1 \Big/ \Big[\sum_{n=0}^{S-1} \frac{(\lambda/\mu)^n}{n!} + \frac{S^S \cdot \rho^S (1-\rho^{M-S+1})}{S!(1-\rho)} \Big] \quad \rho \neq 1 \tag{10.37a}$$

$$P_0 = 1 \Big/ \Big[\sum_{n=0}^{S-1} \frac{(\lambda/\mu)^n}{n!} + \frac{S^S \cdot \rho^S}{S!}(M-S+1) \Big] \quad \rho = 1 \tag{10.37b}$$

$$P_n = \begin{cases} \dfrac{(\lambda/\mu)^n}{n!} P_0 & n=1,\cdots,S \\ \dfrac{(\lambda/\mu)^n}{S! S^{n-S}} P_0 & n=S,S+1,\cdots,M \\ 0 & n>M \end{cases} \tag{10.38}$$

$$L_q = \sum_{n=S}^{\infty}(n-S)P_n = \sum_{j=0}^{M-S} jP_{S+j} = \sum_{j=0}^{M-S} j \frac{(\lambda/\mu)^S}{S!}\Big(\frac{\lambda}{S\mu}\Big)^j P_0 =$$

$$\frac{(\lambda/\mu)^S P_0}{S!} \sum_{j=0}^{M-S} j\left(\frac{\lambda}{S\mu}\right)^j = \frac{(\lambda/\mu)^S P_0}{S!} \sum_{j=0}^{M-S} \rho \frac{d}{d\rho}(\rho^j) =$$

$$\frac{(\lambda/\mu)^S P_0}{S!} \rho \frac{d}{d\rho}\left(\frac{1-\rho^{M-S+1}}{1-\rho}\right) =$$

$$\frac{(\lambda/\mu)^S P_0 \rho}{S!(1-\rho)^2}[1-\rho^{M-S}-(1-\rho)(M-S)\rho^{M-S}] \quad \rho \neq 1 \quad (10.39a)$$

$$L_q = \frac{(\lambda/\mu)^S P_0}{S!} \sum_{j=0}^{M-S} j = \frac{(\lambda/\mu)_S P^0 (M-S)(M-S+1)}{2S!} \quad \rho = 1 \quad (10.39b)$$

因为
$$L_s = \sum_{n=0}^{M} nP_n = \sum_{n=0}^{S-1} nP_n + \sum_{n=S}^{M} nP_n$$

$$L_q = \sum_{n=S}^{M} (n-S)P_n$$

$$L_s - L_q = \sum_{n=0}^{S-1} nP_n + S\sum_{n=S}^{M} P_n = \sum_{n=0}^{S-1} nP_n + S\left(1 - \sum_{n=0}^{S-1} P_n\right)$$

所以
$$L_s = L_q + S + \sum_{n=0}^{S-1}(n-S)P_n \quad (10.40)$$

又
$$\frac{\lambda_{\text{eff}}}{\mu} = L_s - L_q$$

所以
$$\lambda_{\text{eff}} = \mu\left[S - \sum_{n=0}^{S-1}(S-n)P_n\right] \quad (10.41)$$

此外 W_s、W_q 仍按公式(10.1)、(10.2)来求,不过公式中 λ 应换写为 λ_{eff}。

对顾客来源无限、队长受限制的排除模型,当 $M \to \infty$ 时,就同队长不受限制的结果一样。这在推导单个服务站的系统时已经提到,对具有多个服务站的系统时也是一样。另一种是 $M = S$ 的特殊情况,就是本章一开始讲到的带损失制的服务系统,只要在公式(10.37a)、(10.38) 中令 $M = S$,就得到了计算损失制的服务系统的基本公式,即

$$P_0 = 1\bigg/\left[1 + \sum_{n=1}^{S} \frac{(\lambda/\mu)^n}{n!}\right] = 1\bigg/\left[\sum_{n=0}^{S} \frac{(\lambda/\mu)^n}{n!}\right] \quad (10.42)$$

$$P_n = \frac{(\lambda/\mu)^n}{n!} P_0 = \frac{(\lambda/\mu)^n/n!}{\left[\sum_{n=0}^{S}(\lambda/\mu)^n/n!\right]} \quad n = 0, 1, \cdots, S \quad (10.43)$$

$$L = \sum_{n=0}^{S} nP_n = \frac{\left[\sum_{n=0}^{S} n(\lambda/\mu)^n/n!\right]}{\left[\sum_{n=0}^{S}(\lambda/\mu)^n/n!\right]} = \left(\frac{\lambda}{\mu}\right)\frac{\left[\sum_{n=0}^{S-1}(\lambda/\mu)^n/n!\right]}{\left[\sum_{n=0}^{S}(\lambda/\mu)^n/n!\right]} \quad (10.44)$$

【例4】 某单位电话在交换台有一台200门内线的总机。已知在上班的8 h内,有20%的内线分机平均每40 min要一次外线电话,80%的分机平均隔2 h要一次外线电话,又知从外单位打来的电话呼唤率平均每分钟一次,设外线通话时间平均为3 min,以上两个时间均属负指数分布。如果要求电话接通率为95%,问该交换台应设置多少外线?

【解】 (1)来到电话交换台的呼唤有两类:一是各分机往外打的电话,二是从外单位打进来的电话。前一类 $\lambda_1 = \left(\frac{60}{40} \times 0.2 + \frac{1}{2} \times 0.8\right) \times 200 = 140$,后一类 $\lambda_2 = 60$,根据泊松分布性质,来到交换台的总呼唤流仍为泊松分布,其参数 $\lambda = \lambda_1 + \lambda_2 = 200$。

(2) 这是一个具有多个服务站带损失制的服务系统,根据公式(10.43),要使电话接通率为95%就是使损失率低于5%,也即

$$P_S = \frac{\left(\frac{\lambda}{\mu}\right)^S / S!}{\left[\sum_{n=0}^{S} \left(\frac{\lambda}{\mu}\right)^n / n!\right]} \leq 0.05$$

本例中 $\mu = 20$,$\left(\frac{\lambda}{\mu}\right) = 10$,可以用表10.4进行计算求 S。

表 10.4

S	$\left(\frac{\lambda}{\mu}\right)^S / S!$	$\sum_{n=0}^{S}\left(\frac{\lambda}{\mu}\right)^n / n!$	P_S
0	1.0	1.0	1.0
1	10.0	11.0	0.909
2	50.0	61.0	0.820
3	166.7	227.2	0.732
4	416.7	644.4	0.647
5	833.3	1 477.7	0.564
6	1 388.9	2 866.6	0.485
7	1 984.1	4 850.7	0.409
8	2 480.2	7 330.9	0.338
9	2 755.7	10 086.6	0.273
10	2 755.7	12 842.3	0.215
11	2 505.2	15 347.5	0.163
12	2 087.7	17 435.2	0.120
13	1 605.9	19 041.1	0.084
14	1 147.1	20 188.2	0.056
15	764.7	20 952.9	0.036

根据计算看出,为了外线接通率达到95%,应不少于15条外线。

说明:① 计算中没有考虑外单位打来电话时,内线是否占用,也没有考虑分机打外线时对方是否占用;

② 当电话一次打不通时,就要打两次、三次……,因此实际上呼唤次数要远远高于计算次数,因而实际接通率也要比95%低得多。

【例5】 某市新开设一家专业诊所,有4名医生为病人诊治。由于医术较高,前来诊治病人络绎不绝。据统计分析,病人按泊松分布到达,$\lambda = 20$ 人/h。医生为每名病人诊治时间服从负指数分布,$1/\mu = 11.5$ min。由于发现病人等待时间过长,该诊所决定,当诊所内病人数达到20人时,将让新到病人离去改日再来,试分析诊所采取这项决定前后系统工作情况的变化。

【解】 本例中 $\lambda/\mu = \frac{20 \times 11.5}{60} = 3.833$,$\lambda/S\mu = 0.958$。

采取决定前的系统为$(M/M/4):(\infty/\infty/FCFS)$,由公式(10.24)、(10.26)等算出有关指标为

$$P_0 = \left[1 + 3.833 + \frac{(3.833)^2}{2!} + \frac{(3.833)^3}{3!} + \frac{(3.833)^4}{4!} \cdot \frac{1}{(1-0.958)}\right]^{-1} = 0.00424$$

$$L_q = \frac{0.00424}{4!} \cdot \frac{(3.833)^4(0.958)}{(1-0.958)^2} = 20.71 \text{ 人}$$

$$W_q = L_q/20 = 1.035 \text{ h}$$

采取决定后的系统为$(M/M/4):(20/\infty/\text{FCFS})$,由公式(10.37a)、(10.38)、(10.39a)等算得有关指标为

$$P_0 = \left[1 + 3.833 + \frac{(3.833)^2}{2!} + \frac{(3.833)^3}{3!} + \frac{4^4(0.958)^4(1-0.958^{17})}{4!(1-0.958)}\right]^{-1} = 0.00755$$

$$L_q = \frac{(3.833)^4(0.00755)(0.958)}{4!(1-0.958)^2}\left[1 - 0.958^{16} - (1-0.958)(20-4)0.958^{16}\right] = 5.863 \text{ 人}$$

$$P_{20} = \frac{(3.833)^{20}}{4!4^{20-4}}(0.00755) = 0.03432$$

$$\lambda_{\text{eff}} = \lambda(1-P_{20}) = 20(1-0.03432) = 19.31 \text{ 人/h}$$

$$W_q = L_q/\lambda_{\text{eff}} = 5.863/19.31 = 0.3036 \text{ h}$$

可见该诊所采取限制病人数的决定后,病人等待诊治时间缩短到原来的30%,但由此会造成约3.4%的病人需改日再来。

10.4.3 顾客源有限的排队模型

这种模型在工业生产中应用较多。如一个车间有几十台机器,当个别损坏时,再发生机器损坏的概率就会有明显改变。这类模型中,设顾客总数为N,当有n个顾客在服务系统内时,在服务系统外的潜在顾客数就减少为$(N-n)$。假定每个顾客来到服务系统的时间间隔为参数λ的负指数分布的话,则根据负指数分布的性质有$\lambda_n = (N-n)\lambda$,因此对顾客来源有限的排队模型也可以用生死过程的发生率图来表示(见图10.4)。

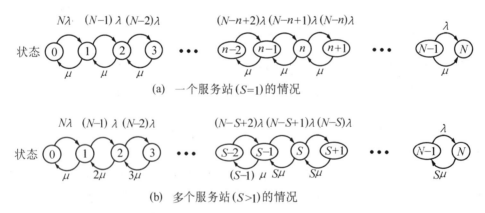

图 10.4

在图 10.4(a) 中

$$\lambda_n = \begin{cases} (N-n)\lambda & n = 0,1,\cdots,N \\ 0 & n \geq N \end{cases}$$

$$\mu_n = \mu \quad n = 1,2,\cdots,N$$

在图 10.4(b) 中

$$\lambda_n = \begin{cases} (N-n)\lambda & n = 0, 1, \cdots, N \\ 0 & n \geq N \end{cases}$$

$$\mu_n = \begin{cases} n\mu & n = 1, 2, \cdots, S \\ S\mu & n = S, S+1, \cdots \end{cases}$$

由于对 $n = N$, 有 $\lambda_n = 0$, 所以这类系统最终一定达到稳定状态, 因此可以应用求解稳定状态的方法进行处理。

先求解单个服务站 ($S = 1$) 的情况:

当 $S = 1$ 时

$$C_n = \frac{\lambda_{n-1}\lambda_{n-2}\cdots\lambda_0}{\mu_n\mu_{n-1}\cdots\mu_1} = \frac{(N-n+1)\lambda(N-n+2)\lambda\cdots(N-1)\lambda\cdot N\lambda}{\mu^n} =$$

$$2N(N-1)\cdots(N-n+1)\left(\frac{\lambda}{\mu}\right)^n = \frac{N!}{(N-n)!}\left(\frac{\lambda}{\mu}\right)^n \quad n = 1, \cdots, N$$

$$C_n = 0 \quad n > N$$

所以
$$P_0 = 1 \Big/ \sum_{n=0}^{N}\left[\frac{N!}{(N-n)!}\left(\frac{\lambda}{\mu}\right)^n\right] \tag{10.45}$$

$$P_n = \frac{N!}{(N-n)!}\left(\frac{\lambda}{\mu}\right)^n P_0 \quad n = 1, \cdots, N \tag{10.46}$$

$$L_q = \sum_{n=0}^{N}(n-1)P_n = \sum_{n=1}^{N}(n-1)\frac{N!}{(N-n)!}\left(\frac{\lambda}{\mu}\right)^n P_0 \tag{10.47}$$

$$L_s = \sum_{n=0}^{N} n P_n = L_q + (1 - P_0) \tag{10.48}$$

由于顾客输入率 λ_n 随系统状态而变化, 因此平均输入率 $\bar{\lambda}$ 可按下式计算, 即

$$\bar{\lambda} = \sum_{n=0}^{\infty}\lambda_n P_n = \sum_{n=0}^{N}(N-n)\lambda P_n = \lambda(N - L) \tag{10.49}$$

且有
$$W_s = \frac{L_s}{\bar{\lambda}} \quad W_q = \frac{L_q}{\bar{\lambda}} \tag{10.50}$$

下面再研究多个服务站 ($S > 1$) 的情况:

当 $S > 1$ 时,

$$C_n = \begin{cases} \dfrac{N!}{(N-n)!\,n!}\left(\dfrac{\lambda}{\mu}\right)^n & n = 1, 2, \cdots, S \\ \dfrac{N!}{(N-n)!\,S!\,S^{n-S}}\left(\dfrac{\lambda}{\mu}\right)^n & n = S, S+1, \cdots, N \\ 0 & n > N \end{cases}$$

$$P_n = \begin{cases} \dfrac{N!}{(N-n)!\,n!}\left(\dfrac{\lambda}{\mu}\right)^n P_0 & 0 \leq n \leq S \\ \dfrac{N!}{(N-n)!\,S!\,S^{n-S}}\left(\dfrac{\lambda}{\mu}\right)^n P_0 & S \leq n \leq N \\ 0 & n > N \end{cases} \tag{10.51}$$

因此
$$P_0 = 1 \Big/ \Big[\sum_{n=0}^{S-1}\frac{N!}{(N-n)!\,n!}\left(\frac{\lambda}{\mu}\right)^n + \sum_{n=S}^{N}\frac{N!}{(N-n)!\,S!\,S^{n-S}}\left(\frac{\lambda}{\mu}\right)^n\Big] \tag{10.52}$$

$$L_q = \sum_{n=S+1}^{N}(n-S)P_n \tag{10.53}$$

$$L_s = \sum_{n=0}^{N} nP_N = \sum_{n=0}^{S} nP_n + \sum_{n=S+1}^{N} nP_n = \sum_{n=0}^{S} nP_n + S\sum_{n=S+1}^{N} P_n + \sum_{n=S+1}^{N}(n-S)P_n = \sum_{n=1}^{S} nP_n + S(1 - \sum_{n=0}^{S} P_n) + L_q =$$

$$L_q + \left[S - \sum_{n=0}^{S}(S-n)P_n\right] = L_q + \frac{\overline{\lambda}}{\mu} \tag{10.54}$$

$$\overline{\lambda} = \mu(L_s - L_q) = \mu\left[S - \sum_{n=0}^{S}(S-n)P_n\right] \tag{10.55}$$

【例 6】 设有一名工人负责照管 6 台自动机床。当机床需要加料、发生故障或刀具磨损时就自动停车,等待工人照管。设平均每台机床两次停车的间隔时间为一小时,又设每台机床停车时,需要工人平均照管的时间为 0.1 h。以上两项时间均服从负指数分布,试计算该系统的各项指标。

【解】 在这个例子中 $\frac{\lambda}{\mu} = 0.1, N = 6$,由公式(10.48),

$$P_1 = \frac{6!}{(6-1)!}(0.1)^1 P_0 = 0.6P_0$$

$$P_n = \frac{6!}{(6-n)!}(0.1)^n P_0 \quad 2 \leqslant n \leqslant 6$$

计算过程见表 10.5。

因为
$$\sum_{k=0}^{6} P_k = 1$$

由表 10.5
$$\frac{1}{P_0}\sum_{k=0}^{6} P_k = 2.063\,92$$

所以
$$P_0 = 1/2.063\,92 = 0.484\,5$$

表 10.5

n	等待照管的机床数 $n-1$	P_n/P_0	P_n	$(n-1)P_n$	nP_n
0	0	1.000 00	0.484 5	0	0
1	0	0.600 00	0.290 7	0	0.290 7
2	1	0.300 00	0.145 4	0.145 4	0.290 8
3	2	0.120 00	0.058 2	0.116 4	0.174 6
4	3	0.036 00	0.017 5	0.052 5	0.070 0
5	4	0.007 20	0.003 5	0.014 0	0.017 5
6	5	0.000 72	0.000 3	0.001 5	0.001 8

系统中平均等待照管的机床数为

$$L_q = \sum_{n=1}^{N}(n-1)P_n = 0.329\,8$$

停车的机床总数(包括正在照管及等待照管数)为

$$L_s = \sum_{n=0}^{N} nP_n = 0.845\,4$$

如果把加料、刀具磨损及故障等原因引起的停车算作正常生产时间的组成部分,则机床因等待工人照管的停工时间占生产时间比例为

$$\frac{L_q}{N} = \frac{0.329\ 8}{6} = 0.054\ 9$$

工人的忙期为

$$1 - P_0 = 1 - 0.484\ 5 = 0.515\ 5$$

【例7】 上例中如改为由3个工人联合看管20台自动机床,其他各项数据不变,求系统的各项指标。

【解】 这里 $S = 3, N = 20, \frac{\lambda}{\mu} = 0.1$,仍用表格计算(见表10.6)。因为当 $n > 12$ 时,$P_n < 0.5 \times 10^{-5}$,故忽略不计。由表10.7知,系统中平均等待工人照管的机床数为

$$L_q = \sum_{n=4}^{20} (n-3) P_n = 0.338\ 63$$

停车的机床总数(包括正在照管与等待照管数)

$$L_s = \sum_{n=0}^{20} n P_n = 2.126\ 77$$

表 10.6

n	正照管机床数	等待照管机床数	空闲的工人数	P_n/P_0	P_n	$(n-S)P_n$	nP_n
0	0	0	3	1.0	0.136 26	—	—
1	1	0	2	2.0	0.272 50	—	0.272 50
2	2	0	1	1.9	0.258 88	—	0.517 76
3	3	0	0	1.14	0.155 33	—	0.465 99
4	3	1	0	0.646	0.088 02	0.088 02	0.352 08
5	3	2	0	0.344 5	0.046 94	0.093 88	0.234 70
6	3	3	0	0.172 2	0.023 47	0.070 41	0.140 82
7	3	4	0	0.080 4	0.010 95	0.043 80	0.076 65
8	3	5	0	0.034 8	0.004 75	0.023 75	0.038 80
9	3	6	0	0.013 9	0.001 90	0.011 40	0.017 10
10	3	7	0	0.005 1	0.000 70	0.004 90	0.007 00
11	3	8	0	0.001 7	0.000 23	0.001 84	0.002 53
12	3	9	0	0.000 5	0.000 07	0.000 63	0.000 84

等待工人照管的停车时间占生产时间比例为

$$\frac{L_q}{N} = \frac{0.338\ 63}{20} = 0.016\ 93$$

工人的平均空间时间为

$$\frac{1}{3} \sum_{n=0}^{2} (3-n) P_n = \frac{1}{3} (3 P_0 + 2 P_1 + P_2) = 0.404\ 2$$

工人忙期平均为

$$1 - 0.404\ 2 = 0.595\ 8$$

将两个例子计算结果列表比较如表10.7所示。

表 10.7

	每个工人平均看管机床数	每台机床等待照管占生产时间的比例	工人平均忙期
1 个工人看管 6 台	6	0.054 9	0.515 5
3 个工人联合看管 20 台	$6\frac{2}{3}$	0.016 93	0.595 8

从比较看出,当 3 个工人联合看管 20 台时,虽然每个工人的平均看管数增加了,但机床利用率反而提高,这是由于 3 名工人间互相协作、减少工人空闲时间得到的结果。当然,要开展协作必须互相熟悉彼此工作,就要求工人努力提高技术熟练程度,争取成为多面手。

10.5 M/G/1 的排队系统

前一节讨论的模型是建立在生灭过程的基础上,即假定到达为泊松分布和服务时间均为负指数分布的情况。但这样的假定往往与实际情况有较大出入,特别是服务时间服从负指数分布的假定往往出入更大。这节中研究 M/G/1 的排队系统,即输入为泊松分布,服务时间为任意分布,具有单个服务站的排队系统。

10.5.1 嵌入马尔可夫链及 Pollaczek-Khintchine 公式

在处理这类系统时常常应用所谓"嵌入马尔可夫链"的方法。嵌入马尔可夫链的概念就是将排队系统的状态用某一个顾客到达(或离去)时刻的系统的顾客数 n 来定义,设法找出系统从状态 $n(n=0,1,\cdots)$ 到状态 $(n+1)$ 的概率转移矩阵,这样就可以将一个非马尔可夫问题简化为一个离散的马尔可夫链,从而求得分析的解。假定:

(1) 系统的输入参数为 λ 的泊松分布;

(2) 对每个顾客的服务时间 t 是具有相同概率分布相互独立的随机变量,其概率分布函数为 $F(t)$,其期望值和方差分别为

$$E(t) = \int_0^\infty t\mathrm{d}F(t) = \frac{1}{\mu}$$
$$\mathrm{Var}(t) = \sigma^2$$

(3) $\lambda < 1/E(t)$,或 $\rho = \lambda/\mu = \lambda E(t) < 1$

(4) 有一个服务站。

依据上述假设可推导出如式(10.56)所示的 Pollaczek-Khintchine 公式:

$$L_s = E(n) = \frac{2\rho - \rho^2 + \lambda^2\sigma^2}{2(1-\rho)} \tag{10.56}$$

其他指标的推导如下:

$$L_q = L_s - \rho = \frac{\rho^2 + \lambda^2\sigma^2}{2(1-\rho)} \tag{10.57}$$

$$W_q = \frac{L_q}{\lambda} = \frac{\rho^2 + \lambda^2\sigma^2}{2\lambda(1-\rho)} \tag{10.58}$$

$$W_s = W_q + \frac{1}{\mu} = \frac{\rho^2 + \lambda^2\sigma^2}{2\lambda(1-\rho)} + \frac{1}{\mu} \tag{10.59}$$

从公式(10.56) ~ (10.59)看出,在平均服务时间 $1/\mu$ 的情况下,L_s、L_q、W_q、W_s 均随 σ^2 的

增加而增加,即对每个顾客服务时间大体上比较接近的情况下,排队系统的工作指标较好。在服务时间分布的偏差很大的情况下,工作指标就差。如将公式(10.58)写为

$$W_q = \frac{\rho^2}{2\lambda(1-\rho)}(1+\mu^2\sigma^2) \tag{10.60}$$

在服务时间为定长分布的情况下 $\sigma^2 = 0$,得

$$W_q = \frac{\rho^2}{2\lambda(1-\rho)} \tag{10.61}$$

在服务时间为负指数分布的情况下,$\sigma^2 = 1/\mu^2$,

$$W_q = \frac{\rho^2}{\lambda(1-\rho)} \tag{10.62}$$

看出顾客排队等待的平均时间要比定长分布的大一倍,服务机构效率差不多降低一倍。

10.5.2 泊松输入和定长服务时间的排队系统

当一个服务机构提供固定服务项目,服务时间偏差很小时,可以近似看做服务时间是定长分布。定长分布时 $\sigma^2 = 0$,代入公式(10.56)~(10.59)得到的结果为

$$L_s = \frac{2\rho - \rho^2}{2(1-\rho)} \tag{10.63}$$

$$L_q = \frac{\rho^2}{2(1-\rho)} = \frac{\lambda^2}{2\mu(\mu-\lambda)} \tag{10.64}$$

$$W_q = \frac{\rho^2}{2\lambda(1-\rho)} = \frac{\lambda}{2\mu(\mu-\lambda)} \tag{10.65}$$

$$W_s = \frac{\rho^2}{2\lambda(1-\rho)} + \frac{1}{\mu} \tag{10.66}$$

10.5.3 输入为泊松分布服务时间为爱尔朗分布的排队系统

当服务时间为定长时,$\sigma = 0$,服务时间为负指数分布时,$\lambda = 1/\mu$。均方差值价于这两者之间$(0 < \sigma < 1/\mu)$的一种理论分布称为爱尔朗(Erlang)分布。假定 $T_1, T_2, \cdots, T_k$ 是 k 个相互独立具有相同分布的负指数分布,其概率密度分别为

$$f(t_i) = k\mu e^{-k\mu t_i} \quad t_i \geq 0, \quad i = 1,2,\cdots,k$$

则 $T = T_1 + T_2 + \cdots + T_k$ 就是一个具有参数 $k\mu$ 的爱尔朗分布:

$$f(t) = \frac{(\mu k)^k}{(k-1)!}t^{k-1}e^{-k\mu t} \quad t \geq 0 \tag{10.67}$$

其中 μ、k 是取正值的参数,k 是正整数。

由此,如果服务机构对顾客进行的服务不是一项,而是按序进行的 k 项工作,又假定其中每一项服务的持续时间都是具有相同分布的负指数分布,则总的服务时间服从爱尔朗分布。

实际上爱尔朗分布是 Gamma 分布的一种特例。爱尔朗分布的期望值和偏差为

$$E[t] = 1/\mu$$
$$\sigma = 1/\sqrt{k}\mu$$

它具有两个参数 k 与 μ,由于 k 值的不同,可以得到不同的爱尔朗分布(见图 10.5)。爱尔朗分布当 $k = $

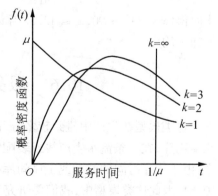

图 10.5

1 时是负指数分；当 k 增大时，图形逐渐变得对称；当 $k \geq 30$ 时，近似于正态分布；$k \to \infty$ 时是定长分布。所以爱尔朗分布随 k 的变化处于完全随机型与完全确定型之间。

在单个服务站情况下，将 $\sigma^2 = 1/k\mu^2$ 代入(10.56) ~ (10.59)得

$$L_q = \frac{\lambda^2/k\mu^2 + \rho^2}{2(1-\rho)} = \frac{1+k}{2k} \cdot \frac{\lambda^2}{\mu(\mu-\lambda)} \tag{10.68}$$

$$W_q = \frac{1+k}{2k} \cdot \frac{\lambda}{\mu(\mu-\lambda)} \tag{10.69}$$

【例8】 一装卸队专为来到某码头仓库的货车装卸货物，设货车的到达服从泊松分布，平均每 10 min 一辆，而装卸车的时间则与装卸队工人数成反比。又该装卸队每班(8h)的生产费用为($20 + 4x$)元，其中 x 为装卸工人数，汽车在码头装卸货时停留时间的损失为每台15元/h。若(1)装卸时间为常数；(2)装卸时间为负指数分布，一名装卸工装卸一台汽车均需时 30 min，试分别确定各应配备多少装卸工人比较经济合理。

【解】 整个系统的费用等于装卸队费用加上汽车等待损失。以一小时的费用计算为

$$C = \left(\frac{20+4x}{8}\right) + 15L \tag{10.70}$$

(1) 装卸时间为常数时，$\lambda = 6, \mu = 2x, \rho = \frac{3}{x}$，代入式(10.70)有

$$C = \frac{20+4x}{8} + 15\left[\frac{\frac{6}{x} - \frac{9}{x^2}}{2\left(1 - \frac{3}{x}\right)}\right] = 2.5 + 0.5x + \frac{45}{2}\left(\frac{2x-3}{x(x-3)}\right)$$

令

$$\frac{dC}{dx} = 0.5 + \frac{45}{2}\left[\frac{2x-3}{x(x-3)} - \frac{(2x-3)^2}{[x(x-3)]^2}\right] = 0$$

化简得 $0.5x^4 - 3x^3 - 40.5x^2 + 135x - 202.5 = 0$。这是一个高次方程，经试算在 $x = 11$ 和 12 之间有一个根。当 $x = 11$ 时，$C = 12.858$；当 $x = 12$ 时，$C = 13.422$，故应配备 11 名装卸工。

(2) 装卸时间为负指数分布时，由式(10.80)得

$$C = \frac{20+4x}{8} + 15\left(\frac{\lambda}{\mu-\lambda}\right) = 2.5 + 0.5x + 15\left(\frac{6}{2x-6}\right)$$

令

$$\frac{dC}{dx} = 0.5 - \frac{90}{2} \times \frac{1}{(x-3)^2} = 0$$

化简得 $(x-3)^2 = 90$，$x \approx 12.5$。当 $x = 12$ 或 13 时，C 均等于 13.5，故配备 12 名或 13 名装卸工均可。

10.6 服务机构串联的排队系统

这类模型在生产中碰到较多：产品的生产要经过若干工艺阶段；零件的加工要经过好几道工序，在一条流水生产线或装配线上，零件按一定的节拍从上一道工序传到下一道工序，由于工序时间的波动或工序间库存位置的不足，都可能造成生产的混乱或阻塞(见图 10.6)，因此这类模型中，我们要研究当服务站工序时间波动及库存位置变动情况下，造成生产混乱或阻塞的概率。

假定顾客的到达参数为 λ 的泊松分布,每个服务站对顾客的服务时间为参数 μ 值相同的负指数分布。为简化起见,假定各服务站的服务率相同,各服务站前允许顾客排队等待的位置有三种情况:(1) 无位置;(2) 有限的位置;(3) 无限的位置。由于第三种情况相当于每个服务站都是一个独立的排队系统,所以只研究前面两种情况。

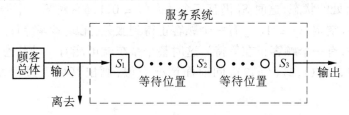

图 10.6

先研究两个服务站、工序间无排队位置的情况:即顾客在第一个服务站(S_1)服务完毕,如果第二个服务站(S_2)有空,立即转入 S_2,否则仍停留在 S_1。这样 S_1 可能有三种状态:(1) 无顾客(记为 $i = 0$);(2) 有一个顾客正得到服务(记 $i = 1$);(3) 有一个顾客已服务完毕,但由于第二个服务站无空闲,顾客仍留在第一个服务站(记作 $i = b$)。第二个服务站 S_2 有两种状态:(1) 空闲着无顾客(记作 $j = 0$);(2) 有一个顾客正得到服务(记作 $j = 1$)。这时整个系统就可能有五种状态:$(0,0)(0,1)(1,0)(1,1)(b,1)$。为了分别找出处于这五种状态下的概率 P_{ij},画出其生灭过程发生率图(见图 10.7)。

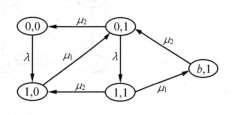

图 10.7

当 $\mu_1 = \mu_2 = \mu$ 时,写出各状态的平衡方程如下:

$$\begin{cases} \mu P_{01} = \lambda P_{00} \\ \mu P_{10} = \lambda P_{b1} = (\lambda + \mu) P_{01} \\ \lambda P_{00} = \mu P_{11} = \mu P_{10} \\ \lambda P_{01} = 2\mu P_{11} \\ \mu P_{11} = \mu P_{b1} \end{cases}$$

又因有
$$P_{00} + P_{01} + P_{10} + P_{11} + P_{b1} = 1$$

求解得

$$\begin{cases} P_{00} = 2/H \\ P_{01} = 2\rho/H \\ P_{10} = (\rho^2 + 2\rho)/H \\ P_{11} = P_{b1} = \rho^2/H \end{cases} \qquad (10.71)$$

其中
$$H = 3\rho^2 + 4\rho + 2 \qquad (10.72)$$

由此得到系统中顾客的平均数为

$$L_s = \sum_i \sum_j n P_{ij} = 0 P_{00} + 1 P_{01} + 1 P_{10} + 2 P_{11} + 2 P_{b1} = \frac{4\rho + 5\rho^2}{H}$$

服务机构的忙期为

$$1 - P_{00} = 1 - 2/H$$

顾客的有效输入率为

$$\lambda_{\text{eff}} = \lambda(P_{00} + P_{01}) = \left(\frac{2+2\rho}{H}\right)\lambda$$

现在把问题范围扩大一些。假设有两个服务站,中间有一个等待位置。仍用 i 记录第一个服务站 S_1 所处的状态,这时 S_1 仍有三个状态($i=0,1,b$),对第二个服务站 S_2 也有三个状态: $j=0$(S_2 空闲); $j=1$(S_2 有一个顾客正得到服务,无顾客等待); $j=2$(S_2 有一个顾客正得到服务,有一个顾客正在等待)。这时整个系统就可能有 7 种状态:$(0,0)$、$(0,1)$、$(0,2)$、$(1,0)$、$(1,1)$、$(1,2)$、$(b,2)$。同前面情况类似,画出其生灭过程发生率图,见图 10.8。

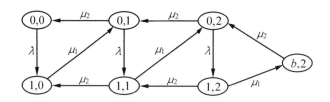

图 10.8

当 $\mu_1 = \mu_2 = \mu$ 时,写出各状态的平衡方程如下:

$$\begin{cases} \mu P_{01} - \lambda P_{00} = 0 \\ \mu P_{02} + \mu P_{10} - (\lambda + \mu) P_{01} = 0 \\ \mu P_{11} + \mu P_{b2} - (\lambda + \mu) P_{02} = 0 \\ \mu P_{00} + \mu P_{11} - \mu P_{10} = 0 \\ \mu P_{01} + \mu P_{12} - 2\mu P_{11} = 0 \\ \lambda P_{02} - 2\mu P_{12} = 0 \\ \lambda P_{12} - \mu P_{b2} = 0 \end{cases}$$

又因有

$$P_{00} + P_{01} + P_{02} + P_{10} + P_{11} + P_{12} + P_{b2} = 1$$

求解得

$$\begin{cases} P_{00} = \dfrac{\rho+4}{H_1} \\ P_{01} = (\rho^2 + 4\rho)/H_1 \\ P_{02} = 2\rho^2/H_1 \\ P_{10} = (\rho^3 + 3\rho^2 + 4\rho)/H_1 \\ P_{11} = (\rho^3 + 2\rho^2)/H_1 \\ P_{12} = P_{b2} = \rho^3/H_1 \end{cases} \quad (10.73)$$

其中

$$H_1 = 4\rho^3 + 8\rho^2 + 9\rho + 4 \quad (10.74)$$

系统内顾客的平均数为

$$L_s = 1P_{01} + 2P_{02} + 2P_{11} + 3P_{12} + 3P_{b2} = \frac{9\rho^3 + 12\rho^2 + 8\rho}{H_1}$$

系统处于服务时间的比例为

$$1 - P_{00} = 1 - \frac{\rho + 4}{H_1}$$

顾客的有效输入率为

$$\lambda_{\text{eff}} = \lambda(P_{00} + P_{01} + P_{02}) = \left(\frac{4 + 5\rho + 3\rho^2}{H_1}\right)\lambda$$

10.7 具有优先服务权的排队模型

这类模型中服务规则并不严格按照顾客到达的先后顺序,如打电服分加急和一般,到医院治病有急诊与普通门诊,在铁路运输中一般是货车让客车,慢车让快车。可见在这类模型中,顾客是有等级的,较高级别的顾客较之较低级别的顾客具有优先的服务权。

假定在一个排队系统中,顾客可以划分为 N 个等级,第一级享有最高的优先权,第 N 级享有最低级别的优先权,对属于同一级别优先权的顾客,仍按先到先服务的原则。又假定这个系统中每一级别顾客的输入都服从泊松分布,用 $\lambda_i(i = 1, \cdots, N)$ 表示具有第 i 级优先权顾客的平均到达率,对任何级别顾客的服务时间均服从负指数分布,且不管哪一级顾客,具有相同服务率,用 $1/\mu$ 表示每个服务站对任何级别顾客的平均服务时间。假定当一个具有较高级别优先权的顾客到来时,正被服务的顾客是一个具有较低级别优先权的顾客,则该顾客将中断服务,回到排队系统中等待重新得到服务。

根据以上假定,对具有最高级别优先权的顾客来到排队系统时,当只有具有同样是最高级别的顾客正得到服务时需要等待外,其余情况下均可以立即得到服务。因此对具有第一级优先服务权的顾客在排队系统中得到服务的情况就如同没有其他级别的顾客时一样。因此在10.4.1中推导的公式中只要将输入率 λ 换以第一级优先权顾客的输入率 λ_1,对最高级优先权的顾客就完全适用。

再一并考虑享有一、二两级优先服务权的顾客。由于他们的服务不受其他级别顾客的影响,设以 $\overline{W}_{1-2}$ 表示一、二两级综合在一起的每个顾客在系统中的平均停留时间,则有

$$(\lambda_1 + \lambda_2)\overline{W}_{1-2} = \lambda_1 W_{s1} + \lambda_2 W_{s2}$$

其中 W_{s1}、W_{s2} 分别表示享有第一级和第二级优先服务权的各自的每个顾客在系统中的平均停留时间。根据负指数分布的性质3,对由于高一级顾客到达而中断服务,重新回到队伍中的较低级别顾客的服务时间的概率分布,不因前一段已得到服务及服务了多长时间而有所改变,因此对 $\overline{W}_{1-2}$ 只要将一、二两级顾客的输入率加在一起,按10.4.1节推导的公式计算。由此

$$W_{s2} = \frac{\lambda_1 + \lambda_2}{\lambda_2}\overline{W}_{1-2} - \frac{\lambda_1}{\lambda_2}W_{s1} \qquad (10.75)$$

同理有

$$(\lambda_1 + \lambda_2 + \lambda_3)\overline{W}_{1-2-3} = \lambda_1 W_{s1} + \lambda_2 W_{s2} + \lambda_3 W_{s3}$$

所以

$$W_{s3} = \frac{\lambda_1 + \lambda_2 + \lambda_3}{\lambda_3}\overline{W}_{1-2-3} - \frac{\lambda_1}{\lambda_3}W_{s1} - \frac{\lambda_2}{\lambda_3}W_{s2} \qquad (10.76)$$

依次类推可以求得

$$W_{sN} = \frac{\sum_{i=1}^{N} \lambda_i}{\lambda_N} \overline{W}_{1-N} - \frac{\sum_{i=1}^{N-1} \lambda_i W_{si}}{\lambda_N} \quad \text{其中} \sum_{i=1}^{N} \lambda_i < S_\mu \quad (10.77)$$

【例9】 来到某医院门诊部就诊的病人按照 $\lambda = 2$ 人/h 的泊松分布到达,医生对每个病人的服务时间服从负指数分布,$1/\mu = 20$ min。假如病人中 60% 属一般病人,30% 属重病急病,10% 是需要抢救的病人。该门诊部的服务规则是先治疗抢救病人,然后重病或急病人,最后一般病人。属同一级别的病人,按到达先后次序进行治疗。当该门诊部分别有一名医生和两名医生就诊时,试分别计算各类病人等待治病的平均等候时间。

【解】 假设要抢救的病人为第一类,重病或急病人属第二类,一般病人属第三类,则 $\lambda_1 = 0.2, \lambda_2 = 0.6, \lambda_3 = 1.2$。

(1) 当有一名医生就诊时,

$$W_{s1} = \frac{1}{\mu - \lambda_1} = \frac{1}{3 - 0.2} = 0.357 \text{ h}$$

$$\overline{W}_{1-2} = \frac{1}{\mu - (\lambda_1 + \lambda_2)} = \frac{1}{3 - 0.8} = 0.454 \text{ h}$$

$$\overline{W}_{1-2-3} = \frac{1}{\mu - (\lambda_1 + \lambda_2 + \lambda_3)} = \frac{1}{3 - 2} = 1 \text{ h}$$

由此
$$W_{s2} = \frac{0.6 + 0.2}{0.6} \times 0.454 - \frac{0.2}{0.6} \times 0.357 = 0.486 \text{ h}$$

$$W_{s3} = \frac{1.2 + 0.6 + 0.2}{1.2} \times 1 - \frac{0.2}{1.2} \times 0.357 - \frac{0.6}{1.2} \times 0.454 = 1.379 \text{ h}$$

所以
$$W_{q1} = 0.357 - 0.333 = 0.024 \text{ h}$$
$$W_{q2} = 0.486 - 0.333 = 0.153 \text{ h}$$
$$W_{q3} = 1.379 - 0.333 = 1.046 \text{ h}$$

(2) 有两名医生就诊时,

$$W_s = \left\{\frac{\left(\frac{\lambda}{\mu}\right)^2\left(\frac{\lambda}{2\mu}\right)}{2\lambda\left(1 - \frac{\lambda}{2\mu}\right)^2}\bigg/\left[1 + \left(\frac{\lambda}{\mu}\right) + \frac{1}{2}\left(\frac{\lambda}{\mu}\right)^2 \frac{1}{\left(1 - \frac{\lambda}{2\mu}\right)}\right]\right\} + \frac{1}{\mu} =$$

$$\left\{\frac{\lambda^2}{\mu(2\mu - \lambda)^2}\bigg/\left[1 + \frac{\lambda}{\mu} + \frac{\lambda^2}{\mu(2\mu - \lambda)}\right]\right\} + \frac{1}{\mu}$$

$$W_{s1} = \left\{\frac{(0.2)^2}{3(6 - 0.2)^2}\bigg/\left[1 + \frac{0.2}{3} + \frac{(0.2)^2}{3(6 - 0.2)}\right]\right\} + \frac{1}{3} = 0.333\,70 \text{ h}$$

$$\overline{W}_{1-2} = \left\{\frac{(0.8)^2}{3(6 - 0.8)^2}\bigg/\left[1 + \frac{0.8}{3} + \frac{(0.8)^2}{3(6 - 0.8)}\right]\right\} + \frac{1}{3} = 0.339\,1 \text{ h}$$

$$\overline{W}_{1-2-3} = \left\{\frac{2^2}{3(6 - 2)^2}\bigg/\left[1 + \frac{2}{3} + \frac{(2)^2}{3(6 - 2)}\right]\right\} + \frac{1}{3} = 0.375 \text{ h}$$

故
$$W_{s2} = \frac{0.6 + 0.2}{0.6} \times 0.339\,1 - \frac{0.2}{0.6} \times 0.333\,70 = 0.341 \text{ h}$$

$$W_{s3} = \frac{1.2 + 0.6 + 0.2}{1.2} \times 0.375 - \frac{0.2}{1.2} \times 0.337\,0 - \frac{0.6}{1.2} \times 0.339\,1 = 0.399\,9 \text{ h}$$

所以
$$W_{q1} = 0.000\,37 \text{ h}$$
$$W_{q2} = 0.007\,7 \text{ h}$$

$W_{q3} = 0.066\ 6\ \text{h}$

10.8　排队决策模型

10.8.1　费用模型

排队服务系统中涉及两类费用:同服务设施有关费用以及顾客等待的损失,费用模型的出发点是使这两类费用的总和为最小。

1.确定最优服务率 μ

假定顾客到达服从参数为 λ 的泊松分布,服务设施的平均服务率为 μ,服从负指数分布。又设:

C_1 为单位时间内与 μ 值大小有关的费用;

C_2 为每名顾客单位等待(含服务)时间的费用;若用 $TC(\mu)$ 表示给定 μ 值时顾客等待和服务设施的费用之和,则有

$$TC(\mu) = C_1\mu + C_2 L \tag{10.78}$$

对 $(M/M/1):(\infty/\infty/FCFS)$ 的排队系统,式(10.78)可表示为

$$TC(\mu) = C_1\mu + C_2 \frac{\lambda}{\mu - \lambda} \tag{10.79}$$

由式(10.79)可求得

$$\mu^* = \lambda + \sqrt{\frac{C_2 \lambda}{C_1}} \tag{10.80}$$

即当 C_1 和 C_2 给定时,系统的最优服务率只同顾客的到达率 λ 有关。

2.确定最优的服务员数(S)

若用 C_3 表示每聘用一名服务员系统单位时间开支的费用;$L(S)$ 表示有 S 个服务员时系统中的平均顾客数;$TC(S)$ 为给定 S 值时,系统中顾客等待费用与服务员开支费用总和。于是对 $(M/M/S):(\infty/\infty/FCFS)$ 系统有

$$TC(S) = C_2 L(S) + C_3 S \tag{10.81}$$

式(10.91)中因 S、$L(S)$ 等是离散值,无法用求导方法求得最优解,故只能用比较方法确定。将不同 S 值代入式(10.81),当计算得到有

$$TC(S-1) \geqslant TC(S) \text{ 和 } TC(S+1) \geqslant TC(S) \tag{10.82}$$

式(10.82)中的 S 值即为所求的最优值。

综合式(10.81)、(10.82),S 的最优值应满足

$$L(S-1) - L(S) \geqslant \frac{C_3}{C_2} \geqslant L(S) - L(S+1) \tag{10.83}$$

【例10】　某车间有一个工具维修部,要求维修的工具按泊松流到达,平均每小时17.5件。维修部工人每人每小时平均维修10件,服从负指数分布。已知每名工人每小时工资为6元,因工具维修使机器停产的损失为每台每小时30元。要求确定该维修部的最佳工人数量。

【解】　本例中 $C_2 = 30, C_3 = 6$,故 $C_3/C_2 = 0.2$。分别计算不同 S 值时的 $L(S)$ 值,并

计算 $L(S-1)-L(S)$ 的值,见表 10.8。

因 $L(4)-L(5)=0.073<0.2<0.375=L(3)-L(4)$,即该工具维修部最佳应配备 4 名工人。

表 10.8

S	$L(S)$	$L(S-1)-L(S)$
1	∞	—
2	7.467	∞
3	2.217	5.25
4	1.842	0.375
5	1.769	0.073
6	1.754	0.015

10.8.2 意向水平的模型

在实际问题中要估计费用,特别是顾客等待的损失费用是非常困难的,因而发展出来一种所谓意向水平的模型。例如要确定模型中的最佳服务员数 S,涉及互为矛盾的两项指标:

(1) 顾客在系统中的平均停留时间 W;
(2) 服务员空闲时间的比例 I。

对这两项指标,决策者可分别确定其意向的水平 α 和 β,作为上述两项指标的上界值。对满足

$$W \leqslant \alpha, \quad I \leqslant \beta$$

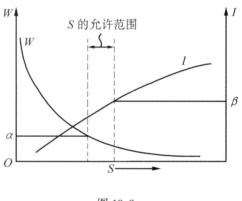

图 10.9

的 S 值即被看做是最佳的服务员数。意向水平模型的求解思想可用图 10.9 来表示。从图中看出,S 可以在某个区间范围内取值。若 α、β 值定得过低时,有可能发生无可行解的情况,这时可以分别或同时提高 α 和 β 的值。

【例 11】 在例 10 中,若 $\alpha=20$ min,$\beta=0.15$,试重新确定最佳的服务员数。

【解】 首先对不同的 S 值,计算 W 和 I 的值,见表 10.9。由表 10.9,当 $W \leqslant \alpha$ 时最少配备 3 名工人,而要满足 $I \leqslant \beta$,最多配备 2 名。

若考虑到增加一名工人每小时仅增加 6 元工资,而相应对每台机器停工损失将减少 $[(25.6-7.6)/60] \times 30=9$ 元。因而应考虑配备 3 名工人为宜。

表 10.9

S	1	2	3	4	5	6
W/min	∞	25.6	7.6	6.3	6.1	6.0
I/%	0	12.5	41.7	56.3	65.0	70.8

习 题 十

10.1 顾客按泊松流到达某餐厅,平均每小时 20 人。该餐厅每天上午 11:00 开始营业,试求(a) 上午 11:07 餐厅内有 18 人,到 11:12 餐厅内有 20 名顾客的概率;(b) 当前一名顾客于上午 11:25 到达,则下一名于上午 11:28 至 11:30 之间到达的概率。

10.2 某排队系统中有两个服务员,顾客到达为泊松流,平均 1 人/h,服务员对顾客的服务时间服从负指数分布,平均每人 1 h。假如有一名顾客于中午 12 时到达该排队系统情况下,试求:(a) 下一名顾客分别于下午 1 时前、1 至 2 时之间、2 时后到达的概率;(b) 若下午 1 时前无别的顾客到达,下一名顾客于 1 至 2 时之间到达的概率;(c) 在 1 至 2 时之间到达顾客数分别为 0、1,或不少于 2 的概率;(d) 假定两个服务员于下午 1 时整都为顾客服务,则两个被服务的顾客于下午 2:00 前、1:01 前均未结束服务的概率。

10.3 每周初某仓库存有 15 个备件待用。对该备件的需求发生在星期一至星期六之间(星期日仓库不营业),平均每天需求量为 3 件,且服从泊松分布。当库内备件减少到 5 件时,将提出批量为 15 件的订货,并于下周初运到。由于该备件不宜久存,于每周末未领走的将被报废。试求:(a) 在第 $t(t = 1,\cdots,6)$ 这天库存量恰好减少到 5 件的概率;(b) 在第 $t(t = 1,\cdots,6)$ 天之前提出订货的概率。

10.4 考虑一个顾客输入为泊松分布、服务时间为负指数分布的排队服务系统,试求:

(a) 有一个服务员时,当平均服务时间为 6 s,顾客到达分别为每分钟平均 5.0、9.0、9.9 名时的 L_s、L_q、W_s 和 W_q 的值;

(b) 有两个并联的服务站,对每名顾客平均服务时间为 12 s,顾客到达分别为每分钟平均 5.0、9.0、9.9 名时的 L_s、L_q、W_s 和 W_q 的值。

10.5 在工厂的一个工具检测部门,要求检测的工具来自该厂各车间,平均 25 件/h,服从泊松分布。检测每件工具的时间为负指数分布,平均每件 2 min。试求:

(a) 该检测部门空闲的概率;

(b) 一件送达的工具到检测完毕其停留时间超过 20 min 的概率。

(c) 等待检测的工具的平均数;

(d) 等待检测的工具在 8 到 10 件间的概率;

(e) 分别找出在下列情况时等待检测的工具的平均数:① 检测速度增快 20%;② 送达的检测工具数降低 20%;③ 送达的检测工具数和检测速度均增大 20%。

10.6 某小型家电维修部声称对家电一般维修做到 1 h 内完成,并保证若顾客停留超过 1 h,修理免费。已知每项修理收费 10 元,而修理成本为 5.50 元。若送达修理的家电服从泊松分布,平均 6 件/h,修理每件的时间服从负指数分布,平均每件需 7.5 min。该维修部有一名修理工,问:(a) 该维修部能否做到赢利;(b) 当维修时间不变,则维修家电送达率为何值时,该维修部的收支达到盈亏平衡。

10.7 某停车场有 10 个停车位置。汽车到达服从泊松分布,平均 10 辆/h,每辆汽车停留时间服从负指数分布,平均 10 min。试求:

(a) 停车位置的平均空闲数;

(b) 到达汽车能找到一个空位停车的概率;

(c) 在该场地停车的汽车占总到达数的比例;

(d) 每天(24 h)在该停车场找不到空闲位置停放的汽车的平均数。

10.8 某理发店有一名理发师,顾客的到达服从泊松分布,平均 4 人/h,当发现理发店中已有 n 名顾客时,新来的顾客将有一部分不愿等待而离去,离去的概率为 $n/4(n = 0,1,2,3,4)$。理发师对每名顾客理发时间服从负指数分布,平均 15 min。要求:

(a) 画出该排队系统的生灭过程发生率图;

(b) 建立这个系统的状态平衡方程;

(c) 求解上述方程,分别找出理发店有 n 名顾客($n = 0,1,\cdots,4$)的概率;

(d) 找出那些在店内理发的顾客的平均停留时间。

10.9 一名机工负责 5 台机器的维修。已知每台机器平均 2 h 发生一次故障,服从负指数分布。机工维修速度为 3.2 台/h,服从泊松分布。试求:

(a) 全部机器处于运行状态的概率;

(b) 等待维修的机器的平均数;

(c) 若该车工负责 6 台机器的维修,其他各项数字不变,则上述(a)(b)的结果又如何?

(d) 若希望至少 50% 时间内所有机器能正常运转,求该机工最多负责维修的机器数。

10.10 上题中若机工工资 8 元/h,每台机器停工损失为 40 元/h,试确定该机工最佳的负责维修的机器数。

10.11 某生产线有 k 个串联的工作站(见图 10.10)。假如工件到达第 1 个站服从参数为 λ 的泊松分布,又第 i 个站的输出是第 $(i+1)$ 个站的输入。因为在每个站都有废品发生,第 i 个站合格品的百分率为 $100\alpha_i(0 \leqslant \alpha_i \leqslant 1)$。假定第 i 个站对工件的加工时间为负指数分布,平均速率为 μ_i。要求:

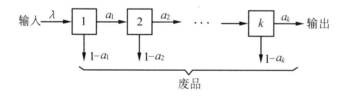

图 10.10

(a) 导出一个第 i 个站可堆放工件数的一般表达式,使在 $\beta\%$ 时间内满足到达工件堆放的需要;

(b) 若 $\lambda = 20$ 件/h;$\mu_i = 30$ 件/h$(i = 1,\cdots,5)$,$\alpha_i = 0.9(i = 1,\cdots,5)$,$k = 5$,$\beta = 95$,对由(a) 导出的公式给出数字答案;

(c) 由(b) 的结果求在时间 $T(h)$ 内所有站产生的废品的期望数。

10.12 工件在某自动机床上依次用两把刀具进行加工。工件的到达服从泊松分布,平均 10 件/min,两把刀具加工时间均为平均值 2.5 s 的负指数分布。一个工件加工完后,下一个才能进入加工。试求:

(a) 允许队长无限时,计算每个工件在系统中期望停留时间;

(b) 系统不允许出现队伍时,计算该自动机的平均利用率。

10.13 考虑一个顾客到达为泊松流的排队系统,服务员必须对每名顾客依次完成两项不同的服务工作,即对每名顾客服务时间是两项时间总和。试确定:

(a) 若第一项服务时间为 $1/\mu = 1$ min 的负指数分布,第二项服务时间为 Erlang 分布,$k = 3$,平均 3 min,问应该用哪一种排队模型代表上述系统;

(b) 若(a)中第一项服务时间变为 $k = 3$ 的 Erlang 分布,平均服务时间仍为 1 min,又应该用哪一种排队模型表述这个系统。

10.14 一个传送带连接的分装配线含两个工作站。由于所装配产品的尺寸较大,每个站只能容纳一件产品。要装配的产品按泊松流到达,平均 10 件/h,工作站 1 和 2 用于装配产品时间为负指数分布,且平均时间都是 5 min。对不能进入该分装线的产品被转送到别的装配线,试求:(a) 每小时不能进入该分装线的产品数;(b) 对进入该分装线的产品在该系统中的平均停留时间。

10.15 到达只有一名医生的医院的病人分三类:抢救病人、急诊病人、普通病人。抢救病人具有最高优先级,急诊病人次优先级。当具有较高优先级病人到达时,医生将暂停正在医疗的病人为其服务,同一优先级病人按先到先服务规则进行。已知上述三类病人到达均服从泊松分布,平均 8 h 内分别为 2、3、6 人;医生为上述各类产病人治疗时间服从负指数分布,其平均时间均为 0.5 h,试求:

(a) 这三类病人分别在系统中的平均停留时间;

(b) 这三类病人分别的平均队长。

10.16 某车间使用 10 台相同的机器工作,当机器运行时每台可获纯利 4 元/h。每台机器平均 7 h 出故障一次,每名工人维修一台机器时间平均要 4 h,以上均服从负指数分布。每名维修工人工资为 6 元/h,试求:

(a) 使总的费用为最小的最佳维修工人数;

(b) 使停工维修的机器的期望数字少于 4 的维修工人人数;

(c) 当一台机器发生故障到得到维修的等待时间平均低于 4 h 的维修工人数。

10.17 对 $(M/M/S):(\infty/\infty/FCFS)$ 的排队系统,试求:

(a) 新到达顾客需要排队等待的概率;

(b) 当 $S \to \infty$ 时,求系统的 P_0、P_n 和 L_s 的值。

第11章 决策分析

11.1 引 言

决策是现代管理的核心问题。所谓决策,是指在现代社会和经济发展进程中,针对某些宏观或微观的问题,按预定目标,采用一定的科学理论、方法和手段,从所有可供选择的方案中,找出最满意的一个方案实施,直至目标的实现。例如对一个企业从发展方向、产品开发、价格制定、市场占有,一直到各项专业管理和日常生产调度,都包含大量要决策的问题。

决策按内容和层次,可分为战略决策和战术决策;按重复程度,可分为程序决策和非程序决策;按问题性质和条件,可分为确定型、不确定型、风险型和竞争型决策。此外,决策按时间可划分为长期决策、中期决策和短期决策,按达到的目标分单目标决策和多目标决策,按阶段分为单阶段决策和多阶段决策,按决策人参与情况分个人决策和群体决策,等等。

作为一个完整的决策过程,一般应包括以下几个阶段:

1. 问题的确定。包括对决策环境的调查,信息的收集以及决策目标的确立;
2. 方案的设计。分析决策目标,提出为实现该目标的有关方案;
3. 方案选优。应用各种定性定量方法,对方案进行可行性和技术经济方面的比较分析,然后从中找出最满意的一个;
4. 实施选定的方案并在此过程中对原有方案进行修改调整。

一个完整的决策包含下面五个要素:一是决策者,可以是个人或集体;二是至少有两个以上可供选择的方案;三是存在不依决策者主观意志为转移的客观环境条件;四是可以测知各个方案与可能出现的状态的相应结果;五是衡量各种结果的评价标准。

上面讲到,按问题性质和条件,将决策分为确定型、不确定型、风险型和竞争型四类。确定型决策是指为达到预定目标选择各种方案时只有一种状态或结果,本书前面各章讲述的模型,大多属于这一类决策模型。竞争型决策是指问题中有两个以上决策者参与,决策的结果取决于竞争各方策略的选择,下一章对策论中将着重介绍竞争型的决策。所以本章中主要介绍不确定型决策和风险型决策。

不确定型决策。这类决策问题是,决策者对他所面临的问题有若干种方案可以去解决,但这些方案的执行将出现哪些事件或状态,缺乏必要的情报资料。决策者只能根据自己对事物的态度进行决策分析和抉择。不同的决策者可以有不同的决策准则,因此同一问题就可能有不同的抉择和结果。

风险型决策。决策者对他所选择的方案及执行后可能发生的事件有一定的信息。根据他的经验或过去的统计资料,可以分析出各事件发生的概率。正因为各事件的发生或不发生具有某种概率,所以对决策者来讲要承担一定的风险。

11.2 不确定型的决策分析

现在讨论一个简化了的制造工厂所面临的决策问题。

【例1】 设 A 工厂以批发方式销售它所生产的产品,每件产品的成本为 0.03 元,批发价格每件为 0.05 元。若每天生产的产品当天销售不完,每件要损失 0.01 元。A 工厂每天的产量可以是 0、1 000、2 000、3 000、4 000 件,每天的批发销售量,根据市场的需要可能为 0、1 000、2 000、3 000、4 000 件。则 A 工厂的决策者应如何考虑每天的生产量,使它的收入最高。

A 工厂的决策者可以从五种产量方案中任选一种,每种产量方案称为一种策略。即决策者可以从可行策略集合 $\{S_1, S_2, S_3, S_4, S_5\}$ 中任选一种策略,以达到他的目标,这就是他的决策问题。

每当他选定一种策略 S_i 时,都可能发生不同的销售事件,用符号 E_j 表示。为便于决策分析,需要计算出当选择策略 S_i 并对应可能发生事件 E_j 时的得失结果,并汇总于表 11.1 中。表 11.1 称为收益矩阵,收益矩阵中的 a_{ij} 值称为条件收益,即在选择策略 S_i、发生事件 E_j 时的收益。

表 11.1

S \ E	E_1	E_2	…	E_n
S_1	a_{11}	a_{12}	…	a_{1n}
S_2	a_{21}	a_{22}	…	a_{2n}
⋮	⋮	⋮		⋮
S_m	a_{m1}	a_{m2}	…	a_{mn}

A 工厂的条件收益矩阵如表 11.2 所示。

表 11.2

产量(策略)	销售量(事件)				
	0	1 000	2 000	3 000	4 000
0	0	0	0	0	0
1 000	−10	20	20	20	20
2 000	−20	10	40	40	40
3 000	−30	0	30	60	60
4 000	−40	−10	20	50	80

现假定该工厂的决策者既缺乏经营经验,又没有掌握市场的信息资料,这时他应如何决策呢?这是无信息的决策问题。根据决策者对待将发生事件的收益态度,可归纳有几种决策准则。这就是悲观主义决策准则、乐观主义决策准则、等可能性决策准则和最小机会损失准则等。下面分别讨论这些准则的含义。

11.2.1 悲观主义决策准则

悲观主义决策准则属保守型的决策准则。当决策者面临情况不明,以及决策错误可能造成很大的经济损失时,他处理问题比较小心、谨慎。他总是从最坏的结果着想,再从中选择其中最好的。即在收益矩阵中,先从各策略所对应的可能发生事件的结果中选出最小值,将它们列于收益矩阵的最右列,再从该列中挑出最大的值,其对应的策略即为决策者应选择的最优策略,见表11.3。

表 11.3

		销 售 量（事 件）					min
		0	1 000	2 000	3 000	4 000	
产量（策略）	0	0	0	0	0	0	0 ←max
	1 000	-10	20	20	20	20	-10
	2 000	-20	10	40	40	40	-20
	3 000	-30	10	30	60	60	-30
	4 000	-40	-10	20	50	80	-40

这种决策用数学符号表示为

$$\max\{\min_j(a_{1j}), \min_j(a_{2j}), \cdots, \min_j(a_{mj})\} \qquad (11.1)$$

所以有时也称为 max min 决策准则。表 11.3 中对应的最优策略是 $S_1 = 0$,即决策者选择产量为 0 这个方案。这结论似乎有些荒谬,但在实际生活中当碰到一个情况不明而又复杂的决策问题,一旦决策错误又将产生严重不良后果时,决策者往往是采用保守主义决策准则来考虑问题的。这就是从最坏情况着眼,争取其中最好的结果。选择什么也不生产的方案是意味着先观望一段,以后再作抉择。

11.2.2 乐观主义决策准则

乐观主义者考虑问题时与悲观主义者相反。他在决策时,虽在情况不明的条件下,也决不放弃任何一个获得最好结果的机会。他充满着乐观冒险的精神,要争取好中之好。这种决策准则也称为 max max 准则。根据收益矩阵,寻找最优策略的步骤为：

(1)从对应每一个可行策略的结果中选择其中最大值列于矩阵的右列；

(2)从矩阵的最右列数值中挑出其中最大的值,这个值对应的策略为最优策略。用数学符号表示为

$$\max\{\max_j(a_{1j}), \max_j(a_{2j}), \cdots, \max_j(a_{mj})\} \qquad (11.2)$$

若 A 工厂的决策者按 max max 准则进行决策时,他从分析收益矩阵着手,见表 11.4。因 $\max\{0,20,40,60,80\} = 80$,所对应的策略是 $S_5 = 4\ 000$。

一般来讲,当决策者拥有较大经济实力,对所面临的决策问题即使失败了,对他来讲损失不大,而成功了则有较大收益,这种情况下决策者按乐观主义决策准则办事。

表 11.4

产量（策略）	销售量(事件)					max
	0	1 000	2 000	3 000	4 000	
0	0	0	0	0	0	0
1 000	−10	20	20	20	20	20
2 000	−20	10	40	40	40	40
3 000	−30	0	30	60	60	60
4 000	−10	−10	20	50	80	80 ←max

11.2.3 等可能性决策准则

等可能决策准则又称拉普拉斯(Laplace)准则。该准则认为一个人面临着一个事件集合，在没有什么特殊理由来说明这个事件比那个事件有更多的发生机会时，只能认为它们的发生机会是等可能的或机会相等的。一个决策者面临着情况不明的决策问题，他应当不偏不倚地去对待将发生的每一事件，因此决策者赋予每个事件以相同的概率，然后计算出每一个策略的收益的期望值，从这些期望值中挑出最大的期望值，它所对应的策略为等可能准则的最优策略。例 1 中 A 工厂的决策问题按等可能性决策准则选择时应选择策略 S_4，其计算过程见表 11.5。

表 11.5

产量（策略）	销售量（事件）					期望值
	0	1 000	2 000	3 000	4 000	
0	0	0	0	0	0	0
1 000	−10	20	20	20	20	14
2 000	−20	10	40	40	40	22
3 000	−30	0	30	60	60	24 ←max
4 000	−40	−10	20	50	80	20

11.2.4 最小机会损失决策准则

最小机会损失决策准则是由经济学家萨万奇(Savage)提出来的，又叫 Savage 最小最大遗憾决策准则。按此准则的计算步骤为：首先构造一个机会损失矩阵，方法是：

(1) 从事件 j 的所在列中找出一个最大的收益值；

(2) 用这个最大收益值减去每个策略对应事件 j 发生的条件收益值，便得机会损失值。以 A 工厂为例，它的事件 1 是销售量为 0，对应收益中的最大值为 0。但当采用策略 S_2、S_3、S_4、S_5 时，收益分别是 −10、−20、−30、−40，由此各策略的机会损失值分别为

S_1 $0-(-10)=10$

S_2 $0-(-20)=20$

S_3 $0-(-30)=30$

S_4 $0-(-40)=40$

这说明在发生事件 1 时，由于决策者没有选择最优策略所造成的不同损失值。对其

他事件采用各种不同策略时的机会损失值,也可以用类似方法计算。全部计算出来的机会损失值列于表 11.6 中,该表称机会损失矩阵。

表 11.6

		销 售 量 (事 件)					最大机会损失
		0	1 000	2 000	3 000	4 000	
产量(策略)	0	0	20	40	40	80	80
	1 000	10	0	20	40	60	60
	2 000	20	10	0	20	40	40
	3 000	30	20	20	0	20	30 ←min
	4 000	40	30	20	10	0	40

根据机会损失矩阵进行决策分析的步骤为:
(1)从各策略所在行中挑出最大的机会损失值列于矩阵最右列;
(2)从最右列的数值中选择最小的,它所对应的策略即为决策者按最小机会损失准则所得的最优策略。

从表 11.6 的右列数字中可得
$\min\{80,60,40,30,40\} = 30$,它所对应的策略是 S_4。

最小机会损失决策准则用于分析产品的废品率时比较方便,因为产品的废品率大小直接与费用损失有关。

11.3 风险情况下的决策

常用的决策准则有以下几种。

11.3.1 最大收益期望值(EMV)决策准则

上节讨论的各种决策准则用于对可能发生的事件的概率没有任何信息资料的情况。但实际上决策者对将要发生的事件的概率多少有些信息资料,从中可以估算出各事件发生的概率。根据各事件的概率计算出各策略的期望收益值,并从中选择最大的期望值,以它对应的策略为最优策略,这就是最大期望值决策准则。

下面仍以 A 工厂的例子进行说明。设销售量从 0 ~ 4 000 的概率分别为 0.1、0.2、0.4、0.2、0.1,工厂决策者采用最大收益期望值决策准则时,计算过程和结果见表 11.7。从该表的最右列看到最大收益期望值 $EMV^* = 28$,对应的最优策略为 S_3。

11.3.2 最小机会损失期望值(EOL)决策准则

类似上节先构造一个机会损失矩阵,然后分别计算采用各种不同策略时的机会损失期望值,并从中选择最小的一个,以它对应的策略作为最优策略。

A 工厂例子构造的机会损失矩阵,及根据这个矩阵,用最小机会损失期望值决策准则时的计算过程见表 11.8。从该表最右列看出,最小机会损失期望值 $EOL^* = 12$,对应的最优策略为 S_3。

表 11.7

事件 E_j	E_1	E_2	E_3	E_4	E_5	$EMV = \sum P_j a_{ij}$
	\multicolumn{5}{c	}{P_j}	
策略 S_i	0.1	0.2	0.4	0.2	0.1	
S_1	0	0	0	0	0	0
收益×概率	0	0	0	0	0	
S_2	−10	20	20	20	20	17
收益×概率	−1	4	8	4	2	
S_3	−20	10	40	40	40	28 ←max
收益×概率	−2	2	16	8	4	
S_4	−30	0	30	60	60	27
收益×概率	−3	0	12	12	6	
S_5	−40	−10	20	50	80	20
收益×概率	−4	−2	8	10	8	

表 11.8

事件 E_j	E_1	E_2	E_3	E_4	E_5	$EOL = \sum P_j a_{ij}$
	\multicolumn{5}{c	}{P_j}	
策略 S_i	0.1	0.2	0.4	0.2	0.1	
S_1	0	20	40	60	80	40
损失×概率	0	4	16	12	8	
S_2	10	0	20	40	60	23
损失×概率	1	0	8	8	6	
S_3	20	10	0	20	40	12 ←min
损失×概率	2	2	0	4	4	
S_4	30	20	10	0	20	13
损失×概率	3	4	4	0	2	
S_5	40	30	20	10	0	20
损失×概率	4	6	8	2	0	

用 EMV 和 EOL 准则进行决策,主要针对一次决策后多次重复应用的情况,这样决策者在每次生产、销售活动中有时为得,有时为失,得失相抵后使自己的平均收益为最大。这种策略实际上是"以不变应万变"。若能正确预测每天的需要量,并按预测数据安排生产,做到"随机应变",这样决策者就需花费一定费用进行调查研究,但究竟花多少费用进行调查预测才算合理呢? 需要研究信息的价值。

11.3.3 信息的价值

若 A 工厂的决策者通过预测调查,能确切了解到每天的需求量,并依此安排每天的生产量,得到的收益的期望值要比不进行调查预测时高。这时的收益值称为具有完备信息的收益期望值($EPPI$)。

以 A 工厂例子计算的情况见表 11.9。

表 11.9

事件	E_1	E_2	E_3	E_4	E_5	EPPI
	0	1 000	2 000	3 000	4 000	
概率 P_j	0.1	0.2	0.4	0.2	0.1	
完备信息时的最优策略	S_1	S_2	S_3	S_4	S_5	
	0	1 000	2 000	3 000	4 000	
完备信息时的收入 a_j	0	20	40	60	80	
$\sum P_j a_j$	0	4	16	12	8	40

从表 11.9 看出，具有完备信息时，A 工厂的收入可提高到 40 元，而从表 11.7 中得到在无信息时的最大收益期望值为 28 元。

$$EVPI = EPPI - EMV^* = 40 - 28 = 12$$

称 EVPI 为完备信息的价值。因为要进行调查预测必然要花一定费用，这笔费用的值最大极限是不超过 EVPI。如果调查预测费用超过 EVPI 时，就有 $EVPI + EMV^* > EPPI$，说明进行调查预测已经失去了实际的经济价值。

11.4 主观概率

概率是事件发生可能性的客观度量。但很多实际问题中，对事件发生的可能性缺乏客观的统计资料，这时决策者只能依据有限资料或所谓先验的信息，凭自己的经验进行估计。由这种估计得到的事件的发生概率称作为先验概率。由于先验概率是一种主观的估计和选择，所以先验概率也称为主观概率。当然这种主观估计不是纯主观的臆想或猜测。

例如例 1 中 A 工厂的决策者对目前产品的市场需求心中无底，但根据过去长期对其他产品推销的经验，估计对所生产产品日需求为 0 的可能性为 8%，需求为 1 000、2 000、3 000 和 4 000 的可能性分别为 25%、33%、17% 和 17%。所以 A 厂决策者只能凭过去经验对现有产品的需求得出先验或主观的概率如表 11.10 所示。

表 11.10

日需求量	0	1 000	2 000	3 000	4 000
先验概率	0.08	0.25	0.33	0.17	0.17

表 11.10 中的先验概率是产品销售前的经验估计。随着产品进入市场，不断获得该产品市场销售的采样信息，先验概率就被新的样本信息修正和综合，得到所谓后验的概率。

设 A 厂产品经一个月试验销售后，发现市场需求量的样本信息如表 11.11 所示。

表 11.11

日需求量	0	1 000	2 000	3 000	4 000
所占比例	0.10	0.20	0.35	0.15	0.20

若用 $P(E)$ 表示事件 E 的主观先验概率,表 11.11 中的数字可以看做事件 E 发生情况下的条件概率,记作 $P(T|E)$。而求修正或后验的概率,则是求在样本条件下事件 E 出现的概率 $P(E|T)$。

根据求条件概率的公式有

$$P(T,E) = P(E)P(T|E) = P(T)P(E|T) \tag{11.3}$$

式(11.3)中,$P(T,E)$ 称联合概率,表明 T、E 两个事件同时发生的概率,或两个事件交集的概率。$P(T)$ 是 $P(T,E)$ 的边际概率,$P(T) = \sum P(T,E)$。

由式(11.3)有

$$P(E|T) = \frac{P(E)P(T|E)}{P(T)} \tag{11.4}$$

故由表 11.10、表 11.11 数据和由联合概率求出的 $P(T)$ 值,可以计算得到 A 厂产品市场需求的后验概率值 $P(E|T)$。计算过程见表 11.12,$P(T) = \sum P(T,E) = 0.232$。如果根据市场销售继续采集样本信息,则相对于新的样本,可将表 11.12 中的 $P(E|T)$ 列数字当成先验概率,继续进行修正。

表 11.12

E(日需求量)	$P(E)$	$P(T|E)$	$P(T,E)$	$P(E|T)$
0	0.08	0.10	0.008	0.036
1 000	0.25	0.20	0.05	0.217
2 000	0.33	0.35	0.115	0.497
3 000	0.17	0.15	0.0255	0.104
4 000	0.17	0.20	0.034	0.147

11.5 决 策 树

在复杂的决策问题中,往往要碰到连续地进行多次决策。如每选择一个策略(方案)后,可能有 m 种不同的事件发生。每种事件发生后,要进行下一步决策,又有 n 个策略可选择,并发生不同的事件,如此需要相继做出一系列决策。这种决策过程称为序贯决策。这时再用上述收益矩阵的方法进行分析时,就容易使上述的表格关系十分复杂。决策树是一种能帮助决策者进行序贯决策分析的有效工具。

一个简单的决策问题可以用以下树形图表示,见图 11.1。

每个决策树由四个部分组成:

1. 决策点,以 □ 表示。决策者应当在决策点从若干策略中进行抉择;
2. 事件点,以 ○ 表示。在每个策略确定之后,可能遇到发生不同的事件和状态;
3. 树枝。每一树枝表示一个策略或事件;
4. 树梢。决策树的树梢端表示各事件的结果。

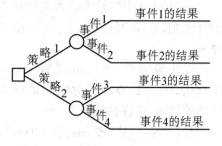

图 11.1

【例2】 从事石油钻探工作的 B 企业与某石油公司签订合同，在一片估计含油的荒地上钻探。它可采用先做地震试验，然后决定钻井或不钻井；或不用地震试验法，只凭自己的经验来决定在何处钻井或不钻井。做地震试验的费用每次 3 000 元，钻井费用为 10 000元。若钻井出石油后，它可以收入 40 000 元，钻井后不出油，将无任何收入。各种情况下出油的概率及有关数据标在图 11.2 中。B 企业的决策者面临的问题是如何做出抉择，使企业收入的期望值为最大。

【解】 将上述问题用决策树描述，如图 11.2 所示。图中△下的数字表示 B 企业决策者应支付的费用。

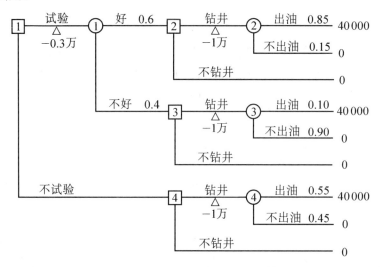

图 11.2

采用逆序方法计算。先计算②、③、④点的期望值。

事件点	期望值
②	40 000 × 85% + 0 × 15% = 34 000
③	40 000 × 10% + 0 × 90% = 4 000
④	40 000 × 55% + 0 × 45% = 22 000

据此可将原决策树图 11.2 简化为图 11.3 的形状。

在图 13.3 中按最大收入期望值为决策准则，在决策点 2、3、4 做出抉择。

在决策点 2，按 max[(34 000 − 10 000),0] = 24 000 所对应的策略为应选的策略，选择钻井；

在决策点 3，按 max[(4 000 − 10 000),0] = 0 所对应的策略为应选的

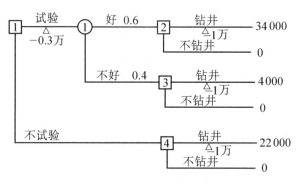

图 11.3

策略，即不钻井；

在决策点$\boxed{4}$，按 $\max[(22\,000-10\,000),0]=12\,000$ 所对应的策略为应选策略，即钻井。

于是可对决策树做第二步简化，如图 11.4 所示。

按图 11.4 所示的决策树，计算事件点①的期望值：

$$24\,000\times 60\% + 0\times 40\% = 14\,400$$

在决策点$\boxed{1}$，按 $\max[(14\,400-3\,000),12\,000]=12\,000$，所对应的策略(即不做试验)为应选的策略。

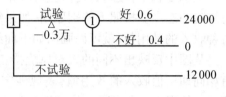

图 11.4

于是整个问题的策略选择为不做试验直接钻井的方案，收入的期望值为 12 000 元。这表示在多次钻井中，有时出油，有时不出油，平均可收入 12 000 元。

11.6 决策分析中的效用度量

最大收益期望值的决策准则在风险决策中得到广泛应用，但在有些情况下，决策者却并不按这个原则去做。比较典型的例子：一是保险业，二是购买各种奖券。在保险业中，尽管按期望值计算得到的受灾损失比所付的保险金额要小得多，或购买奖券时按期望值计算的得奖金额要小于购买奖券的支付，但仍然有很多人愿意付出相对小的支付，为了避免可能出现的很大损失，或有机会得到相当大一笔奖金。可见实际的货币价值大小不能完全用来衡量一个人的意愿倾向。由于具体情况和每个人所处地位的差异，对一定钱数的吸引力及愿冒风险的态度是不同的。为了具体进行衡量，需要在决策分析中引进效用值这个概念。

效用值 U 是对实际货币值的一种效用度量的标准，它是实际货币值的函数，并且因人而异。若用 M 表示实际的货币值，则效用值可以记作 $U(M)$。若 M_1 代表有 100 元的收入，M_2 代表有 50 元的收入，则对任何人都有 $U(M_1)>U(M_2)$。又若对某个人有 $U(M_1)>U(M_2)$，$U(M_2)>U(M_3)$，则对这个人来说一定有 $U(M_1)>U(M_3)$。

同实际的货币值不同，效用值大小是一个相对数字。规定如果一个决策者对可能出现的两种结局认为无差别的话，则认为两者的效用值相同，可以此为准则来计算每个人对不同货币值的效用值。

【例 3】 假定决策者 A、B、C 对 0 元收入的效用值都为 0，记为 $U(0)=0$；对有 10 000 元的收入效用值都为 100，即 $U(10\,000)=100$。各决策者分别对以下结局认为无差别：

决策者 A：肯定收入 5 000 元；0.7 可能得 10 000 元，0.3 可能得 0 元。

决策者 B：肯定收入 5 000 元；0.3 可能得 10 000 元，0.7 可能得 0 元。

决策者 C：肯定收入 5 000 元；0.5 可能得 10 000 元，0.5 可能得 0 元。

试分别求决策者 A、B、C 得 5 000 元收入时的效用值。

【解】 对决策者 A 有

$$U(5\,000)=0.7U(10\,000)+0.3U(0)=70$$

对决策者 B 有
$$U(5\,000) = 0.3\,U(10\,000) + 0.7\,U(0) = 30$$
对决策者 C 有
$$U(5\,000) = 0.5\,U(10\,000) + 0.5\,U(0) = 50$$

从例3看出,相同的货币值对决策者 A、B、C 的效用值不一样,这反映出不同决策者对风险的态度。按照无差别原则,如果继续计算出决策者 A、B、C 对 0~10 000 元之间的各种收入的效用值,就可以画出如下曲线(见图 11.5)。

从图中反映出不同的人对风险持三种态度:决策者 A,他肯定的收入的效用值高于具有相同期望值收入的效用值,表现他宁愿少得钱也不愿冒风险多拿钱,对风险持保守态度。决策者 B 恰好相反,他肯定收入的效用值要低于具有相同期望值收入的效用值,为了多得到钱宁愿去冒风险,他是敢于冒风险的人。决策者 C 对风险持不偏不倚的态度,他的肯定收入的效用值,处处等于具有相同期望值的效用值,是风险的中立主义者。每个人对风险的态度,除各个人的性格等因素外,与他的财产地位、经济状况密切相关。如果关系到上千万元的风险得失,对资金很少的公司企业当然持慎重态度,往往偏于保守,而对拥有百亿财富的大财团,对海上石油勘探等风险很大的投资会有浓厚兴趣。但如果关系到几十亿财富的得失,即使百亿财富的集团也可能持稳重态度。

仍以本章例2的石油钻探问题来说明效用理论在决策分析中的应用。

【例4】 设例2中B企业决策者的效用值曲线如图 11.6 所示,试根据期望收入的效用值最大准则重新确定该企业的最优策略。

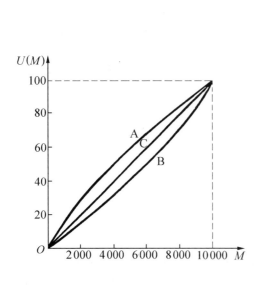

图 11.5

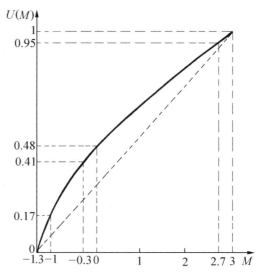

图 11.6

【解】 先画出这个问题的决策树,但把图中的试验、钻井等费用都反映到树梢上,找出各树梢结果数字对应的效用值,再按例1中求解决策树的顺序,按最大效用的期望值准则找出最优策略(见图 11.7)。

用逆序算法,先算出事件点②、③、④处的效用期望值,并分别注在各点上边。

事件点②:　　　　$0.95 \times 0.85 + 0 \times 0.15 = 0.807$

事件点③：　　　　　$0.95 \times 0.10 + 0 \times 0.90 = 0.095$
事件点④：　　　　　$1 \times 0.55 + 0.17 \times 0.45 = 0.626$

在决策点②、③、④处分别比较各树枝上效用值(或效用期望值)大小,将值小的分枝划去。如在决策点②的两个树枝,钻的分枝,$U(M)$期望值为0.807,不钻的分枝,$U(M)$值为0.41,故把不钻的分枝划去,并把0.807写在②上边。

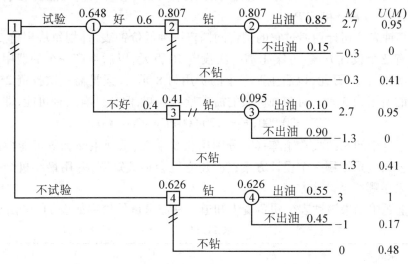

图 11.7

再在事件点①计算效用期望值,有
$$0.807 \times 0.6 + 0.41 \times 0.4 = 0.648$$
将其写在事件点①上面。

最后比较决策点①两个树枝上效用值的大小。因做试验的分枝 $U(M)$ 值为0.648,不做试验的分枝 $U(M)$ 值为0.626,故将不做试验树枝划去。

由此按最大效用期望值的准则,B 企业的最优决策是应进行地震试验,当试验表明情况良好时进行钻探,当试验表明情况不好时,应放弃钻探。

本例的计算结果与例 1 不同,原因是 B 企业的决策者对风险持慎重态度,宁愿花一点钱做试验,冒风险小一点,钻探出油的把握性大一点。

习 题 十 一

11.1 某书店希望订购最新出版的好图书出售。根据以往经验,新书的销售量可能为50、100、150 或 200 本。假定每本书的订购价为 5 元,销售价为 8 元,剩书处理价为每本3 元。要求:(a)建立条件收益矩阵;(b)分别依据悲观主义、乐观主义及等可能性决策准则,决定该书店应订购新书的数量;(c)建立机会损失矩阵,并依据最小机会损失的决策准则决定订购数量。

11.2 上题中如果书店统计过去销售新书数量的规律如表 11.13 所示。

表 11.13

销售量	50	100	150	200
占的比率/%	20	30	35	15

要求：(a)分别用 EMV 和 EOL 准则决定订购数量；(b)假如书店负责人能确切掌握新书销售量的情况，试求 EPPI 和 EVPI。

11.3 某钟表公司计划通过它的销售网销售一种低价钟表，计划每块售价 20 元。生产这种钟表有三个设计方案：方案 I 需一次投资 10 万元，以后生产一个的费用为 12 元；方案 II 需一次投资 16 万元，以后生产一个的费用为 8 元；方案 III 需一次投资 25 万元，以后生产一个的费用为 5 元。对该种钟表的需求量为未知，但估计有三种可能，即

$$E_1—30\ 000;\ E_2—120\ 000;\ E_3—200\ 000$$

要求：(a)建立这个问题的收益矩阵；(b)分别用悲观主义、乐观主义和等可能性的决策准则来决定该公司应采用哪一个设计方案；(c)建立机会损失矩阵，并用最小机会损失的决策准则决定采用哪一个设计方案。

11.4 上题中如果该钟表公司负责人知道三种需求量的概率如表 11.14 所示。

表 11.14

需求量	E_1	E_2	E_3
概率	0.25	0.60	0.15

要求：(a)分别用 EMV 和 EOL 准则决定该公司的最佳设计方案；(b)如果该公司能确切掌握市场需求信息，求 EPPI 值；(c)若有一单位愿帮助该钟表公司调查市场的确切需求量，该公司最多愿付的调查费为多少？

11.5 某工程队承担一桥梁的施工任务，由于该地区夏季多雨，有三个月时间不能施工。在不施工期内，该工程队可将施工机械搬走，或留在原处。假如搬走，需花搬迁费 1 800 元，如果留原处，一种方案是花 700 元筑一护堤，防止河水上涨发生高水位侵袭；若不筑护堤，发生高水位侵袭时将损失 10 000 元。又若下暴雨发生洪水，则不管是否修护堤，施工机械留在原处都将受到 65 000 元的损失。如果预测在这三个月中，高水位的发生率是 25%，洪水的发生率为 2%，试依据决策树的方法来分析该施工队要不要把施工机械搬走及要不要修筑护堤。

11.6 在一台机器上加工制造一批共 10 000 个零件，如果加工完后逐个进行整修可做到全部合格，但需整修费 300 元，如不进行整修，据以往统计，次品率大致如下（见表 11.15）。

表 11.15

次品率	0.02	0.04	0.06	0.08	0.10
概率 P	0.20	0.40	0.25	0.10	0.05

当装配中发现次品时，所需返工整修的费用为每个 0.50 元。要求：(a)分别用 EMV

和 EOL 决策准则决定零件要不要整修,并求 $EVPI$;(b)为得到每批零件中次品的准确资料,在刚加工完的 10 000 件中随机抽取 130 件,发现其中有 9 件次品。试修正先验概率,并重新按 EMV 和 EOL 决策准则决定这批零件要不要整修,并求 $EVPI$。

11.7 某公司经理的决策效用函数 $U(M)$ 如表 11.16 所示,他需要决定是否为该公司的财产保火险。据大量统计资料,一年内可能发生火灾概率为 0.001 5,问他是否愿意每年付 100 元保 10 000 元财产的潜在火灾损失。

表 11.16

$U(M)$	−800	−2	−1	0	250
M	−10 000	−200	−100	0	10 000

11.8 有一块海上油田进行勘探和开采的招标。根据地震资料的分析,找到大油田的概率为 0.3,开采期内可赚取 20 亿元;找到中油田的概率为 0.4,开采期内可赚取 10 亿元;找到小油田的概率为 0.2,开采期内可赚取 3 亿元;油田无工业开采价值的概率为 0.1。按招标规定,开采前的勘探等费用均由中标者负担,预期需 1.2 亿元,以后不论油田规模多大,开采期内赚取的利润中标者分成 30%。有 A、B、C 三家公司,其效用函数分别为:

A 公司 $U(M) = (M + 1.2)^{0.9} - 2$

B 公司 $U(M) = (M + 1.2)^{0.8} - 2$

C 公司 $U(M) = (M + 1.2)^{0.6} - 2$

试根据效用值,并用期望值法确定每家公司对投标的态度。

第12章 对 策 论

12.1 引　　言

在社会生活中,经常碰到各种各样具有竞争或利益相对抗的活动,如下棋、打扑克、为争夺市场展开的广告战、军事斗争中双方兵力的对垒等,竞争的各方总是希望击败对手,取得尽可能好的结果,都想用自己最好的战术去取胜,这就是对策现象。对策现象实际上是一类特殊的决策,上一章关于不确定型的决策分析中,决策者的对手是"大自然",它对决策者的各种策略不产生反应,更没有报复行为。但在对策现象中,代替"大自然"的是有理智的人,因而任何一方做出决定时都必须充分考虑其他对手可能作出的反应。我国历史上齐王和田忌赛马的故事,生动地说明了研究对策问题的意义。

那是在战国时代的齐国,有一次齐王要与他手下大臣田忌赛马。比赛三场,每场各出赛马一匹,并规定三赛二胜者为赢。双方都有上、中、下三等马,在相应等级中,齐王的马都比田忌的马要好一些。田忌为取得比赛的胜利,去请教孙膑。孙膑给他出了一个比赛策略:用你的下马和齐王的上马赛,用你的上马和齐王的中马赛,用你的中马和齐王的下马赛。田忌按此策略参加赛马,结果在三场比赛中胜了两场输了一场。这故事说明田忌并没有设法去得到更好的马,而只是在比赛中运用最好的策略去取胜。下面再将这个故事中叙述的赛马策略做进一步分析。

若将齐王与田忌的三等马分别进行比赛,总共有 9 种可能的结果,见表 12.1。

表中数字表明齐王与田忌各出一匹马时的比赛结果。如齐王的上马与田忌的上马比赛,结果是田忌输一场,在相应格中记"-1";齐王的中马对田忌的上马,结果是田忌胜一场,在相应格中记"+1"。总共可能的 9 局比赛中,田忌只可能在三种场合下取胜。从表 12.1 中看出:田忌的上马可以胜齐王的中、下等马,田忌的中马能胜齐王的下等马。所以比赛时田忌用上马与齐王的中马比,用中马与齐王的下马比,用下马与齐王的上马比,三局比赛能取胜两场,这是田忌唯一的最优赛马方案。当然田忌在赛马前需要知道齐王出赛马的顺序,才能取胜。

表 12.1

齐王 田忌	上	中	下
上	-1	+1	+1
中	-1	-1	+1
下	-1	-1	-1

这个例子说明了处理利益相对抗事件的方法。对这类问题的研究已发展形成为运筹学中的一个新的分枝对策论(又名博弈论)。

尽管对策论中研究的问题形形色色,但任何一个对策问题都包含下列基本要素:

1.局中人。是指参与对抗的各方,它可以是一个人,也可以是一个集团,但局中人必须是有决策权的主体,而不是参谋或从属人员。局中人可以有两方,也可以有多方。当存在多方的情况下,局中人之间可以有结盟和不结盟之分。

2.策略。指局中人所拥有的对付其他局中人的手段、方案,但这个方案必须是一个独立的完整的行动,而不能是若干相关行动中的某一步。例如在上述齐王与田忌赛马的故事中,表12.1中的数字只表明各场比赛的结果,孙膑提出的"用下马对齐王上马,用上马对其中马,用中马对其下马"才组成一个完整的策略。一个局中人可以拥有多个策略,例如齐王的策略按马匹出场顺序可以有上中下、上下中、中上下、中下上、下上中和下中上共六种,田忌也同样拥有上述六种策略。一个局中人所拥有策略的总和构成该局中人的策略集。

3.一局对策的得失。局中人使用各种不同策略对策时,总是互有得失。当各局中人得失的总和为零时,称这类对策为零和对策,否则称为非零和对策。

本章中主要讨论二人零和对策。这类对策中存在有两个局中人,其中一个局中人的支出或损失恰好等于另一局中人的收入或赢得。因此可以将二人零和对策双方的得失用矩阵形式表示,通常称支付矩阵(见表12.2)。由此二人零和对策也被习惯地称为矩阵对策。表12.2中的数字 c_{ij} 表明当 A 采取策略 a_i,B 采取策略 b_j 时局中人 A 的赢得值或局中人 B 的损失值,故支付矩阵有时也被称作为局中人 A 的赢得矩阵。

表 12.2

局中人A		局中人B		
		策 略		
		b_1	b_2	b_3
策略	a_1	c_{11}	c_{12}	c_{13}
	a_2	c_{21}	c_{22}	c_{23}

12.2 二人零和对策的模型

建立二人零和对策的模型,就是要根据对实际问题的叙述确定 A 和 B 的策略集以及相应的支付矩阵。下面通过例子说明二人零和对策模型的建立。

【例1】 甲、乙两名儿童玩猜拳游戏。游戏中双方同时分别或伸出拳头(代表石头)、或手掌(代表布)、或两个手指(代表剪刀)。规则是剪刀赢布,布赢石头,石头赢剪刀,赢者得一分。若双方所出相同,算和局,均不得分。试列出对儿童甲的赢得矩阵。

【解】 本例中儿童甲或乙均有三个策略:或出拳头,或出手掌,或出两个手指,根据例中所述规则,可列出对儿童甲的赢得矩阵见表12.3。

【例2】 甲、乙两人分别在纸上写下0、1、2三个数字中的一个,在互不知道的情况下猜双方所写数字之和,先让甲猜,猜完之后由乙猜,但乙所猜数字必须不同于甲。若有一方猜中,赢得1分,均猜不中为和局。试确定双方各自的策略集,并建立相应的支付矩阵。

表 12.3

甲\乙	石头	布	剪刀
石头	0	-1	1
布	1	0	-1
剪刀	-1	1	0

【解】 先确定各自的策略集。对局中人甲,其策略由两步组成,可表为(W_1, G_1):W_1为甲所写数字,G_1为所猜的两人写的数字和。因W_1可以是0、1、2三个数字中任意一个,猜的数字和可以是0、1、2、3、4中的某一个,故甲的策略集含15个策略,即(0,0)、(0,1)、(0,2)、(0,3)、(0,4)、(1,0)、(1,1)、(1,2)、(1,3)、(1,4)、(2,0)、(2,1)、(2,2)、(2,3)和(2,4)。乙的策略也由两步组成,可表为(W_2, G_2)。W_2为乙所写数字,可以为0、1、2中的任意一个,G_2为猜的数字。因G_2必须与G_1不同,即当G_1为0时,G_2只能为1、2、3、4;G_1为1时,G_2只能为0、2、3、4;G_1为2时,G_2只能为0、1、3、4,并依此类推。因而乙策略的第二步的各种可能性可表为

$$\left(\begin{array}{c|c|c|c|c} 当 G_1=0 & 当 G_1=1 & 当 G_1=2 & 当 G_1=3 & 当 G_1=4 \\ G_2=\{1,2,3,4\} & G_2=\{0,2,3,4\} & G_2=\{0,1,3,4\} & G_2=\{0,1,2,4\} & G_2=\{0,1,2,3\} \end{array} \right)$$

它总共有$4^5 = 1\,024$种可能性。故乙的策略集共含$3 \times 1\,024 = 3\,072$个策略。现列举其中两个用作说明。

策略$\{0;(0,1)(1,0)(2,0)(3,0)(4,0)\}$,指乙写的数字为0;当甲猜0时他猜1,甲猜其他数字时他都猜0。

策略$\{1;(0,1)(1,2)(2,1)(3,1)(4,1)\}$,指乙写的数字为1;当甲猜1时他猜2,甲猜其他数字时他都猜1。

根据例中所述输赢规则及甲、乙的各自策略,表12.4列出支付矩阵中的两列(总计有3 072列)。

表 12.4

甲＼乙	$\{0;(0,1)(1,0)(2,0)(3,0)(4,0)\}$	$\{1;(0,1)(1,2)(2,1)(3,1)(4,1)\}$
(0,0)	1	−1
(0,1)	−1	1
(0,2)	−1	−1
(0,3)	−1	−1
(0,4)	−1	−1
(1,0)	−1	0
(1,1)	1	−1
(1,2)	0	1
(1,3)	0	0
(1,4)	0	0
(2,0)	0	0
(2,1)	0	0
(2,2)	1	0
(2,3)	0	1
(2,4)	0	0

【例3】 从一张红牌和一张黑牌中随机抽取一张,在对B保密情况下拿给A看,若A看到的是红牌,他可选择或掷硬币决定胜负,或让B猜。若选择掷硬币,当出现正面,A赢p元,出现反面,输q元;若让B猜,当B猜中是红牌,A输r元,反之B猜是黑牌,A赢s元。若A看到的是黑牌,他只能让B猜。当B猜中是黑牌,A输u元,反之B猜是红牌,A

赢 t 元,试确定 A、B 各自的策略,建立支付矩阵。

【解】 因 A 的赢得和损失分别是 B 的损失和赢得,故属二人零和对策。为便于分析,可画出如图 12.1 的对策树图。图中虚线连接的两个点表明 B 在这两个点具有相同的信息。

图 12.1 中,○为随机点,□分别为 A 和 B 的决策点,从图中看出 A 的

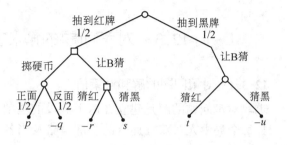

图 12.1

策略有掷硬币和让 B 猜两种,B 的策略有猜红和猜黑两种,据此可归纳出各种情况下 A 和 B 输赢值分析的表格,见表 12.5。

表 12.5

A \ B	抽到红牌(1/2)				抽到黑牌(1/2)	
	正面(1/2)		反面(1/2)		猜红	猜黑
	猜红	猜黑	猜红	猜黑		
掷硬币	p	p	$-q$	$-q$	t	$-u$
让 B 猜	$-r$	s	$-r$	s	t	$-u$

对表 12.5 中各栏数字可以这样来理解:因 A 看到红牌时或掷硬币或让 B 猜。若 A 决定选掷硬币这个策略,当出现正面,这时不管 B 猜红或猜黑,A 都赢 p 元;当出现反面,不管 B 猜红或猜黑,A 都输 q 元。同样 A 选择让 B 猜的策略后,他的输赢只同 B 猜红或猜黑有关,而与掷硬币的正反面无关。又若抽到的牌是黑牌,A 的决定只能让 B 猜,因而掷硬币策略对 A 的胜负同样不起作用。考虑到抽牌时得红与黑的概率各为 1/2,掷硬币时出现正反面的概率也各为 1/2,故当 A 采取"掷硬币"策略,而 B 选择"猜红"策略时,A 的期望赢得为

$$\frac{1}{2}\left(\frac{1}{2}p - \frac{1}{2}q\right) + \frac{1}{2}t = \frac{1}{4}(p - q + 2t)$$

当 A 采取让 B 猜策略,B 选择"猜红"策略时,A 的期望赢得为

$$\frac{1}{2}\left(\frac{1}{2}(-r) + \frac{1}{2}(-r)\right) + \frac{1}{2}t = \frac{1}{2}(-r + t)$$

相应可求得其他策略对下 A 的期望赢得值。由此可列出本例的支付矩阵,见表 12.6。

表 12.6

	猜 红	猜 黑
掷 硬 币	$\frac{1}{4}(p-q+2t)$	$\frac{1}{4}(p-q-2u)$
让 B 猜	$\frac{1}{2}(-r+t)$	$\frac{1}{2}(s-u)$

12.3 对策问题的解和具有鞍点的对策

12.3.1 对策问题的解和对策值

求取对策问题的解是建立在以下假设的基础上：

1. 每个局中人对双方拥有的全部策略及当各自采取某一策略时的相互得失有充分了解；
2. 对策的双方是理智的，他们参与对策的目的是力图扩大自己的收益，因而总是采取对自己有利的策略；
3. 双方在相互保密的情况下选择自己的策略，并不允许存在任何协议。

从决策论一章知道，任何决策问题的解总是同一定的准则相联系的，而选择什么样的决策准则又在很大程度上依赖于可获取的信息量的多少。对策问题中，任何一方对对方在下次行动中准备采取的策略可以说一无所知，双方处于完全对抗的环境中，因而各自都采取保守态度，从最坏处着眼，并力争较好的结局。这样双方遵循的，对局中人 A 是最大最小准则，对局中人 B 则是最小最大准则，相应于这种准则下的对策双方各自采取的策略，称为对策问题的解；而双方采取上述策略，连续重复进行对策，其输赢的平均值称为相应对策问题的对策值，通常用 v 来表示。

12.3.2 最大最小(maximin)和最小最大(minimax)准则

如表 12.7 所示，局中人 A 的策略有 $a_1,\cdots,a_m$，局中人 B 的策略有 $b_1,\cdots,b_n$，当 A 采取策略 $a_i(i=1,\cdots,m)$ 而 B 采取策略 $b_j(j=1,\cdots,n)$ 时，A 的赢得(或 B 的损失)值为 c_{ij}。当 A 依据最大最小准则选择策略时，他总考虑不管选哪一个策略都将得到最坏结局。即当选择策略 a_1 时，得到的收入为 $\min_j\{c_{1j}\}$，选择策略 a_2 时，得到的收入为 $\min_j\{c_{2j}\}$，……，选择策略 a_m 时，得到的收入为 $\min_j\{c_{mj}\}$，然后从以上各个最坏结局中找出一个最好的，即

表 12.7

	b_1	b_2	$\cdots$	b_n
a_1	c_{11}	c_{12}	$\cdots$	c_{1n}
a_2	c_{21}	c_{22}	$\cdots$	c_{2n}
$\vdots$	$\vdots$	$\vdots$	$\cdots$	$\vdots$
a_m	c_{m1}	c_{m2}	$\cdots$	c_{mn}

$$\max_i[\min_j\{c_{1j}\},\min_j\{c_{2j}\},\cdots,\min_j\{c_{mj}\}]=$$
$$\max_i[\min_j\{c_{ij}\}]=c_{i_1 j_1}=v_a$$

当 B 依据最小最大准则选择策略时，他同样考虑不管选哪一个策略都得到最坏结局(最大损失)。即当选择策略 b_1 时，他的损失为 $\max_i\{c_{i1}\}$，选择策略 b_2 时，损失为 $\max_i\{c_{i2}\}$，……，选择策略 b_n 时，损失为 $\max_i\{c_{in}\}$，从以上各策略可能的最大损失中，他力求找出一个最小值，即

$$\min_j[\max_i\{c_{i1}\},\max_i\{c_{i2}\},\cdots,\max_i\{c_{in}\}]=$$

$$\min_j\left[\max_i\{c_{ij}\}\right] = c_{i_2j_2} = v_b$$

因 $c_{i_1j_1}$ 是同行数字中最小的,故有

$$c_{i_1j_1} \leqslant c_{i_1j_2}$$

又 $c_{i_2j_2}$ 是同列数字中最大的,故又有

$$c_{i_2j_2} \geqslant c_{i_1j_2}$$

由此
$$v_a = c_{i_1j_1} \leqslant c_{i_2j_2} = v_b$$

因对策值 v 是双方连续重复对策时,局中人 A 的赢得(或局中人 B 的损失)的平均值,故有

$$v_a \leqslant v \leqslant v_b$$

12.3.3 具有鞍点的对策

在矩阵对策中若存在有 $c_{i_1j_1} = c_{i_2j_2} = c_{i_tj_t}$ 时,则 $c_{i_tj_t}$ 的值是在同行中最小又是同列中的最大的,就像一个马鞍的骑坐点所处的位置,故称为鞍点。如果对策问题具有鞍点,称相应对策为具有鞍点的对策。下面用例子说明具有鞍点对策的性质。

【例4】 设 A、B 两人对策,各自均拥有三个策略:a_1、a_2、a_3 和 b_1、b_2、b_3,支付矩阵见表 12.8 所示,试求 A、B 各自的最优策略及对策值。

【解】 从局中人 A 角度考虑,他依据最大最小准则,当他选择策略 a_1 时,最坏结局(即最小收入)为 $\min(6,2,8) = 2$;当选择策略 a_2 时,最坏结局为 $\min(9,4,5) = 4$;当选择策略 a_3 时,最坏结局为 $\min(7,5,6) = 5$。从以上三个可能的最坏结果中找出一个最好的,因此有

$$v_a = \max(2,4,5) = 5$$

局中人 B 依据最小最大准则,当他选择策略 b_1 时,最坏结局(即最大损失)为 $\max(6,9,7) = 9$;当选择策略 b_2 时,最坏结局为 $\max(2,4,5) = 5$;当选择策略 b_3 时,最坏结局为 $\max(8,5,6) = 8$。从上述三个可能的最坏结果中找出一个最好的,即损失最小的结局,因而有

表 12.8

A \ B	b_1	b_2	b_3
a_1	6	2	8
a_2	9	4	5
a_3	5	3	6

$$v_b = \min(9,5,8) = 5$$

以上求解过程可用表 12.9 表示。

表 12.9

	b_1	b_2	b_3	min
a_1	6	2	8	2
a_2	9	4	5	4
a_3	7	5	6	⑤ ←max
max	9	⑤	8	

↑min

因 $v_a = v_b = 5$,故上述对策为具有鞍点的对策。由表 12.9 看到,当 A 采用策略 a_2 时,对 B

来讲最优选择是策略 b_2,否则他的损失将会增大。反过来当 B 选择策略 b_2 时,策略 a_2 是 A 的最优选择,因为不选择 a_2,他的收入将会减小。由此当对策重复进行时,双方将坚持使用 a_2 和 b_2 的策略不变,故称这类对策具有纯策略解,显然对策值 $v = v_a = v_b = 4$。但大多数的对策问题并不具有纯策略解。

12.4 优势原则和具有混合策略的对策

12.4.1 优势原则

所谓优势原则,是指某一策略对另一策略起支配作用。若在表 12.7 中,如果第 i 行与第 l 行的同列元素之间存在有关系式 $c_{ij} \geqslant c_{lj}(j = 1, \cdots, n)$,称 A 的第 i 个策略对第 l 个策略具有优势。即对 A 来讲,他采用第 i 个策略时,不管 B 采用什么策略,他的收入都要超过采用第 l 策略时的收入,或称 A 的第 l 策略对 i 策略具有劣势。又若在表 12.7 中,第 j 列与第 k 列的同行元素之间存在有关系式 $c_{ij} \leqslant c_{ik}(i = 1, \cdots, m)$,即 B 采用第 k 个策略时的损失,任何情况下都要超过采用策略 j 时的损失,称第 j 策略对第 k 策略具有优势,或第 k 策略对第 j 策略具有劣势。显然对具有劣势的策略,局中人任何时候都不会采用,故可以从支付矩阵中划掉,对支付矩阵进行简化。

【例 5】 已知二人零和对策 A、B 各自策略及支付矩阵如表 12.10 所示,试依据优势原则对支付矩阵进行简化。

【解】 将表中第 1、3、4 行数字比较,看出有

$$c_{1j} \geqslant c_{3j}, c_{1j} \geqslant c_{4j}$$

表 12.10

A\B	b_1	b_2	b_3	b_4
a_1	1	4	8	7
a_2	3	2	3	2
a_3	0	3	5	1
a_4	0	4	3	7

即对 A 来讲,策略 a_3 和 a_4 对策略 a_1 具有劣势,可从支付矩阵中划去,或对 A 而言,他任何时候都不会采用 a_3 和 a_4 这两个策略。

当划去 a_3 和 a_4 行后,比较 b_2 和 b_3 列,因有 $4 < 8, 2 < 3$,故策略 b_3 对 b_2 具有劣势;又在 b_2 和 b_4 列同行数字中,有 $4 < 7, 2 = 2$,故策略 b_4 也对 b_2 具有劣势。因而 b_3 与 b_4 两列数字也可从支付矩阵中划去。由此简化后的支付矩阵可见表 12.11。

当依据最大最小和最小最大原则对表 12.11 的矩阵对策求解时,因

$$v_a = \max[\min(1,4); \min(3,2)] = \max[1,2] = 2$$
$$v_b = \min[\max(1,3); \max(4,2)] = \min[3,4] = 3$$

显然 $v_a \neq v_b$,这时双方若仍使用纯策略对策,就会出现不稳定状态。

表 12.11

A\B	b_1	b_2
a_1	1	4
a_2	3	2

因 $v_a = 2$,这表示局中人 A 应当使用策略 a_2;$v_b = 3$,表示局中人 B 应使用策略 b_1。但当 A 连续使用策略 a_2 时,B 必定察觉,因 B 使用策略 b_2 要比策略 b_1 少损失一些,因此 B 就放弃使用 $v_b = 3$ 所对应的策略 b_1。当 B 改为连续使用策略 b_2 时,A 也会发觉自己继续使用策略 a_2 收入要减少,而改为使用策略 a_1 去对付策略 b_2,他可以得到收入 4。这时 B 又得回过来使用策略 b_1,使 A 的收入降到 1。因此出现双方都不能连续不变地使用某种纯策略,都必须考虑如何随机地使用自己的策略,使对方捉摸不到自己使用何种策略。这就是使用混合策略的对策。

12.4.2 用图解法求解具有混合策略的对策

在表 12.11 中设 A 以概率 x 随机地使用策略 a_1,以概率 $(1-x)$ 使用策略 a_2 去对付 B 使用纯策略 b_1 时,A 的收入 v'_a 便是 x 的函数,为

$$v'_a = 1x + 3(1-x) = 3 - 2x$$

若 A 使用上述混合策略去对付 B 使用纯策略 b_2 时,A 的收入 v''_a 便为

$$v''_a = 4x + 2(1-x) = 2 + 2x$$

用图表示时,v'_a 与 v''_a 的表达式是两条直线方程,x 的取值范围为 $[0,1]$,见图 12.2。

从图 12.2 中可以看出,v'_a 的值随 x 取值的增大而减小,v''_a 的值随 x 值的增大而增大。两条直线的交点 B 对应 x 轴上的 x_0。局中人 A 按最大最小原则选择他的策略,即他的选择按

$$v_a = \max[\min_{0 \leqslant x \leqslant 1}(3-2x, 2+2x)]$$

来进行的。$\min_{0 \leqslant x \leqslant 1}(3-2x, 2+2x)$ 就是折线 ABC,B 点是折线 ABC 的最高点,所以 B 点是混合策略意义下的最大最小值。当 $v'_a = v''_a$ 时,可解得

$$x_0 = \frac{1}{4}, \quad v_a = \frac{5}{2}$$

局中人 A 的解为

$$A: \begin{pmatrix} a_1 & a_2 \\ \frac{1}{4} & \frac{3}{4} \end{pmatrix}; \quad v_a = \frac{5}{2}$$

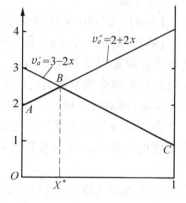

图 12.2

可以用同样的方法分析表 12.11 中局中人 B 的最优混合策略。若局中人 B 以概率 y 使用策略 b_1,以概率 $(1-y)$ 使用策略 b_2 去对付局中人 A 的策略 a_1,他的损失值为

$$v'_b = 1y + (1-y)4 = 4 - 3y$$

若 B 以上述混合策略对付局中人 A 的纯策略 a_2 时,B 的损失值为

$$v''_b = 3y + 2(1-y) = 2 + y$$

B 按最小最大原则选择自己的最优策略,这时 B 按下式决定自己的最优混合策略:

$$v_b = \min[\max_{0 \leqslant y \leqslant 1}(4-3y, 2+y)]$$

图 12.3 中的折线 CDE 表示 $\max_{0 \leqslant y \leqslant 1}(4-3y, 2+y)$,这表示局中人 B 当 y 在 $[0,1]$ 之间取任何值时的最大损失。D 点是 CDE 折线的最低点,也即最小最大值。

D 点对应的 $y_0 = \frac{1}{2}$,以此概率构成的 B 的混合策略是 B 的最优混合策略

$$B:\begin{pmatrix} b_1 & b_2 \\ \frac{1}{2} & \frac{1}{2} \end{pmatrix}; \quad v_b = \frac{5}{2}$$

本例中得到 $v_a = v_b = \frac{5}{2}$，这就是混合策略意义下的鞍点。一般记作

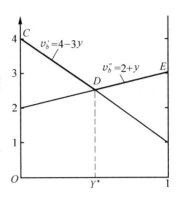

图 12.3

$$\max \min E(X,Y) = \min \max E(X,Y)$$

式中 $X = \{x_1, \cdots, x_m\}$, $Y = \{y_1, \cdots, y_n\}$ 为局中人 A、B 使用各自策略的概率，有 $\sum_i x_i = 1, \sum_j y_j = 1$，期望值为

$$E(X,Y) = \sum_{i=1}^{m}\sum_{j=1}^{n} c_{ij} x_i y_j$$

下面对上述例子做进一步分析。设局中人 B 使用最优混合策略 Y^*，而局中人 A 使用某一混合策略 X，由图 12.2 看出，A 的收入将降至折线 ABC 上离开 B 的某一点；又设局中人 A 使用最优策略 X^*，而局中人 B 使用某一混合策略 Y，由图 12.3 看出，B 的损失将升高到折线 CDE 上离开 D 点的某一点。当双方都坚持使用最优混合策略时，局势得以平衡。

矩阵对策中，如果局中人 A 拥有 m 个纯策略，局中人 B 拥有 n 个纯策略，可以简称为 $m \times n$ 型对策。上面用图解法求解 2×2 的对策，这种方法可推广到用于求解 $2 \times n$ 和 $m \times 2$ 的对策。

【**例 6**】 试用图解法求解下述对策问题（见表 12.12）。

【**解**】 这是一个 2×3 的矩阵对策，并且无法用优势原则对支付矩阵简化。用图解法时，先对只具有两个纯策略的局中人求出他的最优混合策略，再对另一局中人求解。

表 12.12

B\A	b_1	b_2	b_3
a_1	2	3	11
a_2	7	5	2

设 A 以 x 的概率使用策略 a_1，以 $(1-x)$ 的概率使用策略 a_2。当 B 使用纯策略 b_1 时，A 的期望收入为

$$2x + 7(1-x) = 7 - 5x \qquad ①$$

当 B 分别使用纯策略 b_2、b_3 时，A 的期望收入为

$$3x + 5(1-x) = 5 - 2x \qquad ②$$
$$11x - 2(1-x) = 2 + 9x \qquad ③$$

由图 12.4 解得 $x^* = 3/11, 1 - x^* = 8/11, v = 1$。

由图 12.4 知，当 A 分别以 3/11 和 8/11 的概率使用策略 a_1 和 a_2 时，B 无论使用策略 b_2 或 b_3，其损失值均为 49/11，但如果 B 使用策略 b_1，其损失值将为 62/11，因而 B 将放弃使用 b_1 的策略。由此求解 B 的最优混合策略时，上述对策问题可简化为表 12.13 的形式。

在表 12.13 中，设 B 以 y 的概率使用策略 b_2，以 $(1-y)$ 的概率使用策略 b_3。这样当 A 分别使用策略 a_1、a_2 时，B 的期望损失为

$$3y + 11(1-y) = 11 - 8y \qquad ①$$
$$5y - 2(1-y) = 2 + 3y \qquad ②$$

表 12.13

B\A	b_2	b_3
a_1	3	11
a_2	5	2

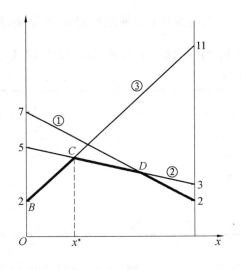

图 12.4

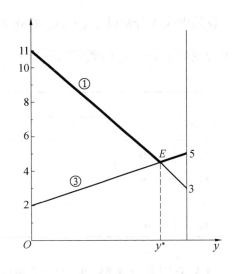

图 12.5

由图 12.5 解得 $y^* = 9/11, 1 - y^* = 2/11, v = 49/11$。

对 $m \times 2$ 的对策问题,可仿照上例先对 B 求出其最优混合策略,再求解 A 的最优混合策略。

12.4.3 用分析法求解具有混合策略的对策

如表 12.14,A 分别以概率 x 和 $(1-x)$ 采用策略 a_1 和 a_2,B 分别以概率 y 和 $(1-y)$ 采用策略 b_1 和 b_2。当 A 采取混合策略,B 采用纯策略 b_1 时,A 的期望赢得为

$$v'_a = c_{11}x + c_{21}(1-x) = (c_{11} - c_{21})x + c_{21}$$

当 A 采用混合策略,而 B 采用纯策略 b_2 时,A 的期望赢得为

$$v''_a = c_{12}x + c_{22}(1-x) = (c_{12} - c_{22})x + c_{22}$$

依据最大最小原则,应有 $v'_a = v''_a$,故有

$$(c_{11} - c_{21})x + c_{21} = (c_{12} - c_{22})x + c_{22}$$

表 12.14

B\A		y	$1-y$
		b_1	b_2
x	a_1	c_{11}	c_{12}
$1-x$	a_2	c_{21}	c_{22}

解得 $$x = \frac{c_{22} - c_{21}}{(c_{11} + c_{22}) - (c_{12} + c_{21})}$$

同理可求得

$$y = \frac{c_{22} - c_{12}}{(c_{11} + c_{22}) - (c_{12} + c_{21})}$$

对策值

$$v = \frac{c_{11}c_{22} - c_{12}c_{21}}{(c_{11} + c_{22}) - (c_{12} + c_{21})}$$

12.5 用线性规划求解矩阵对策问题

对如表 12.7 所示的 $m \times n$ 矩阵对策,若不存在鞍点,用优势原则简化后,A 和 B 双方仍各自拥有 3 个以上纯策略,就需要用线性规划的方法来求解。

设局中人 A 分别以 $x_1,\cdots,x_m$ 的概率($\sum\limits_{i=1}^{m}x_i = 1, x_i \geq 0$)混合使用他的 m 种策略,局中人 B 分别以 $y_1,\cdots,y_n$ 的概率($\sum\limits_{j=1}^{n}y_j = 1, y_j \geq 0$)混合使用他的 n 种纯策略,见表 12.15。

表 12.15

B A		y_1 b_1	y_2 b_2	$\cdots$	y_n b_n
x_1	a_1	c_{11}	c_{12}	$\cdots$	c_{1n}
x_2	a_2	c_{21}	c_{22}	$\cdots$	c_{2n}
$\vdots$	$\vdots$	$\vdots$	$\vdots$		$\vdots$
x_m	a_m	c_{m1}	c_{m2}	$\cdots$	c_{mn}

当 A 采用混合策略,B 分别采用纯策略 $b_1, b_2, \cdots, b_n$ 时,A 的期望赢得分别为 $\sum\limits_{i=1}^{m}c_{i1}x_i, \sum\limits_{i=1}^{m}c_{i2}x_i, \cdots, \sum\limits_{i=1}^{m}c_{in}x_i$。依据最大最小原则,应有

$$\begin{cases} v_a = \max\limits_{x_i}\{\min(\sum\limits_{i=1}^{m}c_{i1}x_i, \sum\limits_{i=1}^{m}c_{i2}x_i, \cdots, \sum\limits_{i=1}^{m}c_{in}x_i)\} = \max\limits_{x_i}\{\min\limits_{j}(\sum\limits_{i=1}^{m}c_{ij}x_i)\} \\ x_1 + x_2 + \cdots + x_m = 1 \end{cases}$$

若令 $v' = \{\min\limits_{j}(\sum\limits_{i=1}^{m}c_{ij}x_i)\}$,则上述表达式可写为

$$\max\{v'\}$$

约束于

$$\begin{cases} \sum\limits_{i=1}^{m}c_{ij}x_i \geq v' & j = 1, \cdots, n \\ \sum\limits_{i=1}^{m}x_i = 1 \\ x_i \geq 0 & i = 1, \cdots, m \end{cases}$$

上式中每个约束均除以 v'(v' 必须大于零),又 $\max\{v'\}$ 等价于求 $\min\{1/v'\}$,则有

$$\min\{1/v'\}$$

约束于

$$\begin{cases} c_{11}\dfrac{x_1}{v'} + c_{21}\dfrac{x_2}{v'} + \cdots + c_{m1}\dfrac{x_m}{v'} \geq 1 \\ c_{12}\dfrac{x_1}{v'} + c_{22}\dfrac{x_2}{v'} + \cdots + c_{m2}\dfrac{x_m}{v'} \geq 1 \\ \quad\quad\quad\quad\quad \vdots \\ c_{1n}\dfrac{x_1}{v'} + c_{2n}\dfrac{x_2}{v'} + \cdots + c_{mn}\dfrac{x_m}{v'} \geq 1 \\ \dfrac{x_1}{v'} + \dfrac{x_2}{v'} + \cdots + \dfrac{x_m}{v'} = \dfrac{1}{v'} \\ x_i/v' \geq 0 \quad\quad i = 1, \cdots, m \end{cases}$$

令 $x'_i = x_i/v'$,则上式可写为

$$L_1 : \min\left\{\dfrac{1}{v'}\right\} = x'_1 + x'_2 + \cdots + x'_m$$

$$\begin{cases} c_{11}x'_1 + c_{21}x'_2 + \cdots + c_{m1}x'_m \geq 1 \\ c_{12}x'_1 + c_{22}x'_2 + \cdots + c_{m2}x'_m \geq 1 \\ \quad\quad\quad\quad\quad \vdots \\ c_{1n}x'_1 + c_{2n}x'_2 + \cdots + c_{mn}x'_m \geq 1 \\ x'_i \geq 0 \quad i = 1, \cdots, m \end{cases}$$

根据同样的理由,当 B 采用混合策略,A 分别采用纯策略 $a_1, a_2, \cdots, a_m$ 时,B 的期望损失分别为 $\sum_{j=1}^{n} c_{1j} y_j, \sum_{j=1}^{n} c_{2j} y_j, \cdots, \sum_{j=1}^{n} c_{mj} y_j$。依据最小最大原则有

$$\begin{cases} v_b = \min_{y_j}\{\max(\sum_{j=1}^{n} c_{1j} y_j, \sum_{j=1}^{n} c_{2j} y_j, \cdots, \sum_{j=1}^{n} c_{mj} y_j)\} = \min_{y_j}\{\max_{i}(\sum_{j=1}^{n} c_{ij} y_j)\} \\ y_1 + y_2 + \cdots + y_n = 1 \end{cases}$$

若令 $v'' = \{\max_{i}(\sum_{j=1}^{n} c_{ij} y_j)\}$,$y'_j = y_j / v''$($v''$ 必须大于零),则可写出

$$L_2 : \max\left\{\frac{1}{v''}\right\} = y'_1 + y'_2 + \cdots + y'_n$$

$$\begin{cases} c_{11} y'_1 + c_{12} y'_2 + \cdots + c_{1n} y'_n \leq 1 \\ c_{21} y'_1 + c_{22} y'_2 + \cdots + c_{2n} y'_n \leq 1 \\ \quad\quad\quad\quad\quad \vdots \\ c_{m1} y'_1 + c_{m2} y'_2 + \cdots + c_{mn} y'_n \leq 1 \\ y'_j \geq 0 \quad j = 1, \cdots, n \end{cases}$$

L_1 和 L_2 是一对互为对偶的线性规划问题,只要求解其中任意一个,即可求出 A 和 B 各自的最优策略。一般求解 L_2 比较方便,因为不需添加人工变量。

【例 7】 已知 A、B 各自的纯策略及支付矩阵如表 12.16 所示,试求双方各自的最优混合策略及对策值。

【解】 因表中 c_{ij} 有些小于零,有可能使 $v'' \leq 0$,故对表中所有 c_{ij} 加上一个常数值 $k = 8$,得表 12.17。

表 12.16

B\A	b_1	b_2	b_3
a_1	0	-4	4
a_2	4	-2	-6
a_3	-4	8	0

表 12.17

B\A	b_1	b_2	b_3
a_1	8	4	12
a_2	12	6	2
a_3	4	16	8

这是一个无鞍点的对策问题,也无法用优势原则简化。设 A 以 x_1、x_2、x_3 的概率混合使用策略 a_1、a_2、a_3,B 以 y_1、y_2、y_3 的概率混合使用策略 b_1、b_2、b_3。根据上述用线性规划方法求解对策问题的过程,求局中人 A 最优策略的线性规划问题为

$$L_1 : \min\left\{\frac{1}{v'}\right\} = x'_1 + x'_2 + x'_3$$

$$\begin{cases} 8x'_1 + 12x'_2 + 4x'_3 \geqslant 1 \\ 4x'_1 + 6x'_2 + 16x'_3 \geqslant 1 \\ 12x'_1 + 2x'_2 + 8x'_3 \geqslant 1 \\ x'_1, x'_2, x'_3 \geqslant 0 \end{cases}$$

求局中人 B 最优策略的线性规划问题为

$$L_2: \max\left\{\frac{1}{v''}\right\} = y'_1 + y'_2 + y'_3$$

$$\begin{cases} 8y'_1 + 4y'_2 + 12y'_3 \leqslant 1 \\ 12y'_1 + 6y'_2 + 2y'_3 \leqslant 1 \\ 4y'_1 + 16y'_2 + 8y'_3 \leqslant 1 \\ y'_1, y'_2, y'_3 \geqslant 0 \end{cases}$$

下面用单纯形法求解局中人 B 的最优策略的线性规划问题 L_2，见表 12.18。

表 12.18

C_B	基	b	$c_j \rightarrow$					
			1	1	1	0	0	0
			y'_1	y'_2	y'_3	y'_4	y'_5	y'_6
0	y'_4	1	8	4	12	1	0	0
0	y'_5	1	[12]	6	2	0	1	0
0	y'_6	1	4	16	8	0	0	1
	$c_j - z_j$		1	1	1	0	0	0
0	y'_4	1/3	0	0	[32/3]	1	-2/3	0
1	y'_1	1/12	1	1/2	1/6	0	1/12	0
0	y'_6	2/3	0	14	22/3	0	-1/3	1
	$c_j - z_j$		0	1/2	5/6	0	-1/12	0
1	y'_3	1/32	0	0	1	3/32	-1/16	0
1	y'_1	5/64	1	1/2	0	-1/64	3/32	0
0	y'_6	1/16	0	[14]	0	-11/16	1/8	1
	$c_j - z_j$		0	1/2	0	-5/64	-1/32	0
1	y'_3	1/32	0	0	1	3/32	-1/16	0
1	y'_1	1/16	1	0	0	1/112	10/112	-1/28
1	y'_2	1/32	0	1	0	-11/224	1/112	1/14
	$c_j - z_j$		0	0	0	-3/56	-1/28	-1/28

由表 12.18 的计算结果知

$$y'_1 = \frac{1}{16}, \quad y'_2 = \frac{1}{32}, \quad y'_3 = \frac{1}{32}$$

因

$$\frac{1}{v''} = y'_1 + y'_2 + y'_3 = \frac{1}{8}$$

所以

$$v'' = 8$$

得

$$y_1 = y'_1 \cdot v'' = \frac{1}{2}, \quad y_2 = y'_2 \cdot v'' = \frac{1}{4}, \quad y_3 = y'_3 \cdot v'' = \frac{1}{4}$$

故局中人 B 的最优混合策略为分别以 1/2、1/4、1/4 的概率随机使用策略 b_1、b_2 和

b_3。根据对偶理论得

$$x'_1 = \frac{3}{56}, \quad x'_2 = \frac{1}{28}, \quad x'_3 = \frac{1}{28}$$

因
$$\frac{1}{v'} = x'_1 + x'_2 + x'_3 = \frac{1}{8}$$

所以
$$v' = 8$$

得
$$x_1 = x'_1 \cdot v' = \frac{3}{7}, \quad x_2 = x'_2 \cdot v' = \frac{2}{7}, \quad x_3 = x'_3 \cdot v' = \frac{2}{7}$$

故局中人 A 的最优混合策略为分别以 3/7、2/7、2/7 的概率随机使用策略 a_1、a_2 和 a_3。对策值 $v' = 8$。

因 $v' = 8$ 是依据表 12.17 计算得到的,而表 12.17 中的 c_{ij} 值是相应表 12.16 中的 c_{ij} 加上一个 $k = 8$,因此表 12.16 所示的对策问题的对策值 v 应等于 $8 - k = 8 - 8 = 0$。

12.6 冲突分析简介

12.6.1 引 言

冲突分析(conflict analysis)是在对策论基础上发展起来的,也是研究具有竞争或对抗的模型。对策论依据最大最小和最小最大原则,即从坏处着眼,努力争取好的结果,使对策各方达到一个稳定的局势。而冲突分析求解的基本思想,也是各局中人从朝有利于自己的方向调整策略,最后达到对各局中人而言的全局稳定结局。

对策论建模在确定策略时比较复杂,特别由于在支付函数量化上碰到的困难,限制了它的实际应用。Fraser N.M 和 Hipel K.W 在前人研究基础上,于 1984 年出版了《Conflict Analysis——Models and Resolutions》一书,比较系统地总结并提出了冲突分析的理论、模型和方法。

用冲突分析研究解决实际问题的步骤:先是对现实世界问题的背景情况进行分析,归纳出问题;然后建立冲突分析的模型;对建立的模型进行稳定性分析,并为决策者提供建议参考。下面侧重就建模与稳定性分析两个步骤进行详细讨论。

12.6.2 冲突分析的模型

冲突分析的模型中包含以下要素:

(1)局中人(player)。指参与冲突的各方,可以是个人,也可以是一个集团。局中人至少两个以上,均属具有决策权的主体。

(2)选项(option)。各局中人在冲突事件中总会采取某种态度或行动称为选项,对某个具体行动可以选与不选(通常用 1 表示选取,用 0 表示不选取)。

(3)策略(strategy)与可行策略(feasible strategy)。某个局中人的选项的组合称为策略。如一个局中人在冲突事件中可能有 3 个选项,每个选项都可取 0 或 1,因而共有 $2^3 = 8$ 个组合或 8 个策略。由于某些选项之间互不相容,不能包含在同一策略中。对不含有互不相容选项的策略称为可行策略。

(4)结局(outcome)与可行结局(feasible outcome)。各局中人分别采取某一策略时形成的状态称为一个结局。同样,各局中人的策略之间也存在不相容性,主要为逻辑推理上的不合理。对不含有不相容策略构成的结局称为可行结局。

(5)偏好向量(preference vector)。指各局中人根据自己价值观,对各可行结局的优劣排序所构成的数组,称为偏好向量。

(6)时间点(point in time)。冲突是一个动态现象,随着冲突的进程,局中人将变换自己的选项和偏好向量。冲突分析的建模是针对某一特定的时间点进行的。当局中人有可能变换选项或偏好的时间点时应分别分析建模,进行动态分析。

冲突分析的模型常用表格形式给出,例如某冲突问题中有两个局中人 A 和 B,A 的选项有 a_1、a_2,B 的选项有 b_1、b_2,由此 A 和 B 各有 4 个策略(未排除不可行策略),全部结局共有 16 个(同样未排除不可行结局),可列成表格形式见表 12.19。

表 12.19

局中人	选项	结 局																
A	a_1	0	1	0	1	0	1	0	1	0	1	0	1	0	1	0	1	($\times 2^0$)
	a_2	0	0	1	1	0	0	1	1	0	0	1	1	0	0	1	1	($\times 2^1$)
B	b_1	0	0	0	0	1	1	1	1	0	0	0	0	1	1	1	1	($\times 2^2$)
	b_2	0	0	0	0	0	0	0	0	1	1	1	1	1	1	1	1	($\times 2^3$)
十进制数		0	1	2	3	4	5	6	7	8	9	10	11	12	13	14	15	

将表中第 1 行选项的 0 或 1 乘以 2^0,…,第 i 行选项的 0 或 1 分别乘以 2^{i-1},按列加总得到相应结局的十进制数。看出表中结局的排列是按十进制数,从左到右由小到大排列。在表 12.19 中若剔除掉不可行的结局,再分别列出局中人各自的偏好向量,就得到用表格形式表示的冲突分析的模型。

12.6.3 稳定性分析

稳定性分析的目的是找出各局中人的全局稳定结局。下面讲述的分析过程和概念主要针对两个局中人的情况。当多于两个局中人时,只要对有关概念适当扩充即可。

(1)某局中人的某一结局存在单方面改进(unilateral improvement)。冲突分析中各局中人都力图朝自己有利的方向来调整策略,但每个局中人无权改变对方的策略。因而在对方策略不变的条件下,局中人通过单方面改变自己策略而使结局得到改善,称为单方面改进,简记为 UI。

(2)合理性稳定结局(rational stable)。若局中人 i 对结局 q 不存在单方面改进,即在对方策略给定条件下,局中人 i 所选策略形成的结局对他来讲已是最好的。称结局 q 为局中人 i 的合理性稳定结局,简记为 r。

(3)相继惩罚性稳定结局(sequentially sanctioned stable)。局中人 i 的某个结局存在 UI 至 q',而对局中人 j,结局 q' 可 UI 至结局 q'',结局 q'' 对局中人 i 劣于 q,称对结局 q 的单方面改进存在一个相继性惩罚,这种惩罚将阻止局中人 i 从结局 q 单方面改进至 q'。若对结局 q 的所有可能的单方面改进均存在相继性惩罚,则结局 q 对 i 而言是相继惩罚性稳定结局,简记为 s。

(4)不稳定性结局(unstable)。结局 q 对局中人 i 存在 UI,但又不属于 s,称 q 为局中人 i 的一个不稳定结局,简记为 u。

(5)同时惩罚性稳定结局(simultaneously sanctioned stable)。若结局 q 对局中人 i 和 j

都属不稳性结局,双方同时进行单方面改进,局中人 i 将 qUI 至 a_i,局中人 j 将 qUI 至 b_j,同时单方面改进后得到的新结局为 p,则 p 可表示为

$$p = a_i + b_i - q$$

若结局 p 对局中人 i 而言劣于结局 q,称 i 做出至 a_i 的单方面改进受到同时性惩罚。若局中人 i 从结局 q 出发的所有单方面改进均受到同时性惩罚,则结局 q 对 i 而言属同时惩罚性稳定结局,可在原不稳定结局的标记 u 上面加上一横,记为 $\bar{u}$。结局 q 对局中人 j 是否属同时惩罚性稳定结局,可作类似叙述。

(6) 全局性稳定结局(equilibrium stable)。为某个结局 q 对局中人 i 和 j 均属稳定性的结局,可以为 r、s 或 $\bar{u}$,则该结局为全局性稳定结局,简记为 E。显然,全局性稳定结局是各局中人都能接受的一种稳定局势。理论上已经证明,任何冲突分析模型至少存在一个全局稳定性的结局。

上述稳定性分析的过程可用框图 12.6 形式表示。

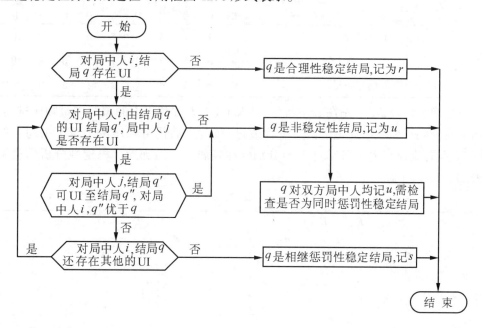

图 12.6

12.6.4 应用举例

冲突分析的应用范围很广。上面提到的 Fraser 和 Hipel 的著作中列举了很多国际上著名事件用冲突分析研究的案例,例如 1956 年的苏伊士运河事件,1962 年的古巴导弹危机,1972 年的水门事件,1944 年盟军在法国诺曼底登陆等。

下面举一个经简化的劳资冲突的例子,说明冲突分析的过程。1992 年初在国外某企业发生一起劳资冲突,其原因是资方忽视工人的劳动安全保护,并且不严格履行有关工资合同协议。工人派代表同资方交涉,考虑到的行动选项有两个:(1)罢工以示抗议(简称罢工);(2)要求加薪和改善劳动条件(简称加薪)。资方也有两个行动选项:(1)答应工人提出的要求(简记为妥协);(2)采取强硬手段,解雇领头的工人(简记为解雇)。分析的时间确定在交涉谈判处于僵持状态,冲突会随时爆发的时刻。

为建立这个问题的冲突分析模型,考虑到工人方选项的 4 个组合均为可行策略,而资方的两个选项是不相容的,因此资方的可行策略只有 3 个。又在双方采取不同策略组合成的 $4\times3=12$ 个状态中,其中工人方若既不罢工,也未提出加薪要求,资方就解雇工人显然逻辑上讲不通,故该结局为不可行。由此该模型中只含 11 个可行结局,其十进制数的表示为 0,1,2,3,4,5,6,7,9,10,11。经分析工人方的偏好向量为 $P_1 = (4,6,5,7,2,1,3,0,9,10,11)$,资方的偏好向量为 $P_2 = (0,6,5,4,7,2,1,3,10,9,11)$,将上述对各要素的分析结果均列于表 12.20 中,该表即为该问题的表格式的冲突分析的模型。

表 12.20

局中人	选项	结				局						
工人方	罢工	0	1	0	1	0	1	0	1	1	0	1
	加薪	0	0	1	1	0	0	1	1	0	1	1
资方	妥协	0	0	0	0	1	1	1	1	0	0	0
	解雇	0	0	0	0	0	0	0	0	1	1	1
十进制数		0	1	2	3	4	5	6	7	9	10	11
工人方偏好向量		4	6	5	7	2	1	3	0	9	10	11
资方偏好向量		0	6	5	4	7	2	1	3	10	9	11

进行稳定性分析时,先在表中将可行结局按工人方和资方的偏好向量顺序排列,在各结局下面分别写出该结局可能的单方面改进,按改进后优劣顺序由上至下书写。然后再按图 12.6 的流程在表中各结局上面分别标注是属 r、s、u 或 $\bar{u}$。稳定性分析的表格形式见表 12.21。

表 12.21

			E	E								
		r	s	u	u	r	u	u	u	r	u	u
工人方	偏好向量	4	6	5	7	2	1	3	0	9	10	11
	单方面改进		4	4	4		2	2	2		9	9
			6	6			1	1				10
				5				3				
		r		r	r	r	u	u	u	u	u	u
资方	偏好向量	0	6	5	4	7	2	1	3	10	9	11
	单方面改进			0		6	5	7	6	5	7	
									2	1	3	

表 12.21 中,例如工人方的结局 6 可单方面改进至结局 4,对资方结局 4 可单方面改进至结局 0,结局 0 对工人方劣于原结局 6,故该结局对工人方属相继惩罚性稳定结局。又如工人方的结局 5,可单方面改进至结局 4 或 6,改进至结局 4 会受到相继性惩罚,但改进到结局 6,因结局 6 对资方不存在单方面改进,故结局 5 对工人方属不稳性结局。

检查对双方均记为 u 的结局是否为同时惩罚性稳定结局。例如结局 1,若双方同时改进,新的结局为 $6=5+2-1$。结局 6 对双方均优于原先结局,不受到同时性惩罚,故结局 1 对双方均仍为非稳定性结局。同样双方均记 u 的结局 3、10、11 经检查也均仍为非稳定性结局。

本例中对双方均属稳定的结局有 4 和 6。结局 4 的含意为资方了解到工人方准备采取的行动，自感理亏而妥协，结局 6 的含意为工人方开始罢工，资方慑于工人抗议压力而做出妥协让步。

习 题 十 二

12.1 甲、乙两游戏者在互不知道情况下，同时伸出一、二或三个指头。用 k 表示两人伸出指头总和，如果 k 为偶数，甲付给乙 k 元；k 为奇数，乙付给甲 k 元。试列出对甲的赢得矩阵。

12.2 已知 A、B 两人对策时对 A 的赢得矩阵如下，求双方的最优策略与对策值。

(a) $\begin{bmatrix} 8 & 6 & 2 & 8 \\ 8 & 9 & 4 & 5 \\ 7 & 5 & 3 & 5 \end{bmatrix}$ (b) $\begin{bmatrix} 2 & -1 & 0 & -2 \\ 1 & 0 & 3 & 2 \\ -3 & -2 & -1 & 4 \end{bmatrix}$

(c) $\begin{bmatrix} 0 & 4 & 1 & 3 \\ -1 & 3 & 0 & 2 \\ -1 & -1 & 4 & 1 \end{bmatrix}$ (d) $\begin{bmatrix} 1 & 4 & 8 & 7 \\ 3 & 2 & 3 & 7 \\ 0 & 3 & 5 & 1 \\ 0 & 4 & 3 & 7 \end{bmatrix}$

12.3 A 和 B 进行一种游戏。A 先在横坐标 x 轴的 $[0,1]$ 区间内任选一个数，不让 B 知道，然后 B 在纵坐标 y 的 $[0,1]$ 区间内任选一个数。双方选定后，B 对 A 的支付为

$$P(x,y) = \frac{1}{2}y^2 - 2x^2 - 2xy + \frac{7}{2}x + \frac{5}{4}y$$

求 A、B 各自的最优策略及对策值。

12.4 证明下列矩阵对策具有纯策略解（式中 a、b、c、d、e、f、g 为任意实数）。

(a) $\begin{bmatrix} a & b \\ c & d \\ a & d \\ c & b \end{bmatrix}$ (b) $\begin{bmatrix} a & e & a & e & a & e & a & e \\ b & f & b & f & f & b & f & b \\ c & g & g & g & c & c & g & c \end{bmatrix}$

12.5 下列矩阵为 A、B 对策时 A 的赢得矩阵，先尽可能按优势原则简化，再用图解法求解。

(a) $\begin{bmatrix} -1 & 3 & -5 & 7 & -9 \\ 2 & -4 & 6 & -8 & 10 \end{bmatrix}$ (b) $\begin{bmatrix} 2 & 4 & 0 & -2 \\ 4 & 8 & 2 & 6 \\ -2 & 0 & 4 & 2 \\ -4 & -2 & -2 & 0 \end{bmatrix}$

12.6 用线性规划方法求解下列对策问题

(a) $\begin{bmatrix} -1 & 1 & 1 \\ 2 & -2 & 2 \\ 3 & 3 & -3 \end{bmatrix}$ (b) $\begin{bmatrix} 7 & 4 & 1 \\ 2 & -1 & 5 \\ 3 & 8 & 0 \end{bmatrix}$ (c) $\begin{bmatrix} 3 & -2 & 4 \\ -1 & 4 & 2 \\ 2 & 2 & 6 \end{bmatrix}$

12.7 有一种游戏：任意掷一个钱币，先将出现正面或反面的结果告诉甲。甲有两种选择：①认输，付给乙一元，②打赌。只要甲认输，就重新开始下一局。当甲打赌时，乙也

有两种选择：①认输，付给甲一元，②叫真。在乙叫真时，如果掷的钱币是正面，乙输给甲二元，如钱币是反面，甲输给乙二元。试建立对甲方的赢得矩阵，并找出各自的最优策略和对策值。

12.8 A、B两名游戏者双方各持一枚硬币，同时展示硬币的一面。如均为正面，A赢2/3元，均为反面，A赢1/3元；如为一正一反，A输1/2元。试写出A的赢得矩阵，A、B双方各自的最优策略，并说明这种游戏对双方是否公平合理。

12.9 有甲、乙两支游泳队举行包括三个项目的对抗赛。这两支游泳队各有一名健将级运动员（甲队为李，乙队为王），在三个项目中成绩都很突出。但规则准许他们每个人分别只能参加两项比赛，而每队的其他两名运动员则可参加全部三项比赛。已知各运动员预期比赛中成绩（单位：s）见表12.22。

假定各运动员在比赛中都能发挥正常水平，达到预期成绩。又规定每项比赛第一名得5分，第二名得3分，第三名得1分，问每队的教练员应决定让自己的健将级队员参加哪两项比赛，使本队的期望得分数为最多（各队出场名单互相保密，并且在确定以后不准变动）。

表 12.22

	甲队			乙队		
	赵	钱	李	王	张	孙
100米蝶泳	54.7	58.2	52.1	53.6	56.4	59.8
100米仰泳	62.2	63.4	58.2	56.5	59.7	61.5
100米蛙泳	69.1	70.5	65.3	67.8	68.4	71.3

12.10 在一场甲、乙双方的冲突中，甲的选项有A和B，乙的选项有C和D。已知可行结局如表12.23所示。若甲和乙的偏好向量分别为：

(a) 甲的偏好向量　3,1,15,9,12,7,2,13,0,11,8,6
　　 乙的偏好向量　6,8,1,12,3,7,13,0,11,9,2,15

(b) 若甲的偏好向量不变，而乙的偏好向量变为6,8,11,13,0,2,12,7,9,1,15,3。
就(a)、(b)两种情况分别进行稳定性分析，找出全局稳定性的结局。

表 12.23

局中人	选项	结 局											
甲	A	0	1	0	1	0	1	0	1	1	0	1	1
	B	0	0	1	1	1	1	0	0	1	0	0	1
乙	C	0	0	0	0	1	1	0	0	0	1	1	1
	D	0	0	0	0	0	0	1	1	1	1	1	1
十进制数		0	1	2	3	6	7	8	9	11	12	13	15

综合练习题

本部分中汇集了一些相对较难的习题,大多要求有较高的建模技巧,有的题可以构造多种类型的运筹学模型。本部分的目的是为了进一步激发读者学习运筹学的兴趣,锻炼提高构模能力,同时也为教师提供有关案例材料。

13.1 某厂有 4 台磨床、2 台立钻、3 台水平钻、1 台镗床和 1 台刨床,用来生产 7 种产品。已知生产单位各种产品所需的有关设备台时以及它们的利润如表 13.1 所示。

表 13.1

单件所需台时 设备	I	II	III	IV	V	VI	VII
磨床	0.5	0.7	—	—	0.3	0.2	0.5
立钻	0.1	0.2	—	0.3	—	0.6	—
水平钻	0.2	—	0.8	—	—	—	0.6
镗床	0.05	0.03	—	0.07	0.1	—	0.08
刨床	—	—	0.01	—	0.05	—	0.05
单件利润/元	100	60	80	40	110	90	30

从 1 月到 6 月份,下列设备需进行维修:1 月——1 台磨床,2 月——2 台水平钻,3 月——1 台镗床,4 月——1 台立钻,5 月——1 台磨床和 1 台立钻,6 月——1 台刨床和 1 台水平钻,被维修的设备在当月内不能安排生产。

又知从 1~6 月份市场对上述 7 种产品最大需求量如表 13.2 所示。

表 13.2

	I	II	III	IV	V	VI	VII
1 月	500	1 000	300	300	800	200	100
2 月	600	500	200	0	400	300	150
3 月	300	600	0	0	500	400	100
4 月	200	300	400	500	200	0	100
5 月	0	100	500	100	1 000	300	0
6 月	500	500	100	300	1 100	500	60

每种产品当月销售不了的每件每月储存费为 5 元,但规定任何时候每种产品的储存量均不得超过 100 件。1 月初无库存,要求 6 月末各种产品各储存 50 件。

若该厂每月工作 24 天,每天两班,每班 8 小时,假定不考虑产品在各种设备上的加工顺序,要求:(a)该厂如何安排计划,使总利润最大;(b)在什么价格的条件下,该厂可考虑租用或购买有关设备。

13.2 上题中若对设备维修只是规定每台设备在 1~6 份内均需安排有 1 个月用于维修,时间可灵活安排(其中 4 台磨床只需安排 2 台在上半年维修)。试为该厂确定一个最优的设备维修计划,并计算该计划比原维修计划带来多少额外的利润。

13.3 某厂由于进行技术改造,今后几年内将逐渐减少非技术工人,而增加对半熟练和熟练工人的需求数量。已知现有各类工人数和今后三年内所需的各类工人数字见表 13.3。

表 13.3

	非技术工人	半熟练工人	熟练工人
现有人数	2 000	1 500	1 000
第 1 年	1 000	1 400	1 000
第 2 年	500	2 000	1 500
第 3 年	0	2 500	2 000

工厂对人员的考虑:一是补充,二是培训,三是下岗,四是充当短工。

(1)补充。规定从外面招收的新工人每年限额为非技术工种 500 人,半熟练工人 800 人,熟练工人 500 人。

(2)培训。每年允许将 200 名非技术工人培训成半熟练工人,培训费每人需 4 000 元;将半熟练工人培训为熟练工人,由于培训要在现场进行,所以限定人数不超过同期熟练工人数的 1/4,培训费每人 5 000 元。

(3)下岗。对非技术工人下岗后年发给 2 000 元,半熟练或熟练工人年罚给 5 000 元。

(4)超员。全厂范围允许比年需求量超 150 人。超编人员开支为非技术工人年 15 000 元,半熟练工人年 20 000 元,熟练工人年 30 000 元。

(5)充当短工。每类工人中允许各安排不超过 50 人当短工,当短工的工人开支为非技术工人年 5 000 元,半熟练或熟练工人年 4 000 元。且当短工人员工作效率相当于正常情况下的一半。

又工厂工人均有一定流动性,特别是聘用的第一年流动性很大,超过一年后将大幅度降低。聘用工人中离厂的比例见表 13.4。但现有工人均已聘用一年以上。此外工厂还可能对工人降等使用,但降等使用的工人将有 50% 离厂。要求:(a)若工厂希望下岗工人数尽可能少,如何做到这一点;(b)若该厂希望支出的费用为最少,则如何安排人员计划。

表 13.4 工人离厂比例

	非技术工人	半熟练工人	熟练工人
聘用不到一年	25%	20%	10%
聘用超过一年	10%	5%	5%

13.4 某炼油厂的工艺流程如图 13.1 所示。

炼油厂输入两种原油(原油 1 和原油 2)。原油先进入蒸馏装置,每桶原油经蒸馏后的产品及份额见表 13.5,其中轻、中、重石脑油的辛烷值分别为 90、80 和 70。

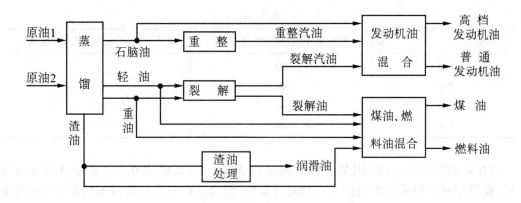

图 13.1

表 13.5

	轻石脑油	中石脑油	重石脑油	轻油	重油	渣油
原油 1	0.1	0.2	0.2	0.12	0.2	0.13
原油 2	0.15	0.25	0.18	0.08	0.19	0.12

石脑油部分直接用于发动机油混合,部分输入重整装置,得辛烷值为 115 的重整汽油。1 桶轻、中、重石脑油经重整后得到的重整汽油分别为 0.6、0.52、0.45 桶。

蒸馏得到的轻油和重油,一部分直接用于煤油和燃料油的混合,一部分经裂解装置得到裂解汽油和裂解油。裂解汽油的辛烷值为 105。1 桶轻油经裂解后得 0.68 桶裂解油和 0.28 桶裂解汽油;1 桶重油裂解后得 0.75 桶裂解油和 0.2 桶裂解汽油。其中裂解汽油用于发动机油混合,裂解油用于煤油和燃料油的混合。

渣油可直接用于煤油和燃料油的混合,或用于生产润滑油。1 桶渣油经处理后可得 0.5 桶润滑油。

混合成的发动机油高档的辛烷值应不低于 94,普通的辛烷值不低于 84。混合物的辛烷值按混合前各油料辛烷值和所占比例线性加权计算。

规定煤油的气压不准超过 1 kg/cm², 而轻油、重油、裂解油和渣油的气压分别为 1.0、0.6、1.5 和 0.05 kg/cm²。而气压的计算按各混合成分的气压和比例线性加权计算。

燃料油中,轻油、重油、裂解油和渣油的比例应为 10:3:4:1。

已知每天可供原油 1 为 20 000 桶,原油 2 为 30 000 桶。蒸馏装置能力每天最大为 45 000 桶,重整装置每天最多重整 10 000 桶石脑油,裂化装置能力每天最大为 8 000 桶。润滑油每天产量应在 500～1 000 桶之间,高档发动机油产量应不低于普通发动机油的 40%。

又知最终产品的利润(元/桶)分别为:高档发动机油 700,普通发动机油 600,煤油 400,燃料油 350,润滑油 150,试为该炼油厂制定一个使总盈利为最大的计划。

13.5 某采矿公司计划今后 5 年内在某地区继续进行开采。该地区共有 4 个矿,但每年只允许开采其中 3 个。若某矿在其中某一年不开采,但今后仍准备开采的话,该年内需付一定的维护费,否则就永远关闭,不准再开采。已知各矿不开采年的维护费及每年最大允许的开采量如表 13.6 所示。

表 13.6

	不开采年的维护费/百万元	最大允许开采的矿石数/百万 t
1 矿	50	2
2 矿	40	2.5
3 矿	40	1.3
4 矿	50	3

各矿矿石质量不一致,用某种标度衡量,1 矿为 1.0,2 矿为 0.7,3 矿为 1.5,4 矿为 0.5。而每年开采出来的矿石混在一起对外销售,混合后矿石的标度按不同矿石所占比例线性加权计算。对今后 5 年内外销的矿石要求恰好达到以下标度:第 1 年 0.9,第 2 年 0.8,第 3 年 1.2,第 4 年 0.6,第 5 年 1.0。若混合后矿石不管标度为多少,每年售价均为 100 元/t 不变。若该公司的收入或支出在随后年份里均应按年利 10% 折现到第 1 年。试确定该公司今后 5 年的开采方案。

13.6 一个小农场计划今后 5 年的种植和饲养计划。该农场有 200 公顷土地。现有 120 头牛,其中 20 头小母牛,100 头奶牛。喂养小母牛每头占地 2/3 公顷,每头奶牛占地 1 公顷。

每头奶牛平均每年生养 1.1 头小牛,其中一半为小公牛,生下后立即出售,每头 300 元;其余一半为小母牛,如立即出售每头 400 元,留下饲养用 2 年时间养成奶牛。

若规定从刚出生到满 1 年的牛龄为 1,满 1 年到第 2 年末的牛龄为 2,则牛龄到达 12 的奶牛一律出售,每头为 1 200 元。小母牛的年死亡率为 5%,奶牛为年 2%。

1 头奶牛 1 年的产奶收入为 3 700 元,该农场最多饲养奶牛和小母牛数不超过 130 头,当超过这个数时,每头每年需额外支出 2 000 元。

每头奶牛每年需 0.6 t 粮食和 0.7 t 甜菜。如果在农场土地上种植时,每公顷可产甜菜 1.5 t/年。农场土地中有 80 公顷可用于种粮食,这些土地可分成 4 部分:

第 1 部分有 20 公顷,年产粮 1.1 t/公顷

第 2 部分有 30 公顷,年产粮 0.9 t/公顷

第 3 部分有 20 公顷,年产粮 0.8 t/公顷

第 4 部分有 10 公顷,年产粮 0.65 t/公顷

每年粮食或甜菜如果不足或多余时,也可以买进或卖出。粮食买进价为 900 元/t,卖出时 750 元/t;甜菜买进价 700 元/t,卖出价 580 元/t。

对劳动力的需求为:每头小母牛为 10 h/年,每头奶牛 42 h/年,种 1 公顷粮食为 4 h/年,1 公顷甜菜需 14 h/年。

其他费用支出为:小母牛——500 元/年,奶牛——1 000 元/年,每公顷粮食——150 元/年,每公顷甜菜——100 元/年。劳动力费用为 40 000 元可提供 5 500 h/年,超过这个时间为 12 元/h。若该农场负责人希望任何一年利润值为正,又要求第 5 年末奶牛数不少于 50 头,不多于 175 头,问应如何安排今后 5 年种植和饲料计划,使总盈利为最大。

13.7 某厂计划将它的一部分在市区的生产车间搬至该市的卫星城镇,好处是土地、房租费及排污处理费用等都较便宜,但这样做会增加车间之间的交通运输费用。

设该厂原在市区车间有 A、B、C、D、E 五个,计划搬迁去的卫星城镇有甲、乙两处。规

定无论留在市区或甲、乙两卫星城镇均不得多于3个车间。

从市区搬至卫星城带来的年费用节约见表13.7所示：

表13.7　　　　　　　　　　　　　　　　　　　　　　　　单位：万元/年

	A	B	C	D	E
搬至甲	100	150	100	200	50
搬至乙	100	200	150	150	150

但搬迁后带来运输费用增加由 C_{ik} 和 D_{jl} 值决定，C_{ik} 为 i 和 k 车间之间的年运量，D_{jl} 为市区同卫星城镇间单位运量的运费，具体数据分别见表13.8和13.9。

表13.8　C_{ik}值　单位：t/年

	B	C	D	E
A	0	1 000	1 500	0
B		1 400	1 200	0
C			0	2 000
D				700

表13.9　D_{je}值　单位：元/t

	甲	乙	市区
甲	50	140	130
乙		50	90
市区			50

试为该厂确定一个最优的车间搬迁方案。

13.8　将数字1,2,…,9分别填入图13.2中A,B,…,H,I各格中，使每行、每列及两条主对角线上的数字之和均等于15。试将此问题建立整数规划的数学模型。

A	B	C
D	E	F
G	H	I

图13.2

13.9　某公司有两个生产厂 A_1、A_2，四个中转仓库 B_1、B_2、B_3 和 B_4，供应六家用户 C_1、C_2、C_3、C_4、C_5 和 C_6。各用户可从生产厂家直接进货，也可从中转仓库进货，其所需的调运费用(元/t)如表13.10所示。

表13.10

从＼到	B_1	B_2	B_3	B_4	C_1	C_2	C_3	C_4	C_5	C_6
A_1	50	50	100	20	100	—	150	200	—	100
A_2	—	30	50	20	200	—				
B_1					—	150	50	150	—	100
B_2					100	50	50	100	50	
B_3					—	150	200		50	150
B_4							20	150	50	150

注：表中"—"为不允许调运。

部分用户希望优先从某厂或某仓库得到供货。他们是：C_1—A_1，C_2—B_1，C_5—B_2，C_6—B_3 或 B_4。

已知各生产厂月最大供货量为：A_1—150 000 t，A_2—200 000 t；各中转仓库月最大周转量为：B_1—70 000 t，B_2—50 000 t，B_3—100 000 t，B_4—40 000 t；用户每月的最低需求为：C_1—50 000 t，C_2—10 000 t，C_3—40 000 t，C_4—35 000 t，C_5—60 000 t，C_6—20 000 t。

要求回答：(a)该公司采用什么供货方案，使总调运费用最小；(b)增加生产厂或某个中转仓库的能力，对调运费用会发生什么影响；(c)在调运费用、工厂或中转仓库能力以及用户需求方面，分别在什么范围内变化，将不影响调运费用的变化；(d)能否满足所有用户优先供货的要求，如果都满足需增加多少额外的费用。

13.10 上题中有人建议开设两个新的中转仓库 B_5 和 B_6，以及扩大 B_2 的中转能力。假如最多允许开设 4 个仓库，因此考虑关闭原仓库 B_1 或 B_4，或两个都予关闭。

新建仓库和扩建 B_2 的费用及中转能力为：建 B_5 需投资 1 200 000 元，中转能力为每月 30 000 t，建 B_6 需投资 400 000 元，月中转能力为 25 000 t；扩建 B_2 需投资 300 000 元，月中转能力比原增加 20 000 t。关闭原仓库可带来的节约为：关闭 B_1 月节省 100 000 元；关闭 B_4 可月节省 50 000 元。

新建仓库 B_5、B_6 同生产厂及各用户间单位物资的调运费用(元/t)见表 13.11。

表 13.11

从＼到	B_5	B_6	C_1	C_2	C_3	C_4	C_5	C_6
A_1	60	40						
A_2	40	30						
B_5			120	60	40	—	30	80
B_6			—	40	—	50	60	90

要求确定：(a)B_5、B_6 中哪一个应新建，B_2 是否需扩建，B_1 和 B_4 要否关闭；(b)重新确立使总调运费用为最小的供货关系。

13.11 某公司生产三种产品 A_1、A_2、A_3，它们在 B_1、B_2 两种设备上加工，并耗用 C_1、C_2 两种原材料。已知生产单位产品耗用的工时和原材料，以及设备和原材料的最多可使用量如表 13.12 所示。

表 13.12

资源	产品			每天最多可使用量
	A_1	A_2	A_3	
设备 B_1/min	1	2	1	430
设备 B_2/min	3	0	2	460
原料 C_1/kg	1	4	0	420
原料 C_2/kg	1	1	1	300
每件利润/元	30	20	50	

已知对产品 A_2 的需求每天不低于 70 件,A_3 不超过 240 件。经理会议讨论如何增加公司收入,提出了以下建议:

(a)产品 A_3 提价,使每件利润增至 60 元,但市场销量将下降为每天不超过 210 件;

(b)原材料 C_2 是限制产量增加的因素,如果通过别的供应商提供补充,每千克价格将比原供应商高 20 元;

(c)设备 B_1 和 B_2 每天可各增加 40 min 的使用时间,但相应需支付额外费用各 350 元;

(d)产品 A_2 的需求增加到每天 100 件;

(e)产品 A_1 在设备 B_2 上的加工时间可缩短到每件 2 min,但每天需额外支出 40 元。

分别讨论上述各条建议的可行性。

13.12 某家具公司生产椅子、桌子和书架。先在它的高度自动化的制造工厂生产半成品,其每月生产能力为椅子 3 000 件,桌子 1 000 件,书架 580 件。其装配厂主要为手工劳动,共有 300 个装配工人,装配各产品的劳动量为椅子每件 20 min,桌子每件 40 min,书架每件 15 min。4 月底各产品库存量及今后 4 个月的市场需求如表 13.13 所示。

表 13.13

产品	市场需求量				4月末库存
	5月	6月	7月	8月	
椅子	2 800	2 300	3 350	2 950	30
桌子	500	800	1 400	700	100
书架	320	300	600	520	50

各产品的生产(含装配)成本及售价如表 13.14 所示。

若生产出来的产品当月销不出去,可转到下月销售,增加的每月的库存费为生产成本的 2%。

表 13.14

	椅子	桌子	书架
生产成本/元	250	650	100
售 价/元	450	1 000	200

该厂每天工作 8 h,每月工作 22 天。根据每年工人有一个月休假规定,据自己申请,准备在各月休假的工人为:5 月——20 人,6 月——25 人,7 月——45 人,8 月——10 人。但如果生产需要,公司可推迟其中一部分或全部工人的休假时间。试讨论在 5~8 月内公司对工人的休假申请应做出什么样的决定。

13.13 某零售商店经营一种特殊的商品,它的单件进货价与售价按月波动。据预测下一年各月的有关数据如表 13.15 所示。

表 13.15　　　　　　　　　　　　　　　　　　　　单位:元

	进价	售价		进价	售价
1月	30	33	7月	31	31
2月	31	33	8月	30	31
3月	33	37	9月	31	32
4月	32	35	10月	31	34
5月	32	34	11月	30	35
6月	32	31	12月	30	34

该商店须于当年 12 月初确定下一年度每月的订购量和销售量。已知每月订购的商品,于月末到货,供应下月需要。订购数量不限定,但规定任何时刻该商店拥有的库存商品的价值(按进价)不超过 15 000 元。已知当年 12 月末的库存量为 200 件。试为该商店确定下一年各月订购与销售量的决策。

13.14 某生产线由 5 个工作站组成,工件按泊松流到达工作站 1,平均到达率为 λ_1,第 i 个站的输出用于第 $(i+1)$ 个站的输入。由于加工中有不合格品产生,故第 i 站的输入为 λ_i,而输出为 $\alpha_i \lambda_i (0 < \alpha_i < 1)$。设第 i 工作站加工一个工件所需时间服从负指数分布,平均时间为 $1/\mu_i$。每个工作站都设一个返修站,不合格品先送至返修站返修,其中修复的部分再送至下一工作站。设第 i 个返修站返修一个工件的时间服从参数为 γ_i 的负指数分布,返修品中能修复的合格率为 $\delta\%$。其整个过程如图 13.3 所示。

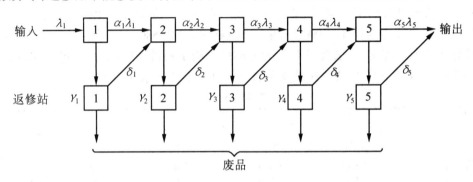

图 13.3

要求:(a)推导一个一般表达式,决定每个工作站前应能存放多少个工件,使到达工件在 95% 的时间内能就地存放;(b)设 $\lambda_1 = 20$ 件/h, $\mu_i = 30$ 件/h, $\alpha_i = 0.9$, $\gamma_i = 4$ 件/h, $\delta_i = 1/(i+1)(i=1,\cdots,5)$,将上述数据代入(a)推导的公式中求数值解;(c)决定每台返修设备前各能存放多少个返修工件,使到达的返修品能在 90% 以上的时间内能就地存放;(d)每个返修站系统的平均工件数;(e)一个工件从到达该生产线算起到离开第 5 台设备的期望时间。

13.15 某长途汽车站的售票处设有三个售票窗口。来买票的顾客按泊松分布到达,$\lambda = 20$ 人/h,又各窗口对一名顾客的售票时间均服从参数为 μ 的负指数分布,$1/\mu = 3$ min。该售票处规定,当顾客数 $n < 3$ 时只开一个窗口售票;顾客数为 $3 \leq n < 6$ 时,开两个窗口;$n \geq 6$ 时,三个窗口同时售票。要求:(a)画出此排队系统的生灭过程发生率图,求 P_0 的值,并写出 P_n 的一般表达式;(b)求一名来买票顾客的平均等待时间 W_q;(c)计算该售票处分别有一个、两个或三个窗口在售票的概率。

13.16 顾客按泊松分布到达有两个服务窗口的服务站,$\lambda = 6$ 人/h。设 1 号窗口服务员 S_1 对每名顾客的平均服务时间为 $1/\mu_1 = 10$ min,2 号窗口服务员 S_2 对每名顾客的平均服务时间为 $1/\mu_2 = 15$ min,两者均服从负指数分布。当两个窗口均空闲时,到达顾客中有 2/3 去 1 号窗口,1/3 去 2 号窗口,又该服务站最多能容纳 3 名顾客(含正在被服务的),满员时新到顾客将自动离去。

要求:(a)画出生灭过程发生率图;(b)列出系统各状态的平衡方程;(c)求系统中平均顾客数 L_s;(d)服务员 S_1 和 S_2 各自的忙期。

13.17 一个服务站串联的排队系统,如图 13.4 所示。顾客按泊松流到达,平均到达率为 λ。顾客必须依次经三个服务员 S_1、S_2、S_3 服务完毕后才离去。设三个服务员的服务率分别服从参数为 μ_1、μ_2 和 μ_3 的负指数分布。每个服务员前均留有一个等待位置,当顾客到达服务系统或离开某一服务站转下一个服务站时,如服务员正为其他顾客服务,且等待位置也被占用时,系统内就发生阻塞现象。试画出该系统的生灭过程发生率图。

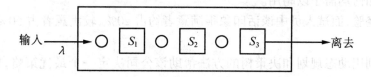

图 13.4

13.18 有三张纸牌,点数分别为 1、2、3,显然 3>2>1。先由 A 任抽一张,看过后反放在桌上,并任喊大(H)或小(L)。然后 B 从剩下纸牌中任抽一张,看过后 B 有两种选择:第一,弃权,付给 A 1 元;第二,翻 A 的牌,当 A 喊 H 时,得点数小的牌者付给对方 3 元,当 A 喊 L 时,得点数大的牌者付给对方 2 元。要求:(a)说明 A、B 各有多少纯策略;(b)根据优势原则淘汰具有劣势的策略,并列出对 A 的赢得矩阵;(c)求双方各自的最优策略和对策值。

13.19 A、B、C 三人进行围棋擂台赛。已知三人中 A 最强,C 最弱,又一局棋赛中 A 胜 C 的概率为 p,A 胜 B 的概率为 g,B 胜 C 的概率为 r。擂台赛规则为先任选两人对擂,其胜者再同第三者对擂,若连胜,该人即为优胜者。反之,任何一局对擂的胜者再同未参加该局比赛的第三者对擂,并反复进行下去,直至任何一人连胜两局对擂为止,该人即为优胜者。考虑到 C 最弱,故确定由 C 来定第一局由哪两人对擂。试问 C 应如何抉择,使自己成为优胜者的概率为最大。

13.20 A、B 两人玩一种游戏:从标记为 1、2、3 的三张牌中各抽一张,并彼此互相保密。每人抓到 1、2、3 中任一张均可选择不叫(pass,简写为 p)或打赌(bet,简写为 b)。

游戏规则如表 13.16 所示。

表 13.16

第 1 轮		第 2 轮	胜 负
A	B	A	
p	p	—	牌大者赢 1 元
p	b	p	A 付给 B 1 元
p	b	b	牌大者赢 2 元
b	p	—	B 付给 A 1 元
b	b	—	牌大者赢 2 元

问 A、B 两人各有多少种纯策略,列出用优势原则简化后的对策矩阵,并确定各自的最优策略。

13.21 某公司到一高校招聘一名管理专业应届毕业生,拟日后委以重任,故十分注重潜在素质的考察。从众多应聘的自我介绍材料中,公司初选 5 人依次单独面试。面试规则为,对第1至第4名面试者,如果印象很满意(打3分)就决定聘用,当有一名得到聘用后对随后者的面试不再继续;如果印象一般(打1分),就可立即决定不聘用,找下一名继续面试;如果印象为较满意时(打2分),有两种选择,或决定聘用,面试不再继续,或不聘用,找下一名面试。由于应聘者也都分别去各处应聘,寻找机会,因此不允许对开始不聘用者再回过头来比较后再通知其聘用。因此当前4名均不被聘用时,第5名面试者不管谈话印象如何均需予以聘用。

据以往经验,面试人员中谈话印象很满意者约占20%,较满意者占50%,印象一般者占30%。

要求分别用动态规划和决策树的方法帮助该公司决定一个最优策略,使聘用到的毕业生期望的打分值为最高。

参 考 文 献

[1] FREDERICK S HILLIER, GERALD J LIEBERMAN. Operations Research[M]. 9th ed. New York: McGraw-Hill, 2010.
[2] HAMDY A TAHA. Operations Research—An Introduction[M]. 8th ed. Prentice Hall, 2007.
[3] WILLIAMS H P. Model Building in Mathematical Programming[M]. Second Edition, John Wiley & Sons, 1985.
[4] MODER J J. 运筹学手册[M]. 上海:上海科学技术出版社, 1987.
[5] 运筹学教材编写组编. 运筹学(第四版)[M]. 北京:清华大学出版社, 2012.
[6] 胡运权主编. 运筹学习题集(第四版)[M]. 北京:清华大学出版社, 2010.
[7] IGNIZIO J P. 目标规划及其应用[M]. 胡运权, 译. 哈尔滨:哈尔滨工业大学出版社, 1988.
[8] 卢开澄. 图论及其应用[M]. 北京:清华大学出版社, 1981.
[9] BELLMAN, RICHARD E. Dynamic Programming[M]. Princeton University Press, Princeton, New Jersey, 1957.
[10] DREYFUS S E, LAW A M. The Art and Theory of Dynamic Programming[M]. Academic Press, 1977.
[11] DONALD GROSS. Fundamentals of Queueing Theory[M]. Second Edition, John Wiley & Sons, 1985.
[12] 徐光辉. 随机服务系统理论(第二版)[M]. 北京:科学出版社, 1988.
[13] M TANNER. Practical Queueing Analysis[M]. New York: McGraw Hill, 1995.
[14] 陈珽. 决策分析[M]. 北京:科学出版社, 1987.
[15] JONES A J. Game Theory:Mathematical Model of Conflict[M]. Ellis Horwood Limited, 1980.
[16] FRASER N M, HIPEL K W. Conflict Analysis:Models and Resolutions[M]. North-Holland, 1984.
[17] 张维迎. 博弈论与信息经济学[M]. 上海:上海人民出版社, 1996.
[18] DIMITRIS BERTSIMAS, ROBERT M FREUND. Data, Models & Decisions[M]. South-Western College Publishing, 2000.
[19] WINSTON I WAYHE. Operations Research Applications and Algorithms[M]. 4th ed. (原版影印版). 北京:清华大学出版社, 2011.
[20] 朱·弗登博格, 让·梯若尔. 博亦论[M]. 黄涛, 等译. 北京:中国人民大学出版社, 2002.